ZHISHICHANQUAN
GUANLI SHIWU

知识产权
管理实务

朱克电 毛炳 马先征 / 主编

知识产权出版社
全国百佳图书出版单位

图书在版编目（CIP）数据

知识产权管理实务/朱克电，毛炳，马先征主编. —北京：知识产权出版社，2017.2
ISBN 978-7-5130-4752-4

Ⅰ.①知… Ⅱ.①朱…②毛…③马… Ⅲ.①知识产权—管理 Ⅳ.①D913.4

中国版本图书馆 CIP 数据核字（2017）第 023341 号

内容提要

本书从管理基础知识入手，首先阐述管理定义、范畴，管理思想、理论、原理等基本概念；再从知识产权管理概念、特征、分类、内容、原则等方面系统介绍知识产权管理的基本理论和概况；并对知识产权文化管理、制度管理、人才管理、资源管理、行政管理、司法管理、经营管理、统计管理、战略管理、保护管理、中介服务管理等进行归纳提练；就知识产权管理体制改革提出了一些具体见解、设想和建议。

责任编辑：龚　卫	责任校对：谷　洋
封面设计：张　冀	责任出版：刘译文

知识产权管理实务

朱克电　毛　炳　马先征　主编

出版发行：知识产权出版社有限责任公司	网　　址：http://www.ipph.cn
社　　址：北京市海淀区西外太平庄 55 号	邮　　编：100081
责编电话：010-82000860 转 8120	责编邮箱：gongwei@cnipr.com
发行电话：010-82000860 转 8101/8102	发行传真：010-82000893/82005070/82000270
印　　刷：三河市国英印务有限公司	经　　销：各大网上书店、新华书店及相关专业书店
开　　本：720mm×1000mm　1/16	印　　张：25
版　　次：2017 年 2 月第 1 版	印　　次：2017 年 2 月第 1 次印刷
字　　数：430 千字	定　　价：60.00 元
ISBN 978-7-5130-4752-4	

出版权专有　侵权必究
如有印装质量问题，本社负责调换。

编委会

主　编：朱克电　毛　炳　马先征

编　委：（排名不分先后）

赵安稳　张安澜　刘实忠　潘立华
庞　博　杨文勇　田光普　由永骅
牟　林　万　红　林山峰　徐宝华
陈　垠　郭　雷　王琳琳　陈　鉴
任倩倩　吴　双　刘逸飞　赵　洋
孟庆国　王玉平　王新涛　董尚风
丁宝君　马　翔　邓　波　李晓东
徐明好　林　琼

自　序

我国自20世纪80年代开始实行知识产权制度，用30多年的时间走过了发达国家上百年的历程，取得了举世瞩目的辉煌成就，顺利跨入知识产权大国行列。但是我国离知识产权强国还有较大的差距，特别是在知识产权管理方面，我国与发达国家相比，还处于刚刚起步阶段，需要对许多知识产权管理理论和实践问题进行系统深入的研究，以不断丰富我国的知识产权管理理论，回答现实管理问题，指导知识产权管理实践，助推科技、经济、社会的腾飞。

知识产权管理是知识产权司法立法、行政干预、战略制定、制度设计、流程监控、运用实施、人员培训、国际交流、中介服务、创新整合等一系列管理行为的系统工程。知识产权管理不仅与知识产权创造、运用和保护一起构成了我国知识产权制度及其运行的主要内容，而且还贯穿于知识产权创造、运用和保护的各个环节之中。从国家宏观管理的角度看，知识产权的制度立法、司法保护、行政许可、行政执法、政策制定也都可纳入知识产权宏观管理的范畴；从企业管理的角度看，企业知识产权的形成、实施和维权都离不开对知识产权的有效管理。

知识产权管理的本质是要实现知识产权价值的最大化。研究知识产权管理，就是研究在经济全球化的国际竞争背景下，知识产权作为国家重要的战略资源，如何对其进行有效的计划、组织、领导和控制，以实现最佳经济效益和提高国际竞争力。这种过程要靠社会化的大管理来完成，哪一个部门都无法单独组织、领导、控制、推进整个知识产权系统的顺畅运行、健康发展。因此，知识产权管理的本质，是确立一种社会化大管理思想，健全大管理机制，落实大管理举措，从而最大限度地实现知识产权应有的社会价值。

《知识产权管理实务》一书，从管理的一般知识入手，阐述管理的定义、范畴、管理思想、管理理论、管理原理等基本概念；从知识产权管理的概念、特征、分类、内容、原则、作用、意义展开，系统介绍知识产权管理的基本理论和概况；并以较大的篇幅阐述知识产权文化、制度、人才、资源、行政、司法、经营、统计、战略、保护、中介服务管理等，进行重点归纳提炼，力求系统回答知识产权管理中的理论和实践问题；在本书的结尾部分提出知识产权管理体制改革的一些具体见解，包括现行知识产权管理体制的弊端、体制改革设想、建议、改革推进以及体制改革成果评价等，这些观点既有作者从事知识产权管理的亲身体验，也有全国知识产权管理经验的累积汇流与升华提炼，既符合现实管理需要，也符合长远发展需求。书中有些提法有待商榷，恳请大家通过研读，提出修改意见，使我国的知识产权管理在不断融入国际潮流的同时更具中国特色。

《知识产权管理实务》是作者对多年从事知识产权管理实践的系统总结和新认知的汇集，尽最大可能体现广大知识产权界的心声和时代的要求，反映时代精神和改革开放的成果。知识产权管理是一个系统工程和永恒的话题，是一项长期而艰巨的任务，也是一项广泛而深刻的社会变革，更是一项历史担当，任重道远，使命在肩。衷心期待广大法学界、经济界、科技界、文化界、知识产权界的同仁深入实际、调查研究、科学探索、总结创新，期待有更多的研究成果面世，为实现知识产权强国梦而不懈努力奋斗！

《知识产权管理实务》编委会
2016 年 6 月

前　言

管理，古往今来，无处不在。自从人类社会和社会组织产生以来，管理问题始终存在。管理的范围与人类活动的范围同样宽广。

管理学是一门独立科学，起源于19世纪末和20世纪初，1954年彼得·德鲁克发表的《管理的实践》是管理学的奠基之作。发展到今天，比较完整的现代管理学学科体系已经形成。管理学是专门研究管理活动及其基本规律和一般方法的科学。世界上无论是发达国家、还是发展中国家，均在自身经济社会发展的实践中认识到，管理对经济社会发展至关重要。

知识产权管理是指国家有关部门为保证知识产权法律制度的贯彻实施，维护知识产权人的合法权益而进行的行政及司法活动，以及知识产权人为使其智力成果发挥最大的经济效益和社会效益而进行的制定各项规章制度、采取相应措施和策略的经营活动。

知识产权管理是一个系统工程和永恒的话题。现阶段，在我国仍是一个新课题。知识产权管理理论深化、知识产权法律修改、知识产权制度完善、知识产权机构设置及其职能定位等均需要我们从宏观上统筹考虑、科学定位、合理布局，进行顶层设计，从微观上深入研究、系统优化、达成共识、理顺关系、健全体系、完善制度并付诸实施。这是一项新的历史责任，也是一项新的历史使命。本书的根本目的在于通过对知识产权管理理论、管理内容、管理原则、管理实践的研究，探索为什么管、管什么、由谁管、怎么管的基本问题。从而为建立适合中国国情的知识产权管理机制和法律制度提供理论支持。

本书共十四章，分为三部分。第一部分：管理的基本概论。包括：第一章，管理和管理学绪论；第二章，知识产权管理概论。这两章集中回答管理知识和知识产权管理的基本概念、基本范围、基本特征、基本作用和基本规律等问题。第二部分：知识产权管理的基本内容。主要是第三章至第十三章，包括知识产权文化管理、制度管理、人才管理、资源管理、行政管理、司法管理、经营管理、统计管理、战略管理、保护管理、中介服务管理等方面，详述知识产权管理的意义、原则、内容等基本问题。第三部分：知识产权管理体制改革。涉及现行知识产权管理体制弊端、管理体制改革设想、管理体制改革建议、管理体制改革推进和管理体制改革的评价等内容，集中回答改革的必要性、可行性及改革推进和成果评价等问题，旨在借鉴发达国家经验，指导我国知识产权管理改革，实现知识产权强国的宏伟目标。

本书编写过程中，参阅借鉴了大量的中外法律文献、知识产权专著、经济书籍、培训教材、报刊资料、领导讲话、经验选编等，得到各级知识产权系统领导的大力支持和社会各界的广泛关注，烟台康璐知识产权管理顾问有限公司的全体同志给予了真诚的帮助。在此，一并表示衷心的感谢！

由于作者水平所限，书中难免存在不当和疏漏之处，欢迎广大读者批评指正！

目 录

第一编　管理的基本概论

第一章　管理和管理学绪论 ……………………………………（3）
　　第一节　管理概念 ………………………………………（3）
　　第二节　管理范畴 ………………………………………（7）
　　第三节　管理学 …………………………………………（14）
　　第四节　管理思想 ………………………………………（19）
　　第五节　管理理论 ………………………………………（23）
　　第六节　管理原理 ………………………………………（38）

第二章　知识产权管理概论 …………………………………（55）
　　第一节　知识产权管理概念 ……………………………（55）
　　第二节　知识产权管理特征 ……………………………（56）
　　第三节　知识产权管理分类 ……………………………（58）
　　第四节　知识产权管理内容 ……………………………（60）
　　第五节　知识产权管理原则 ……………………………（66）
　　第六节　知识产权管理作用 ……………………………（69）

第二编　知识产权管理的基本内容

第三章　知识产权文化管理 …………………………………（75）
　　第一节　知识产权文化管理的作用与意义 ……………（75）
　　第二节　知识产权文化环境管理 ………………………（78）
　　第三节　知识产权文化资源管理 ………………………（82）
　　第四节　知识产权文化内核管理 ………………………（85）

第五节　知识产权文化形式管理 …………………………… (89)
第六节　知识产权文化培育管理 …………………………… (96)
第七节　知识产权文化发展管理 …………………………… (101)

第四章　知识产权制度管理 …………………………………… (105)

第一节　知识产权法制管理 ………………………………… (105)
第二节　知识产权政策管理 ………………………………… (112)
第三节　知识产权合同管理 ………………………………… (117)
第四节　知识产权质押融资管理 …………………………… (118)
第五节　知识产权奖酬管理 ………………………………… (123)

第五章　知识产权人才管理 …………………………………… (127)

第一节　知识产权人才管理意义 …………………………… (127)
第二节　知识产权人才管理原则 …………………………… (132)
第三节　知识产权人才选拔管理 …………………………… (135)
第四节　知识产权人才教育管理 …………………………… (139)
第五节　知识产权人才使用管理 …………………………… (145)
第六节　知识产权人才奖惩管理 …………………………… (149)

第六章　知识产权资源管理 …………………………………… (150)

第一节　知识产权资源的构成 ……………………………… (150)
第二节　知识产权资源管理的意义 ………………………… (151)
第三节　知识产权资源管理的特点 ………………………… (154)
第四节　知识产权资源管理的目标与原则 ………………… (158)
第五节　知识产权资源管理的任务 ………………………… (159)
第六节　知识产权资源管理措施 …………………………… (166)

第七章　知识产权行政管理 …………………………………… (168)

第一节　立法框架及权力结构 ……………………………… (168)
第二节　知识产权行政管理体制及行政效率 ……………… (172)
第三节　知识产权行政管理内容 …………………………… (176)
第四节　知识产权行政管理目标 …………………………… (180)
第五节　知识产权行政管理趋势 …………………………… (185)

第八章　知识产权司法管理 …………………………………… (187)

第一节　知识产权司法管理体制 …………………………… (187)
第二节　知识产权司法管理内涵 …………………………… (196)
第三节　知识产权司法管理目标 …………………………… (197)
第四节　知识产权司法管理原则 …………………………… (201)
第五节　知识产权司法管理形式 …………………………… (202)
第六节　知识产权司法管理对象 …………………………… (206)

第九章　知识产权经营管理 ………………………………… (213)

第一节　知识产权孵化管理 ………………………………… (213)
第二节　知识产权信息管理 ………………………………… (215)
第三节　知识产权创新管理 ………………………………… (220)
第四节　知识产权市场管理 ………………………………… (226)
第五节　知识产权保险管理 ………………………………… (231)
第六节　知识产权归属管理 ………………………………… (236)
第七节　知识产权经营管理 ………………………………… (246)
第八节　知识产权危机管理 ………………………………… (253)

第十章　知识产权统计管理 ………………………………… (262)

第一节　知识产权统计的含义与作用 ……………………… (262)
第二节　知识产权统计体系 ………………………………… (265)
第三节　知识产权统计分类 ………………………………… (270)
第四节　知识产权统计实施 ………………………………… (274)
第五节　知识产权统计管理 ………………………………… (277)
第六节　知识产权统计改革 ………………………………… (279)

第十一章　知识产权战略管理 ……………………………… (284)

第一节　知识产权战略计划管理 …………………………… (284)
第二节　知识产权战略组织管理 …………………………… (286)
第三节　知识产权战略决策管理 …………………………… (288)
第四节　知识产权战略实施管理 …………………………… (291)
第五节　知识产权战略保障管理 …………………………… (295)
第六节　知识产权战略控制管理 …………………………… (302)

第七节　知识产权战略监督管理 …………………………（306）

第十二章　知识产权保护管理 ………………………………（311）

　　第一节　知识产权司法保护管理 …………………………（311）
　　第二节　知识产权行政保护管理 …………………………（315）
　　第三节　知识产权自律保护管理 …………………………（320）
　　第四节　知识产权舆论保护管理 …………………………（322）
　　第五节　知识产权区域保护管理 …………………………（326）
　　第六节　知识产权国际保护管理 …………………………（332）

第十三章　知识产权中介服务管理 …………………………（340）

　　第一节　知识产权中介机构管理 …………………………（340）
　　第二节　知识产权中介资源管理 …………………………（346）
　　第三节　知识产权中介内容管理 …………………………（350）
　　第四节　知识产权中介风险管理 …………………………（351）
　　第五节　知识产权中介绩效管理 …………………………（356）

第三编　知识产权管理体制改革

第十四章　知识产权管理体制改革 …………………………（365）

　　第一节　现行知识产权管理体制的弊端 …………………（365）
　　第二节　知识产权管理体制改革的设想 …………………（368）
　　第三节　知识产权管理体制改革的建议 …………………（371）
　　第四节　知识产权管理体制改革的推进 …………………（373）
　　第五节　知识产权管理体制改革的评价 …………………（376）

主要参考文献 ……………………………………………………（380）

后　　记 …………………………………………………………（382）

第一编

管理的基本概论

第一章 管理和管理学绪论

第一节 管理概念

一、管理定义

管理,古往今来,无处不在。自从人类社会和社会组织产生以来,管理问题始终存在。管理的范围与人类活动的范围同样宽广。现实生活中每一个人实际上都在不同领域、不同层次上担负着一定的管理工作,或是行政管理,或是企业管理,或是科学文化管理,或是军事管理,或是家庭管理等。"管理"一词,在不同的国家有不同的含义。在中国,"管",古代指锁钥,如《左传·僖公三十二年》记云:"郑人使我撑其北门之管",后来"管"引申为管辖、管制之意,体现着权力的归属。"理",本意是治玉。《韩非子·和氏》云:"王乃使玉人理其璞,而得宝焉。""理"引申为整理或处理。"管理"二字连用,即表示在权力的范围内,对事物的管束、整治、处理的过程。在国外,管理一词,英文是 manage,它是从意大利文 maneggiare 和法文 manage 演变而来的,原意是指"训练和驾驭马匹"的意思。[1] 后来这个词用于管理学,但有多种不同的解释。代表性的有以下几种。

一是从工作任务的角度出发。如"科学管理之父"泰勒所说,管理就是要"确切知道要别人干什么,并使他们用最好、最经济的方法去干"。"管理的主要目的应该是使雇主实现最大限度的富裕,也联系着使每个雇员实现最大限度的富裕",他强调的是寻求最经济的方法完成工作任务。

二是从职能和过程的角度出发。如法国管理学家法约尔认为:"管理,就

---

[1] 李建设,何根祥. 现代管理学 [M]. 北京:中国展望出版社,1986:4.

是实行计划、组织、指挥、协调和控制""是一种分配于领导人与整个组织成员之间的职能"。美国管理学家约瑟夫·L.梅西等基本同意这一观点,把管理视为"一个合作的群体将各种行动引向共同目标的过程"。

三是从管理产生的组织效果出发。如苏联管理学家波波夫认为：管理同土地、劳力和资本一样,都是一种生产因素,或曰资源。一个公司的管理将在很大程度上决定其生产力和营利能力。因此管理是"生产的第四要素"。

四是从文化的角度出发。如美国管理学家德鲁克认为："管理是一门学问,还是一门文化,它有自己的价值观、信仰和语言"。管理"根植于一种文化、一种价值传统、习惯和信念之中,根植于政府制度和政治制度之中"。

五是从决策在管理中的地位的角度出发。把管理与决策等同起来,如美国诺贝尔经济学获奖者西蒙教授指出："管理过程是决策过程"。

管理活动具有普遍性,包括对经济、行政、军事、司法、科学研究、教育、卫生等方方面面的管理,包括对长期、中期、短期等组织活动的人、财、物、信息的管理等,人们难以对如此丰富、复杂的对象作出全面准确的概括,因而管理概念出现多样化。

综观中外管理活动,可以将管理定义为：管理者在一定的环境条件下,对组织所拥有的资源（人力、物力和财力等）进行计划、组织、领导、控制和协调,以有效地实现组织目标的过程。

二、广义的管理和狭义的管理

广义的管理：应用科学的手段安排组织社会活动,使其有序进行,其对应的英文是 administration 或 regulation。

狭义的管理：为保证一个单位全部业务活动的顺利开展而实施的一系列计划、组织、协调和控制活动,其对应的英文是 manage 或 run。

广义的管理中包含着经营,不过因为经营很重要,就被单独列出。这样,"管理"和"经营"就被赋予了特定的含义。

管理概念本身具有多义性,它不仅有广义和狭义的区分,而且还会因时代、社会制度和专业的不同,产生不同的解释和理解。随着生产方式社会化程度的提高和人类认识领域的拓展,人们对管理现象的认识和理解的差别还会更为明显。

长期以来,许多中外学者从不同的研究角度出发,对管理作出了不同的解释,同时,不同学者在研究管理时出发点不同,因此,他们对管理一词所下的定义也就不同。目前为止,管理还没有一个统一的定义。特别是21世纪以来,由于理论观点的不同,各种不同的管理学派对管理概念的解释更是众说纷纭。管理学者是这样定义"管理"的,如:

(1) 泰勒:"确切知道要别人干什么,并使他们用最好、最经济的方法去干。"

(2) 法约尔:"管理是所有的人类组织(不论是家庭、企业或政府)都有的一种活动,这种活动由五项要素组成:计划、组织、指挥、协调和控制。管理就是实行计划、组织、指挥、协调和控制。"

(3) 孔茨:"管理就是设计和保持一种良好环境,使人在群体里高效率地完成既定目标。"

(4) 小詹姆斯·唐纳利:"管理就是由一个或更多的人来协调他人活动,以便收到个人单独活动所不能收到的效果而进行的各种活动。"

(5) 彼得·德鲁克:"归根到底,管理是一种实践,其本质不在于"知"而在于"行",其验证不在于逻辑,而在于成果;其唯一权威就是成就。"

管理的定义很多,以上几种具有一定的代表性,综合分析上述各种不同观点,他们各有卓见,也各有不足之处,但这些定义都着重从管理的现象来描述管理本身,而未揭示出管理的本质。那么,如何对管理这一复杂的概念进行比较全面和一般的概括呢?

通过对管理活动的剖析。我们知道管理是一种行为,作为行为,第一,应当有行为的发出者和承受者,即谁对谁做;第二,还应有行为的目的,为什么做。因此,形成一种管理活动,一是管理主体,即由谁来进行管理的问题;二是管理客体,即管理的对象或管理什么的问题;三是管理目的,即为何而进行管理的问题。有了以上三个要素,就具备了形成管理活动的基本条件。同时,我们还应想到,任何管理活动都不是孤立的,它必须在一定的组织、环境和条件下进行。

总之,管理是指通过计划、组织、领导、控制及创新等手段,结合人力、物力、财力、信息等资源,以期高效地达到组织目标的过程。根据我国管理学高校教程《现代管理学》的阐述,借鉴中外学者对管理概论的认识,可以把管理定义为:"在社会活动中,一定的人和组织依据所拥有的权力,通过一系列职能活动,对人力,物力,财力,及其他资源进行协调或处理,以达预期目标的活动过程"。

三、管理内涵与外延

拥有调控资质和能力的社会成员以主体的身份实施主导性的控制，使得由具体对象组成的客体在功用、价值层面中的状态向其他社会成员所要求或预期的水平收敛的过程。具体解释如下：管理至少涉及三个不同层面的复杂系统，分别是管理对象存在的功用与价值层面，管理要素之间关系与过程层面以及管理系统整体的辩证规律层面。

管理是一个控制过程。这一点在所有的教科书中几乎没有异议，其特殊性在于它是主体对客体实施控制的过程，是辩证的、动态的过程，如果把它当成机械、僵化、教条的指挥或作业过程只能称之为操作。管理过程符合主客体相互作用的辩证法三大规律。对立统一规律主要表现为主客体划分及其相互关系的对立统一。人在操作过程中是主体，在培训过程中是客体；机器作为生产工具是客体，作为管理工具（如打卡机）是主体的一部分。管理过程中主体的控制作用占据主导地位，但客体对主体的反作用不容忽视，如果主体行为违背了客体存在、运动的客观规律则必然导致管理的失败。质量互变规律主要表现在任何一个层面中量的变化对其他层面是否具有质的意义。高层对低层的变化可以非常关注，也可以置若罔闻；低层对高层的变化可以立即响应，也可以上有政策、下有对策。否定之否定规律主要表现在管理是一个永无止境的过程，只能沿着循环往复的轨迹螺旋式上升。

此定义包含了管理学的主体、客体、控制等基本要素，并通过约束项隐含了主体内部的组织、领导、职责，客体环境，管理目标等其他要素。同时此定义便于衍生出具体管理的定义，如，交通管理："交通主管机关以主体的身份实施主导性的控制，使得交通参与者使用道路、车辆等交通资源的行为向其他社会成员所要求或预期的安全、便捷效果收敛的过程"；教学管理："培训机构以主体的身份实施主导性的控制，使得受训人员的知识、技能水平向家长、用人单位所要求或预期的水平收敛的过程"。

作为一个特例，有必要讨论犯罪集团内部的控制过程能否称为管理。从形式上看，他们有组织、领导、目标、控制过程等管理学的要素特征；从本质上看，他们从来不曾拥有调控侵害对象的资质，管理的形式只是提高了犯罪的效率。从这个特例能够进一步体会到管理本身的辩证特点。

第二节　管理范畴

一、管理分类

管理可以分为很多种类，比如行政管理、社会管理、工商管理、企业管理、人力资源管理、军队管理、矿山管理等。在现代市场经济中工商企业的管理最为常见。每一种组织都需要对其事务、资产、人员、设备等所有资源进行管理。每一个人也同样需要管理，比如管理自己的起居、饮食、时间、健康、情绪、学习、职业、财富、人际关系、社会活动、精神面貌等。企业管理可以划为几个分支：人力资源管理、财务管理、生产管理、物控管理、营销管理、成本管理、研发管理等。在企业系统的管理上，又可分为企业战略、业务模式、业务流程、企业结构、企业制度、企业文化等系统的管理。

按管理学可分为5个一级学科，15个二级学科：

"（一）管理科学与工程（可授管理学、工学学位）

（二）工商管理

1. 会计学

2. 企业管理（含：财务管理、市场营销、人力资源管理）

3. 旅游管理

4. 技术经济及管理

（三）农林经济管理

1. 农业经济管理

2. 林业经济管理

（四）公共管理

1. 行政管理

2. 社会医学与卫生事业管理（可授管理学、医学学位）

3. 教育经济与管理（可授管理学、教育学学位）

4. 社会保障

5. 土地资源管理

（五）图书馆、情报与档案管理

1. 图书馆学

2. 情报学

3. 档案学"。

二、管理模式

管理模式是在管理的基础上设计出的一整套具体的管理理念、管理内容、管理工具、管理程序、管理制度和管理方法体系并将其反复运用于实践，使人们在运行过程中自觉加以遵守的管理规则。

管理模式从结构上讲，是对管理方法、思路、框架的高度概括，往往抽象为几个字，从管理模式上无法看出管理者的具体管理方法、思想。比如，A 管理模式（现在正在推广的一种管理模式）、双重管理模式、网络管理模式，仅从字面上看不出到底是什么内容。

而管理机制则侧重于管理对象间的内在牵制和约束，通过这种机制可以使管理制度、方法、方案等得到很好的执行，有的人将管理机制称为管理系统的运行机理。例如，公司大院的卫生总是被破坏，由办公室负责这事总不能得到很好的解决。因为办公室人员大部分时间在室内工作，完成室外的任务有时间上的制约。这是一种管理方法上的失误，也是管理机制的欠缺。如果让保卫人员负责卫生的督察，情况就是另外一种局面了。保卫人员的工作场所大多在室外，让他们监督卫生保持状况，就会起到良好的效果。这就是一种管理机制上的变化，但是不能称之为管理模式的变化。模式是宏观的说法。

现代管理的中心任务就是对人的管理。管理模式决定了管理内容，从管理先驱罗伯特·欧文创立企业管理制度开始，到泰勒科学管理理论的产生，再到今天管理理论的林立，管理的模式也经历了多次变化。

模式是某种事物的标准性形式或固定格式，与管理模式有关的英文表达有：Management System（管理交流）和 Management Model（管理模型）。

我们给管理模式的定义是从特定的管理理念出发，在管理过程中固化下来的一套操作系统，可以用公式表述为：管理模式＝管理理念＋系统结构＋操作方法。

管理模式，通俗地讲就是一个企业在管理制度上和其他企业不一样的地方，从制度经济学的角度说，包括正式制度和非正式制度两个方面，也就是企业在管理规章制度和企业文化上最基本的不同特征。一般来说，不同国家的企业有不同的管理模式，而且同一企业在不同时期也有不同的管理模式。目前在理论上比较公认的管理模式有日本管理模式和美国管理模式等。管理模式的不同决定了管理特征的差异性,如美国管理模式的特点是鼓励个人英雄主义及以能力为主要考核特征的模式,它在管理上的主要表现就是规范管理、制度管理和条例管理,以法制为主体的科学化管理。而日本管理模式的特点则是以集体主义为核心的年功序列制、禀议决策制等为特征,重视人际关系、以集体利益至上、家族主义等情感管理为主的模式。

真正的、现代意义上的管理,都要通过管理模式来进行。管理模式是在管理理念指导下建构起来的,由管理方法、管理模型、管理制度、管理工具、管理程序组成的管理行为体系结构。

(一) 对称管理模式

对称关系是经济领域的本质。人类经济活动的任何一个方面、任何一个过程都存在着对称关系。其中,主体和客体的对称关系是基本的对称关系,企业的一切经营活动、社会的一切经济活动都围绕着这个中心展开,经营和经济活动中的其他一切对称关系围绕着这个中心展开。对称经济,就是化不对称为对称、化消极对称为积极对称、化低层次对称为高层次对称的资源优化配置方式,通过资源优化配置,实现资源优化再生的经济增长方式,就是用对策代替博弈取得效益的经营方式,就是用主观与客观、主体与客体、相对主体与相对客体、客体与客体的对称代替均衡实现可持续发展的经济发展模式。对称经济是有序经济、双赢经济,是结构出效益、结构产生生产力的经济。对称了,企业就有效益,生产就会发展,社会就会进步;不对称,企业就会陷入困境甚至危机,生产就会停滞,社会就会落后。对称管理模式由我国著名管理学家陈世清先生首创,是第一个中国人的原创性经济学体系"对称经济学"的具体运用。

(二) 和谐管理模式

和谐管理模式是对称管理模式的运用,是人与人、人的因素与物的因素的对称,是宏观经济与微观经济结构的合理有序,是老板之间、股东之间、出资者与管理人员之间、老板与员工之间、领导与群众之间、上级与下级之间、合作伙伴之间、团队成员之间、企业与顾客之间的双赢合作,是上游产品与下游产品之间、生产链的上一个环节与下一个环节之间的最佳组合。只有企业内外各种关系协调有序、和谐运作,才能发挥经济主体的最佳功能。和谐管理模式是对称经济、有序经济、双赢经济,是结构出效益、结构产生生产力的管理模式。

三、管理特征

（一）管理的两重性

生产过程包括物质资料的生产和生产关系的再生产，因此，对生产过程的管理存在两重性：与生产力相联系的自然属性和与生产关系相联系的社会属性。

（二）管理的普遍性与目的性

管理普遍存在于各种活动之中，这就决定了管理的普遍性。管理是人类一项有意识、有目的的协作活动，是为实现组织既定的目标而进行的，这就是管理的目的性。

（三）管理或管理人员任务的共同性

系统化存在和体系化发展是事物有序并持续"存在与发展"的根本原理，更是创造时间和空间的唯一法则。缺少存在时间只能用空间换取，扩大发展空间只能用时间换取，1年的时间完成10年的工作量，可以驾驭空间，1年的工作量1个月完成，可以驾驭时间，时间和空间的互换，是进行体系化建设的核心。

四、管理要素

任何一种管理活动都必须由以下四个基本要素构成：
(1) 管理主体。回答由谁管的问题。
(2) 管理客体。回答管什么的问题。
(3) 组织目的。回答为何而管的问题。
(4) 组织环境或条件。回答在什么情况下管理的问题。

既然管理行为本身就是由上述这四个管理要素决定的，构成管理行为的这四个管理要素当然最先应在管理的定义中得到体现。再有，由于要真正进行管理活动，还必须运用能够实现管理目的的管理职能和管理方法，即解决如何进行管理的问题。这一点应该在管理的定义中得到体现。但是，法约尔在管理的定义中直接指出了管理就是实行计划、组织、指挥、协调和控制。如果简单地把管理理解为计划、组织、指挥、协调和控制这些活动的总称的话，那么管理就成了一项项具体的活动而失去了它统一的实质。管理的定义应该反映客观管理活动的一般的、本质的特征，或者说，管理的定义中一定要反映管理的本质，即追求效率。

根据上述管理要素在实际管理活动中的作用和地位以及它们之间的内在逻辑联系，我们可从一般意义上来概括管理，即：组织单元，通过市场经济选择，科学、合理、优化配置经济要素资源，达到组织经营低投入、高产出的目的，这样的经营行为就是管理。

五、管理职能

管理职能，是指管理承担的功能。目前，最为广泛接受的是将管理分为四项基本职能：

（一）计划

在管理学中，计划具有两重含义，其一是计划工作，是指根据对组织外部环境与内部条件的分析，提出在未来一定时期内要达到的组织目标以及实现目标的方案途径。其二是计划形式，是指用文字和指标等形式所表述的组织以及组织内不同部门和不同成员在未来一定时期内关于行动方向、内容和方式安排的管理事件。简单说，计划就是确定组织未来发展目标以及实现目标的方式。

（二）组织

从广义上说，组织是指由诸多要素按照一定方式相互联系起来的系统。从狭义上说，组织就是指人们为实现一定的目标，互相协作结合而成的集体或团体，如党团组织、工会组织、企业、军事组织等。在现代社会生活中，组织是人们按照一定的目的、任务和形式编制起来的社会集团，组织不仅是社会的细胞、社会的基本单元，而且是社会的基础。

（三）领导

领导是领导者为实现组织的目标而运用权力的一种行为或行为过程。领导工作包括五个必不可少的要素，领导者、被领导者、作用对象（即客观环境)、职权和领导行为。领导工作作为管理的一项职能，主要表现为对人的管理，即研究人与人的关系。领导工作的实质就是对个体和群体施加影响力及处理好人际关系。所谓影响力是指一个人在与他人的交往中，影响和改变他人的心理和行为的能力。运用影响力激励员工以便促进组织目标的实现，同时，领导也意味着创造共同的文化和价值观念，在整个组织范围内与员工沟通组织目标并鼓舞员工树立起追求卓越表现的愿望。此外，领导也包括对所有部门职能机构的直接管理和对与管理者一道工作的员工进行激励。

（四）控制

从一般意义上说，控制是指控制主体按照给定的条件和目标，对控制客体施加影响的过程和行为。"控制"一词，最初运用于技术工程系统。自从维纳的控制论问世以来，控制的概念更加广泛，它已用于生命机体、人类社会和管理系统之中。从一定意义上说，管理的过程就是控制的过程。因此，控制既是管理的一项重要职能，又贯穿于管理的全过程。

在管理中构成控制活动必须有三个条件：一是要有明确的目的或目标，没有目的或目标就无所谓控制；二是受控客体必须具有多种发展可能性，如果事物发展的未来方向和结果是唯一的、确定的，就谈不上控制；三是控制主体可以在被控客体的多种发展可能性中通过一定的手段进行选择，如果这种选择不成立，控制也就无法实现。

法约尔最初提出，把管理的基本职能分为计划、组织、指挥、协调和控制。后来，又有学者认为人员配备、领导、激励、创新等也是管理的职能。何道谊依据业务过程把管理分为目标、计划、实行、反馈、控制、调整六项基本职能，加之人力、组织、领导三项职能，系统地将管理分为九大职能。

六、管理原则

管理原则是组织活动的一般规律的体现，是人们在管理活动中为达到组织的基本目标而在处理人、财、物、信息等管理的基本要素及其相互关系时所遵循和依据的准绳。

一方面管理原则是对管理活动的科学抽象，是对管理规律的总结和概括，是管理理论的重要组成部分；另一方面，管理原则是以客观事实为依据并在管理实践中逐步产生和发展起来的。

（一）人本原则

我们知道，管理学的核心是对人的管理，这一点从管理学的概念就可以看出来。大家要明白，我们研究管理，对人的理解一定要贯彻始终，是人，也只有人，才是管理分析与研究的对象。现代管理学是从西方世界传过来的，我们现在与世界接轨，其实，要接的不是某种僵化的模式，而是从根本上理解人的基本权利和人的基本尊严。

（二）权变原则

所谓权变，权者，权衡；变者，变化。就是说，不通，则思变，变，则通达。事物都有多重性，管理研究的是共性，但面对的却是千差万别的个性，你不去做情景分析，单纯以某书是如何写的，某名人是如何说的，就对某些事物妄加评论，往往会犯错误。学习研究管理，就要用权变的观点去看待事物。比如，我们中国人说的民族气节、士可杀不可辱、饿死不吃救济粮等儒家思想，就不是马斯洛这类西方人可以理解的。当然，权变也不是无条件的乱变，任何变化，都是有规律的，都应该在遵循客观规律的基础上寻求变革，不可随便以与时俱进为自己辩解。

（三）满意原则

所谓满意原则，又叫有限理性原则，是指人在决策时受到各种因素的限制，只能寻求相对满意的答案和结果，而不能找到最优解。其实，管理学就是这样，并没有最优解，只有比较满意的解，同样的题目，换个情景，可能就完全不同。

（四）效益原则

搞管理，任何时候都要考虑效益。效益就是效率和效果的最佳结合，既要效果，也要效率。很多事情为什么会面临决策的两难，就是效益问题。效益的原则也是贯穿整个管理学始终的重要原则，就是"用力少，见功多"，以少的资源投入、耗费，取得大的业绩、效果。细分为四种情况：产出不变，支出减少；支出不变，产出增多；支出减少，产出增多；支出增多，产出增加更多。这里的支出包括资金、人力、时间、物料、能源等的消耗。但大家不要机械地理解效益原则。因为效益原则被滥用，许多管理者只看眼前利益，不注重可持续发展，杀鸡取卵，留下后患，就得不偿失了，所以，权变的观点又在这里显示了威力。

（五）目标原则

做任何事情都是要达到一定目的的，但目标会有很多个，不同的部门，不同的管理者，在不同的情况下，会有不同的目标。几乎所有的管理者不采用目标管理的，关键是很多管理者并不了解目标管理的精髓，在实施目标管理的过程中，在流程改造的过程中，失去了目标还不自知，这种现象时常存在。

第三节　管理学

一、管理学的本质属性

管理学是一门独立的科学，发展到今天，已形成了比较完整的现代管理学学科体系，它的特性主要有以下几个方面。

（一）管理学是一门应用科学

管理学的应用性是非常明显的，它不像神学那样完全脱离实践而依靠冥想，也不像哲学那样有大量的抽象的理论思维，它必须时刻与实践紧密结合。一方面，它的知识来源于人们的管理实践，是人们管理经验的概括和总结，没有管理实践，它就成了无源之水，无本之木。另一方面，管理学的知识必须运用到实践中去才有价值，否则，它就失去了存在的意义。所以，管理学十分注重应用研究，注意回答和解决现实管理中出现的各类问题。比如，如何进行科学决策、计划和控制？怎样实施有效的领导、协调和激励？其研究结论是否正确，还要接受实践的检验，一般性的管理理论必须经过不同环境条件下的验证才能确定其普遍适用性，实践对管理理论的这种决定性作用，使现代管理学成了一门实用性很强的应用科学。

（二）管理学是一门综合性交叉学科

一方面，管理学在其发展过程中，涉及人文、科技、政治、军事、外交等诸多领域，就知识结构看，它是一门综合的交叉学科；另一方面，管理学研究对象的复杂性、研究范围的广泛性，决定了这门学科的交叉性。现代管理的许多问题单靠自然科学和社会科学哪一家都难以圆满地解决，它需要各方面的共同参与，合力攻关。所以，现代管理学既有社会科学的内容，也有自然科学的成分，它吸收了多个学科的优秀成果，与经济学、政治学、行政学、心理学、哲学、社会学、人类文化学以及现代数学、系统论、控制论、信息论、计算机技术等都有紧密联系，这是历史发展的必然。

（三）管理学是一门软科学

广泛运用数学知识，凭借多种数学运算，提高研究的科学化、精确化，是现代管理学的一大特点。正如马克思所说，"任何一门学科只有当它利用了数学的时候，它才达到了完善的程度"。但是，由于管理涉及的因素很多，管理者不可能将它们的关系全部数量化，许多问题只能进行定性分析和研究。"软科学"就是相对这点而言的，它除了具有前面所说的不能完全精确化、定量化的含义外，还具有类似计算机软件的含义。软件系统对硬件系统具有组织、操纵、控制作用。在社会系统中，同样存在着硬件系统和软件系统，前者主要指人力、物力、财力等可视因素，后者则主要指权力、信息，以及权力、信息的运行所构成的管理活动。从这种意义上说，其他许多自然科学知识和技术要直接运用于生产，形成社会财富，只有在管理思想和管理理论操纵下才能完成。如果说其他自然科学是硬科学，管理学就是一门软科学。

二、管理学的研究对象

管理学，是专门研究管理活动及其基本规律和一般方法的科学。

管理学和管理不是一回事。管理学是一门独立的科学，它具有一切学科所具有的基本特征，就是：它具有特定的研究对象和研究范围；它具有一系列含义清楚的最基本的概念；它具有经过实践检验证明其正确的原理和规则；它能够形成一个完整、严密的理论体系；而最基本也是最重要的，它能反过来指导人们的管理实践。而管理，作为客观存在的社会实践活动，它是管理学研究的对象，也是管理学这门学科知识的具体运用。管理讲究灵活变通，要求随机制宜，需要不断创新，这样才能顺利达到预期的目标。

在探讨管理学的研究对象时，要考虑以下四个因素。一是历史性。管理理论来源于管理实践，适应不同历史阶段管理活动的需要而产生发展。管理学的研究，必须从历史上的管理活动开始，继承前人的研究成果，包含着过去，继承着过去，注重于现在和未来。二是社会性。管理学是特定历史条件下的产物，它一方面与生产力发展相联系，反映着生产力发展的需要。另一方面又与生产关系、上层建筑相关联，反映着时代的生产关系、社会制度、意识形态等，从根本上维护统治阶级的利益。三是综合性。管理活动本身既有科学、技术的因素，又有不容忽视的、处于主体地位的人的因素，还有环境条件的限制，影响因素众多，涉及领域广泛，因此，管理学研究具有综合性，是对全部管理活动的概括、抽象、提炼和综合。四是适用性。管理学绝对不是跟在实践后面总结现成的管理经验，而是将经验上升为理论，并且博采国内外众家管理学之长，吸收新成果，站在管理实践的前面，引导管理活动向更高水平迈进。因此，管理学研究必须从实际出发，探索并丰富科学的理论体系。

管理学研究的主要对象和内容包括以下几个方面。

（一）管理思想和管理理论的发展历史

包括古代管理思想、现代管理理论、现代管理流派及其发展。管理学通过这种历史研究，把握管理思想、理论和方法演变的历史脉络，以便科学地总结管理的经验教训。

（二）管理的基本原理及其原则

管理的基本原理及其原则是在对管理的实质内容进行科学分析的基础上得出来的，研究这些原理和原则在管理的各个环节中是如何发生作用的，有利于管理者在实践中掌握行动准则。

（三）管理的各种职能

管理学把计划、决策、组织、人事、领导和控制等作为主要内容来研究，并揭示其内在联系。这些管理职能，不仅体现了管理的基本任务，还反映了管理全过程的完整程序。

（四）环境差异及管理创新

管理原理、原则的运用，管理职能的发挥，都要受限于管理的环境条件，不同的国家有不同的管理特色，各国之间相互借鉴管理经验，要从实际出发，不可生搬移植，要把引进与创新结合起来。

（五）管理方法、技术和艺术

管理方法、技术和艺术，是贯彻管理原则的工具，要实现最优化管理，管理者就必须应用科学的思想方法、有力的行政方法和实际的经济方法，结合现代科学的成果，有效地运用现代管理艺术。

三、管理学的研究方法

管理学的研究，必须以辩证唯物主义和历史唯物主义为基础，以科学发展观为指导，运用灵活的研究方法。

（一）历史研究法

这是运用文献史料进行管理研究的方法，通过分析研究人类过去丰富的管理实践和理论，认识管理思想、理论、制度和方法的历史演变及发展规律，继承前人的经验和成就，古为今用。

（二）比较研究法

管理学研究不仅要做纵向的历史考察，还要做横向的比较研究。通过对世界各国的管理思想、管理理论、管理模式、管理方法和技术的全面比较和分析，寻求异同，权衡优劣，取长补短。

（三）调查研究法

即在现实的管理过程中，通过观察、调研、试验、实践，掌握第一手材料，进行归纳、分析、推理、综合，从中找出规律性的东西来。这种方法适用于从事实际管理的人，也适用于理论研究工作者，他们可以以调查者、观察者的身份进行实地参观、考察，也可用问卷的方式进行调查，从中悟出道理。

（四）案例研究法

这种方法是要选择有一定代表性的典型案例，通过案例研究，可以生动、形象、深刻地揭示出管理现象的内在联系，尽量多地把握不同情况下处理问题的不同方法和艺术。

（五）跨学科比较法

有关管理问题的学科很多，而且学科之间又相互联系交叉，因而只有对这些学科从整体上把握，才能形成具有普遍意义上的理论和方法，这就需要对诸多学科进行综合比较研究，在学科之林中穿行。对一些涉及领域广泛的管理问题，也需要运用跨学科比较法进行研究，或者说，需要若干学科的方法相互配合，才能揭示其本质规律。

四、管理学的现实意义

目前，世界上无论是发达国家、还是发展中国家，均在自己经济社会发展的实践中认识到，管理对经济社会发展至关重要。

（一）管理是构建和谐社会的基础

随着时代的前进，诸多社会矛盾正在显现出来，区域差别、城乡差别、收入差别、知识差别正在拉大，社会不稳定因素、不确定因素同时存在，解决这些潜在的深层次矛盾，需要各方面的共同努力，而实施科学的社会管理，可以科学地界定社会成员的资产，解决社会财产权的归属、资产的分配方式，有效地保护民权、民生问题，充分调动发挥人的积极性，遏制各类违法犯罪活动，规范市场竞争行为，合理调整利益关系，化解各类社会矛盾，保持社会稳定，引领社会和谐进步，促进人的全面发展。中国近14亿人口，56个民族，960万平方公里疆土，社会管理分为中央、省、市、县、乡、村六级，非常庞大而复杂，哪一级、哪一个环节组织不健全、管理方法不得当、管理控制不到位，就会立刻反映出来，引起矛盾激化，造成社会不稳定。相反，组织健全、方法得当、控制到位，社会就和谐，生产就发展，人民生活就幸福。

（二）管理是解放生产力的关键

管理决定着生产力的实现程度，并能创造新的生产力。不论社会的生产形式如何，劳动者和生产资料始终是生产的因素，生产力中的这些因素怎么结合呢？管理是关键因素。任何社会都存在一定水平的生产力，但是不同的管理条件下，其存在状态和实现程度是不一样的。生产力的具体实现还要靠具体的管理，没有具体的生产组织，生产力不可能实现，而组织不科学、不严密，生产力则不可能得到最理想的实现。所以，管理决定着生产力的实现程度。

在社会化大生产的条件下，管理可以使千百万人同心协力进行协作，发挥出移山倒海的力量，这种力量远比个人力量的"机械总和"大得多。这里管理创造出一种"新的力量"。通过科学有效的管理，可以充分调动人的积极性、创造力，不仅可以减少生产力的浪费，而且会产生新的生产力。

（三）管理是经济快速发展的动力

世界上许多国家的历史证明，一个经济上高速发展的国家，必然是管理水平很高的国家。第二次世界大战后，作为工业革命发源地的英国，由于过多地强调管理人员的出身、修养，采取贵族态度对待企业管理、墨守成规、缺乏创新精神，经济衰退了。法国和德国在管理上更多地强调科学技术的作用，对经济发展影响很大。美国由于推行泰勒的科学管理，经济发展迅猛，但后来的趋势每况愈下，被日本赶超。日本是一个自然资源贫乏的岛国，可耕地只占国土的1/6，30%的粮食、85%的能源依靠进口，又是一个战败国，人们都担心这个资源贫乏的小国靠什么来养活1亿多人口，可是在1953～1976年20多年间，日本经济以资本主义国家第一的增长速度发展着，国民生产总值每年增长11.3%，于1976年超过法国，1968年超过西德，1978年按人均计算的国民经济总产值接近美国，在许多产业领域处于"世界第一"的位置，对这种状况，国外学者进行了大量的研究，其结果显示关键在于管理的差异，日本式管理是创造其经济奇迹的主要原因。于是，美国、欧洲一度掀起比较管理研究热潮，向日本式管理学习，寻求"最优经济战略"和"最佳管理方法"，以便赢得优势。可见，管理先进，资源利用得当，就能创出巨大的社会经济效益，增强国家核心竞争实力。

第四节　管理思想

一、管理思想的形成与发展

古代东西方管理思想，已有几千年的历史，直到西方工业革命时期，出现了许多近代管理思想的先驱者，才为管理理论的正式产生打下了坚实的基础。

（一）中国古代管理思想

中国古代在科学技术、军事思想、工程建筑方面一直名列世界前茅。这其中包含着千百万人的生产与研究实践，蕴藏着丰富的管理思想。

在组织管理方面，我国最早论及国家管理的专著《周礼》，就将周代官员分为：天、地、春、夏、秋、冬六官，分管治、教、礼、政、刑、事六方面事务。以天官为最高，六官分三百六十职，各有职掌，并规定了官员的级别和员额，职责分明。春秋时期，政治家管仲建立了"五家一轨，十轨一里，四里一连，十连一乡，十乡一军"的国家组织，初步形成管理的组织机制。

在经营管理方面，我国有许多知名的理财家，如战国时期的商鞅、西汉时期的桑弘羊、唐代的刘晏、宋代的王安石、明代的张居正等，都对当时的经济与管理作出过巨大贡献。《管子》是先秦时期诸子中研论富国之道的名著，其中提出了"轻重之势、轻重之学和轻重之术"的"轻重论"思想。所谓"轻重之势"，就是国家要控制货币和生活资料，用经济手段控制流通领域，通过国家调节全面支配国家经济生活；所谓"轻重之学"，就是掌握流通领域中的一些规律，作为制定经济政策的依据；所谓"轻重之术"，就是在轻重之学的指导下，制定相应的政策、措施，稳定物价，增加财政收入。

在人事管理方面，我国古代有丰富的经验和深刻的哲理总结。《尚书》中说"任官惟贤才，左右惟其人"，"任人惟贤"由此演化而来。孔子说"不患人之不己知，患不知人也"，意思是，不怕别人不了解自己，就怕自己不了解别人。但是"人才难得亦难知"，要知人善任。王充在《论衡》中说"人才高下，不能等同"，应用人所长。管仲在《权修》中讲："一年之计莫如树谷，十年之计莫如树木，终身之计莫如树人。一树一获者，谷也；一树十获者，木也；一树百获者，人也。"在这里形成了百年树人的思想。

在战略与策略方面，《孙子兵法》等古代兵书有精辟论述。从道、天、地、将、法五个方面分析战场全局，书中有"知己知彼，百战不殆"的名言，只有详细了解对方情况，又熟悉自己的情况，从而加以比较，确定战略、战术，充分发挥主观能动性，才能取得胜利。在战争中要"上兵伐谋，其次伐交，其下攻城"，这种主动进攻、积极防御的思想，对今天企业界确定"攻势经营战略"颇有指导意义。在《军事篇》中说"故善用兵者，避其锐气，击其惰归，此治气也"，避开敌人锐气，让其松懈疲惫时再去攻击，这对于企业在激烈竞争中以弱胜强，以小制大，颇有借鉴作用。

在工程管理方面，中国古代有很多成功的例子，从万里长城的修建到大运河的开凿，从都江堰水利工程到长安古都修建，无不渗透着工程管理的智慧。历经数千年的演变发展，逐渐形成具有中华民族特色的管理思想体系和传统，在世界范围内受到普遍的关注。

（二）西方古代管理思想

西方古代管理思想起源于埃及、巴比伦的史籍与宗教文献中，公元前两千多年的古代巴比伦国就制定了有名的《汉谟拉比法典》，内容涉及人的行为、惩罚、工资及贸易管理等许多方面。其中规定："若营造商为别人建造的房屋不牢固，倒塌致死人命，这个营造者就将被处死。"《圣经》中记载了以色列人的早期统治经验，其中讲到古代希伯来人的领袖摩西接受了他岳父的三条建议：一是要制定法令，昭告民众；二是应建立等级，授权委托管理；三是必须责成专人分级管理，问题尽量在下面解决，只有重要的政务才提交摩西处理。摩西据此在全国选择敬畏上帝、有才能而又诚实的人，使他们分别担任十夫长、五十夫长、千夫长，建立分级管理体制，为防止众夫长各自为政，又颁布了"摩西十戒"，达到了分权而不分散、有效率而又不乏统一的结果。

古代罗马天主教会的管理，成功地解决了大规模活动的组织问题。它所采取的组织管理方法能够全面地控制在世界各个角落的5亿之众的教徒生活。天主教会是按照地理区域划分基层部门的，但是也在此基础上采用有高度效率的职能分工，以便更好地处理问题。

15世纪初，拥有近两千名工人的威尼斯兵工厂，开始采用流水作业的生产和管理方法，生产效率达到一小时之内装配、调试、下水、装备一艘大型战船的全部工作。这一方法规定：工厂管理直接指挥工头和技术顾问，全权管理生产，并建立早期成本会计制度，负责独立核算。全厂工作划分若干职能部门，每一部门设定负责人，分阶段、有计划开展，重要事情集中管理。这种集权与分权的统一，初次体现出现代管理的雏形。

西方古代管理思想受人类历史发展程度和社会实践深入程度的限制，缺乏理论的系统性和深刻性。直到18世纪下半叶工业革命开始，特别是蒸汽机的发明促进了化学、冶金和机器制造业的发展，工业革命由英国波及法国、德国、美国、日本，社会生产组织形式从家庭转向工厂，管理思想有了飞跃发展。

二、现代管理思想的新发展

进入20世纪80年代以后,随着社会、经济、文化的迅速发展,特别是信息技术的发展与知识经济的出现,世界形势发生了极为深刻的变化。面对信息化、全球化、经济一体化等新形势,企业之间的竞争加剧,联系增强,管理出现了深刻的变化,形成了全新的格局。正是在这样的形势下,管理思想出现了一些全新的发展趋势。

(一) 非理性主义倾向与企业文化

非理性主义倾向产生的背景。20世纪70年代末、80年代初,由于经营风险增大,竞争激烈,管理日趋复杂,在西方管理理论界出现了一种非理性主义倾向和重视企业文化的思潮。

非理性主义倾向,是相对于传统管理理论中唯理性主义的管理思想而言的。他们认为,管理的根本因素是人,因此应当以人为核心,发掘出一种新的活生生的以人为重点的、带有感情色彩的管理模式来取代传统的纯理性模式。

非理性主义倾向的主要观点:
(1) 批判传统管理中的纯理性主义。
(2) 倡导对管理实务的研究。
(3) 重视对企业成功经验的总结,在总结中提出以"软管理"为中心的管理模式。
(4) 高度重视企业文化。

(二) 战略管理思想的提出

战略管理思想产生的背景。20世纪70年代前后,世界进入科技、信息、经济全面飞速发展时期,同时竞争加剧,风险日增。为了谋求企业的长期生存发展,开始注重构建竞争优势。这样,在经历了长期规划、战略规划等阶段之后,形成了较为系统的战略管理理论。

战略管理理论的产生与发展。安索夫(Ansoff)的《公司战略》(1965)一书的问世,开创了战略规划的先河。到1976年,安索夫的《从战略规则到战略管理》一书出版,标志着现代战略管理理论体系的形成。

（三）企业再造理论的形成

企业再造理论产生的背景。进入20世纪70年代，市场竞争日趋激烈。美国企业为挑战来自日本、欧洲的威胁而展开探索。1993年，美国麻省理工学院教授迈克尔·哈默（M. Hammer）博士与詹姆斯·钱皮（J. Champy）提出了企业再造理论。企业再造的基本含义，是指"为了飞越地改善成本、质量、服务、速度等重大的现代企业的运营基准，对工作流程（business process）作根本的重新思考与彻底翻新"。

（四）打造学习型组织

"学习型组织"理论产生于20世纪90年代，知识经济的到来，使信息与知识成为重要的战略资源，相应诞生了"学习型组织"理论。"学习型组织"理论是美国麻省理工学院教授彼得·圣吉在其著作《第五项修炼》中提出来的。"学习型组织"的基本思想是"未来真正出色的企业，将是能够设法使各阶层人员全心投入，并有能力不断学习的组织"。在学习组织中，有五项新的技能逐渐汇集，被彼得·圣吉称为"五项修炼"。学习型组织及其成员需要经历"建立共同愿景、改变心智模式、自我超越、团队学习和系统思考能力"五项修炼。

第五节 管理理论

管理理论出现在第一次世界大战前的一段时期，是随着自由资本主义向垄断资本主义过渡而产生的。由于它的出现，管理学才作为一门科学正式确立。它实际上分为几大学派，以美国泰勒为代表的科学管理学派和以法国法约尔为代表的经营管理学派。

一、科学管理学派的管理理论

科学管理不仅仅是将科学化、标准化引入管理，更重要的是提出了实施科学管理的核心问题——精神革命。精神革命是基于科学管理认为雇主和雇员双方的利益是一致的。因为对于雇主而言，追求的不仅是利润，更重要的是事业的发展。而事业的发展不仅会给雇员带来较丰厚的工资，而且更意味着个人潜质的充分发挥，是满足自我实现的需要。正是这项事业使雇主和雇员联系在一起，当双方友好合作，互相帮助来代替对抗和斗争时，就能通过双方共同的努力提高工作效率，生产出比过去更大的利润，可使雇主的利润得到增加，企业规模得到扩大。相应地，也可使雇员工资提高、满意度增加。泰勒说：科学管理的实质是一切企业或机构中的工人们的一次完全的思想革命——也就是这些工人在对待他们的工作责任、对待他们的同事、对待他们的雇主态度的一次完全的思想革命。同时，也是管理方面的工长、厂长、雇主、董事会，在对他们的同事、他们的工人和对所有的日常工作问题责任上的一次完全的思想革命。没有工人与管理人员双方在思想上的一次完全的革命，科学管理就不会存在。科学管理理论对管理学理论和管理实践的影响是深远的，直到今天，科学管理的许多思想和做法仍被许多国家参照采用。

泰勒在前人的基础上，创造性地提出了一整套"科学管理"理论，将管理工作从一般事务性工作中解脱出来，成为一门独立学科。也因为泰勒开拓性的伟大贡献，他的科学管理理论成为管理学的基础，他被称为"科学管理之父"。

泰勒认为：科学管理的根本目的是谋求最高劳动生产率，最高的工作效率，要达到最高工作效率的手段是用科学化、标准化的管理方法代替经验管理。泰勒认为，最佳的管理方法是任务管理法。他在书中这样写道，广义地讲，对通常所采用的最佳管理模式可以这样下定义：在这种管理体制下，工人们发挥最大程度的积极性；作为回报，则从他们的雇主那里取得某些特殊的刺激。这种管理模式将被称为"积极性加刺激性"的管理，或称任务管理，对之要作出比较。

（一）泰勒提出新的管理任务

第一，对工人操作的每个动作进行科学研究，用以替代老的单凭经验的办法。

第二，科学地挑选工人，并进行培训和教育，使之尽快成长；而在过去，则是由工人任意挑选自己的工作，并根据各自的可能进行自我培训。

第三，与工人的亲密协作，以保证一切工作都按已发展起来的科学原则去办。

第四，工厂主和工人之间在工作和职责上几乎是均分的，资方把自己比工人更胜任那部分工作承揽下来；而在过去，几乎所有的工作和大部分的职责都推到了工人们的身上。

（二） 泰勒管理理论的主要观点

（1） 管理科学的根本目的是谋求最高工作效率。泰勒认为，最高的工作效率是工厂主和工人达到共同富裕的基础。

（2） 达到最高工作效率的重要手段，是用科学的管理方法代替旧的经验管理。

（3） 实施科学管理的核心问题，是要求工厂主、资本管理人员和工人双方在精神上和思想上来一个彻底变革。

根据以上观点，泰勒提出了以下的管理制度。

（1） 对工人提出科学的操作方法，以便合理利用工时、提高工效。

（2） 在工资制度上实行差别计件制。

（3） 对工人进行科学的选择、培训和提高技能。

（4） 制定科学的工艺规程，并用文件形式固定下来以利推广。

（5） 管理和劳动分离，把管理工作称为计划职能，工人的劳动称为执行职能。

科学管理理论的产生对于管理学的形成与发展起到了积极的作用：它冲破多年沿袭下来的传统落后的经验管理方法，将科学引进了管理领域，并且创立了一套具体的科学管理方法来代替单凭个人经验进行作业和管理的方法，这是管理理论上的创新；由于采用了科学的管理方法和科学的操作程序，使生产效率提高了两三倍，推动了生产的发展，适应了资本主义经济在那个时期发展的需要；由于管理职能与执行职能的分离，企业中开始有一些人专门从事管理工作，这就使管理理论的创立和发展有了实践基础。

（三） 科学管理理论的思想精要

泰勒对科学管理作了这样的定义，他说："诸种要素——不是个别要素的结合，构成了科学管理，它可以概括如下：科学，不是单凭经验的方法。协调，不是不和别人合作，不是个人主义。最高的产量，取代有限的产量。发挥每个人最高的效率，实现最大的富裕。"这个定义，既阐明了科学管理的真正内涵，又综合反映了泰勒的科学管理思想。

（四） 工作定额原理

在当时美国的企业中，由于普遍实行经验管理，产生一个突出的矛盾，就是资本家不知道工人一天到底能干多少活,但总嫌工人干活少,拿工资多,于是就往往通过延长劳动时间、增加劳动强度来加重对工人的剥削。而工人也不确切知道自己一天到底能干多少活,但总认为自己干活多、拿工资少。当资本家加重对工人的剥削,工人就用"磨洋工"消极对抗,这样企业的劳动生产率当然不会高。

泰勒的科学管理理论还包括:标准化原理;计件工资制;劳资双方密切合作;建立专门计划层;职能工长制度。

科学管理理论是一个综合概念。它不仅仅是一种思想,一种观念,也是一种具体的操作规程,是对具体操作的指导。首先,以工作的每个元素的科学划分方法代替陈旧的经验管理工作法;其次,以员工选拔、培训和开发的科学方法代替先前实行的那种自己选择工作和想怎样就怎样的训练做法;再次,与工人经常沟通以保证其所做的全部工作与科学管理原理相一致;最后,管理者与工人应有基本平等的工作和责任范围。管理者将担负起其恰当的责任,而过去,几乎所有的工作和大部分责任都压在了工人身上。

20世纪以来,科学管理在美国和欧洲大受欢迎。100多年来,科学管理思想仍然发挥着巨大的作用。当然,泰勒的科学管理理论也有其一定的局限性,如研究的范围比较小,内容比较窄,侧重于生产作业管理。另外,泰勒对于现代企业的经营管理、市场、营销、财务等都没有提及。更为重要的是他对人性假设的局限性,即认为人仅仅是一种经济人,这无疑限制了泰勒的视野和高度。而这些也正是需要泰勒之后的管理大师们创建新的管理理论来加以补充的地方。

二、经营管理学派的管理理论

(一) 法约尔管理思想简介

亨利·法约尔(Henry Fayol,1841~1925),法国科学管理专家,西方管理理论过程学派的代表人物之一。1860年从国立矿业学院毕业后,在福尔尚布采矿冶金公司工作,先后担任工程师、矿长、经理、总经理。从1918年创立管理科学研究中心开始,法约尔的晚年专门从事管理科学方面的研究。他一生发表了许多重要著作和论文,其中《工业管理和一般管理》是其代表作。在这本书里,法约尔系统阐述了他的管理思想。

1. 管理的本质及五大要素

通过对经营和管理这两个概念进行比较,法约尔揭示了管理的定义和本质。他认为，经营和管理是两个不同的概念，经营是"指导和引导一个组织去达到一个目标"，经营行为包括六种活动，即技术活动、商业活动、财务活动、安全活动、会计活动和管理活动。任何企业都存在着这六种活动。而管理活动则只是这六种活动中的一种，是企业从事经营活动必备的而且是非常重要的宏观活动。什么叫管理？法约尔认为，管理就是实行计划、组织、指挥、协调和控制。

计划是主要的管理活动之一，是指预测未来并制定行动方案。科学的管理首先必须对未来作出判断，并为未来的活动制定规则，而且计划必须保持统一、灵活、连续、精确和具有前瞻性等特点。

组织是指建立企业的物质结构和社会结构。管理的目的和任务就是要建立一种最有效的组织架构，从而使企业的计划得以很好的制订和完成。法约尔特别强调，企业组织的社会人员结构应遵守等级系列原则，1个工头管15名工人，1个上级领导4个下级，从而形成金字塔式的人员等级系列。

管理的第三要素是指挥。指挥是指领导机构或个人运用领导艺术和手段指使企业组织和人员实施企业计划，达成企业目标。各种组织的组织工作要由综合素质高、领导能力强的人来担任。负责指挥的管理机构或个人必须遵循8种原则才能达到指挥的正确性和高效性。

协调是组织管理活动必不可少的内容，它是指让企业人员团结一致，使企业中的所有活动和努力和谐统一。企业组织越庞大，企业经营活动越复杂，协调的必要性也就越大。同时，企业与外部系统发生关系，也必须通过协调和沟通才能有效完成。

控制是指保证企业进行的活动符合制订的计划和所下达的命令，即对各项工作能否按计划进行随时作出反应。控制的目的在于检验管理中其他四要素在实际发挥作用时是否得当，企业行为发生偏差时及时得到调整。

2. 管理的14条原则

在《工业管理和一般管理》一书中，法约尔提出了管理的14条原则：（1）劳动分工；（2）权利与责任；（3）纪律；（4）统一指挥；（5）统一领导；（6）个别利益服从整体利益；（7）人员的报酬；（8）集权与分权；（9）等级序列；（10）秩序；（11）公平；（12）人员的稳定；（13）首创精神；（14）集体精神。这14条原则是其"一般管理理论"的核心内容。

3. 倡导研究管理理论，开展管理教育

在法约尔之前已经存在着一些西方早期的管理思想，如亚当·斯密的劳动分工和经济人观点,小瓦特和博尔顿的科学管理制度,欧文的人事管理试验,亨利·汤的收益分享制度等,这些管理思想虽然相当可贵,但总的说来还是比较简单,没有形成理论体系。而且在法约尔时代,各学校还没有开设管理方面的课程,企业领导者、管理层和普通员工只能通过实践经验的积累而从事管理工作。由于每个人的客观条件不一样,每个管理人员都按照自己的思想、原则和方法行事,没有一种科学统一的、能为公众普遍接受的理论和原则,因而在工厂、军队、家庭和国家机构中,到处都可以看到在同一原则的名义下极为矛盾的做法,这就非常有必要尽快建立一种系统的、具有普遍指导意义的管理理论。

法约尔在《工业管理和一般管理》中,非常强调进行管理教育。他说,"当人们有成效地尽最大努力推广和改进技术知识的时候,我们的工业学校在为未来的领导者提供商业、财务、管理和其他职能知识方面,却什么都没做","实际上,管理能力也应该像技术能力一样,首先在学校,然后在车间里得到"。学校教育,尤其是在大学或学院开设管理课程,是研究和传授管理理论的绝好方法,因为"管理是所有人类组织(不论是家庭、企业、政府)都有的一种活动。由于管理是普及各个领域的,所以管理的一般知识对每一个人都是有益的,应该在各院校中传授"。

4. 法约尔的"一般管理理论"是对泰勒"科学管理理论"的抽象和超越

泰勒与法约尔是同一时代的人,他们都是西方古典管理理论的奠基者。

泰勒是现代科学管理理论的创始人,在他的代表作《科学管理原理》一书中,系统地阐述了他的科学管理理论:(1)不断提高劳动生产率是管理学研究的核心;(2)标准化;(3)培训一流的工人,使工人的能力与工作相配合;(4)实行差别计件工资制;(5)计划职能与执行职能分离等。

比较泰勒的科学管理理论和法约尔的一般管理理论可以看出,前者的理论研究的重点是企业内部具体工作的工作效率,探讨的是如何通过科学管理的技术、方法和手段来提高生产效率,关注的是微观的、具体生产环节的、具体的操作过程。而后者则是从"办公桌前的总经理"向上延伸,他以大企业的整体运作作为研究对象,对管理理论进行了较为全面、系统的研究,把研究的重点放在管理的职能和组织原则上,以更加概括的、系统的和理论化的形式从管理的组织和职能关系上揭示了管理的本质,归纳了管理的普遍原则,使管理理论更加宏观化、系统化和理论化。也就是说,他既看重泰勒所关注的劳动者劳动过程中的环节、工具、效率、标准化和积极性,更看重企业宏观经营活动中的计划、组织、指挥、控制、权利与责任、首创精神等，他的管理思想从具体的环节中、技巧中抽象出来，形成了具有普遍意义的职能和原则，既适合于一般的企业管理，也对社会组织、政府和国家的管理具有普遍意义，因而是对泰勒的科学管理理论的抽象和超越。

（二）法约尔管理理论的影响

法约尔的一般管理理论和泰勒的科学管理理论一起，对西方管理学理论的形成、发展有非常重大的影响。他的一般管理的要素、原则自产生以来不仅给实际管理人员以巨大的帮助，而且直到今天仍然使企业、社会和政府的很多人受益。

德国著名社会学家和管理学家韦伯提出的"理想的行政组织体系"理论；管理学过程学派的主要代表人物、美国管理学家詹姆斯·穆尼和艾伦·赖莱提出的组织效率原理；美国管理学家、管理学过程学派的代表人物哈罗德·孔茨在其《管理学》中提出的管理五项职能说（计划、组织、人事、指挥、控制）；英国管理学家林德尔·厄威克提出管理理论系统化以及他与古利克提出的管理七职能说（计划、组织、人事、指挥、协调、报告、预算）；美国著名经济学家罗伯特·杰·艾伯特和埃弗雷特·伊·小亚当合写的《生产与经营管理》提出管理三大职能说（计划、组织、控制）；美国当代著名管理学家斯蒂芬·罗宾斯的《管理学》将管理的职能分为计划、组织、领导和控制四个方面等，都是在法约尔管理理论的基础上建立和发展起来的。法约尔的一般管理理论不仅适用于工商企业，而且延伸到社会组织、政府和国家等诸多领域。他的"管理十四原则"和"管理五要素"说在行政管理的理论与实践中已被作为普遍遵循的准则而存在，成为现代行政管理理论的重要组成部分。法国政府就曾将他的理论在邮政部门运用并推而广之。美国著名行政学家伦纳德·怀特运用一般管理理论研究政府行政管理，而且美国政府也将一般管理理论提供的科学原理和方法应用于政府的行政管理，精简政府，调整机构，促进了政府的工作改革，提高了行政效率。

法约尔的管理理论经过哈罗德·孔茨、纽曼等人的继承和发展，形成了一门完整的学说。他的管理理论对于现代管理，无论是企业管理还是行政管理，都具有显著的指导意义。他的管理理论和管理教育思想为其后的管理学家和教育学家所接受和发扬，现在几乎所有的经济学院、管理学院和行政学院都要开设管理学这门课，我国很多大学所编写的管理学教材，其框架体系和主要内容仍然与法约尔的管理思想基本一致。

当然，法约尔所处的时代和其自身条件的局限性使得他和泰勒一样，避免不了其理论上的缺憾和不足。比如其管理理论的体系不够完整，管理学内容比较肤浅、简单，管理方法过于直观和单一，把人当作机器，忽视人的心理特征和物质利益之外的各种复杂需求等，这都是他的管理理论的不足之处，也为后来的管理学家对古典管理理论的发展留下了广阔的空间。但即便如此，法约尔仍不失为世界管理学理论的奠基者之一，他的管理学理论至今仍熠熠生辉。

三、行为科学学派的管理理论

行为科学是20世纪30年代开始形成的一门研究人类行为的新学科，一门综合性科学，并且发展成为管理研究的主要学派之一。行为科学是综合应用心理学、社会学、社会心理学、人类学、经济学、政治学、历史学、法律学、教育学、精神病学及管理理论和方法，研究人的行为的边缘学科。它研究人的行为产生、发展和相互转化的规律，以便预测和控制人的行为。目前，行为科学已在管理上得到广泛的应用，并取得了显著的成效。它的成功改变了管理者的思想观念和行为方式。行为科学把以"事"为中心的管理，改变为以"人"为中心的管理，由原来对"规章制度"的研究发展到对人的行为的研究、由原来的专制型管理向民主型管理过渡。

（一）行为科学管理理论产生与发展

行为科学管理理论产生之前，在西方盛行的是古典管理理论，古典管理理论产生形成于19世纪末20世纪初，主要是系统地研究企业生产过程和行政组织管理。前者以泰勒为代表，着重研究车间生产，如何提高劳动生产率问题；后者以法约尔、韦伯为代表，着重探讨大企业整体的经营管理，突出的是行政级别组织体系理论。行为科学管理理论在相当程度上克服了古典管理理论的弊端。

行为科学管理理论始于20世纪20年代中至30年代初梅奥的霍桑实验，该项研究的结果表明，工人的工作动机和行为并不仅仅为金钱收入等物质利益所驱使，他们不是"经济人"而是"社会人"，有社会性的需要。梅奥因之建立了人际关系理论，行为科学的前提也称为人际关系学。1949年在美国芝加哥召开的一次跨学科会议上，首先提出行为科学这一名称。1953年正式把这门综合性学科定名为"行为科学"。

对于行为科学，国内外都持有不同的看法。国外有人认为它现在只不过是一种科学的虚构，还不是科学的真实。在理论上是混乱的，概念上也是不统一的，方法上的可靠性也值得怀疑。国内有三种意见：第一种认为，行为科学是一门现代科学，任何国家和阶级都可以研究它、应用它；第二种认为，行为科学是调和阶级矛盾的产物，是为维持资本主义秩序服务的，必须彻底否定；第三种认为，人的行为是客观存在的，把人的行为作为一门科学来研究是完全必要的，在研究中提出假设也是允许的，行为科学有合理的地方也有不合理的成分，应当根据我国国情，吸收其合理的部分。

（二）行为科学管理理论的论点

行为科学管理理论主要包括四个问题。一是人性假设是行为科学管理理论的出发点。其中各个时期，管理者对管理对象的认识可以分为六种基本类型：工具人假设；经济人假设；社会人假设；自我实现人假设；复杂人假设；决策人假设。二是激励理论是行为科学的核心内容，具体而言，包括层次理论、行为改造理论、过程分析理论三个方面。三是群体行为理论是行为科学管理理论的重要支柱，掌握群体心理是研究群体行为的重要组成部分。四是领导行为理论是行为科学管理理论的重要组成部分，包括对领导者的素质、领导行为、领导本体类型、领导方式等方面的研究。

（三）行为科学管理理论的特点

行为科学管理理论的主要特点：一是把人的因素作为管理的首要因素，强调以人为中心的管理，重视对职工多种需要的满足；二是综合利用多学科的成果，用定性和定量相结合的方法探讨人的行为之间的因果关系及改进行为的办法；三是重视组织的整体性和整体发展，把正式组织和非正式组织、管理者和被管理者作为一个整体来把握；四是重视组织内部的信息流通和反馈，用沟通代替指挥监督，注重参与式管理和职工的自我管理；五是重视内部管理，忽视市场需求、社会状况、科技发展、经济变化、工会组织等外部因素的影响；六是强调人的感情和社会因素，忽视正式组织的职能及理性和经济因素在管理中的作用。

（四）影响较大的几种行为科学管理理论及代表人物

（1）马斯洛的人类需求层次理论；

（2）弗鲁姆的期望值理论；

（3）麦克利兰的成就需要理论；

（4）布莱克和莫顿的管理方格理论等。

（五）行为科学对企业管理的影响

行为科学对企业管理的影响主要有如下几点：一是强调企业管理中人的因素的重要性，主张从社会学、心理学的角度来研究管理；二是重视社会环境，人们的相互关系对劳动效率的影响；三是认为行为是人的思想、感情、欲望在行动上的表现，管理的作用就在于使人们因措施的刺激而产生一种行为动机；四是要从人的行为本性激发出动力。

四、现代管理理论的形成与发展

（一）现代管理理论的形成

（1）工业化的发展。在20世纪40年代，一方面，由于工业生产的机械化、自动化水平不断提高以及电子计算机进入工业领域，在工业生产集中化、大型化、标准化的基础上，也出现了工业生产多样化、小型化、精密化的趋势。另一方面，工业生产的专业化、联合化不断发展，工业生产对连续性、均衡性的要求提高，市场竞争日趋激烈、变化莫测，即社会化大生产要求管理改变孤立的、单因素的、片面的研究方式，转而形成全过程、全因素、全方位、全员式的系统化管理。

（2）战争的需要。第二次世界大战期间，交战双方提出了许多亟待解决的问题，如运输问题、机场和港口的调度问题、如何对大量的军火进行迅速检查的问题等，都涉及管理的方法。

（3）科学技术的进步。科学技术发展迅猛，现代科学技术的新成果层出不穷，迫切要求整合现有管理资源，改变管理的单一性。

（4）生产关系的变化。资本主义生产关系出现了一些新变化，由于工人运动的发展，赤裸裸的剥削方式逐渐被新的、更隐蔽更巧妙的剥削方式所掩盖。新的剥削方式着重从人的心理需要、感情方面等着手，形成处理人际关系和人的行为问题的管理。

（5）管理理论的发展。管理理论的发展越来越借助于多学科交叉作用，经济学、数学、统计学、社会学、人类学、心理学、法学、计算机科学等各学科的研究成果越来越多地应用于管理。现代管理理论学派林立的原因除了技术进步、生产社会化等社会、经济背景因素外还有以下重要理论、实践以及研究者个体等方面的因素：一是管理领域复杂性的影响；二是管理学者知识背景不同的影响；三是管理实践发展不同时期的影响；四是理论发展规律的影响。

（二）现代管理理论的发展

进入20世纪50年代以后，形成了诸多的管理学派，被称之为管理理论的"热带丛林"。管理科学产生与发展的因素主要有以下两个方面：一是企业规模不断扩大，市场竞争加剧，决策关系企业的生死存亡，对企业管理、特别是决策水平提出了更高的要求；二是科学技术迅猛发展，大量的先进成果可以应用于管理决策，为提高决策水平、建立系统的管理科学提供了技术支持。

五、现代各种管理理论

现代管理理论的主要代表学派有：管理过程学派、管理科学学派、社会系统学派、决策理论学派、系统理论学派、经验主义学派、经理角色学派和权变理论学派等。这些管理学派研究方法众多，管理理论不统一，各个学派都有自己的代表人物，自己的用词意义，自己所主张的理论、概念和方法。

（一）管理过程学派的管理理论

管理过程学派又叫管理中的数量学派。这一理论是美国加利福尼亚大学的教授哈罗德·孔茨和西里尔·奥唐奈里奇提出的。管理过程学派认为：无论组织的性质和组织所处的环境有多么不同，但管理人员所从事的管理职能却是相同的。孔茨和奥唐奈里奇将管理职能分为计划、组织、人事、领导和控制五项，而把协调作为管理的本质。孔茨利用这些管理职能对管理理论进行分析、研究和阐述，最终建立起管理过程学派。孔茨继承了法约尔的理论，并把法约尔的理论更加系统化、条理化，使管理过程学派成为管理各学派中最具有影响力的学派。

（二）管理科学学派的管理理论

这一理论是指以系统的观点运用数学、统计学的方法和电子计算机技术，为现代管理的决策提供科学的依据，通过计划和控制解决企业中生产与经营问题的理论。该理论是对泰勒科学管理理论的继承和发展，其主要目标是探求最有效的工作方法或最优方案，以最短的时间、最少的支出，取得最大的效果。

（三）社会系统学派的管理理论

这一理论是从社会学的角度来分析各种组织。它的特点是将组织看作是一种社会系统，是一种对人的相互关系的协作体系，它是社会大系统中的一部分，受到社会环境各方面因素的影响。美国的切斯特·巴纳德是这一学派的创始人，他的著作《经理人员的职能》，对该学派有很大的影响。他把组织定义为"两个或两个以上的人的有意识协调的活动或效力系统"，认为组织的产生是人的协作愿望导致的结果，有些个人办不到的事，协作就可办到。组织成员对于自己在工作中的贡献同所得到报酬进行比较后，决定组织能否继续存在和发展，必须有被组织成员认可的共同目标和必要的信息联系。巴纳德还提出了关于正式组织的权限接受理论，认为权限的存在，必须以下级的接受为前提，如果上级的命令不被下级人员接受和服从，权限也就不存在了。经理人员的作用就是在一个系统中作为相互联系的中心，并对组织成员的协作活动进行协调，以便组织正常运转，实现组织的共同目标。

（四）决策管理学派的管理理论

决策管理学派管理理论吸收了行为科学、系统论、运筹学和计算机程序等学科的内容的基础上发展起来的。这一学派代表人物西蒙是美国管理学家、计算机学家和心理学家。决策理论学派认为：管理过程就是决策的过程，管理的核心就是决策。西蒙强调决策职能在管理中的重要地位，以有限理性的人代替有绝对理性的人，用"满意原则"代替"最优原则"。决策可分为程序化决策和非程序化决策，前者往往重复出现，一般有前例可循，处理时有固定程序；后者则是偶然出现或首次出现，无先例可循，处理时无固定程序。现实中也有些十分复杂而重大的问题，一般按非程序化方式处理，要求决策者必须具备一定的品质和条件，才能作出正确的决策。

（五）系统管理学派的管理理论

系统管理学派是指将企业作为一个有机整体，把各项管理业务看成相互联系的网络的一种管理学派。该学派重视对组织结构和模式的分析，应用一般系统理论的范畴、原理，全面分析和研究企业和其他组织的管理活动和管理过程，并建立起系统模型以便于分析。系统理论学派的代表人物是弗里蒙特·卡斯特，他是美国系统管理理论的重要代表人物，著名的管理学家，主要著作有《系统理论与管理》《组织与管理：系统与权变方法》等。该学派认为：系统观点、系统分析、系统管理都是以系统理论为指导的，三者之间既有联系，又有区别。企业管理系统由人、资金、物、技术、时间、信息六个基本要素构成。其中人是管理系统中的主体，其他各要素均受人的控制。在企业管理系统内部又分为四个子系统。第一是运行系统，它又细分为物资供应系统、库存系统、采购系统、销售系统、市场开发系统等。第二是控制系统，包括生产系统、指挥系统、协调系统、计划系统、预测系统、决策系统、组织系统、质量系统。第三是支持系统，比如职工福利系统、设备维修系统、保障系统等。第四是信息系统，包括信息收集系统、信息分析研究、处理等系统。企业的系统管理强调以整体系统为中心，追求系统的最优化。系统理论的范畴、原理，还可用于其他各种组织的管理，有助组织管理的整体优化。

（六）经验管理学派的管理理论

这一理论以向大企业的经理提供管理当代企业的经验和科学方法为目标。它重点分析成功管理者实际管理的经验，并加以概括、总结，得出他们成功经验中具有的共性东西，然后使之系统化、理性化，并据此向管理人员提供实际建议。其中的代表人物有：德鲁克、欧内斯特·戴尔等。经验管理学派的主要观点是：管理三项基本任务，第一是取得经济效果，不论社会制度或社会意识怎样，作为经济机构的企业，都有提供利润的责任；第二是使工作具有生产性，并使工作人员有成就；第三是承担企业的社会责任。该学派对企业的高层管理问题给予高度重视，对高层管理的任务、结构、战略等作了深入研究，虽然其功利主义的经验论在科学上的贡献不大，有些研究反映了大工业生产的客观要求，是很有价值的。

（七）经理角色学派的管理理论

这一理论是以对经理所担任角色的分析为中心来考虑经理的职务和工作，该学派认为，针对经理工作的特点及其所担任的角色等问题，如能有意识地采取各种措施，将有助于提高经理的工作成效。经理角色学派的代表人物是亨利·明茨伯格。他认为不管哪种类型的经理，其工作都有如下特点：工作量大，步骤紧张；活动短暂，多样而零碎；把现实的活动放在优先位置；常用口头交谈方式；重视同外部和下属的信息联系；权力和责任相结合。由经理的工作性质、权威和地位决定，经理在一定程度上担负 10 种角色：一是挂名首脑的角色；二是领导者的角色；三是联络者的角色；四是信息接受者的角色；五是信息传播者的角色；六是发言人角色；七是企业家角色；八是故障排除者角色；九是资源分配者角色；十是谈判者角色。这种理论仅适用经理阶层。

（八）权变理论学派的管理理论

这一理论认为，企业管理要根据企业所处的内外条件随机应变，没有什么一成不变、普遍适用的最好的管理理论和方法。企业管理要根据企业所处的内部条件和外部环境来决定其管理手段和管理方法，即要按照不同的情景、不同的企业类型、不同的目标和价值，采取不同的管理手段和管理方法。其代表人卢桑斯在 1976 年出版的《管理导论：一种权变学》是系统论述权变管理的代表著作。这种理论的运用，主要表现在计划、组织、领导方式三个方面：（1）计划制订，必须首先分析环境和组织的变量，在不同情况下，制订不同的计划，注意计划的模糊性与灵活性；（2）因地制宜选择管理的组织形式，是公司经理的首要任务；（3）合理确定领导方式。权变理论学派认识到每一种管理理论都有一定的适用范围，并不存在一种包治百病的良药，这是一种进步，但它过于强调管理的特殊性，忽视管理的普遍原则的做法，也是有缺陷的。

六、现代管理理论的发展趋势

现代管理理论随着时代的发展，特别是各管理学派的争鸣，虽各有所长，但也各有不同，现代管理理论的集中化趋势体现在以下九个方面。

（一）强调系统化

这就是运用系统思想和系统分析方法来指导管理的实践活动，解决和处理管理的实际问题。系统化，要求人们要认识到一个组织就是一个系统，同时也是另一个更大系统中的子系统。所以，应用系统分析的方法，就是从整体角度来认识问题，以防止片面性和受局部的影响。

（二） 重视人的因素

由于管理的主要内容是人，而人又是生活在客观环境中，虽然他们也在一个组织或部门中工作，但是他们在思想、行为等诸方面，可能与组织不一致。重视人的因素，就是要注意人的社会性，对人的需要予以研究和探索，在一定环境条件下，尽最大可能满足人们的需要，以保证组织中全体成员齐心协力地为完成组织目标而自觉做出贡献。

（三） 重视"非正式组织"在正式组织中的作用

非正式组织是人们以感情为基础而结成的集体，这个集体有约定俗成的信念，人们彼此感情融洽。利用非正式组织，就是在不违背组织原则的前提下，发挥非正式群体在组织中的积极作用，从而有助于组织目标的实现。

（四） 广泛地运用先进的管理理论与方法

随着社会的发展，科学技术水平的迅速提高，先进的科学技术和方法在管理中的应用越来越重要。所以，各级主管人员必须利用现代的科学技术与方法，促进管理水平的提高。

（五） 强调信息的利用

由于普遍强调通信设备和控制系统在管理中的作用，所以对信息的采集、分析、反馈等的要求越来越高，即强调及时和准确。主管人员必须利用现代技术，建立信息系统，以便有效、及时、准确地传递信息和使用信息，促进管理的现代化。

（六） 把"效率"和"效果"结合起来

作为一个组织，管理工作不仅仅是追求效率，更重要的是要从整个组织的角度来考虑组织的整体效果以及对社会的贡献。因此，要把效率和效果有机地结合起来，从而使管理的目的体现在效率和效果之中，也即通常所说的绩效。

（七） 重视理论联系实际

重视管理学在理论上的研究和发展，进行管理实践，并善于把实践归纳总结，找出规律性的东西，所有这些是每个主管人员应尽的责任。主管人员要乐于接受新思想、新技术，并用于自己的管理实践中，把诸如质量管理、目标管理、价值分析、项目管理等新成果运用于实践，并在实践中创造出新的方法，形成新的理论，促进管理学的发展。

（八）强调"预见"能力

当今社会在飞速发展，客观环境在时刻变化，这就要求人们运用科学的方法预测未来，进行前馈控制，从而保证管理活动的顺利进行。

（九）强调不断创新

要积极改革，不断创新。管理意味着创新，就是在保证"惯性运行"的状态下，不满足现状，利用一切可能的机会进行变革，从而使管理更加适应社会条件的发展变化。

第六节　管理原理

人类用自己的智慧创造着科学，科学则以自己新的方法和知识丰富着人类的智慧。从弓箭到太空飞船，随着科学技术的不断革命，高科技领域的竞争从来没有停止过，科学技术在创造自己巨大的物质成果时，也同时创造了"控制自我"的方法。管理原理在形成和发展中，必须不断从新的科学方法中汲取营养，充实和完善自我。本节根据管理原理的基本属性，主要探讨管理的人本原理、系统原理、平衡原理、弹性原理和最优原理。

一、管理的人本原理

人是管理活动的主体，人的积极性和创造性的充分发挥是管理活动成功的关键。管理的人本原理，是指一切管理活动都必须以调动人的积极性和创造性、做好人的工作为根本。

人本，其哲学含义是指人的最根本属性，即人之所以为人，凡人皆具的人性之根。管理的人本原理，是人们对现代管理活动经验的合乎规律的理论认识，它强调重视管理活动中人的因素，把人放在一种"根本"的位置上，把人的积极性和创造性作为管理活动的核心和动力。

人本原理对管理者和管理活动的基本要求是：一要树立辩证唯物主义的人

本观念，坚决摒弃见物不见人、重技术不重人、靠权力不靠人、把人作为外力强制及刺激驱动的附属因素的管理观念；二要把做好人的工作作为管理工作的核心，让人们明确组织的整体目标和个人工作的意义，并尽可能地结合被管理者的生理特点、心理素质、个人需求等，使工作岗位与个人能力、价值观、成熟感相适应，实行科学决策，民主管理；三要处理好人际关系，创造和谐的心理氛围。

坚持人本原理应遵循以下三个原理。

（一）管理的能级原理

为使管理活动有序、稳定、可靠、高效，必须在组织系统中，建立一定的层次及其相应的标准、规范。把所有组织成员，按其自身的能力素质科学地安排在相应的工作岗位上，做到人尽其才，各尽所能，这就是管理的能级原理。

能，在物理学中表示物体做功的能量。用到管理学中，表示个体的能力。人的这种能力是人在先天素质基础上通过后天训练获得的。人的能力有高低大小之分，导致量上的差别，即使具备大体相同的能力，不同的人对不同性质的工作，其适应性、胜任性也不尽相同，这导致相同一级水平能力上的质的差别。

级，即层次，在这里表示管理系统内部的结构、秩序或层次。管理的能级是不以人们的意志为转移的。现代管理的任务就是要建立一个合理的能级，使管理内容处于相应的能级中。

现代管理中的能级不可随便分设、任意组合。稳定的能级结构应当是正三角形或宝塔形。充分发挥人的聪明才智，用最少的人办最多的事。

能级原则要求不仅将人或机构按能级合理组织起来，而且规定了不同能级的不同目标。把责、权、利统一起来，为了使整个系统各能级在完成自身任务方面发挥出高效率，表现出高能量，就要赋予相对应的权力、物质利益和精神荣誉，做到在其位、谋其政、行其权、尽其责、取其酬、获其荣、惩其误，不搞平均主义。

管理系统内各种工作岗位都有不同的能级，按照能级原理，指挥人才应具有高瞻远瞩的战略眼光，有出众的组织才能，善于识才用人，善于判断决策，有永不衰竭的事业进取心；反馈人才必须思想活跃敏锐，知识兴趣广泛，吸收新鲜事物，综合分析能力强，敢于直言，富于求实精神；监督人才必须公道正派，铁面无私，熟识业务，联系群众；执行人才诚实可靠、埋头苦干、任劳任怨，善于领会上级意图等。用人之长，庸才变人才；用人之短，人才变庸才。不同的历史时期，任务不同，岗位能级就有差异，不同能级上的人员就要流动，因此，动态地实行能级对应，才能发挥最佳的管理效能。

（二）管理的动力原理

组织目标的实现要依赖于由各成员的个人动力汇聚成组织整体动力能量的定向、有序、高效的发挥。充分重视并正确地运用动力，使管理活动持续有效地进行，这就是管理的动力原理。

动力原理的核心内容，一是动力源，对个人来说，管理的动力源是指管理活动中所有可能导致人们投入组织活动的人的种种需求；二是有效的动力机制，也就是指有一种确定的引发、刺激、导向、制约动力源的条件机制。无动力源，管理活动如一潭死水，运动不能产生，目标不能实现。通常动力有以下三种类型。

（1）物质动力。物质动力是指按照人的物质需要，通过适当的物质刺激调动人的积极性。物质需要即人们对一定的天然物品和社会劳动、文化、生活用品的需要。这种需要是人求生存、谋发展的一种基本需要。这种需要的满足会对人的行为产生强烈的刺激作用。如实行按劳分配，根据每个人工作贡献的大小而给予相应的工资收入、奖金、生活待遇，提供良好的工作环境和生活条件等，都会调动人的工作积极性。唯物主义认为，物质是第一性的，物质的存在决定人们的意识，所以，物质动力是根本动力。

（2）精神动力。精神动力是指通过满足人的精神需要来激励、调动人的积极性和创造性。人的精神需要主要指人对科学文化知识、社会交往、社会地位、理想与抱负等方面的需要。精神动力不仅可以补偿物质动力的缺陷，而且其本身具有巨大的威力。当物质越来越丰富的时候，精神需要在人的需要结构中占有越来越重要的位置，并且由于精神需要在这种结构中往往居于高层次位置，所以，精神动力比物质动力更稳定、更持久。

（3）信息动力。从管理角度看，信息作为一种动力，有其相对的独立性。就一个国家而言，如果闭关自守，没有国际信息交流，就不能有前进的动力。对一个企业而言，信息是竞争的基础，国外企业开发新产品，主要抓住两点：一是市场是否需要，二是竞争对手如何。只有掌握了信息，才能在市场竞争中立于不败之地。对于个人而言也是如此，掌握知识越多的人，越有工作和生活动力。

以上三种动力在运用中，必须注意几点：一是有重点地综合协调运用；二是建立一套行之有效的动力机制；三是处理好当前动力与长远动力的关系；四是应用的刺激量要适当。

（三）管理的行为原理

对组织内多级多类人员的行为进行科学划分，采取有效的管理，以求最大限度地调动人的积极性，这就是管理的行为原理。

行为原理有两大相互联系的核心内容，一是对行为的科学分析。人的行为是人的需要及相应的心理活动、动机等内隐因素的外在表现。造成人的行为动机，既需有人的需要为基础，也需外界环境因素的激发。现实中，由于人的行为受到人的意识、理性、意志的自觉控制，人的外显行为与内隐成分存在复杂的关系，因此，要揭示人的行为规律、特点，必须进行全面深层分析。二是对人的行为及其效果进行有效的管理。由于同样的行为可以由完全不同的需要、动机引起，而同样的需求、动机，对不同的人又有非常不同的行为方式，因此，对人的行为管理要具体情况具体对待，必须贯彻行为准则。

（1）尽力满足组织各成员正当、合理的物质和精神方面的客观需要。对于正当合理的客观需要，管理者有责任尽力帮助解决，并应创造条件，使这些需要的满足度不断提高，这是调动人的积极性的根本前提。

（2）对组织成员的行为管理要灵活多样、讲究实效。一方面，由于人的需求及行为有共同性、普遍性，要寻求共同的行为规律，以便于进行一般性行为管理；另一方面，由于每个人的个性特征所表现在行为上的个体差异性和特殊性，管理者在具体的管理中，要有权变观念，因人而异，对症下药。

（3）务必使每个人都有确定的、可以考核的具体责任，并对其完成、履行责任结果进行认真验收，使之与个人的利益挂钩。根据不同情况，实行责任制，这是行为原则的具体要求。必须对每个人的工作效率、结果进行认真的考核和鉴定，根据结果，按照规定实施奖惩。这样才有利于激发人的责任心、主动性、积极性和创造性。

二、管理的系统原理

系统是普遍用于自然科学和社会科学的外延很宽的一个概念。从哲学的角度讲，系统是各要素之间及要素与整体之间相互对立、相互联系、相互作用的矛盾统一体，是从要素量的组合达到总体质的飞跃的效应。因此，系统概念反映了客观世界多因素、多变量、多层次交互作用的复杂关系，以及系统内在的复杂的因果关系、质量互变关系、结构与功能统一关系等。

管理是一个大系统，它的整体性、层次性、优化原理等在整个管理中表现得尤为明显。系统方法，即从整体出发，运用现代技术和先进工具，精确地定量考察系统与系统之间、要素与要素之间、系统与环境之间的关系与联系、系统运动变化的规律性、系统的结构功能和运动过程的最优性等。为科学管理提供了整体功效原则、结构优化原则、相关联原则、动态性原则和最优化原则，以便获得最优效果的方法，这在管理系统中尤为适用。

（一）整体谋划原理

任何系统均有若干部分（要素）组成，但在功能与行为与运动规律上，又与构成它的部分（要素）迥然不同。整体大于各个部分之和是系统思想的一个基本观点。

系统的整体性原则要求管理者和"智囊"们在实施管理时，必须着眼于全局利益和整体目标的实现。在系统与要素的相互联系、相互作用中，系统是通过整体的作用来控制和决定各要素在系统中的地位、排列顺序、作用的性质和范围的大小，统率着各要素的特性和功能，协调着各要素之间的数量比例关系。美国海军于1956年开始拟制的从核潜艇上发射核导弹的"北极星计划"，之所以能顺利执行并提前两年完成，头功应归于系统思考的整体观念。项目上马不是首先考虑器件或生产等局部问题，而是讨论整体规划。如明确系统目标，确定各子系统之间的相互关系，并对5年内技术发展的水平与趋势进行科学预测，从而做到心中有数，工作杂而有序，多而有章。日本一些学者参观了"阿波罗计划"中采用的硬设备和工艺后，认为没有日本造不出来的东西，但作为一个整体计划，设计和管理的技术系统工程，日本却不如美国。这说明，正确的方法比金钱更重要。整体性原则既是一个正确的方法，又是一种科学思考。

（二）结构谋划原理

事物联系的普遍性，包括因果联系、系统联系、结构联系、功能联系、起源联系等。在进行系统思考时，需要综合地考察上述种种联系，而系统的结构联系又占有特殊重要的地位，对系统功能起着关键作用。

不同性质的要素，可以构成不同的物质系统；相同种类、数量和性质的要素，因结构不同，也可以构成不同的物质系统；相同种类、性质的要素，由于数量不同，也可以构成不同的物质系统。研究系统结构，主要是研究系统内部各要素的排列顺序和组合方式。总的来说，系统内部各要素的排列组合方式有以下几种。

1. 同素异构

物质系统的组成要素的数量、性质和相互作用力的类型均相同，但由于要素之间的具体联系形式不同，致使各个要素间在空间的排列顺序、距离和方位不同，形成了不同的结构形式。例如战场结构，即使在敌我双方力量不变的情况下，也会随着交战双方兵力的机动，攻守情况的发展，形成不同的战场态势，其中包括力量对峙态势、犬牙交错态势、合围态势、分进合击态势等。这种由双方力量在机动、变动中演化出的许许多多的"态势"，可以说就是战场结构所反映出的同素异构现象。

2. 同构异素

同构异素即结构形式相同，物质系统的组合要素不同。还以战场结构讲，同样是合围的态势，有十则围之，也有五则围之，或我合围敌，或敌合围我。

自然科学还揭示其他各式各样的异构。如结构科学告诉我们，在组成有机化合物分子的各种原子种类和数目相同的情况下，除了由于原子排列顺序不同而产生结构差异现象外，还会在各种原子排列次序不变时，进一步表现出所谓"立体异构现象"，如链异构、位置异构、几何异构、光学异构等。从而使碳、氢、氧、氮等少数几种元素能够形成数百万种性质完全不同的有机化合物。

物质系统的结构可分为空间结构和时间结构。空间结构又可分为内部结构与外部结构。这种结构表现为各要素之间在数量上保持一定的数学比例关系，在性质上相互协调适应，在形状上呈网络立体交叉。对于任何一个物质系统来说，都有三个结构层次与之相联系——外层、中层、深层（要素各自的内部结构）；任何一种物质系统都是一种历史的存在——随着外界环境条件的变迁和内部要素之间的关系变化而变化。这种历史时态的变动结构就是系统的时间结构。

总之，任何物质系统的结构，都是空间结构和时间结构的统一，都是稳定性结构和可变性结构的统一。

结构谋划原则最重要的是要把握结构与功能的辩证关系。在要素已经确定、环境影响不变的情况下，巧妙地安排系统的时间结构与空间结构，以提高或改变系统的功能，根据已知对象的内部结构，推测和预见对象的功能，根据已知对象的功能，来推测和预见对象的结构；根据人们的需要，通过调整结构谋求系统的新功能等，例如，可以根据专利文献记载信息，推测和预见竞争对手的技术发展水平，根据已知的技术水平，推测技术发展方向，从而确定赶超的对策措施等。

（三）结构决定功能原理

结构决定功能是一条普遍的规律。在自然科学刚刚兴起时，科学家们注重要素而轻结构，发明创造主要靠在反复试验中的经验积累，靠试错法，靠天才的直觉。如发明炼钢技术的人并不了解同时代人关于钢的微观结构学说，爱迪生发明了电灯，但他并不了解麦克斯韦的电磁场方程。然而，近一百多年来，随着现代自然科学的形成和发展，人们的思维方式和科学研究的方向已经发生了根本性转变，理论先于生产实践，科学的预见和综合冲破了试错法的思维框架，以致国际上许多著名的科学家都指出"全部科学的目标是发现有序化的时间结构和空间结构"。与此相类似，以往人们注重于事物在发展中由量变引起质变，注重于通过提高事物系统内要素的单个质，促使系统的整体发生质变，促使系统的整体功能得以提高，却往往忽视了系统内部诸要素的排列组合方式的变化（这种情况下，每个要素自身虽不发生质变，同样可以引起事物整体的质变），忽视了通过改变事物系统的结构也可以达到提高系统功能之目的。

值得注意的是，事物由量变引起质变，一般要经过两个阶段，即渐变阶段和突变阶段。在渐变阶段，要经过量变中的部分质变；在突变阶段，也往往要有一定量的积累。这不仅代价高，时间长，而且结果也只有一个。加之在量变阶段，因为只有部分的质变，系统失去原来的平衡，必然会使事物内部出现不协调，甚至使整体功能暂时降低的情况。与此不同，通过改变结构促使事物的质变，既不需要渐变阶段，直接通过突变就能完成，同时又因排列组合方式多种多样，可以变化出多种多样的结果。这就是事物由结构改变而引起质变结果具有的多样性。当然，在一个物质系统中，由量变引起质变，是一种纵向的发展变化，由结构改变引起质变，是一种横向发展变化，两种质变方式相辅相成，不可截然分离。作为管理思维原则，不能取一个舍一个。

结构决定功能原理为管理者提供了更多选择。特别是在谋划企业发展与运行时，倘若资源、人才、机构等条件受限，要坚持从实际出发，努力谋划结构优势。在市场上，合理布势能使企业竞争力得到充分发挥，由于这种优化的市场结构，能够赋予各生产要素以新的特征和功能。相反，错误的部署会导致生产能力的削弱，也是结构不合理所造成系统整体功能下降的一种表现。

现代市场竞争的一个重要趋势，就是向综合化、整体化、系统化方向发展。随着世界经济全球化和市场经济秩序的不断完善，世界未来的竞争，主要集中在高科技领域自主知识产权的竞争，竞争的手段主要是看谁拥有更多的核心技术，其目的是控制核心竞争力，保持优势地位。

更值得注意的是，结构决定功能的原理，也为管理者提出了一个新的管理原则，即结构破坏原则。这一原理在古代战争中已有过粗略的运用，"釜底抽薪"之计就是如此。古代作战，军事系统的力量结构一般是：作战、保障和指挥三方面的协调一致，才能形成一个有机的整体。表面上看，胜负取决于一线的交战情况，但一线作战部队的战斗能量需要有源源不断的后方保障才能持续地发挥，一旦保障中断，一线作战部队的能量就成了无源之水、无本之木，很快就会枯竭。因此，避开一线的直接交锋，断敌后路，破坏敌军的粮草及兵员器械供应等，常常能创造出在一线抗争中难以创造的奇迹。这种"釜底抽薪"之计，可以说就是结构破坏原则的早期运用。

在现代条件下的诸军兵种合成作战中，实行四面包围，打歼灭战，并不是好法子。着力于破坏敌军的合成结构，使其丧失作战功能，实则是聪明之举。例如，在知识产权战略的分支中运用提前公开战略可以破坏对方的新颖性，还可以请求专利权"无效"来破坏对方的壁垒等。

结构决定功能的原理还告诉我们，看事物不能只看比例，更要注意看结构。正如前面分析的，世界上有许多事物，虽然内部要素的比例相同，只因结构不同，组合不同，其性质也就不同。两个事物内部的诸要素有同样的比例，但不一定有同样的功能。所以说，看结构的方法比看比例的方法是更高一层次的方法。当然，看比例也重要。不掌握要素的数量比例，就无法对事物的结构和性质进行描述，但如果停留于看比例，就不能看清事物的实质。数量比例并不能反映各要素之间的相互依存、相互制约的辩证关系，要认识诸要素之间的辩证关系，需要从整体上对系统作结构分析。也只有整体上的结构分析，才能判断某种比例是否恰当，才能采取有效措施，使它在系统中的地位趋于合理化。

最佳方案包含着最佳的结构形式。看比例，是从部分到整体；看结构，则是从整体到部分。前者对于一般不太复杂的系统关系是适用的，可以循次前进去把握事物的性质。但对于复杂的系统，便不适用了，必须用看结构的方法才能把握。

对物理学中的"集体效应"，用看比例的方法，从部分求整体，是无能为力的；而用看结构的方法，从整体求部分，则可以迎刃而解。同样，对于现代管理这样的系统工程，要素繁多，比例复杂，只去抓比例便会如雾失楼台。只有从大系统的最佳结构出发去安排各种比例、支配各种要素，才能协调全局、高屋建瓴、势如破竹。

辩证的系统观一方面强调系统的结构决定功能，另一方面又要看到功能有相对的独立性，能反作用于结构，促进系统结构的演进与变革。在管理系统中，结构越是紧密，越便于形成整体力量，但行动越显得呆板，"牵一发而动全身""断一条神经造成全身瘫痪"的脆弱性就表现得越突出，而那些结构比较松散的作战系统，其稳定性和组织能力、自我愈合能力则显得非常强。坚持结构谋划原则，应当从多方面去把握管理系统结构与功能的辩证关系及其内在的规律性。事物之间的联系是多样的，有相生必有相克，有相互促进就有相互制约。根据系统的可靠性理论，在一个人造系统中，组合得法，原件越多，可靠性越高；组合不得法，原件越多，可靠性就越小。比如一个电路系统，采取串联式、组合进的元件越多，电路的误差概率就越高，倘若改为并联式、组合进的元件越多，误差概率则越低。作为现代管理结构也应力避串联式，力求并联式，有时要采取"混联式"，增强发挥整体效应的可靠性。

三、管理的平衡原理

在激烈的市场竞争中，就力量的结构和竞争过程来说，常表现为平衡与不平衡的状态。极力保持自己力量的平衡，打破对方力量的平衡，是赢得对抗的原则。而促使对抗双方在力量上保持平衡，则是稳定格局，抑制对抗发展的原则。

（一）平衡和不平衡的含义

平衡与协调密切相连，没有力量的协调，也就谈不上力量的平衡，反过来说，力量失去了协调，也就丧失了平衡。然而，协调又和一定的比例关系相联系。在一个系统内，当诸多要素在比例关系上达到并维持在一定值时，系统就表现出协调、和谐、一致、适应和均衡的关系，这时该系统就处在平衡状态。

反之，一个系统内的诸多子系统或曰要素的比例关系不在那个相适应的数值时，就会表现出不协调、不和谐、不一致、不适应或不均衡，这时系统就处在非平衡状态。

在市场竞争中，要保持己方力量系统的平衡，就需要认真研究和寻求力量要素间的正确比例关系。在管理要素之间，要保持一定的能力形成相适应的比例关系，才可能达到力量的平衡，才便于发挥最大的效能。

市场竞争中，还有另一种平衡与协调，即竞争双方所形成的力量格局。一般来说，我方力量分布能对对方的力量形成全方位的制约和牵制，同时又摆脱了对方力量对我方的全方位牵制和制约，这表明，我方的力量保持了平衡，而对方力量失去了平衡。反之，则说明我方失去了平衡，而对方取得了平衡。另外，若双方力量在互相牵制中处于均势，这则是竞争格局中的双方力量所达到的平衡状态，这时整个格局则处于相持或稳定阶段。

就一个结构复杂，层次很多的管理系统来说，处在对抗的场合时，从宏观到微观，一切都在变化和发展之中，平衡与不平衡也随时在发生变化。

自然科学和社会科学的各个学科，根据各自的标准，对各种平衡状态作了不同的划分。在市场竞争中，平衡可以分为以下三类。

1. 对当平衡

对当平衡是指系统内部矛盾的诸因素在正反方向上的作用力抵消、中和、相等时所形成的一种相对静止的状态。或者诸因素在量上保持的代数和为零，而使诸因素的比例关系在总体上表现为静止、均衡、均势时，这时的系统就处于对当平衡。对当平衡既可表现为静态平衡，又可表现为动态平衡。

2. 转化平衡

转化平衡是指系统内部诸因素、诸方面在一定的条件下相互间发生的转化，使诸因素、诸方面的比例在量上达到某一特定值时，诸因素、诸方面之间的关系表现出均匀、均衡或一致，这时的物质系统就处于转化平衡。这一类平衡除了包括正反方面和正方因素外，往往还包括多种因素和各个方面，其特点是在发生转化之后才能造成平衡。

3. 协调平衡

协调平衡是指在系统内部矛盾诸因素相互作用以及系统和环境相互作用中，诸因素按一定比例而相互形成协调、和谐、适应的关系，从而使系统整体形成一种有序结构的稳定状态。就协调比例来说，协调平衡中包括了对当平衡和转化平衡的因素，但协调平衡又不能归之为对当平衡和转化平衡。协调平衡往往更普遍地存在于复杂和高级的运动形式之中。

管理系统内部的平衡，是各个组成结构运动的结果。这些组成部分的运动不是互相抵消、相互中和，而是彼此和谐、协调、适应、共进。

协调平衡的关键是协调。在一个结构不协调的系统中，其整体功能往往取决于质量最差的那个要素。近年来，管理学科中甚为流行的"木桶理论"颇能说明这一点。这个理论认为，"如果一只木桶是由许多长短不齐的木板制成，那么，木桶的盛水量不取决于木板的平均高度，而是取决于长度最短的那一块木板"。有人提出，如果我们将木桶倾斜，特别是向最短木板所在位置的相反方向倾斜并达到一定程度时，木桶的盛水量就不取决于最短那块木板了。我们认为，"木桶理论"具有一般的普遍意义，而"倾斜说"只是在特定的条件下而言，且无论如何，它对改变原来的容量的作用是极有限的。一个现代管理大系统在正常运行时，总体上符合"木桶理论"的原始表达。即使在"用奇"的情况下，也不是简单地靠倾斜原来的"桶"来提高点滴容量，而是依据新的任务要求改变原来的结构，组合成新的结构。

（二）竞争力量的协调与平衡

现代市场是一个大系统，从国内到国外，从企业到行业，从这一区域到那一区域，从经济、政治、外交到军事，从大的战略行动到小的战术动作，构成了一个多层次，多因素并列结构的联系网络。在这个网络中，部分与整体紧紧联系在一起，常常投一石而波及一池清水。因此，管理的核心就是关照全局，保持综合平衡。

搞好协调平衡，表现在战略指导上，主要是统筹兼顾，争取主动；表现在力量使用上，主要是合理布局，求得有利态势。按照系统论的观点，事物内部的相关因子越多，联结越紧密，系统控制与优化也就越难以实现。协调失控，形不成整体力量，就很容易被对手各个击破。

系统思想所追求的是整体效益，而不单纯追求某一个子系统的优劣得失。用这个思想指导战略平衡，就是要努力争取战略全局的效益。各个战略区域内的战役布势、战斗力量分配、兵力使用方向、战略攻击点的选择等，都必须符合全局作战的总设计、总企图，而不能单以某一局部的安危而定。

管理中的平衡，不是力量使用的平均，而是力量的平衡，就是主和次在对立中的平衡。矛盾对立的双方在斗争中，只有一方争得主要地位，而另一方处于次要地位后，才能暂时地稳定下来。要使管理的力量协调与平衡，管理者必须保持心理上的平衡。就是说，任何精神的失常、急躁与恐惧，都会导致管理上的失调。

总之，兵无常势，水无常形。"无常"之势，随机因素多，不确定的东西多，使对方难以琢磨、难以控制，我方就有更多的自由。而力量的平衡正是取得自由的一种表现。

四、管理的弹性原理

现实生活中，人们办事情、做工作，为了适应复杂的环境、争取主动、摆脱被动，很早就注意到"弹性"问题。"文武之道，一张一弛"，多准备一手，留有余地，积蓄力量，保持后劲等，这些可以说是一种弹性方法、弹性策略。作为一种谋略思考，弹性反映了刚与柔的巧妙结合。柔中寓刚，刚中含柔，攻守相济，进退互寓，无不以弹性原理为依据。

为便于从管理学的角度进行研究，可把"弹性"分为：系统弹性、精神弹性、过程弹性、时间弹性和空间弹性。

（一）系统弹性

系统弹性，取决于系统的层次性和灵活性。优化系统结构，才会有弹性，而优化系统结构，首先表现为分层结构。在现代管理科学中，有一个概念叫管理跨度，也叫控制幅度，即一个人能领导几个人，根据相适应的跨度形成管理机构的层次。如果没有层次，管理者事事亲自干，就只能造成一个后果：紧急的事永远把重要的事情挤掉了。可见，不断扩大指挥跨度，就等于加倍增大指挥难度。为了克服因复杂性和规模性给管理和指挥带来的困难，就必须采用适当的跨度而增加系统的层次——梯阶。这不仅可以使协调关系数值稳定在一个恰当的区间，而且还可以使大量的信息流得到逐次压缩，在分层决策中，减轻高层决策的难度。对于整体目标的实现，就可以通过目标分解，按级负责，各司其职。在管理领域里，系统的层次链处处清晰可见。比如，行政管理、司法管理、人力资源管理、社会管理、企业管理、军队管理等。总之，系统结构中合理的跨度与层次，可以使系统目标明确，运转有序，保持一定的弹性和稳定性。还要看到，系统的弹性不完全取决于层次性，同时还取决于系统的灵活性。

（二） 精神弹性

精神弹性就在于如何调动系统内各个层次的主观能动性。在生产力的诸要素中，人的精神因素位于各要素之首。人们在思考问题时，一般都在既定的思维框架中进行，这种框架或是上级划定的"区域"，规定的"界限"，或是环境给自己造成的视野狭窄，看不到更多的参照系，或是凭以往的经验所形成的思维定式，或是不会改变思考的前提，总是沿着一般的思维轨迹循环等。在规定的框架中思考，人的主观能动性受到阻碍，就会失去精神弹性，人的聪明才智就没有发挥的空间。

精神弹性最重要的是思维的自由度，能够让人们打开思维的闸门，进行创造性的思维。人的思维活动十分复杂而奇妙，有自觉的显意识型的思维活动，有不自觉的潜意识型的思维活动；有可以想象的形象思维活动，有难以想象的抽象思维活动；有经验思维活动，有理论思维活动；有周密而严格的逻辑思维活动，有不按逻辑规律的非逻辑思维活动；有精确思维活动，有模糊思维活动等。创造性思维是以非习惯的方式思考问题的，就是看与别人所见相同的东西，而想出与别人所思不同的东西。它与常规思维相比，最本质的差异在于常规思维通常都是逻辑思维，而创造性思维则除了逻辑思维外，还包含了各种形式的非逻辑思维。

精神弹性最主要的是上级管理者给下级管理者留有独立处置情况的权力。就是说市场情况瞬息万变，各种信息来源错综复杂，要求管理者随机应变，果断处置各种情况。就是以高度抽象的原则为依据，给人们留下充分激发新创意的广阔空间，提供多元化的思考机会。中国古代的军事谋略、兵法原则，都是简单而又明了，它只给运用者提供一种思路、一种方法，至于具体的行动方案，全凭运用者自己去发挥。

（三） 过程弹性

管理是一个形成、发展、应用、结束的过程，是一个信息、事件等连续发生的流程。过程弹性告诉我们，在一个环环相扣、紧密联系的过程中，不能仅仅习惯于逻辑思考，同时还要注重逆向思考，注意根据实际情况，安排过程、制订计划。

（四） 时间弹性

与过程弹性联系最紧的是时间弹性。实际上过程也可以说是对时间的安排和利用。时间弹性告诉我们的不只是要有计划地利用时间,同时也包含着在精神松弛的时间里产生新创意的更深一层道理。有人说,需要是创造之母,而游玩有时却是创造之父。有人把紧张工作之后的"休整"比作弹簧的张弛,在两个紧张工作的时间段之间,如同部队在两个战役之间的休整一样,运用得好会提高工作效率。在现代管理中需要谋略的帮助,而谋略思考常常需要一个平静的心境,才能避免感情等因素的干扰。所以,管理者越是危机到来时越要沉着,一旦把握了事态发展的基本线条,就要设法创造一个"宽松"的思考环境,力避源源而来的信息流不断冲撞自己的头脑。

在现代管理者中,如何选择和运用时机,包藏着无穷的奥妙。力量在时间中消长,机会在时间中闪现。正确的谋划实际上是对时间的运筹。

(五) 空间弹性

一切管理活动都是在一定的时间和空间内进行的,与时间弹性相协调的是空间弹性。空间弹性主要是指管理空间的大小,现代化大管理可以是世界范围的国际管理,国与国之间的竞争,多国同盟与一国之间的竞争,多国联盟与多国联盟之间的竞争;也可以是区域范围内的行业与行业之间、企业与企业之间、行业与企业之间的管理。衡量空间弹性的强弱不只是个地理幅度问题,更要看空间内的核心竞争力。不拥有自主知识产权的核心竞争力,不论占有多么大的空间,其弹性也不会好,必将受制于人。

总之,在现代管理中,弹性原理的核心是增强对复杂多变局势和激烈竞争环境的适应性和应变力。在人才学中,"通才"比"专才"更富有弹性,是因为通才对环境有较强的适应性。在现代管理中,要把原则性与灵活性、针对性与普遍性有机结合,增加管理者管理的弹性。

五、管理的最优原理

在现代管理中,寻求和选择"最优"是管理的重要原则,也是赢得管理效能的根本因素,在管理中谁能谋求最优化,谁就能争得主动,迎来胜利的曙光。

最优化,从广义讲,是指能使决策、规划或系统尽量完善有效,从而到达理想的彼岸。从狭义上讲,最优化是一种专门的方法论、技术和步骤,用来在一组可能的方案中确定一个最好的满足所选定的准则。在自然辩证法中,最优原理关键在于告诉人们"最优"的客观性、相对性和条件性。

自然界事物的存在形式、发展道路，客观上或本应有多种、多条，但物竞天择，适者生存。在发展中只能选择那些与自然环境和发展规律相适应的形式和道路。在自然选择中，优胜劣汰是最优原理的生动体现。在管理中，必须自觉遵守和运用最优的法则，巧妙地运用管理方式，从管理的劣势中，争得一个个管理的优势，通过一个个管理的胜利，改变管理全局上的力量对比，最终取得全局的胜利。

（一）最优的客观性与普遍性

唯物辩证法认为：客观事物的存在和发展都有其根据和条件。事物内部的根本矛盾，是事物赖以生存、发展和变化的决定因素。条件是影响和制约事物存在、发展与变化的因素。不同的事物有着不同的根据，决定了事物有不同的存在和发展的可能性。但由于事物的外部条件和内部根据互相制约，所以，一切现实的客观事物都是在一定的内部根据和外部条件的互相作用、互相制约下形成的存在状态和发展过程。同样，客观事物所处的外部条件也是多种多样的，有主要条件、次要条件、最适条件、一般条件、必然条件等。它们和内部根据所决定的各种可能性的关联是不同的。就是说，已有的客观事物虽然都存在，但不一定是合理的、最优的。只有当客观事物的内部根据所决定的最优可能性与最适条件相结合，才能达到客观事物的最优状态或最优运动过程。这里所说的最适条件，即最有利于事物内部的最优可能性得到顺利发展，使事物达到最优状态或最优运动过程，也就是能够使事物内部根据所决定的最优可能性得以最大限度地实现的条件。因此，客观事物由其内部根据和最适条件相结合而出现最优状态、最优过程和最优功能，则是普遍的、必然的规律。我们在现代管理中，也应根据管理的内在结构特点和周围环境情况，认真选择最优的管理方式，以取得最优的管理效果。

（二）最优的分类与选择

从最优的表象来讲，可分为静态最优和动态最优、有约束的最优和无约束的最优、一维的最优和多维的最优、线性的最优和非线性的最优等。如果用系统的观点分析，则可以分为结构形态、形式最优，功能最优，运动过程最优，性质最优等。

关于结构形态和功能最优问题，在系统原理中已作过叙述，这里需要指出的是，最优原理揭示的是选择的艺术和规律，包括自然选择和人工选择。没有选择就不会有最优。选择要依据一定的标准，没有标准就难以选择。在自然界中，由于生物系统自身的反馈控制、自我调节以及环境条件的影响，自发地形成了相对于一定标准的最合理、最完美的结构形态。像蜜蜂筑的蜂房结构十分严谨，以耗费最小量的蜡质，达到收藏最大可能容量的蜜。曾有这样的说法，即便是一个熟练的工人，用最合适的工具和计算器，也很难造出和真形相似的蜂房，但这却是一群蜜蜂在黑暗的蜂箱里造就的。在残酷的自然竞争中，生物只有达到了最优的结构形态，才能生存、发展。

在错综复杂的现代管理中，管理结构必须根据客观变化情况，审时度势，适时调整，以便使管理更加符合形势发展和时代要求。

与结构形态最优相联系的是功能最优。所谓功能最优，主要指同一种物质系统在最适条件下最大限度地发挥某种功能。研究功能，不能离开结构，更不能离开条件。根据管理的功能，主动地寻找和创造条件，促进管理效能。

关于性质最优，主要是指某一系可具有的各种不同性质中，自发地出现的一种性质，并使之最强烈、最明显、最突出。由于系统的内部矛盾和外部环境的影响作用会在变化中表现出不同情况，系统可能出现多种性质，最优性质也是在比较中被选择的。在现代管理中，历来强调"择人任势"，根据客观形势和任务需要选用恰当的人才。水中格斗最宜用"浪里白条"，陆上交锋最好派"黑旋风"。用人是这样，现代化管理也应如此，扬长避短，善用其长。

（三）在竞争中寻找最优的制胜过程线

在最优的原理中，对现代管理最为重要的是管理过程的最优，或者叫作管理方式的最优。事物在多种可能的发展过程中，由于最适条件的选择和制约，物质系统总是会自然地沿着一条最简捷、最顺利、最迅速的途径运动。大量事实证明，最优的发展（或运动）途径，因受环境条件的影响，常常不是直线，而是曲线。由此可见，凡存在着吸引与排斥、作用力与反作用力相互斗争的矛盾体，总是沿着一条最优的曲线运动。从平面几何的角度看，两点之间的直线最短，但运动离不开时间要素。所以，真正的捷径不是直线，而只能是最优线。作为管理者最忌"直线思维"，要想走近路，则需走远路；要想前进，则需退却；要想有所取，则需有所失；要想速胜，则需持久。步步追求走直路，往往要绕大弯子。现代管理学中的"路径依赖"定律告诉我们："路径依赖类似于物理学中的'惯性'，一旦进入某一路径就可能对这种路径产生依赖。某一路径的既定方向会在以后发展中得到自我强化。人们过去做出的选择决定了他们现在及未来可能的选择。好的路径会对事业发展起到正反馈的作用，通过惯性和'冲力'，产生飞轮效应，事业发展因而进入良性循环；不好的路径会对事业发展起到负反馈的作用，就如厄运循环，事业可能会被'锁定'在某种无效率的状态下而导致停滞"。从"路径依赖"效应可以看出，在激烈的市场竞争中寻找最优的制胜路径十分重要，它是事业发展的根本所在、力量源泉。

总之，现代管理中，制约的因素很多，管理过程中出现的随机因素也非常多，制胜的道路较之一般事物的发展路径更加曲折，如何在多条可能性的曲折线中选择最优途径，既需要科学指导，更需要决策艺术。

第二章　知识产权管理概论

第一节　知识产权管理概念

一、知识产权管理概念

知识产权管理是指国家有关部门为保证知识产权法律制度的贯彻实施，维护知识产权人的合法权益而进行的行政及司法活动，以及知识产权人为使其智力成果发挥最大的经济效益和社会效益而制定各项规章制度、采取相应措施和策略的经营活动。

知识产权管理是知识产权战略制定、制度设计、流程监控、运用实施、人员培训、创新整合等一系列管理行为的系统工程。知识产权管理不仅与知识产权创造、运用和保护一起构成了我国知识产权制度及其运作的主要内容，而且还贯穿于知识产权创造、运用和保护的各个环节之中。从国家宏观管理的角度看，知识产权的制度立法、司法保护、行政许可、行政执法、政策制定也都可纳入知识产权宏观管理的范畴；从企业管理的角度看，企业知识产权的产出、实施和维权都离不开对知识产权的有效管理。

二、知识产权管理关系要素

（1）管理主体：中央政府、地方政府、行业协会、公司企业、事业单位、专门机构、国际组织等。

（2）管理对象：发明、实用新型、外观设计、商标、著作权、软件、数据库、拓扑图、域名、原产地名称、商业秘密、技术秘密、非物质文化遗产、特殊标志、老字号等。

（3）管理方式：是解决如何进行管理的问题，包括管理原则、管理模式、管理方法、管理手段、管理程序等。

第二节　知识产权管理特征

知识产权管理是管理科学的一个组成部分，除具有管理的基本特征外，还有其自身的基本特征。

一、管理目标柔性化

在知识产权管理活动中，最先涉及的就是以创新为基本目标的知识产权研发。然而，知识产权往往存在着很强的不可预知性，这就决定了相应的管理目标具有一定的非确定性，通常表现为具有较多或然性的指标体系。知识发现、知识获取、知识创新等一系列知识活动在时间上的不确定性，使之往往无法事先详细、严密地设计具体的目标和计划。知识活动的目标只能预测几种可能的结果和不同的实施阶段来推测各种可能的预案。在各种可能的预案均能实现或未能实现的情况下，依然很难据此断言一项知识创新活动的成功与失败。但是，管理目标的非确定性往往带来管理的复杂性和综合性，最终反映出知识产权管理目标的柔性化。柔性化管理是相对于"刚性管理"而言的，柔性化管理着眼于人，以人为本，注重人缘、亲和、沟通、诱导等"软因素"。柔性管理更符合社情民意，合乎知识产权管理的客观要求。

二、管理内容无形化

知识产权涉及的是人类创造性脑力劳动所获得的非物质性的知识形态产品，它具有专有性、地域性和时间性的特点，具有财产权和人身权的双重内容。作为一种财产权，同有形财产一样，权利人对其具有占有、使用、收益和处分的权利，这种权利为国际所公认。权利人通过对知识产权的确认，在一定时期和一定地域内获得对其智力成果的专有权，可以有效制止无偿使用和假冒、仿制、盗版等违法行为，实现对相应的技术阵地或商品销售市场的占领、控制和垄断，从而谋取高额利益。国际范围内，已经把知识产权作为财产和资本使用，成为制约竞争对手的有力武器，维护自身在激烈的市场竞争中的优势地位。发达国家把知识产权保护同本国的领土、领空、领海一样予以高度重视，放在极为重要的战略地位并通过国际法和国内法加以确认和壁垒。

知识产权管理内容十分广泛，不仅包括技术类的知识产权，也包括标识类的知识产权，还包括传播类的知识产权以及其他类的知识产权；不仅涉及企（事）业单位职务发明的知识产权，而且还涉及非职务发明的知识产权；不仅要关注本国的知识产权，而且还要关注国外来华申请的知识产权；不仅要研究处于法律状态的知识产权，而且要研究已失去法律状态的知识产权；不仅要研究知识产权战略运用，而且要关注国际知识产权制度的变革；不仅要考虑知识产权的保护，更重要的是知识产权的经营。这些内容的管理与有形资产有着明显差别，它的无形性、流动性、可复制性给管理工作带来更为复杂的难度。

三、管理形式专属化

知识产权管理的专属性主要体现在它的权力获得的时效性、涉及领域的多维性和管理过程的复杂性。

（一）权力获得的时效性

从知识产权管理的纵向关系看，它不但涉及从技术创新到权利获取的整个阶段，而且涉及从权利取得到权利维持整个有效期内保护阶段，还要涉及知识产权的日常管理到知识产权的应用阶段，最终还要涉及以知识产权的市场运作直接形成商品化、产业化、国际化经营过程。从知识产权在经济全球化的竞争中的作用看，它又与企业的生产、运营等活动密切相关，往往决定着其他活动的成败。尤其在知识经济时代，知识产权管理已经成为管理活动中关系全局的内核，知识产权在国际竞争中成为核心权利和重要的战略资源。

（二）涉及领域的多维性

知识产权管理是一个跨知识产权各领域的大管理格局，从涉及领域的多维性可知知识产权管理具有复合性特征。这是由知识产权自身的本质属性所决定的，它与科技、艺术、法律、经济、人文、互联网等众多领域之间存在着千丝万缕的联系，这就决定了知识产权管理必然具有上述各领域的相关特征。而且，知识产权法又是一个跨越多种传统法律部门、由多种法律规范共同构成的边缘性、综合性法律体系。保护知识产权又涉及立法、司法、执法和行政管理等多个方面。在实践中，知识产权管理将根据知识产权活动的具体情况，有机整合多个领域之间的相关知识和技能，实施多维性与复合性管理的统一。

（三）管理过程的复杂性

知识产权管理是一个复杂的过程，涉及知识产权的创造、保护、运用等多个方面，同时包括管理规则制定、管理人力资源配置、管理机构建立、管理制度制定、管理目标设计、管理方法创新等一系列内容，将伴随知识产权时效和企业发展而长期存在。为了实现知识产权宏观管理目标、完成不同阶段的管理任务，知识产权管理必须把管理计划、组织、领导、协调、控制等一系列的综合过程纳入管理体系，这种管理过程比一般的有形管理更具有复杂性的显著特征。

四、管理过程人性化

由于知识本身带有的人身属性，使得知识产权管理在很大程度上要通过对拥有知识产权的人的管理体现出来，"以人为本"是知识产权管理的一大显著特征，它要求以人为核心，以鼓励思想解放和创造力为基础，强调打造平等、合作、宽松和有利于积极创造的平台，把尊重知识、尊重人才、尊重劳动、尊重创造作为最高理念。通过对人力资本的投入和产出进行有效配置，对社会、单位、个人三个基本方面利益进行合理分配，并追求最完善的保护，不断扶持、培育、提高和解放发明创造的生产力。知识产权管理的人性化特征贯穿于知识创造、技术创新及产权形成、保护、运用的全过程。

第三节　知识产权管理分类

根据管理主体的不同，知识产权管理可分为国家机关对知识产权的管理及权利主体对其所有的知识产权的管理两大类。

一、国家机关对知识产权的管理

（一）国家知识产权主管部门

国家机关对知识产权的管理主要体现在知识产权的取得和保护方面，如对专利权的管理。国家知识产权局对所有专利实行全程管理，包括专利权的授予、终止、复审、无效、保护、变更、备案、信息发布等。商标权及地理标志的管理机关是国家工商行政管理总局；技术标准的管理机关是国家质检总局；著作权的管理机关是国家新闻出版署；植物新品种的管理机关是农业部和林业局；软件及集成电路布图设计的管理机关是工信部和国家知识产权局；制止不正当竞争和商业秘密的管理机关是商务部；非物质文化遗产的管理是文化部。

（二）国家知识产权监管部门

除直接管理知识产权的国家机关外，国家相关部委也对知识产权行使管理职能，如2010年8月1日《国家重大科技专项知识产权管理暂行规定》，就是以国家名义对重大科技专项中知识产权作出的取得、保护方面的管理规定。科技部、发改委、财政部作为重大专项的综合管理部门，负责制定重大专项知识产权制度和政策，对重大专项中的知识产权进行统筹、协调和指导，检查重大专项中知识产权工作的落实情况。国家知识产权局和相关知识产权行政部门有效运用专业人才和信息资源优势，加强对重大专项中的知识产权工作的业务指导和服务。

（三）地方知识产权管理部门

为加强对知识产权的管理，在地方政府机构设置中均有与中央政府对应的知识产权管理部门。如省政府机构中设有知识产权局、工商行政管理局、技术监督局、农业厅、商务厅、新闻出版局、文化局等。市、县也都参照省政府的做法，在市、县级设置管理知识产权的部门，基本形成上下一致、左右衔接的管理体系。

二、权利主体对知识产权的管理

权利主体的管理从知识产权的合理开发、应用、推广、自我保护等方面考虑，可分为集体和个人两方面。

（一）集体对知识产权的管理

（1）企业对知识产权的管理。这里是指国有企业、股份制企业、民营企业、中外合资企业、独资企业等为权利主体时对知识产权的开发、应用、推广、产业化及保护等。

（2）事业单位对知识产权的管理。这里是指学校（各类大专院校、中学、职业中专等）医疗机构、科研院所等为权利主体时对知识产权的开发、应用、推广、产业化及保护等。

（二）个体对知识产权的管理

这里是指个人为权利主体时对知识产权的开发、应用、推广、产业化及保护等。在我国非职务发明所占比例较高，由于缺乏资金和必要的支撑条件，许多专利处在空中楼阁之中，无法达到产业化的目的，造成资源的浪费，这是个体对知识产权管理的一大难题，有待破解。

第四节　知识产权管理内容

知识产权管理实质上就是知识产权所有人对知识产权实行财产所有权的管理。所有权是财产所有人在法律规定的范围内对其所有的财产享有的占有、使用、收益和处分的权利。

知识产权虽然在形态上有其特殊性，但它仍然是客观实在的财产。所以，我们仍然可以对无形的知识产权进行科学管理，提高知识产权的经营、使用效益。知识产权管理的主要内容包括以下六方面。

一、知识产权创造管理

知识产权的形成是一个过程，从课题立项、研究开发、试验论证、保密措施到成果完善，都需要在法律的指引下进行，需要实施全过程的管理。

（一）研究与创造计划管理

知识产权创造开发、技术改造均应制订相应的计划，并对该领域内的相关科技文献及知识产权信息进行检索，对研发项目现有技术的发展状况、知识产权状况和竞争对手状况等进行分析，应充分合法借鉴和合理利用他人有效及无效的相关知识产权，形成立项报告。特别是对一些高新技术的研发，在开题前，必须首先进行专利文献检索，了解同领域的发展现状、技术水平、趋势等，从而确定自己的研发起点，借鉴同行业的领先技术，提高自己的研发水平，避免重复研究。

（二）研究与创造活动管理

运用财政、金融、投资、政府采购政策和产业、能源、环境保护政策，支持和引导市场主体创造和运用知识产权。强化科技创新活动中的知识产权政策导向作用，坚持技术创新以能够产业化为基本前提，以获得知识产权为追求目标，以形成技术标准为努力方向。完善国家资助开发的科研成果权利归属和利益分享机制。将知识产权指标纳入科技计划实施评价体系和国有企业绩效考核体系。逐步提高知识产权密集型商品出口比例，促进贸易增长方式的根本转变和贸易结构的优化升级。

推动企业成为知识产权创造和运用的主体。促进自主创新成果的知识产权化、商品化、产业化，引导企业采取知识产权转让、许可、质押等方式实现知识产权的市场价值。充分发挥高等学校、科研院所在知识产权创造中的源头作用，选择若干重点技术领域，形成一批核心自主知识产权和技术标准。鼓励群众性发明创造和文化创新，促进优秀文化产品的创作。

（三）研究与创造体系管理

建立以企业为主体、市场为导向、产学研相结合的自主知识产权创造体系。引导企业在研究开发立项及开展经营活动前进行知识产权信息检索。支持企业通过原始创新、集成创新和引进、消化、吸收、再创新，形成自主知识产权，提高把创新成果转变为知识产权的能力。支持企业等市场主体在境外取得知识产权。引导企业改进竞争模式，加强技术创新，提高产品质量和服务质量，支持企业打造知名品牌。

二、知识产权经营管理

（一）实施积极的政策导向

引导支持创新要素向企业集聚，促进高等院校、科研院所的创新成果向企业转移；推动企业知识产权的应用和产业化，缩短产业化周期。深入开展各类知识产权试点、示范工作，全面提升知识产权运用能力和应对知识产权竞争的能力。

鼓励和支持市场主体健全技术资料与商业秘密管理制度，建立知识产权价值评估、统计和财务核算制度，制定知识产权信息检索和重大事项预警等制度，完善对外合作知识产权管理制度。

鼓励市场主体依法应对涉及知识产权的侵权行为和法律诉讼，提高应对知识产权纠纷的能力。

（二）切实规范市场流通秩序

要对知识产权的经营和使用进行规范、研究核定知识产权经营方式和管理方式、制定知识产权交易活动规则等。根据知识产权的性质、价值进行整理分类，形成目录，建立相应的管理台账。同时，还应建立知识产权定期评估机制，建立知识产权监管保护系统。对需要维持的知识产权应按照法律法规的规定实施有效的监管和日常维护。对知识产权实施权属变更或放弃的，应明确审批程序和权限，办理手续，到知识产权管理部门备案。

（三）积极推动产业化运用

根据法律法规的规定，合理运营知识产权，实现知识产权的价值。企业在进行知识产权转让、许可或投资活动时，应按照法律法规的规定办理相关手续。

在采购过程中，应对涉及知识产权标记的产品，收集供方的相关知识产权信息，必要时应要求其提供权属证明。做好供方信息、进货渠道、进价策略等信息资料的管理和保密工作，明确供方涉及知识产权的法律责任等。

在生产过程中，涉及产品与工艺方法等技术的改进与创新、合理化建议、阶段性发明创造等，应及时提交知识产权管理部门评估，明确知识产权保护要求。在委托加工、来料加工、贴牌生产等对外协作生产的过程中，应在加工、生产合同中明确相应知识产权权属、知识产权的许可使用范围、知识产权侵权的责任承担等内容。对生产过程中涉及的知识产权使用情况应形成相应记录，必要时应采取相应的保密措施。

在产品上柜、销售之前，知识产权管理部门应对产品的知识产权状况进行审查和分析，并提出必要的知识产权保护或风险规避方案。应实施产品销售市场监控，对产品信息、展会宣传采取相应的知识产权保护措施，及时跟踪和调查相关知识产权被侵权情况，建立和保持相关记录，制定并采取应对措施。

在对外贸易与合作中，应对涉及的知识产权进行分析，了解该知识产权在输出国家或地区的法律状态、输出国家或地区的相关知识产权法律的规定。应在对外贸易与合作合同中，对涉及的知识产权明确其权利归属、使用方式和范围、侵权责任的承担等内容进行控制；视情况对自主知识产权采取相应的边境保护措施，实施监控；对输入和输出知识产权的使用情况保持相关记录。

三、知识产权收益管理

知识产权是关于工业、科学、文学和艺术领域内以及其他来自智力活动所取得的一种财产属性的权利，是财产化或产权化了的知识。在知识经济时代，一切自然资源都在逐渐减少，只有知识资源在不断增加。所以，必须运用已有的知识产权法律制度保护创新成果，对已取得的知识产权，要搞好登记统计，纳入资产管理，防止人为流失或被他人无偿占有或使用；对正在申请中的无形资产，要通过加快申请等方式尽快取得产权保护，使智力成果产权化；对可能形成产权的智力创新成果，要通过自主研发、自主创新，形成新的知识产权资源，并通过强化管理、优化配置、加快实施等方式，尽快形成现实生产力。

对知识产权价值的评估，要通过专业的评估机构，给出准确合理的价值。特别在中外合资合作中要强调双方知识产权所占比例，以确定双方的合资合作形式及地位，在公司注册登记时，按照《公司法》合理确定注册登记比例；在产权转让时，要进行价值评估，以核准该知识产权的价值，公平合理地实施转让；在其他经贸活动中，要特别关注用知识产权法律制度规范和维护无形资产的使用价值。

四、知识产权处分管理

（一）建立成果归属判定制度

（1）个人知识产权创作活动。企业鼓励员工在工作之余开展个人创新和知识产权创作活动。对于个人的非职务智力成果，企业应予以尊重。

（2）职务知识产权创作活动。员工的职务创作活动的智力成果，归属本企业，其作品、技术成果、设计、发明等申请权及权利归属本企业，企业根据不同的情况给予精神和物质奖励，并保护其创作者的署名权。以下智力劳动成果属于本企业：

① 为本职工作所完成的智力劳动成果。

② 为本企业分配指定专项工作任务所完成的智力劳动成果。

③ 主要利用本企业的资金、设备、材料、资料等所完成的智力劳动成果。

④ 来本企业学习、进修、实习或合作研究的客座研究人员或临时聘用人员，在本企业学习或工作期间完成、除另有协议外的智力劳动成果。

⑤ 离开本企业1年内所完成的，与其在本企业承担的本职工作或者本企业分配的任务有关的智力劳动成果。

企业员工的个人智力劳动成果，不属于职务智力劳动成果，在以个人名义申请登记注册或者授权前，需要确认为其个人智力劳动成果的，应向本企业知识产权管理办公室提交书面说明，经审查后由知识产权管理办公室出具《个人智力劳动成果确认书》。

（二）知识产权处分权利行使

在合理界定知识产权归属的情况下，知识产权权利人有权对自己的财产作出拍卖、入股、赠予、转让等处分，而不受他人制约。

五、知识产权保护管理

（一）不断提高知识产权执法水平

（1）完善知识产权审判体制，优化审判资源配置，简化救济程序。研究设置统一受理知识产权民事、行政和刑事案件的专门知识产权法庭。研究适当集中专利等技术性较强案件的审理管辖权问题，探索建立知识产权法院。进一步健全知识产权审判机构，充实知识产权司法队伍，提高审判和执行能力。

（2）加强知识产权司法解释工作。针对知识产权案件专业性强等特点，建立和完善司法鉴定、专家证人、技术调查等诉讼制度，完善知识产权诉前措施制度。改革专利和商标确权、授权程序，研究专利无效审理和商标评审机构向准司法机构转变的问题。

（3）提高知识产权执法队伍素质，合理配置执法资源，提高执法效率。针对反复侵权、群体性侵权以及大规模假冒、盗版等行为，有计划、有重点地开展知识产权保护专项行动。加大行政执法机关向刑事司法机关移送知识产权刑事案件和刑事司法机关受理知识产权刑事案件的力度。

（4）加大海关执法力度，加强知识产权边境保护，维护良好的进出口秩序，提高我国出口商品的声誉。充分利用海关执法国际合作机制，打击跨境知识产权违法犯罪行为，发挥海关在国际知识产权保护事务中的作用。

（二）加强知识产权行政管理

（1）制定并实施地区和行业知识产权战略。建立健全重大经济活动知识产权审议制度，扶持符合经济社会发展需要的自主知识产权创造与产业化项目。

（2）充实知识产权管理队伍，加强业务培训，提高人员素质。根据经济社会发展需要，县级以上人民政府可设立相应的知识产权管理机构。

（3）完善知识产权审查及登记制度，加强能力建设，优化程序，提高效率，降低行政成本，提高知识产权公共服务水平。

（4）构建国家基础知识产权信息公共服务平台。建设高质量的专利、商标、版权、集成电路布图设计、植物新品种、地理标志等知识产权基础信息库，加快开发适合我国检索方式与习惯的通用检索系统。健全植物新品种保护测试机构和保藏机构。建立国防知识产权信息平台。指导和鼓励各地区、各有关行业建设符合自身需要的知识产权信息库。促进知识产权系统集成、资源整合和信息共享。

（5）建立知识产权预警应急机制。发布重点领域的知识产权发展态势报告，对可能发生的涉及面广、影响大的知识产权纠纷、争端和突发事件，制定预案，妥善应对，控制和减轻损害。

六、知识产权交易市场管理

通过强化对无形资产市场管理，努力使知识产权价值化、商品化。积极引导企事业单位建立知识产权交易平台，开展产权交易活动，促进技术转化。建立完善广告出证登记、合同备案、专利权质押贷款等制度，规范无形资产交易行为，形成公平合理有序的市场环境。严厉打击假冒、侵权和盗版行为，维护市场经济秩序，加强无形资产市场管理。

根据有关法律法规规定，实施风险控制，根据自身特点建立知识产权预警机制，制定应对知识产权纠纷的方案。

第五节　知识产权管理原则

一、与国际惯例接轨原则

随着知识经济的到来，要认真研究国际知识产权制度的变革，分析发达国家的知识产权法律制度特征及变化，从中学习先进的理念、成功的做法，以指导我们的知识产权管理工作，走知识产权强国之路。当前，应在 TRIPS 协议的框架内，学习发达国家先进的文化理念、超前的经营意识、系统的战略体系、科学的运作模式和完整的激励机制。要实现接轨，首先，要认真地学习研究，对发达国家现行的知识产权制度、知识产权战略体系、知识产权管理经验等进行深入研究，弄清知识产权管理的基本理论、实施知识产权管理的基本经验、制约我国知识产权发展的基本因素；其次，要合理借鉴，对于发达国家的成功经验，要认真地借鉴并结合本国的实际加以创新、提升，使其成为指导我国知识产权管理实践的理论依据，从而全面推进国家、区域和行业知识产权管理工作实践；最后，要抓住机遇，面对挑战，尽快适应世界经济新秩序和各种国际贸易惯例，建立科学、系统的知识产权管理制度，使其既能严格遵循国际社会中有关知识产权的共同规则，又能充分有效地保护我们的知识产权权益。总之，经济全球化是一种发展趋势，融入全球化是一种历史使命，与国际接轨是时代的迫切要求。

二、坚持中国特色原则

目前，我国知识产权管理体制在诸多方面与国际通用的规则不一致，特别在法律体系、政策体系、行政管理体系等方面存在较多的问题，如法律的不完善导致知识产权保护的缺失、政策的不到位造成知识产权归属不清、行政机构的不统一影响知识产权管理的规范化等。这些问题的存在，直接影响到我国知识产权事业的发展，影响到知识产权管理的效率。

在经济全球化的大潮中，我们应该认真地学习借鉴国际经验，把中国作为世界的一部分，着眼发展大局，坚持中国特色的知识产权发展道路。

（一）健全知识产权法律体系

目前，我国已有知识产权法律法规达十几部，但是还不能覆盖所有的知识产权领域，需要根据知识产权的现实情况，认真借鉴国际经验，健全和完善我国的知识产权法律法规，比如，对中医药、遗传资源、非物质文化保护等相关法律及对已有的法律进行修改完善，对空缺的法规要抓紧制定填补空白，同时要加大司法力度，提高办案效率。

（二）健全知识产权权属政策体系

按照国际通用规则，坚持保护所有者权益与技术扩散相结合、保护投资者与鼓励发明人相结合、放权与加强管理相结合的原则，以《专利法》为基础，根据资金来源、技术性质和机构性质分类制定补充法规，健全知识产权权属政策体系。当前，应当重点完善职务发明权属政策和落实职务发明人的激励机制，细化政府资助，形成知识产权权属和管理，明确公共机构、大学和非营利机构等公共平台的知识产权权属政策。

（三）建立精干高效的行政管理机构

根据多数发达国家知识产权管理体制建设的做法，我国应建立三权（专利、商标、版权）合一的知识产权行政管理机构，形成上下统一、权威高效的知识产权综合管理部门，统筹协调知识产权行政事务，在管理机构上与国际接轨，尽快融入全球化。

（四）加强政府科技计划的知识产权管理

加强科技计划的知识产权管理应突出以下几点：一是根据计划目标、资助对象和特点，细化知识产权权属政策；二是在放权的同时，明确利用和转移技术的责任，做到组织和制度落实，把获取专利、转移和扩散技术的业绩作为考核承担研究项目资格的重要指标和验收项目的重要内容；三是重视职务发明人的作用，把对职务发明人的激励政策落到实处，充分调动职务发明人的积极性。

三、符合科学管理规律原则

知识产权是人类的智力劳动成果，具有无形性、公开性、创造性、财产性、人身依附性和社会性等特点，在知识产权管理中，要充分认识和考虑这些自然属性，实施科学管理。

（一）符合知识产权法律制度

知识产权管理的依据是知识产权法律制度，我国自 20 世纪 80 年代初实行知识产权制度以来，先后颁布了《专利法》《商标法》《著作权法》等一系列法律法规和条例，并根据国际知识产权制度的变革和中国知识产权管理的客观要求及时进行修改完善，逐步与国际知识产权规则接轨，可以说，我国知识产权管理有法可依，但是，我国又是一个发展中的知识产权大国，各地区的发展极不平衡，所以，知识产权管理必须以法律为依据，从国情出发，坚持科学发展、持续发展、赶超发展。

（二）符合知识产权管理科学规律

知识产权管理的关键在于按照科学规律办事。任何华而不实、不求实效的行为，任何刻意树立政绩形象、制造轰动效应的行为，任何只顾眼前利益、局部利益，不顾长远利益、全局利益的行为，都是违背科学规律的。管理的科学规律，是长期实践经验的概括，按照管理科学规律抓管理，一定程度上说就是尊重规律、按规律办事的表现。对知识产权的管理一定要符合法律法规，要接受实践的检验。坚持主客观统一，最重要的是使我们的管理符合知识产权客观的发展规律，坚持按照科学规律办事。只有我们的主观愿望与管理的客观实际相符合、与事物发展的客观规律相吻合，才能使管理工作得以顺利实施。

（三）符合知识产权管理的客观要求

知识产权管理有其自身的特征和发展规律。知识产权管理，首先要关照全局，实施系统优化。把知识产权文化管理、人才管理、资源管理、司法管理、行政管理、战略管理、统计管理、风险管理、中介机构管理等有机结合，纳入一体化管理，健全组织机构、完善管理制度、优化资源配置、创新管理模式。其次要结合管理实际，突出中国特色、区域特点，与时代同步、与国情相匹配。

四、责、权、利对等原则

实施知识产权管理，最基本的要求是遵循责任、权利、利益三者平衡的原则。权利的获取必须附以责任的承担,利益的享有往往以权利的行使为基础,而责任则必须以权利的获取以及利益的享有为前提。要正确处理责、权、利三者的关系,从宏观层面看,主要体现在社会公共利益与个人利益之间的平衡;从微观层面看,则体现在业主与雇员之间、企业与职工之间因知识产权权利行使而发生的各种经济利益的合理分配。知识产权管理要兼顾和处理好这些关系,保证责、权、利的对等与平衡。

五、经济效益凸显原则

经济效益是通过商品和劳动的对外交换所取得的社会劳动节约,即以尽量少的劳动耗费取得尽量多的经营成果,或者以同等的劳动耗费取得更多的经营成果。经济效益是资金占用、成本支出与有用生产成果之间的比较。所谓经济效益好就是资金占用少、成本支出少、有用成果多。提高管理的经济效益,对于社会稳定、和谐和发展具有十分重要的意义。

对于知识产权管理来讲,讲求经济效益是指消耗最合理的资源从而获得更多具有创造性的智力劳动成果,并最大限度地转化为生产力。一是知识产权的数量与质量要同社会的需求相一致;二是知识产权的获取、维持、利用和日常管理活动的资源消耗与可能的或实际的收益相一致;三是知识产权的有效转化与资源的利用相一致,其中包括劳动力的利用、资本的利用以及其他资源的利用等。

第六节 知识产权管理作用

管理是保证组织有效运行必不可少的条件。组织的作用依赖于管理,管理是组织中协调各部分活动,并使之与环境相适应的主要力量。一方面,所有的管理活动都是在组织中进行,有组织,就有管理,即使一个小家庭也不例外;另一方面,有了管理,组织才能进行正常的活动,组织与管理是现实世界普遍存在的现象。

一、知识产权管理为知识产权创造提供动力机制

知识产权创造的数量和质量代表一个国家、地区的竞争实力,创造更多更

好的知识产权是经济社会发展的客观要求，是实施知识产权战略的前提，要提高知识产权创造的拥有量，必须加强知识产权管理。

（一）从知识产权创造的主体看

一是知识产权管理可以使创造的目标更加明确。知识产权管理的主要任务之一就是确立知识产权战略，并在战略框架内，依据总体经营和创新策略，对知识产权的创造特别是对专利申请的数量、质量、时机、类别形成一个总的目标和方针。国外许多大公司十分重视专利申请战略，如日本东芝公司根据企业研发未来产品、下一代产品和先行产品的不同步骤，把专利申请分成概念性发明发掘阶段、战略性专利申请阶段和专利网构筑阶段，从而使专利申请形成由点到线、由线到面、由面到网的总体战略。

二是知识产权管理可以提高创新的起点，避免低水平重复研究。通过加强知识产权信息管理，建立和完善与本单位科研、生产领域相关的专利信息数据库，充分运用专利文献信息，可以及时了解与本单位相关的国内外技术动态，避免低水平重复研究，节约人力和资金资源。

三是通过知识产权管理可以提高发明人、设计人的创造积极性。企业应根据专利法等知识产权法律和国家相关政策规定要求，建立企业内部合理的知识产权利益分配与奖励制度。通过兑现奖酬，最大限度地调动职务发明人的积极性，充分发挥职务发明人的聪明才智，避免人才、技术流失。

（二）从国家行政管理层面看

专利、商标、集成电路布图设计、植物新品种等知识产权，都需要国家知识产权行政管理机关依据法律代表国家向申请人授予相应的权利。因此，国家行政管理机关的管理水平高低，知识产权审查速度快慢和质量的好坏，直接影响知识产权创造的速度和质量。当今世界，各国经济水平的高低很大程度上取决于其管理水平。20世纪，美国经济上的强大竞争力与美国在管理上的突飞猛进有着密不可分的内在联系。美国前国防部长麦克纳马拉说过：美国经济的领先地位三分靠技术七分靠管理。其实，不仅美国是这样，日本、英国皆是如此。

（三）从地方知识产权管理层面看

地方政府通过出台鼓励知识产权创造的政策等行政管理手段，可以促进知识产权的创造。目前，各地政府为了提高本地区的知识产权数量和质量，结合本地的实际出台了各具特色的鼓励政策，如设立专利申请资助资金、专利技术产业化扶持资金，将专利申请量和产业化效益纳入考核地方官员的指标体系等。

二、知识产权管理为知识产权运用提供政策导向

随着越来越多的中国企业参与到国际竞争中，知识产权被许多企业熟悉并接受，他们对知识产权的理解也在不断加深，不再只停留在"创造""保护"等概念上，而是把知识产权的"运用"提到重要位置，把运用作为创造、保护的归宿。许多企业开始自发地关注自己和竞争对手以及目标市场的知识产权状况，对此有了更加专业的需求。充分利用专利信息量大、内容广博；出版快、信息传递迅速；分类体系完善、实用性强；应用网络化等特点。对这些信息周密规划，科学把握，灵活运用。

为了促进专利技术运用，国家知识产权局正在通过强化管理，构建自主知识产权产品认证体系，启动认证试点工作；协调知识产权质押融资试点，培育（投融资）示范单位；加强知识产权质押融资公共服务，建立知识产权质押融资需求动态调查机制。着力构建运用体系，推动建立以知识产权为商品的商业体系，完善知识产权运用促进政策，加快知识产权交易市场建设。指导各地培育和发展专业化知识产权运用机构，有效集中和运用知识产权资源，推动区域知识产权的运用，促进经济社会发展。

三、知识产权管理为知识产权保护提供法律保障

面对经济全球化和国际知识产权保护发展的新形势，尤其是中国加入世贸组织后，将实现中国经济与世界经济一体化，中国知识产权工作面临着巨大的压力和挑战，必须通过行之有效的管理手段保护知识产权，使国家在知识资源上形成比较优势，从而促进对知识产权的整体保护。

一是增强知识产权保护意识。通过宣传教育，使国民了解知识产权保护的有关国际公约和相关的法律法规，遵循国际贸易通行规则，信守企业间有关知识产权保护的合同、承诺。既尊重他人的知识产权，也注重对自己知识产权的保护。通过与国际社会的通力合作，赢得中国企业和企业家的荣誉与尊严。

二是完善知识产权保护机制。通过积极的政策引导，广泛开展创新活动，大力开发具有自主知识产权的关键技术和核心技术，拥有企业所在领域的更多的自主知识产权，摆脱受制于人的弱者地位，不断提升核心竞争力和国际影响力。为此，必须加快知识产权战略实施，在借鉴别人成果的同时，立足自主创新，提高知识产权创造、运用和保护的能力。

三是依法保护知识产权成果。通过司法、行政等手段，净化知识产权流通市场，保证不侵害他人的知识产权；不盗用他人的专利技术；不制造、不使用、不销售、不传播假冒产品；不盗用和仿造他人的商标、产品标识和外观设计，形成公平交易、依法保护、规范有序的市场环境。

四是坚决与侵害他人知识产权的不法行为作斗争。政府各知识产权部门和人民法院积极受理涉及知识产权的违法行为，并不断加大对知识产权违法行为的遏制、查处和打击工作，努力营造知识产权保护的法制环境。

五是积极参与保护知识产权的社会活动。通过组织社会各界共同致力于知识产权事业的健康发展，认真履行与知识产权相关的社会责任，增强全社会知识产权保护意识，为切实推进我国知识产权保护事业的发展作出贡献。

第二编

知识产权管理的基本内容

第三章　知识产权文化管理

文化管理学是一门边缘学科，它与文化学、现代管理学、文艺学、社会学、人才学、心理学等学科有着密不可分的亲缘关系。这些亲缘学科的研究成果和最新发展，将为文化管理学的建立、成长和发展提供坚实的基础。

知识产权文化是指在知识产权实践中积累下来并不断创新的有关知识产权的法律制度、认知（态度、信念、知悉）评价、心理结构、价值体系、行为模式等的有机整体，是知识产权结构的重要组成部分。它是全体成员所接受和共享的基本价值观、思维方式、行为习惯、心理期望的总和。它是在知识产权实践中逐渐形成的，它渗透于知识产权的各项活动之中，并影响知识产权战略的实施。

知识产权文化不是指文化产业，而是影响整个过程的一种世界观和方法论。它是先进生产力的突出代表、是核心竞争力的集中体现、是人民大众的客观要求，它可为知识产权创造、应用、保护和管理提供思想指导、精神动力和智力支持。对于这种文化的管理固然要区别于一般的行政管理方式。坚持用科学的理论武装人、以正确的舆论引导人、以高尚的精神塑造人是知识产权文化管理的指针。

第一节　知识产权文化管理的作用与意义

一、知识产权文化管理的作用

（一）知识产权文化的结构

知识产权文化结构大致可划分为：抽象文化、制度文化、行为文化和物质文化四个层面。

（1）抽象文化。它是指全体公民的知识产权意识、基本价值观、精神风貌等，是知识产权文化的核心和灵魂，也是制度文化、行为文化、物质文化的基础和原则。

（2）制度文化。它是指对知识产权实践产生规范性、约束性影响的部分，集中体现了知识产权文化的物质层面、行为层面、抽象层面对执行者的要求。制度文化主要规定知识产权实施应遵循的行为准则，包括决策制度、管理制度、监督制度、责任制度等。

（3）行为文化。它是指知识产权实施中所体现出来的意志、文化品位、价值取向，是知识产权文化的抽象层面、制度层面的客观反映。

（4）物质文化。它是知识产权文化的表层或外部表现，能够折射出战略思想、经营理念、管理风格、工作作风、审美观念等文化特色。

物质文化、行为文化、制度文化、抽象文化四个方面构成了由外到内、由表及里的知识产权文化结构：物质文化是具体实在的硬件，构成文化的硬件外壳；行为文化是一种浅层次的行为，构成文化的软件外壳；制度文化是观念形态的转化，是知识产权文化软、硬件的支撑；抽象文化是观念文化和心理意识，是文化的核心。

（二）知识产权文化的特征

文化是人类固有的或创造的意识的总和。由于文化的性质、层次不同，其所具有的功能、担负的任务、所要达到的目的也不同。知识产权文化作为整个社会文化的一部分，主要包括四个特性。

（1）无形性。知识产权文化所包含的共同理想、价值观念和行为准则是作为一个群体心理定式及氛围存在的。这种文化是一种信念的力量、道德的力量、心理的力量，这三种力量相互融通、促进，形成了知识产权文化优势，这是实施知识产权战略的无形力量。

（2）软约束性。知识产权文化通过宣传引导、培训感知，唤起全民的知识产权意识，形成对知识产权的"认同感"，自觉地按照知识产权战略计划确定的目标任务扎实工作。因此，知识产权文化是非强制性的不成文的行为规则，它具有规范和约束作用，而这种约束是一种软约束。

（3）相对稳定性和连续性。知识产权文化随着战略的形成而产生，随着战略的实施而不断发展完善。它具有一定的稳定性和连续性，能长期对战略产生影响。但是，也需要随着战略环境的变化而不断充实和变革，以保持知识产权文化的活力。

（4）相互兼容性。知识产权文化随着世界经济全球化及文化的交流与合作有其独特的个性特征，它既有国际文化的积极因素，也有中华民族文化的传统美德；既要引进和吸收世界一切优秀文化成果，更要弘扬中国知识产权文化特色、创建具有中国特色的知识产权文化体系，将知识产权文化融入世界文化和民族文化。

（三）知识产权文化的作用

（1）导向作用。知识产权文化就是要将人们的事业心和民族责任感转化为实际行动，形成强大的精神动力，为建设知识产权强国目标而奋斗。因此，优秀的知识产权文化的实质就是建立内部的动力机制，激发人们的创新精神。

（2）约束作用。知识产权文化是用一种无形的文化约束力，形成一种行为规范，弥补了规章制度的不足。它使信念在全体公民心理深层形成一种定势，构造出一种响应机制，缓解自治心理和被治现实形成的冲突，削弱了由其引起的一种心理抵抗力，从而达到和谐进步、健康发展的良性运行机制。

（3）凝聚作用。文化是一种极强的凝聚力量。它可以把各方面、各层次的人都团结在知识产权文化周围，产生巨大的凝聚力和向心力，使大家的思想感情、命运与战略成败、安危紧密联系起来，同甘苦、共命运。

（4）激励作用。优秀的知识产权文化能够创造出一种人人受尊重的文化氛围，能够产生一种激励机制，鼓舞人们奋发向上、开拓创新。

（5）辐射作用。知识产权文化能够深刻地反映出该文化的内涵及特点，它可以激发全体国民的自豪感、责任感和崇尚心理，引导人们为实现国家富强而奋斗。

二、知识产权文化管理的意义

由于人们的思想观念、行为规则、思维方式直接受人的实际需要所支配，包括人类衣、食、住、行的基本生理需要，人类免除危险和威胁的安全需要，人们希望感情被接受或归属于某个团体的社交需要，人们的名誉、地位、权利、威望产生的自尊和做出贡献得到他人的承认、赏识、关心、评价及接受别人尊重的需要，人们实现自我价值的需要。每一个人都希望在工作上有所成就，在事业上有所建树，实现自己的理想和抱负。这些现实需要体现着人类的价值观、人生观和苦乐观。

（一）知识产权文化是知识产权制度有效运行的前提和基础

每项制度的实施，其关键和根本是人，支配每个人行为的是观念。2003年，世界知识产权组织（WIPO）将建设知识产权文化列为战略目标之一。目前，我国知识产权制度建设已经达到相对较高的水平，但尚未形成与之相适应的知识产权文化，一定程度上影响了知识产权制度作用的发挥。提升全社会对知识产权制度的认同水平、守法程度，增强全社会的知识产权价值观念、自主创新观念，培育具有中国特色的知识产权文化，是建立知识产权制度与观念相互支撑的良性发展机制的基础保障。

（二）知识产权文化是建设创新型国家的必然选择

近年来，我国知识产权事业取得了长足进步，知识产权保护意识显著增强，知识产权保护环境显著改善，知识产权产出能力显著提高，为经济社会的又好又快发展发挥了积极作用。但与世界发达国家相比，与建设创新型国家的要求相比，知识产权文化建设水平明显薄弱，知识产权尚未"内化"为全社会的核心价值取向。尊重知识、崇尚创新、诚信守法的基本理念尚未获得全社会的普遍认同。我们必须通过加强知识产权文化建设，强化自主创新的内在动力，夯实国家知识产权战略的基础，推动创新型国家建设的进程。

（三）知识产权文化是构建社会主义和谐社会的根本保障

随着时代的前进，诸多社会矛盾正在显现出来，区域差别、城乡差别、收入差别、知识差别正在拉大，社会不稳定因素、不确定因素同时存在，解决这些潜在的深层次矛盾，需要各方面的共同努力，而加强知识产权文化管理，落实知识产权制度，可以有效地解决知识财产权的归属、知识资产的分配方式问题，有效地保护发明创造的积极性，遏制无形资产流失，规范市场竞争行为，合理调整利益关系，引领社会和谐进步，促进人的全面发展。

第二节 知识产权文化环境管理

中国知识产权文化管理需要吸收人类共同的法律文明成果，移植西方先进的法律文化理念，整理中国传统文化的合理内核，在多元文化的相互作用、相互影响过程中实现改造和重构。知识产权文化现代化转型，需要一般社会条件的综合作用。推动法律文化的变革与转型，其主要根源来自一定社会内部存在的处于变化状态中的经济和社会条件。通过这些条件的综合作用，形成法律文化再造的运动能量和运动方向。这种社会环境，既有内生动力，也有外生变量。

一、知识产权文化的政策环境构建

2006年1月，胡锦涛总书记在全国科学技术大会上提出了"建设创新型国家"的战略目标，2008年6月国家知识产权战略正式颁布，这些都表明中国已经站在战略全局的高度，重新审视知识产权制度。但"徒法不足以自行"，知识产权制度功能的有效发挥还有赖于整个政策环境的和谐，有赖于其他政策的配套和健全。如在产业政策方面，应着力调整产业结构，促进智力成果产业化；在科技政策等方面，应加大对发明创造的保护力度，注意科技成果的产权化、产业化；在对外贸易方面，应转变对外贸易增长方式，优化进出口商品结构，扶持具有自主知识产权、自主品牌的商品扩大出口；在文化政策、教育政策方面，应鼓励文化创新，推动文化产业的市场化；在投资政策方面，应强化创新资金的投入，细化研发的财政支持，营造知识产权文化发展的良好政策环境。

二、知识产权文化相关行业环境优化

由于知识财产非物质性的特征，权利人难以通过有形形式掌控其财产，导致要么侵权行为难以被发现，要么权利人疲于应付、孤军奋战，这个时候行业组织的力量就显得特别重要。以版权产业为例，近年来，中国音乐著作权协会高调进入公众视野，频频主动出击打击侵权行为，维护著作权人合法权益，起到了显著的社会效果。再比如相对于美国电影协会（MPA）等行业组织在全球进行电影版权保护和组织侵权诉讼，中国电影的许多反盗版行动多属于企业个人行为，值得庆幸的是，2005年8月29日，中国电影制片人协会、中国城市影院发展协会、中国电影发行放映协会、中国音像协会共同发起成立中国电影版权保护协会，并发表了《保护电影版权宣言》，开始了中国电影行业保护的步伐，弥补了中国电影版权保护体系的行业空白。因此，我们要全力营造出一个有利于知识产权相关行业组织发展的宽松环境。

三、知识产权文化意识环境净化

通过培养和树立公众的知识产权意识和规则意识，形成尊重和理解智力劳动成果的价值观。现阶段，可以通过强化青少年的知识产权教育，在学校教育中创建各种知识产权教育模式以培养青少年的创新能力、创新思维和变革意识；通过加强知识产权宣传普及，净化市场环境，塑造崇尚创新的价值观，提高全民尤其是企业知识产权意识和能力，进而完善知识产权市场环境和提升综合竞争力；通过加强知识产权研究，为丰富知识产权学术思想提供理论支持。日本的做法可供我们借鉴，日本文部科学省要求涉及法学的大学学院及知识产权相关的专科学院要培养知识产权专业人才；特许厅要求全面实施知识产权教育。经济产业省组织产学研联合开发知识产权课程，日本发明与创新协会自 1974 年以来，就为学龄儿童成立了发明俱乐部，已经在全日本的 47 个县建立起 159 个这样的俱乐部，并增进和当地政府部门、教育部门、学校以及公司企业的互动与合作。发明协会举办知识产权知识进修、发明表彰、发明创新展、发明竞赛和发明俱乐部等一系列活动；通过这一系列措施，努力营造了一个充分尊重和理解知识产权文化的社会环境。

四、知识产权文化人才环境营造

优化知识产权人才发展环境，是加快培养知识产权人才高地的重要条件，必须紧紧围绕《国家知识产权战略纲要》确定的目标，坚持改革创新精神，完善管理体制、健全工作机制、增添发展动力，为人才事业发展注入旺盛生机和蓬勃活力。

一是把握现实。随着知识产权在经济社会中的作用的显现，知识产权人才培养一直未能很好地解决，过去一些应急做法很难满足经济社会发展的现实需要和潜在需求，体制性矛盾和师资问题严重制约人才发展和人才作用的发挥。加快知识产权人才培养，必须着力突破制度和机制障碍，形成用事业造就、用环境凝聚、用机制激励人才的环境。

二是深化认识。实践和现实表明，综合国力竞争，归根到底是人才竞争，更是人才发展环境的竞争。良好的发展环境，对人才的成长进步具有基础性、战略性作用，它犹如一笔巨大的无形资产，对内产生凝聚力、创造力和推动力，对外产生影响力、竞争力和吸引力。加快知识产权人才培养，必须以优良的人才发展环境为保障，努力培育出能让大批人才持续不断涌现的沃土。

三是理念创新。加快知识产权人才培养，解放思想是最为紧迫的任务，要真正把优化人才发展环境放到更加突出的战略地位来认识、思考、谋划和推动，坚决破除束缚人才发展的思想观念，坚决革除一切影响人才发展的体制机制弊端，牢固树立人才发展环境是生产力和竞争力的观念，使人才资源是第一资源的理念在全社会形成共识，使优化人才发展环境在全社会形成风尚。

四是突出重点。高校是培养知识产权人才的重点基地和摇篮。除了自身大力培养知识产权人才以外，还要有针对性地开展不同层次、不同水平的知识产权业务培训。例如，对从事研究开发的科研人员和管理人员定期地进行关于"如何获得知识产权、保护知识产权"的培训，使每位从事科研的人都知道如何利用现有技术以及如何更好地保护自有的知识产权，充分发挥高校作为"思想库""人力资源库"的优势，依托高校培养知识产权的专门人才。

五、知识产权文化信息环境培植

为使社会公众能够免费、快捷地了解知识产权的相关信息，以便寻求帮助，应提高对专利、商标等知识产权检索系统的可访问性，使公众可以轻而易举地得到各种知识产权信息。国家、地方知识产权行政管理部门也应设立为公众、知识产权申请人、知识产权权利人服务的体系，例如，"知识产权信息库""知识产权交易平台""专利交易市场""知识产权保护热线"等。为知识产权的权利人和广大公众提供有效的、可靠的社会咨询服务。

另外，如何做好知识产权文化环境建设呢？笔者认为，要从三个环境（国际环境、国内环境、地方环境）入手，不断进行系统优化，努力处理好三个关系。

首先，处理好与国际环境的关系。据 WIPO 发布的数据，2006 年度全球 PCT 申请量高达 14.53 万件，申请量前 5 位的依次是美国、日本、德国、韩国和法国。2010 年全球经 PCT 申请量为 16.29 万件，较上一年增长 4.8%。这主要得益于东亚国家的强劲表现，中国，韩国和日本国际专利申请量分别较上一年增长 56.2%、20.5% 和 7.9%。在继 2009 年以 29.7% 的增幅超越法国，成为国际专利申请第五大来源国后，中国在 2010 年又再次赶超韩国，成为国际专利申请第四大来源国，且申请量增幅居国际之首。这说明，近年来，我国政府及有关职能部门积极地应对国际挑战，加大工作力度和保障措施，把来自于发达国家的冲击与重压转化为前进的动力。在机制上，进一步完善与世界知识产权组织的接轨；在政策制度上，出台一系列符合我国国情的、能够促进我国知识产权事业迅速发展的政策或制度。

其次，处理好与国内环境的关系。受国际环境的影响，我国政府及知识产权职能部门应当作出敏锐的反应，在不断考察、学习交流的情况下，及时制定出适合我国知识产权发展的制度或政策。在国内环境建设上加大力度，开创一个适合我国知识产权事业发展的"沃土环境"。充分发挥媒体优势，适时宣传知识产权文化理念、国家的方针政策，及时地总结、报道成功的典范，创造一个良好而有力的舆论环境。同时，我们在呼吁建立一个良好的国内知识产权环境的同时，还要建立一个"反面环境"。所谓"反面环境"，即对那些破坏知识产权的侵权行为和"假冒"行为，要及时地采取严厉的监管措施，并制造一种舆论环境，使公众在正反的对比中，加深对知识产权文化的理解和认识。

最后，处理好与地方环境的关系。中国国民的知识产权意识与发达国家国民的知识产权意识相比有很大差距，要缩小这种差距，就需要建立一个良好的地方环境。

我国地方民众知识产权意识淡薄，有的根本不知道什么是知识产权，这方面的教育更是少之又少，只有大学课本才略有涉及。那么，如何建立良好的地方环境呢？首当其冲的还是当地政府及其职能部门。当地政府及其职能部门要为建立一个良好的地方环境创造有效的舆论氛围，使知识产权意识深入民心。我们知道，地方环境一旦形成，势必产生积极的影响，而这种影响，会使地方的知识产权工作呈阶梯状上升，继而对国内环境、甚至是国际环境产生由下而上的冲击力。

事实上，国际环境也好，国内环境和地方环境也好，三者之间的关系是相辅相成、相互渗透、不断变化的，只有处理好我国知识产权与上述三个环境的关系，并在此基础上创造性地工作，我国的知识产权文化建设才能取得效果，国民的知识产权意识才能达到相应的高度，最终知识产权文化建设也会得到更好的发展。

第三节 知识产权文化资源管理

可以说，保护传统文化资源，是我国知识产权事业发展的迫切需要。在当前经济全球化趋势日益明显和迅速发展的形势下,知识产权保护国际规则正面临深刻的变革。为了应对发达国家在知识产权方面的明显优势,发展中国家提出了保护遗传资源、传统知识和民间文艺的正当主张,要求对这些资源和知识的利用符合主权国家及其权利人知情同意并实现利益分享的条件,以达到对传统文化及其资源有效保护的目的。

一、文化资源管理的现状

应该说,以往我国在保护传统文化及其资源方面,确实存在明显的缺陷与流失现象,这种流失现象的存在使得外国公司不经遗传资源、传统知识和民间文艺来源地国家知情同意,进行"基因窃取",擅自利用他国的传统知识、传统工艺等,进行医药、中医药开发,或者工艺品、工业品和文化产品开发,并申请专利,进行出口,获得垄断利益等。在遗传资源上,我国野生大豆和"北京鸭"等遗传资源的流失就是典型的案例;在传统知识上,我国国宝景泰蓝和安徽宣纸的生产工艺被日本人无偿窃走也是很典型的例子;另外,近年来,一些西方医药公司对包括西部地区在内的我国开发并使用千年的中医药,稍加研究甚至未作任何改进,就开发出了"新药"品,还申请了专利,获利甚巨;更令人担忧的是,据海关统计,目前已有900多种中草药项目被外国公司在海外申请了专利,与我国中药专利在国外的申请量相当;一些名优中药配方的知识产权已经被韩国、日本等邻国据为己有;日本210个汉方药制剂和处方全部来自中国;10年前,美国迪士尼公司成功地将中国古代民间故事《花木兰》改编成商业动画片,在全球赚取了超过20亿美元的票房收入。于是,有识之士反问,美国人凭什么可以无偿使用我国的传统文化元素进行商业运作?为什么不是我们而是美国人拍出了如此震撼人心、具有中国传统文化元素的电影?为何我们拥有辉煌灿烂的传统文化,却少有走向世界的文化产品等等?这一现实说明,我国文化资源管理的缺失。

二、特定领域知识产权的管理

可以肯定,只要认真实施《国家知识产权战略纲要》(以下简称《纲要》),就能够避免发生这种失去之后才感到可惜的事情。这是因为,《纲要》在"特定领域知识产权"保护中,已经十分明确地提出了保护的任务和要求。

如："完善遗传资源保护、开发和利用制度，防止遗传资源流失和无序利用。协调遗传资源保护、开发和利用的利益关系，构建合理的遗传资源获取与利益分享机制。保障遗传资源提供者知情同意权。""建立健全传统知识保护制度。扶持传统知识的整理和传承，促进传统知识发展。完善传统医药知识产权管理、保护和利用协调机制，加强对传统工艺的保护、开发和利用。""加强民间文艺保护，促进民间文艺发展。深入发掘民间文艺作品，建立民间文艺保存人与后续创作人之间合理分享利益机制，维护相关个人、群体的合法权益。"北京奥运会期间，民间艺人在陕西"祥云小屋"里展示的最古老的造纸技艺，陕西省蓝田县普化水会音乐，西藏的绘画、藏药、各具特色的少数民族文艺、器乐等就是属于我国传统知识和民间文艺的保护对象，需要依法加以保护。

三、知识产权文化资源保护需要立法

根据《纲要》提出的任务和要求，要使我国的传统文化资源得到有效的保护，就必须建立健全与之密切相关的制度。2012年，国家将除夕、清明、端午和中秋定为法定假日，使我国的四大民族传统节日与国家法定假日合而为一，使得我国优秀的传统民间文化遗产在国家和人民生活制度里浴火重生。这一顺应民心的重大文化事件，既尊重人民风俗习惯和历史传统，也珍视优秀传统文化，是弘扬传统节日中的文化传承、文化凝聚、文化情感和民族审美的战略举措。2011年党的十七届六中全会做出重大决策，"大力发展文化产业、建设社会主义文化强国"。全会强调，坚持中国特色社会主义文化发展道路，深化文化体制改革，推动社会主义文化大发展大繁荣，坚持社会主义先进文化前进方向，以科学发展为主题，以建设社会主义核心价值体系为根本任务，以满足人民精神文化需求为出发点和落脚点，以改革创新为动力，发展面向现代化、面向世界、面向未来的，民族的、科学的、大众的社会主义文化，培养高度的文化自觉和文化自信，提高全民族文明素质，增强国家文化软实力，弘扬中华文化，努力建设社会主义文化强国。

由此可见，我国传统民间文化遗产的抢救、保护和利用将进入一个全新时期。当然，对于我国传统文化资源的知识产权保护，最为重要的还是通过立法实施保护。目前，印度、巴西等遗传资源丰富的发展中国家和瑞士、挪威、丹麦等发达国家，已经通过专利法律制度保护遗传资源。已经提交全国人大常委会开始审议的专利法修正草案就特别增加了相应的条款，明确规定：依赖遗传资源完成的发明创造，申请人应当在专利文件中申明该资源的直接来源和原始来源；无法申明原始来源的，应该说明理由。还明确规定：遗传资源的获取或者利用违反有关法律、行政法规的规定的，不授予专利权。有关专家表示，我国作为遗传资源大国，这样的规定，无疑将有助于我国遗传资源的保护，进而对我国的生物制药领域、动植物育种领域和生命科学研究带来重要而积极的影响。而修改《著作权法》与《民间文学艺术作品著作权保护条例》和进行非物质文化遗产保护法的立法，也就显得十分必要而迫切。

第四节　知识产权文化内核管理

知识产权文化体系由（物态要素、制度要素和精神要素）三个层次、（人本、科学、民主、学习、诚信、和谐、创新、创业、创富）九大基本要素组成，是一个始终处于动态变化、有机关联、互补升级的文化方阵。

在全面建设小康社会的重要战略机遇期内，只有牢牢把握先进文化的前进方向，正确处理九大基本要素的"排列组合"，才能切实保证我国经济、科技、文化、社会、人与自然的协调和可持续发展，才能最终实现小康社会的总体目标和中国的"和平崛起"，才能不断增强竞争实力。

在全球经济一体化的大背景下，文化同经济、政治和社会发展一样，成为与国家利益息息相关的重大战略问题。到2020年，将建成惠及全国各族人民的全面小康社会。这是一个巨大的历史变革过程，它需要与之相应的思想、道德、知识、智慧的集萃来形成"知识产权文化"，更需要为经济发展、科技进步、文化繁荣和社会和谐提供强大的精神动力、智力支撑和思想保证。因此，牢牢把握先进文化的前进方向，把"知识产权文化"的培育和再造深深熔铸在民族的生命力、创造力和凝聚力之中就显得更加迫切。

一、知识产权文化的内涵分析

"知识产权文化"是在继承中国优秀传统文化、吸纳优秀世界文明成果的基础上，逐步形成的，与物质、政治及文化生活相适应的、能够凝聚全国各族人民、调动国内外和社会各个阶层一切力量、促进国家（区域）和人民全面协调、快速发展和繁荣富裕的共同价值观念、行为规范、制度规则等物质和精神财富的总和。"知识产权文化"在建设全面小康社会的历史进程中，必须起到基础、先导、保障和战略的作用。根据全面建设小康社会的现实需要，培育和再造"知识产权文化"，必须与经济全球体化的大潮流相适应，必须与发展这一执政兴国的第一要务相适应，必须与社会的协调和可持续发展相适应。

（一）影响知识产权文化形成的变量分析

从中国传统文化的两面性分析和知识产权文化的定义不难看出，知识产权文化是在中国传统文化的基础上，结合现代科技、经济和社会发展的国内外环境，经过继承、丰富和发展而来的，在世界经济全球化和政治、文化相互交融的潮流中逐步形成的新型文化形态。因此，影响知识产权文化的要素主要有：

（1）中国优秀传统文化的影响。任何一个国家的现代化，都是建立在民族发展繁荣的基础之上，根植于民族传统的文化之中。只有以传统文化为前提，把全面小康社会的基本要求与中国优秀传统文化相结合，才能赋予全面小康社会以民族特色，才能培育出真正现实的、有活力和凝聚力的知识产权文化，否则知识产权文化就会成为无源之水、无本之木。

（2）世界经济全球化的影响。首先，世界科技革命的浪潮汹涌澎湃，知识经济悄然到来，世界经济秩序也将发生翻天覆地的变化；英特网、电子商务、信息技术、通信技术、航空航天技术等的快速发展和技术转移速度的加快，传统产业的比例逐渐降低，贸易方式将发生革命性变化，高新技术产品的贸易比重大幅度上升，信息服务、技术咨询以及其他专业服务等新型的服务贸易也将随着科技的发展不断出现；世界经济贸易打破了政治体制的束缚，得到快速发展，并呈现经济自由化、一体化、全球化趋势。其次，在WTO、WB和IMF框架下的世界经济秩序和国际贸易规范将基本趋同；传统形式的贸易保护主义将逐渐消失；劳动密集型产品和一些资本密集型产品的生产相对过剩，贸易保护主义将以新的形式（知识产权与技术壁垒、反倾销诉讼等）继续存在，并在一定的条件下盛行；各种形式的国际区域合作将继续发展，我国将以更加积极的姿态和负责任的大国风范加入区域经济组织；中国经济与世界经济的融合程度进一步提高。最后，世界贸易组织规则将对经济社会发展及政策的制定实施产生重要影响，执行世贸组织规则，国内企业将面临更大的生存和发展压力，国有企业改革、民营企业发展、多种经济成分将共存共荣；政府职能的转变更加紧迫，政府的"越位""错位"和"缺位"现象必须尽快解决，政府调控经济和社会运行的传统手段（如行政审批、资源分配、人才管理等）将逐步退出历史舞台；对外经济活动进一步规范，国内市场更加开放，体制改革、制度创新和政策法制环境更加完善。此外，国内经济转轨、体制转型和社会进步不可逆转；国家安全、公共安全、经济安全和战略高技术将更加重要。这些国际大趋势直接影响到知识产权文化的形成。

（3）政治、文化的交流与融合。进入 21 世纪后，国家强盛、区域繁荣、人民富裕的途径和方式将发生根本性变化——知识创造财富、知识创造文明！由于经济全球化进程的加快，资本、信息、技术、人员流动加快，国家的政治利益完全建立在国家经济利益之上，文化融合成为世界发展的大潮流、总趋势。由于知识传播方式的革命性变化，使得国家政治和文化交流更加频繁，人本、科学、民主、人权的观念将更加深入普及，中西文化在交流、传播和碰撞中将互相吸纳、借鉴和升华，进而形成具有时代特征的知识产权文化。

（二）知识产权文化的要素组成

如何从中西文化的思想宝库中汲取营养，把经过数千年的演绎与扬弃形成的文化积淀改造为具有时代特征的现代文化，并使之成为中华民族共同的世界观、人生观、价值观、认识论、方法论、思维方式、道德观念、伦理规范、民族精神和制度模式，成为建设小康社会的文化保障和智力支撑？各级领导干部要把握内容丰富、博大精深的知识产权文化的时代脉搏，抓住知识产权文化的基本内核，凝练知识产权文化的主导要素，让人们易懂、易记、易行。

（1）由人本、科学、民主三要素组成知识产权文化体系的精神要素，处于知识产权文化体系的顶端，与精神文化和政治文明相对应。

（2）由学习、诚信、和谐三要素组成知识产权文化体系的制度要素，处于知识产权文化体系的中部，与精神要素和物质要素相连接，与制度文化和精神文明相对应。

（3）由创新、创业、创富三要素组成知识产权文化体系的物质要素，处于知识产权文化体系的基部，与物态文化和物质文明相对应。

知识产权诸要素构成一个以精神要素为灵魂、以物质要素为动力、以制度要素为保障的知识产权文化同构体，三者密不可分、互为依托，是一个始终处于动态变化、有机关联、互补升级的文化"方阵"，它具有鲜明的时代性、原动性、内聚力和辐射力。

二、知识产权文化的内核管理

（一）精神要素管理

以人为本既是建设全面小康社会的起点，又是建设全面小康社会的归宿；科学精神与科学技术是建设全面小康社会的基础、源泉和动力；民主制度是建设全面小康社会过程中社会主义中国追求的具有鲜明时代性和民族特色的本质要求。因此，在培育和再造知识产权文化的过程中，必须注重中国传统文化的连续性，克服其保守性和凝固性，吸收先进文明的精华，丰富、完善和强化其精神内核，使之真正成为知识产权文化的灵魂。

（二）制度要素管理

开放、吸纳、包容和扬弃是中华文明生生不息、发扬光大的关键，在经济、科技和文化全球化的今天，学习和借鉴其他文明的长处，提高人的素质，积累知识资源，创造物质和文化财富，必须把建设学习型社会制度化、规范化。大力发展社会主义市场经济，完成体制转轨和经济转型的战略任务，运用全球通用的经济贸易规则（如WTO规则）、文化规则（如知识产权规则）和行为规则（如诚信）等参与国内外科技、经济、贸易、文化的竞争；实现中华民族的和谐统一，政治文明、精神文明和物质文明的协调发展。因此，在培育和再造知识产权文化的过程中，必须树立以法治国的理念，学会运用制度经济学的方法，把握经济快速发展、文化观念相互碰撞的战略机遇，克服政府的越位、错位和缺位现象，加快体制改革的步伐，切实发挥制度文化的保障作用，真正形成一个强有力的知识产权文化体系连接。

（三）物质要素管理

要把创新和奉献、创业和发展、创富和文明纳入知识产权文化建设的全过程。

创新（包括技术创新、管理创新和文化创新等）是民族振兴的灵魂，是一个国家兴旺发达的不竭动力，是知识产权文化必不能少的基本要素。

创业是运用市场经济体制和机制，积极营造鼓励人们干事创业的社会氛围，广泛和充分地调动一切积极因素，最大限度地激发每个人创造财富的欲望，通过市场经济追求利益最大化的原则，促使每个人将自己的资本、知识、技术和一切才能投向最有效益的领域，在实现自己利益和回报的同时，为社会提供更多的新产品、新服务和新机会，促使各种市场主体的活力竞相迸发，保障各种生产要素的作用充分涌流，以造福于全体人民。

创富是在鼓励创新，挑战传统，发展产业和有益于社会进步的各类事业的基础上，通过开拓进取、诚实劳动、合法经营、商业冒险、团队合作和规范竞争，创造大量的物质财富，不断满足人们快速增长的物质财富需求；同时，随着社会的物质财富不断增长，人民的科学文化素质和社会文明程度不断提高，人们对精神财富的追求将更加迫切，在健全法制，发扬民主，尊重和保护知识产权的基础上，文艺作品大量涌现、文化产业快速发展、文化事业空前繁荣。

创新、创业、创富作为知识产权文化体系的动力源泉，最容易被不同的文化主体所认识和接受，是现阶段培育和再造知识产权文化的精髓。

第五节　知识产权文化形式管理

知识产权文化包括观念形态和制度形态两个层面的意义。近代知识产权制度诞生的历史告诉我们，知识产权法律制度的生根发芽必须有其适宜的文化土壤。当代中国知识产权文化形式包括：物态文化、制度文化、行为文化、心态文化四种基本形式。

一、西方知识产权制度产生的文化基础

近代知识产权制度的产生经历了从中世纪末期至资本主义初期长达数百年的孕育。在社会转型的激烈变革中，除了经济的因素，科技、思想、政治等诸方面的发展和变化，也催生了这一新型民事权利。比如 15 世纪新工艺学的出现，体现在与资本主义经济密切相关的纺织、采矿、冶金和化学等部门，这些工艺学上的进步为近代知识产权制度的产生奠定了坚实的技术基础。再比如新文化价值观的确立，从 14 世纪至 16 世纪，西欧资产阶级所发动的文艺复兴运动，以复兴古典学术和艺术为口号，反对蒙昧主义和宗教神学，继承、利用古希腊的科学文化，倡导以人文主义为中心的新思想。这一新文化价值观激励了人们改造现实，研究自然，重视实际有用的知识，还有新政治文明的萌生。在 17 世纪中叶英国资产阶级革命的过程中，从霍布斯、米尔顿到洛克等思想家、

政治家都主张主权在民，倡导平等自由，强调私有财产的不可侵犯，这也为知识产权法律制度的建立作出了重要的思想准备。

在这些促进近代西方知识产权制度诞生的因素中，知识产权文化起着重要的作用，是知识产权法律的思想基础。从17世纪到19世纪，是西方国家知识产权法律相继建立和形成的时期。审视这一时期知识产权制度的立法文件，字里行间无不浸透着自然法学派崇尚权利和个人自由、追求人的理性的价值观念。这就是知识产权法律构造的人文基础和精神主张。

（一）个人主义精神

个人主义这一概念包含着多种思想、观点和学说，它们的共同要素都是以"个人"为中心。个人主义的精神主张，是近代私法构造的文化基础，即是近代私法中人格独立原则、权利平等原则、私法自治原则的思想渊源。知识产权从本质上讲，属于私权范畴。近代西方国家在自由资本主义的土壤上，构造了自己保护知识财产的法律殿堂，这些无一不笼罩着个人主义精神的神圣光芒。第一，知识产权是一种私人财产权。知识产权不是君权神授的结果，而是基于作者、发明者创造性活动的本源。近代知识产权立法使这种权利从公法领域进入私法领域，由特许专有权转变为法律规定的可转让的知识财产权，这是罗马法建立以来财产领域的一场非物质化革命。第二，知识产权也是私有的权利。这里的私有意指知识产权为特定的民事主体所享有，是特定人享有的私人权利，而不是一切人同享的公共权利。个体是社会的基本构造单位，是具有独立人格的权利享有者。在近代著作权立法中，尽管英国《安娜法令》规定保护作者与出版商，但出版商的权益是派生的而非本源性权利；法国著作权法则极力推崇作者的中心地位，对作者即自然人、第一著作权人作出了完善的规定。

（二）自由主义精神

自由主义是近代西方国家和一些受欧洲文化影响的国家中流行最广、影响最大的思维方式。自由主义思想在近代私法文化形成中的重要成果是"人的发现"，即个性自由、个人能力发展与个人主体地位的一系列主张。而以个人自由为基石所构建的私法体系，彰显了私法自治或意思自治的精神主张。私法自治原则强调权利的主体即意识的主体，实施一切民事行为皆取决于当事人自己的意识，不受国家和他人的干预。这一原则精神贯穿于各项民事权利制度。思想自由是自由主义精神的核心内容，也是近代知识产权法律构建的灵魂所在。思想自由本是一项政治性权利，其内容包括：创作自由、学术自由、艺术自由、言论自由、出版自由等。因此，每个公民都有言论、著述和出版的自由。美国宪法的制定者创建了"推广知识传播、公共领域保留、保护创造者权利"三项知识产权政策。上述宪法文件的规定都深刻地体现了思想自由的精神主张，而封建特许权制度缺乏这种思想自由的精神内涵。以著作权制度为例：早期的出版特权与封建国家审查制有紧密的联系。当时的封建国家规定作品在发表前必须提交政府审查，经过审查的出版许可与出版特权得到巧妙的结合。《安娜法令》的出现，摒弃了封建特许出版与封建图书审查制度，深刻地体现了促进作品传播、保障思想自由的法律价值。正是在这个交汇点上，具有财产意义的知识产权原则与显示政治意蕴的思想自由原则在近代西方国家的宪法文件之中得以共存。

（三）理性主义精神

理性主义是西方法律文化的重要内容和特征，它既是价值理性，又是工具理性。这种理性精神对罗马法私法到近代民法的形成和发展有重要影响。知识产权是创造者维护知识财产私有的权利主张，亦是人们促进知识传播的理性追求。知识产权在其制度建立之初，就存在着知识产权保护与限制的问题，即在保护创造者权利的基础上寻求个人利益与社会利益的平衡。1709年《安娜法令》在规定保护作者权利的同时，又设定了一个"文学艺术的公共领域"，这表明知识产权并非是绝对的财产私有权，它具有有条件的独占性、有限制的排他性和有期限的时间性的基本特征。以合理使用为核心的知识产权限制制度，被称为是一项"理性的公平主义原则"，该规则充满公平正义观念并因具有弹性而无法定义。在近代西方国家，立法者围绕着保护创造者私权和促进知识传播的二元目标来规制知识产权，尽管因地、因时而有规范差异，但关于知识产权保护、限制与反限制的法律调整一直都是立法活动的重要方面。

二、近代中国移植知识产权制度的文化缺失

一般认为，中国知识产权保护制度始于清朝末年。它虽是清政府实行新政、向西方学习的产物，但更多是帝国主义列强施加压力的结果。1898年清帝在变法改革运动中颁布了中国历史上第一部专利法规——《振兴工艺给奖章程》，但不久由于"戊戌变法"的失败而夭折。此后，清政府根据1902年

《中英续议通商行船条约》、1903年《中美通商行船续订条约》的知识产权条款，在外国人的帮助下分别于1904年、1910年制定了《商标注册试办章程》《大清著作权律》。虽然清末移植了西方知识产权法律制度，但由于当时特定的历史背景根本不具备实施这些制度的环境，因此它们不过是昙花一现、名存实亡。

（一）影响制度文化的因素

影响制度实施目标的实现，既有法律因素，如制度选择所涉及的法律理念、法律内容，以及法律形式等是否具有先进性、合理性以及科学性；也有非法律因素，即制度实施所涉及的经济技术发展状况、政府公共政策体系以及社会环境、文化条件等，是否具有一致性、协调性以及相适应性。法律的文化解释认为，"移植规则的深层含义在于移植文化，也即规则和制度的移植必须要有文化的支持"。导致近代中国知识产权法律制度昙花一现的文化动因主要是中国传统文化影响的历史惰性，即传统文化心态和思维模式这一障碍性因素。个人主义的精神主张，是近代私法构造的文化基础。从本质上说，私法文化包括知识产权文化的发展。然而，中国的传统文化是以个体农业为基础、以宗法家庭为单位、以伦理纲常为核心的传统文化。在这种文化土壤中，人的主体性无法得到应有的肯定。个人既要依附于国家，还必须依附于家庭。因此，个人是包融于外物之中的，人只有在整体性中（如家族、集团或国家中），才能昭示自己的存在和全部意义，个人的意志、情感也只有在群体关系中才能得以体现。总之，以儒家文化为核心的中国传统文化，主张的"不是以公民为基本单位的个人权利本位，而是以家庭为单位的人伦义务本位"。简言之，一个没有独立人格的人是无法主张自己的精神权利的。

（二）自由主义的思想原则

自由主义的思想原则，是近代私法构造的精神内核。以文化意识和文化政策为存在形式的思想自由和经济自由，是知识创造活动和知识财产化赖以存在的一般条件。自由是一种权利，是一种受法律保护的权利。但是，在中国传统社会里，既没有西方国家历史上的自由民阶层，也没有以自然法为基础的自由思想。"礼"作为人的日常生活的行为准则，其实质是否定个性的，是与个人的创造力、思索力和革新精神相背离的。因此，"礼"不可能成为权利的保障，更不能成为自由的尺度。此外，"民可使由之，不可使知之"的愚民思想,将庶民置于受统治者绝对支配的地位,其结果是窒息了个人的思想自由。另外,在传统文化看来,精神产品的创造,只是"格物、致知、修身、养性"的一种自我的修养过程。因此,人们往往刻意淡化自己的权利意识。经国济世之作,有待于智者去阐扬,而不能将其据为己有。所谓"文章不为粮稻谋""君子不言利"等即是这一思想的反映。

(三) 理性主义的精神追求

理性主义的精神追求,是近代私法构造的价值目标选择。理性是自然法最基本的精神所在,而自然法就是人类理性本身。此外,自然法也是一种以自然哲学和认识论为依据的知识理性,具有"求知""求真"的传统。上述所言即形成这样一个公式:自然法 = 理性 = 知识。中国的传统文化也不乏理性精神,儒家也是理性主义的,但它与西方的理性精神相去甚远。儒家理性是一种人伦理性,不假外求,靠主体对宇宙人生的认知得来。缺乏外向的"求知""求真"传统,因而不具发展性;儒家理性以道德说教为基础,其倡导的和谐精神是从内在至外在的过程,必须控制的是人的内在行为,因此道德说教是唯一手段;儒家理性的追求目标在于"修身、齐家、治国、平天下",实现身、家、国、天下的融合,而不是凭借对工具理性的掌握,调整、评判主与客、灵与肉、人与自然、人与国家的紧密关系。在这种理性支配下,人们在自己的知识财产受到侵犯的时候,往往尚和谐、求无讼,不敢提出权利的主张。

法律文化是有惰性的。中国的传统文化遗产愈见深厚,其消极精神因素的沿袭就愈见顽固。建立在个人主义、自由主义、理性主义基础之上的西方知识产权法,移植于义务本位、专制主义、人伦理性的中国传统文化土壤之中,难免会产生"水土不服"的法律异化后果。历史警醒我们,知识产权法律制度的生根发芽必须有其适宜的文化土壤,否则也只不过是"南桔北枳"。

三、知识产权文化形式管理

(一) 对物态文化管理

物态文化是人类的物质生产活动方式和产品的总和,是可触知的具有物质实体的文化形式。要实行定量和定性的方式进行管理。

(1) 定量管理。就是对人类物质生产的产品进行总量控制,通过制定规划、定量生产、保持产销平衡，最大限度地满足人们的物质需要。

（2）定性管理。就是对人类物质生产的活动方式进行限定，保证生产活动方式的科学性、连续性。注重以多种有形的文化形式和手段，形成浓厚的文化氛围，起到潜移默化、润物无声的教育作用。一是打造优良的物态文化环境。在内、外部环境上，用先进文化进行科学、合理的布设，使环境具有鲜明的视觉语言效果，形成浓郁的文化气息，达到用先进的文化启人心智的目的。二是创作优秀的文化作品。主要包括引导和鼓励社会大众发挥聪明才智，积极创作文化作品，丰富人民大众的文化生活，启迪思想，陶冶心灵。三是建设完善的文化阵地。建设好图书室、阅览室、健身室、网络室等文化场所，完善文化设施，使人民群众在参与中达到汲取知识、强健体魄、愉悦身心的目的。四是优化文化团体。如影剧院、书画院、文化传播中心、影视创作中心等从而发挥先进文化对人民群众精神生活的导向作用。五是组织高雅的文化活动。丰富活动内容，拓展活动形式，增强活动的吸引力，在活动中提升精神境界。

（二）对制度文化管理

制度文化是人类在社会实践中组建的各种社会行为规范，是具有约束作用的抽象文化形式。制度文化管理主要包括领导体制、组织机构和管理制度三个方面。

（1）健全领导体制。领导体制的产生、发展、变化，是生产发展的必然结果，也是文化进步的产物。组织结构是文化的载体，包括正式组织结构和非正式组织结构。管理制度是在进行生产经营管理时所制定的、起规范保证作用的各项规定或条例。

领导体制是领导方式、领导结构、领导制度的总称。其中主要是领导制度，领导制度受生产力和文化的双重制约，生产力水平的提高和文化的进步，就会产生与之相适应的领导体制。不同历史时期的领导体制，反映着不同的历史文化。在制度文化中，领导体制影响着组织结构的设置，制约着管理的各个方面。所以，领导体制是制度文化的核心内容。

（2）完善组织机构。组织机构，是指为了有效实现目标而筹划建立的内部各组成部分及其关系。如果把企业视为一个生物有机体，那么组织机构就是这个有机体的骨骼。因此，组织机构是否适应生产经营管理的要求，对生存和发展有很大的影响。不同的文化，有着不同的组织机构，影响组织机构的不仅是制度文化中的领导体制，而且，文化中的环境、目标、生产技术及员工的思想文化素质等也是重要因素。组织机构形式的选择，必须有利于组织目标的实现。

在探讨组织机构和组织文化的时候，我们应当意识到，组织文化并不是完全独立的，它与一定的民族文化传统的深厚背景有着千丝万缕的联系。在中国文化传统中，一般不从个体方面看问题，而是把什么都看成是一种有组织的结构。大到国家，小到个人，都有相应的管理网络和管理艺术。所谓格物、致知、诚意、正心是修己，是自我管理；所为齐家、立业、治国平天下是家庭管理、企业管理、行政管理、教化管理。修身和安人是相互沟通的。因此，要不断完善和加强组织机构建设。

（3）规范管理制度。管理制度是为求得最大效益，在生产管理实践活动中制定的各种带有强制性的义务，并能保障一定权利的各项规定或条例，包括人事制度、生产管理制度、民主管理制度等一切规章制度。管理制度是实现目标的有力措施和手段。它作为人的行为规范模式，能使个人的活动得以合理进行，同时又成为维护共同利益的一种强制手段。因此，各项管理制度是进行正常的生产经营管理所必需的，它是一种强有力的保证。

在制度文化建设中，要审视各种制度是否是以社会根本性需求为基础、是否与社会最本质的目标相联系。俗话说："没有规矩，不成方圆。"制度文化建设是知识产权文化的骨架部分，任何一个社会组织离开了制度就会成为一盘散沙。但由于制度是一个社会基本观念的体现，反映了对社会、对人的基本态度，因而制度又不是随心所欲、不受任何制约的。

制度文化建设，要处理好制度与人本关系，把握好创新精神、价值观的"柔"与制度化管理的"刚"有效结合的问题，也就是人性和人情观的问题。制度文化的效力点不在别处，而在人的心灵。所以，要适当把握创新精神、价值观的"柔"和制度化管理的"刚"，必须坚持"以人为本"。制度文化建设，要认识制度文化过程对社会文化发展的变化，及时调整、变革。

（三）对行为文化管理

行为文化是人际交往中约定俗成的以礼俗、民俗、风俗等形态表现出来的行为模式。要牢牢抓住行为文化建设这一重要层面，通过人的行为表现来发现和管理风险。

首先，注重行为引导，营造良好氛围。坚持以行为文化建设为重点，用精神文化引导人，制度文化约束人，行为文化塑造人，形象文化鼓舞人。认真开展规章制度、创新发展、新技术等知识学习，做到学习制度正常化、内容系统化、对象全员化、形式多样化、效果最大化，营造积极向上的社会氛围。

其次，加强自身修养，提高人的素质。要大力倡导学习精神，做到活到老、学到老，更要学以致用，求深求精，讲究实效，在学习中提高，在实践中升华，养成中华民族的美德，促进人的全面提高。

最后，注重日常养成，搞好文化实践。把员工行为评价工作，作为企业文化传播实践课，通过评价培育员工稳定的行为习惯、行为规范、行为风格、行为风尚，提高员工参与风险管理的积极性，从我做起，遵章守纪、自我保护、相互提醒、共同防范，从源头上遏制违章违纪现象的发生，确保知识产权文化建设的安全运行。

（四）对心态文化管理

心态文化是人类在社会意识活动中孕育出来的价值观念、审美情趣、思维方式等主观因素，相当于通常所说的精神文化、社会意识等概念形态。这是知识产权文化的核心。要大力培养积极的心态、主动的心态、双赢的心态、包容的心态、自信的心态、行动的心态、给予的心态、学习的心态、主人的心态。牢固确立正确的人生观、价值观、苦乐观，把崇尚科学、自主创新、精神文明有机统一，开创美好生活。

第六节　知识产权文化培育管理

知识产权文化的基本理念是"尊重知识，崇尚创新，诚信守法"。尊重知识就是要倡导尊重创造、尊重权利、尊重人才的观念，彰显了知识产权文化的基本价值观念。崇尚创新就是要发扬创新变革、勇于竞争、宽容失败的精神，体现了知识产权文化的基本精神品质。诚信守法就是要推行诚实信用、遵纪守法、遵从公益、和谐发展的风尚，确立了知识产权文化的道德标准和行为准则。WIPO曾提出要"建立一种明达的知识产权文化"的新思路。认为建立一种充满活力的知识产权文化是各国的共同需要，它可以让所有的利益相关者在一个相互联系的战略整体中发挥各自的作用，并能实现知识产权作为促进经济、社会和文化发展有力手段的功能。

知识产权文化建设的目标是：形成社会公众了解知识产权、认同知识产权对社会发展的重要作用和尊重知识产权、诚信守法的社会氛围；形成更为广泛的创新群体，使企业、科研院所、发明人在各有侧重的创新和应用活动中具有更旺盛的创新激情、更科学的创新方法、更熟练地运用知识产权制度的能力，为建立适合我国国情、符合国际惯例、服务于国家利益、平衡有效的知识产权制度提供思想保证、理念支撑。因为观念形态的知识产权文化的影响力是深层次、长效性的，能够渗透到人们的意识形态领域。因此，在我国培育和推行知识产权文化，当务之急就是加强观念形态的知识产权文化建设，普及知识产权知识，提高全社会的知识产权意识，把知识产权制度的基本规则融入社会整体成员的基本观念中，使知识产权文化成为人们的自觉意识。

一、加强知识产权教育，提高知识产权文化意识

据资料显示，城乡居民学历越高，有过侵权行为的比例越大，甚至法律专业的学生参加司法考试时照样选择盗版教材。可见在知识产权问题上，受的教育高，未必成就高的知识产权意识。这就说明，传统知识产权教育必须在教育形式和内容等方面寻求突破，真正把知识产权的知识和意识植根于受教育者的内心。

（一）改革教育内容，普及教育试点

知识产权教育内容不必求全求深，应该站在普及的立场上，以普及基本概念、基础知识和培养基本理念为主；为增强教育的效果，知识产权知识的表达应该深入浅出，把深奥的理论通俗化、系统化、条理化，引入典型常见案例，以案说法，以求实效。普及知识产权教育，首先要进行试点，在总结经验的基础上，逐步推广、以点带面、进行普及、全面提高公民的知识产权意识。

（二）创新教育模式，注重教育效果

运用生动、直观、形象的现代教育手段和形式，开展丰富多彩的宣传教育活动，增强宣传教育的实效性；要特别注意发挥电视、广播、报纸、网络等大众传媒的作用，发挥它们迅速、生动、直观的优势，提高宣传覆盖率和吸引力。

（三）加大教育投入，保证教育质量

根据实际需要，给予必要的人力、财力等条件支持。要把知识产权普及教

育工作经费纳入财政预算，各部门、各单位要安排专项经费，确保普及教育工作在资金、人力、时间上的落实，确保教育质量。

（四）借鉴先进经验，建立长效机制

知识产权普及教育不是权宜之计，而是一项长期的经常性的工作。各有关部门不能只采取一些表面的、急功近利的措施，而应该认真研究有关途径和措施，学习参考发达国家知识产权教育的经验，从而达到少走弯路，迅速、高效的目的。

知识产权教育，日本的做法可供借鉴，美国的经验堪称典范。他们从幼儿园和小学抓起，逐步延伸到大学和全体国民，有一整套的教育计划和科学教育标准。许多发达国家和一些发展中国家也都在20世纪末相继公布了国家的科学教育标准，开展了幼儿园和小学中的探究式科学教育改革，使国民有效地掌握科学概念和正确的推理方法和模型，培养探究能力和探究的热情，培养科学精神和合作精神，在培养大批创新人才的基础上，造就一些顶尖人才，为知识产权文化建设打牢坚实基础。

二、鼓励自主创新，塑造知识产权文化精髓

创新是一个民族的灵魂，也是知识产权文化的精髓。知识产权文化本质是一种"法律文化""权利文化"，奉行权利本位并借此建立利益激励机制。它的核心内容是"崇尚创新、尊重知识、诚信守法"。我国的知识产权制度是在改革开放以后才逐步建立起来的，真正快速发展、广为人知也是在我国"入世"以后。无论是企业，还是民众，对知识产权的认知还停留在知识产权保护、维权、打假上。知识产权保护运行核心就是依法保护、切实维权，但它不是知识产权制度运行的全部，要通过这个制度激励更多的创新者、发明人、文学艺术家们能够在一个良好的法制环境内，激发创作灵感，创作出更多更好的发明创造、文学艺术作品来满足社会的需求，这是这个制度运行的核心。我们经常引用美国总统林肯一句话："专利制度就是给天才之火浇上利益之油"。有了制度保护这个发明创造，甚至允许他有一定的垄断回报，让他更多地投入到创作中去，对于整个社会来说是一个大好事，全社会都是这个心态，那这个社会一定是一个朝气蓬勃的社会，这个国家一定是个创新型的国家。所以，要尊重知识、尊重劳动、尊重人才、尊重创造，落实"大众创业，万众创新"的国策。

调查显示，从幼儿园、小学、初中、高中到大学，我国学生创新欲望、创新意识、创新能力出现递减趋势，这势必影响我国实施知识产权战略的方向和效果。所以在我国应试教育的大背景下，如何激发和培养创新就成为迫切之举。每年的4月26日是世界知识产权日，这是10多年前世界知识产权组织根据中国和阿尔及利亚两个国家的提案设立的，以此向全世界宣传知识产权，倡导知识产权文化。只有赋予知识产权以创新的灵魂，建设创新型国家才会拥有不竭的动力源泉。

三、积极实施舆论引异，打造崇尚创新、诚信守法的社会风尚

发达国家的成功经验证明，良好的知识产权秩序必须以社会整体对知识产权文化的认同和文明素质的提高为前提。知识产权文化意识体现人们对知识产权的思维方式和价值取向，是完善知识产权制度与建设创新型国家的基础。知识产权文化建设不仅需要知识产权知识的普及，还必须将知识教育、能力培养与法制宣传、道德教化几个方面结合起来，使知识产权文化建设与社会整体文明素质的提高协调发展。

在公众的普遍意识里，对于有形财产的不当获取是耻辱的事情，但抵制盗版假冒却并没有被纳入人们公认的规则范畴当中。公众还未将侵犯知识产权与侵犯有形财产两者视为性质等同的行为，这样其行为很容易出现误区和偏差。因此，要建立一种明达的知识产权文化，对民众心理要逐步导入侵犯知识产权的违法犯罪感和羞耻感，通过媒体等舆论工具营造一种"创新光荣，侵权违法"的社会文化氛围，把侵权行为作为不劳而获的可耻行为进行舆论宣传、抨击。

实践证明，任何法律制度只有内化为民众内心尊崇的理念，才能起到根本规制的作用，这也是知识产权法律制度得以有效运行的关键。所以，知法才能守法。反侵权之道，最根本的还是守法之道。

四、完善知识产权法律制度，严格执法保护，营造知识产权文化

社会的发展离不开法律的强制力。要建立和运行顺应时代发展的知识产权

文化，使知识产权成为民众自觉自愿的意识，必须建立一个富于战略意义的法律机制来规制和推动。这就需要认真审视现有的法律法规，站在知识产权战略发展的高度，进一步建立和完善知识产权法律制度。细化对知识权利保护、增强可操作性的同时，加大对侵权的处罚，增加侵权的成本，增强法律的震慑力。

（一）要不断完善立法

没有知识产权立法，就没有知识财产的法权形态，就没有其创造者和其他权利人的法律地位。有学者将知识产权称为"诉讼上的权利"，意指知识产权通常要通过诉讼等执法活动才能得以实现和保护。而实现诉讼上的权利，前提就要有完备的立法。一个科学、先进、完备的知识产权立法，是知识产权保护的法律基础，是知识产权执法的前提和准绳。因此，建立和不断完善知识产权立法是知识产权保护的关键。

（二）要加大执法力度

"徒法不足以自行"是亘古不变的真理。良好的法律必须得到彻底、有效的执行，才能契合法治的宗旨。这就需要知识产权执法者要依法执法、严格执法，让侵权者无处可遁。调查表明，在盗版消费群体中，有12%的受访者是因不知道是盗版而购买，约有11%的受访者是由于购买方便而买盗版，有41%的受访者是由于上当受骗而购买假冒侵权商品。这种盗版和假冒产品在市场上随处可见，正版与盗版、真品与假冒产品难以区分，甚至有些盗版进入市场的速度比正版还快，这意味着我国在知识产权执法力度、着力点及侵权整治方法上，还有巨大的改进空间。

（三）行政执法和司法执法并用

从发达国家来看，对知识产权的保护，主要通过司法途径保护。因地域广大、地方保护等各种各样的原因，使我国司法途径上诉讼周期长、维权成本高、执行难，这反而使维权主体维权的同时增加了损失，从而使得大多数的受害者望而却步。这就需要行政机关加强对侵权行为的管理和处罚，有效整顿和规范市场，对我国当前严重的盗版、假冒等侵犯知识产权的行为给予严厉的处罚，从而在保护权利人合法权益的同时，净化市场，为知识产权文化意识的培植营造良好的社会环境。

当然司法执法更是知识产权保护的最后屏障。知识产权作为"诉讼上的权利",诉讼维权是权利主体最有效的选择。据统计,2008年,全国各级人民法院共审理涉及知识产权侵权的刑事案件3300余件,其中以侵犯知识产权罪为罪名定罪的近1000件。随着国家知识产权战略的推进,权利主体维权意识的增强,这类案件的比例必然会呈上升趋势。这就对知识产权司法提出更高的要求,不但要严格依法执法,更要提高司法执法的效率,真正让法律成为权利主体的"护身符",让知识产权不可亵渎的尊严在法律的护佑下熠熠生辉、张扬传承。

第七节　知识产权文化发展管理

知识产权文化已进入新的历史发展阶段,开始被人们所认知,出现了向好的文化繁荣前景,但从中国的国情看,与知识产权文化发展的目标和要求还相距甚远,需要做巨大的努力。

一、文化发展的两重性及其管理

（一）文化发展的两重性

文化具有引导社会、教育人民、推动发展的功能,文化又具有创造社会财富,获取经济效益的功能。文化的两种功能产生两种效益,即社会效益和经济效益,由此文化划分出两大领域：公共性文化事业和经营性文化产业。知识产权文化属公共性文化事业,有其自身的特征。人文文化消费的基本需求能够得到满足,人们享受公共文化服务机会均等,文化可持续发展给知识产权文化以更大的发展空间。

（二）对文化发展的管理

文化管理部门应该从有利于提高两大领域的效益出发改进文化管理方式,对于公共文化服务也可称之为"公益性文化事业"。要作为公益性的文化事业来发展,在管理上不同于经营性的文化产业。首先,要以社会效益作为衡量其发展的标准,而不是经济效益;其次,文化事业发展资金主要由政府提供,提供的方式可以是直接投资,也可以是通过制定政策、依靠行政管理的力量提供。对公益文化事业的管理，也要走出传统的管理方式，采用现代公共管理的治理模式，以政府为核心的多元社会行为主体，广泛运用各种有效的手段和途径，去谋求公益事业的发展，以满足社会需求和公共利益。

文化产业的发展需要良好的市场环境、政策环境，这些都与文化管理部门的管理有关。就目前文化产业发展情况而言，市场化运作还不够，还没有充分发挥市场资源配置的基础性作用，未能促进文化产品和生产要素的合理流动。因此，"十二五"规划，特别是党的十七届六中全会，对建设文化强国作出全面部署，明确提出了文化建设发展方针、原则和政策措施，着力抓好文化产业体系建设，培育文化产品市场和要素市场，努力形成公有制为主体，多种所有制共同发展的文化产业格局。

经营性文化产业虽然以经济效益为衡量它的发展标准，但是由于文化具有双重功能，因而文化经营单位在追求经济效益的同时，也要追求社会效益，不断向人民群众提供健康向上、振奋精神、鼓舞斗志、陶冶情操的具有艺术魅力的文化产品和优良的文化娱乐活动。为了防止文化经营单位过度商业操作，文化管理部门要依法加强对文化市场的监管，既要维护文化市场的秩序、公平竞争的环境，又要保证文化健康繁荣发展。

二、对知识产权文化发展管理

知识产权文化管理法规政策体系还不够完备，制约着知识产权文化产业的发展。要解决这个问题，就要按照《国家知识产权战略纲要》，推进文化管理的科学化、制度化、规范化。

对于不同领域的知识产权文化发展，国家要实施宏观管理和微观管理相结合，采取不同的管理方式，既可满足个性文化的需求，又可以为全体人民提供机会均等的公益文化服务，实现中国特色的知识产权文化大发展。

（一）编制知识产权文化发展规划

国家应根据《国家知识产权战略纲要》的目标和建设文化强国的部署，编制并组织实施知识产权文化事业发展规划，研究拟定知识产权文化发展的政策及规章，指导全国知识产权文化建设，协调知识产权文化发展的结构和布局；研究解决知识产权文化建设中出现的问题，全面推进知识产权文化建设和对外合作交流。

（二） 调整知识产权文化发展政策

文化政策是国家对文化领域进行行政管理所采取的一整套制度性规定、规范、原则和要求的总称。继党的十七大报告明确要"提高文化软实力"后，十七届六中全会又作出"深化文化体制改革，推动社会主义文化大发展大繁荣"的决定，这表明党中央对文化建设的高度重视。这在一定程度上也对知识产权文化建设提出了更高的要求，不仅要求知识产权文化以创新、创业、创富为主，成为建设创新型国家和文化大发展大繁荣的第一推动力，而且要求知识产权文化与国家科技政策、产业政策、文化政策、教育政策、外贸政策相互结合，相互渗透，为文化产业大发展大繁荣提供有力保障，还要求未来知识产权注重保护实效，使我们文化产业将人力与物力投入文化的创新和文化品牌的维护上，形成健康有序的市场环境，使创意经济实现良性发展。

在文化大发展大繁荣政策的推动下，国家应及时调整知识产权文化发展政策，从财政扶持、市场培育、舆论导向、激励创新等方面，制定相关的政策，引领知识产权文化大发展大繁荣，为广大人民群众提供更多文化产品，从而提高全民族的知识产权文化素质，实现以市场带动形成更加尊重创新的社会文化氛围。

（三） 把握知识产权文化发展的原则

一是确保导向原则。知识产权文化发展方式转变，但发展导向不能变。

二是遵循规律原则。转变知识产权文化发展方式，必须自觉遵循在长期文化实践中形成的文化发展内在规律。应坚持知识产权文化建设与文化强国建设有机统一，坚持弘扬主旋律与提倡多样化有机统一，坚持文化建设短期效益和长远利益有机统一，坚持引进外来文化和弘扬本土文化有机统一，坚持文化事业与文化产业发展有机统一。

三是坚持公益原则。加快转变知识产权文化发展，必须毫不动摇地始终坚持知识产权文化的文化公益性原则，正确把握意识形态属性和商品属性的关系，正确处理社会效益与经济效益的关系。

四是面向市场原则。对于人民群众多样化、多层次、多方面的文化需求，应探索多种实现渠道，但主要依靠市场来调节和满足。

五是注重均衡原则。坚持均衡配置文化设施、供给文化产品，实现文化发展成果全民共建共享是社会主义文化建设的根本特征。要坚持以人为本，最大限度地调节好文化供给与需求之间的矛盾，文化投入应坚持向公益性设施倾斜，充分尊重群众的文化主体地位，大力支持群众文化创造活动。

（四）注重知识产权文化发展实效

一是要转变知识产权文化思维方式。知识产权文化发展方式转变包含众多内容，而文化思维方式转变是根本的转变。

二是要转变知识产权文化产业发展方式。随着经济全球化的深入发展和现代科学技术的突飞猛进，知识产权文化已成为国家文化软实力和核心竞争力的重要组成部分。加快发展知识产权文化产业，必须走以质量和效益为核心的内涵发展。

三是要转变知识产权文化传播方式。推动广播影视从模拟、分散、单一服务向数字、集约、综合服务转变。更加注重结构调整和内涵提升，更加注重品牌建设和业态创新，更加注重智力、技术和管理要素在知识产权文化发展中的作用，更加重视构建符合我国国情的现代传播体系。

四是要转变知识产权文化传承方式。要大力弘扬优秀传统文化，并实施非物质文化遗产保护工程，构建以价值观为灵魂的社会主义核心价值体系。

五是要转变知识产权文化交流方式。变封闭为开放，自觉地站在服从服务于国家整体战略的高位实施知识产权文化走出去战略，创新交流平台、扩大对外贸易。

六是要转变知识产权文化管理方式。不断创新政府管理文化的理念、思路、方式、手段和模式，真正实现由管微观向管宏观转变、由自上而下硬管理向面对面开展软服务转变。同时，应转变文化发展路径，从单纯依靠政府层面管理转向政府、市场和社会齐抓共管。

第四章　知识产权制度管理

中国自20世纪80年代初建立知识产权制度30年来,走过发达国家上百年的历程,知识产权制度从无到有,知识产权队伍由弱到强,知识产权数量由少到多,对中国经济社会发展的支撑引领作用日益显现。当然,知识产权制度是一把"双刃剑",它可以激励和保护创新,但也可以形成技术垄断,阻碍创新。如果不完善并充分利用知识产权制度,完全依靠自力更生,不买跨国公司的专利,我们付出的代价会更大,发展会更慢。当前,只有通过完善知识产权制度,尽快提高知识产权创造、管理、保护和运用能力,才能充分发挥知识产权制度对经济发展的积极作用,更好地维护我国的经济利益。

2001年我国加入WTO,十多年来,中国取得举世瞩目的成就,但是,作为有13亿人口的发展中大国来讲,在知识产权制度建设和完善方面,还有很长的路要走,还要付出艰辛的努力。特别是通过加强对知识产权制度的管理,实现"履行承诺、适应国情、完善制度、积极保护"的知识产权工作方针。

第一节　知识产权法制管理

中国知识产权法制建设自改革开放以来,已经走过30多年的历程。其立法背景、国际对策、司法体制、制度模式等状况如何,需在法学层面上作出理性总结和认真思考。

一、知识产权的立法背景

在法律发展史上,知识产权是罗马法以来"财产非物质化革命"的制度创新成果,也是西方国家三百多年来不断发展成长的"制度文明典范"。对发展中国家而言,知识产权是一种制度"舶来品",是被动移植、外力强加的结果;知识产权立法不是基于自身国情的制度选择,而是受到外来压力影响的结果。

中国知识产权制度的百年史，是一个从"逼我所用"到"为我所用"的法律变迁史，也是一个从被动移植到主动创制的发展史。从清朝末年到民国政府期间，我国知识产权制度处于"被动性接受"阶段。从新中国成立到中国加入WTO前，我国知识产权制度则处于"调整性适用"阶段。这一时期，我国经历了从计划经济到市场经济的转型，知识产权制度处于"法律本土化"的摸索阶段：前30年在计划经济体制下，知识产权制度强化管理功能，主要依赖一些行政规章保护知识产权；后20年在市场经济体制下，建立健全了知识产权法律体系，并向知识产权国际规则靠拢。从中国加入WTO到现阶段，我国知识产权制度进入到"主动性安排"阶段。近10多年来，中国站在战略全局的高度，致力于知识产权制度建设，并通过制定和实施国家知识产权战略，有效利用知识产权制度，以此作为缩小与发达国家的差距，实现跨越式发展的政策抉择。

中国知识产权法制建设经历了重建、发展和完善三个阶段。

（1）恢复重建阶段。自20世纪70年代末国家实行改革开放政策以来，我国法制建设重新起步，知识产权立法工作进入一个新时期。从20世纪80年代初到90年代初，我国先后颁布了《商标法》（1982年）、《专利法》（1984年）、《著作权法》（1990年）、《反不正当竞争法》（1993年）等，初步建立了知识产权法律制度体系。这一时期的知识产权立法，主要考虑本国国情，处于较低水平的短暂"过渡期"。主要表现在：主要知识产权法律已经制定，但其他知识产权立法未及考虑；知识产权保护标准不高，但符合本国经济、科技发展现状；国际文化交流不对等，因此未能参加国际著作权保护体系。

（2）快速发展阶段。自20世纪90年代初至21世纪初，我国知识产权立法工作进入"快车道"。中国在加入世界贸易组织前，全面修订了《著作权法》（2001年）、《专利法》（1992年、2000年）、《商标法》（1993年、2001年），颁布了《植物新品种保护条例》（1997年）、《集成电路布图设计保护条例》（2001年）等，使我国知识产权保护标准和水平达到了知识产权国际公约的要求。这期间，中国仅用了10多年的时间就实现了从低水平到高水平的过度，完成了从本土标准到国际标准的转变，其重要动因是：第一，国际社会的压力。随着中国对外开放和对外贸易的发展，双边、多边知识产权冲突不时发生。1992年《中美知识产权谅解备忘录》的形成，客观上加快了知识产权的修法进程。而在"国际贸易知识化"的体制下，知识产权保护成为国际经贸领域的基本规则，中国不得不顺应"知识产权国际化"的潮流，在参加 WTO 的同时加入 TRIPS。第二，自身发展的需要。中国作为新兴的工业化国家，加强知识产权保护是推动经济发展和科技进步的内在要求。在制度安排方面由被动到主动，是经济增长型国家的必要选择。可以说，中国知识产权立法，正是通过法律制度的现代化去推动科学技术的现代化。

（3）调整完善阶段。自参加 WTO、全面修法之后，中国知识产权立法开始进入一个战略主动期。为了进一步加大知识产权保护力度，推动知识产权制度建设，于 2004 年、2005 年分别成立了"国家保护知识产权工作组"和"国家知识产权战略制定工作领导小组"。2008 年 6 月，国务院发布《国家知识产权战略纲要》。为了顺利实现纲要所确定的战略目标，我国迎来了新一轮立法、修法高潮，其主要任务是：第一，启动现行法律修订工作，以此适应后 TRIPS 时代知识产权制度变革需要和网络技术、基因技术条件下知识产权保护需要。除对《专利法》《商标法》《著作权法》再次进行修正外，还对《信息网络传播权保护条例》《集成电路布图设计保护条例》《植物新品种保护条例》等作出首次修订。第二，对一些知识产权专门法律、法规进行清理，使其体系化、系统化和合理化。目前见于诸多法律规范性文件中的商业秘密、商号以及特殊标志的相关规定，有待整合，以制定《商业秘密保护法》《商号法》《特殊标志保护法》等。第三，加快民间文艺、传统知识以及遗传资源保护的立法工作。着手制定专门法律，促进《生物多样性公约》《文化多样性公约》在我国的实施。以此为契机，建立符合国际知识产权制度发展趋势、体现我国知识产权保护优势的新制度体系。

时任 WIPO 总干事的阿帕德·鲍格胥博士在回顾该组织与中国合作的历史时指出，中国用了不到 20 年的时间，走过了西方国家一两百年才能够完成的知识产权立法进程，这个成就是举世瞩目的。中国知识产权法制 30 多年的历史表明，进入 21 世纪以来，知识产权立法已经摆脱了被动移植的局面，从"调整性适用"进入到"主动性运用"阶段。自此，知识产权事业正在揭开新的历史篇章。

二、知识产权的制度模式

经过 30 多年的努力，我国建立了较为完善的知识产权法律制度体系。法律制度完善的判断有两个基本标准：一是知识产权法律制度的合理化；二是知识产权法律制度的体系化。法的形式理性属于法的外在的技术品质，主要"表现为经由诸如程序公正、法律推理、法律论证以及各种具体部门法的一系列理性制度安排和种种法律技术"。就法律规则的具体形式而言，"法典是法的形式的最高阶段"，因为相比于其他法的形式和制度形式，法典历来是固化和记录一定的统治秩序、社会秩序和社会改革成果的更有效形式。知识产权法律体系化的过程，应表现为理性的制度安排和科学的立法技术运用。只有这样，知识产权制度在法的形式上才可以称之为"制度文明的典范"。

（一）世界范围知识产权的立法体制

（1）单行立法。单行法律、法规是世界上绝大多数国家知识产权立法的通例。这一体例在英美法系国家是以专门法律制度的形式出现的，在大陆法系国家则是民事基本法之下的民事特别法。

（2）编纂专门法典。以 1992 年法国知识产权法典为代表。法国立法者将 23 个与知识产权有关的单行法律、法规整理汇编成为统一的法典，其权利体系包括文学和艺术产权（含著作权、邻接权、数据库作者权）与工业产权（含外观设计权、发明专利权、技术秘密权、集成电路布局设计权、植物新品种权、商标权以及其他标识权）等。此外，斯里兰卡知识产权法典（1979 年）、菲律宾知识产权法典（1997 年）、埃及知识产权法典（2002 年）、越南知识产权法典（2005 年）等，亦是为数不多的专门法典立法。

（3）编入民法典。有代表性的民法典应是 1942 年意大利民法典、1992 年荷兰民法典、1994 年俄罗斯民法典。从立法技术来说，上述民法典采取了两种方式。一是将知识产权的相关规则全部纳入民法典，这无疑是法律规范的位置平移。由于涉及诸多公法规范的处理，这一方式难以适用于工业产权，有的国家鉴于立法技术困难而取消民法典中的"知识产权编"（如荷兰法）。二是从各类知识产权抽象出共同适用的规则和若干重要的制度，专编规定在民法典中，但同时保留各单行法律（如意大利法）。

（二）中国知识产权法律的体系化问题

1. 知识产权法律的体系化存在问题

总体来说，中国知识产权法律的体系化存在两方面的问题，一是现行单行法律、法规是否具备系统性、完备性的体系化要求；二是未来民法典是否接纳知识产权，采取最高形式理性的法典化。这是制约知识产权法律体系化的主要障碍。

现阶段，我国知识产权法律框架基本形成，但体系化程度有待提高，其主要问题具体来说有两个。（1）一些知识产权法律规定比较分散，尚无统一的法律规范。关于商业秘密的保护，散见于《民法通则》《合同法》《反不正当竞争法》和《刑法》中，尚无《商业秘密保护法》；关于商号权的保护，分别规定在《民法通则》《企业名称登记管理规定》《公司登记管理条例》《产品质量法》以及《反不正当竞争法》，目前还没有制定《商号法》；关于地理标志的保护，或作为证明商标、集体商标规定在《商标法》，或作为专门产品标志见之于《地理标志产品保护规定》，其法律冲突显而易见。（2）一些知识产权法律、法规相互冲突、抵触，亟待加以整理和协调。我国单行立法，有的是全国人大常委会通过的法律，如《著作权法》《专利法》《商标法》等；有些则是国务院颁布的法规，如《植物新品种保护条例》《集成电路布图设计保护条例》等。各单行法律、法规，由立法者依职权而制定，彼此间本应具有相对的一致性和协调性；但是，由于法律文件的起草者不同以及制定的时间不同，其调整的法律关系又具有相对独立性，因此，某些规定存在着不合时宜、不相协调的问题。

2. 法学界的意见分歧

关于未来民法典对知识产权制度的接纳，学者们的意见大致可以分为反对派与赞成派两类。其中，反对派有两种观点：一种是维持现有单行法体例；另一种是单独编纂知识产权法典。不管何种模式，都应作为民法典的特别法。赞成派也有两种观点：一种主张是在民法典中系统规定知识产权，即是将该类制度平行移植到法典而成为"知识产权编"；另一种是仅在民法典中作一般性规定，但同时保留单行法的体例。

（三）中国知识产权法典化趋势

对于知识产权"入法典"，无论是立法者还是多数学者并无异议。这是因为：第一，知识产权是私权，其基本属性与财产所有权无异，将该类权利规定于民法典之中，有助于形成完整、系统的财产权利体系；第二，知识产权是受民法保护的权利，知识产权法虽含有若干公法、程序法规定，但依然是以实体法为基础的私法制度，隶属于民法部门；第三，知识产权已在我国民事基本法即《民法通则》中作出原则性规定，此先例可以援引。

中国知识产权法典化是趋势。全国人大法制工作委员会提交的专家建议稿含有 100 多条款项的"知识产权编",经专家反复论证并广泛征求意见后作出了重大修正。知识产权专门法典可能是"21 世纪知识产权法与民法普遍分立之典型"。

三、知识产权制度的国际化

(一)知识产权国际保护制度的兴起

知识产权国际保护制度,兴起于 19 世纪 80 年代,现已成为国际经济、文化、科技、贸易领域中的一种法律秩序。在当代知识产权国际保护体系中,WTO 及其 TRIPS 协定发挥了主导作用,它正式确定了知识产权与国际贸易的合法关系,将知识产权保护纳入国际贸易体制之中,使其作为国际贸易三大支柱之一,呈现出"一体化"趋势。一是知识产权国际保护标准在缔约方之间的一体化。立法的一体化寓意着知识产权保护的基本原则与标准在全球范围内的适用性。各缔约方在保护标准上的一致性,与知识产权保护水平的高低并无绝对的关联性。与知识产权国际保护制度的初创阶段不同,现有的国际公约包括 TRIPS 协定以及《因特网公约》等所确定的最低保护标准,体现了权利的高度扩张和权利的高水平保护,更多地顾及和考虑了发达国家的要求和做法,在很多方面超越了发展中国家的科技、经济和社会发展的阶段。二是知识产权国际保护体系与国际贸易体制的一体化。制度的一体化,是指当代知识产权国际保护体系与国际经济贸易体制在 WTO 框架内的相互关联性。可以说,在经济全球化的国际社会中,知识产权保护既是发展中国家参与国际贸易体制的先决条件,也是发达国家维持其贸易优势的法律工具。因而导致国际知识产权领域国家间的利益失衡和权利冲突。

(二)中国知识产权制度在其国际化进程中取得的成效

1. 国内规范与国际规范有机接轨

自 1980 年正式加入《建立世界知识产权组织公约》以来,中国已陆续加入了多个知识产权国际公约,主要有《保护工业产权巴黎公约》(1985 年)、《商标国际注册马德里协定》(1989 年)、《关于集成电路知识产权保护条约》(1990 年)、《保护文学艺术作品伯尔尼公约》(1992 年)、《世界版权公约》(1992 年)、《专利合作条约》(1993 年)、《国际保护植物新品种公约》(1999

年)、WTO 知识产权协定(2001 年)、WIPO 版权条约和《表演和录音制品条约》(2007 年)。中国根据本国国情和国际发展趋势,依据国际公约规定,制定和完善了各项知识产权法律、法规,至今已形成适应自身发展需要且符合国际标准的知识产权法律体系。

2. 国内机构与国际组织的合作交流

中国重视与相关国际组织的交流与合作,参与了 WTO、WIPO、APEC 等国际组织在知识产权领域的各项活动。同时,还建立了"中欧知识产权对话机制""中美知识产权工作组""中日韩知识产权双边及三边对话与合作机制",并与巴西、墨西哥、东盟等国家和地区开展多种形式的交流与合作。

3. 国内人员直接参与国际立法

中国于改革开放之初启动知识产权立法之时,主要国际知识产权制度已经建立和完成,在以往的立法过程中,中国对国际立法的被动接受多于主动参与。进入 20 世纪 90 年代以后,在关税与贸易总协定的多边贸易谈判中,中国积极参与了这一谈判过程,并为推动 TRIPS 协定的形成作出了努力。自 21 世纪初年以来,中国以更加积极的姿态参与国际法规则的制定,例如在《文化多样性公约》的谈判中取得对我国较为有利的成果,在 TRIPS 协定的修改以及地理标志保护的谈判中发挥出重要作用。

(三) 知识产权制度国际化管理对策

中国作为 WTO 的后来者,参与知识产权国际保护体制的上述举措是值得肯定的。但是长期以来,在 WTO 的框架内,西方国家才是知识产权国际规则的主导者,中国与其他发展中国家一样只是接受者,充其量是参与者。在未来国际知识产权制度的变革过程中,应注意发挥建设性作用,努力成为国际规则的制定者。

(1) 主动参与 WTO 新一轮的多边贸易谈判,推动现行国际知识产权制度的改革。针对 TRIPS 协定的不足和缺陷,提出符合国际知识产权制度变革方向的思路和措施,着力解决知识产权保护中出现的公共利益问题、技术转让和利用问题、限制知识产权滥用问题等。

(2) 积极参与 WTO 体制外的国际立法活动,推动国际知识产权新制度的建立。除 WTO 体制内的多边贸易谈判外,世界卫生组织就公共健康问题、联合国粮农组织就植物基因资源问题、联合国人权委员会就知识产权与人权冲突问题等,分别针对 TRIPS 协定进行了一系列的造法活动,中国应该而且能够在其中扮演重要的角色。

（3）要顺应潮流，把握机遇，有所作为。当代知识产权国际保护制度，已经形成一种有效防止保护领域倒退和保护程度下降的"棘齿机制"。在这种情况下，包括中国在内的发展中国家，必须以承认高水平的知识产权保护规则为代价，来换取 WTO 提供的最惠国待遇。而面对"棘齿机制"，发展中国家对知识产权保护规则更多是处于被动安排的境地。但是，知识产权国际公约规定有弹性条款和开放性条款，"成员国有余地在 TRIPS 协定的总的轮廓之内重塑权利和权力的结构"。该协定不是强制统一的限制文件，它提供了一个游戏场，在其内法律能够被塑造以满足成员国的政治、社会、经济和其他政策目标。这意味着东西方国家的对话存在着相当大的空间。中国在国际知识产权制度的运行中要适应这种潮流，把握发展机遇，创造有利于我而不受制于人的环境，掌握发展的主动权。

第二节　知识产权政策管理

随着现代科技、经济竞争的日益激烈，依靠科技提高市场竞争力、发展国民经济已逐步成为各国的共同选择，作为开拓国际市场、加速科技进步和促进经济发展的有力武器，政府科技计划项目知识产权管理政策更是受到前所未有的关注。美国、日本等国家不断调整政策，搞技术先行、专利先行，以抢占他国的科技发展空间。对政府资助科研项目的知识产权实行"放权让利"，想方设法加强知识产权的保护，以保证科技的发展处于世界前列。各国政府的成功经验表明，知识产权政策对于激励技术创新、保持竞争优势至关重要。但是，目前在科技计划项目的管理中，还存在一些亟待解决的问题，这些问题的存在很大程度上影响了政府科技计划的执行效果和管理效率。究其原因，这些问题与政府对科技计划项目成果的知识产权保护和相应的管理政策有着很大的关联。因此，加强科技计划项目知识产权管理政策研究，对于建设创新型国家具有重要意义。

一、美国科技计划项目知识产权管理情况

（一）美国政府知识产权政策的发展过程及基本原则

美国关于政府合同产生的专利管理政策经历了多次调整变化，调整的基本

原则就是最大限度地将政府合同产生的成果进行商业应用，使其能够更好地服务于公共利益。调整的趋势主要是从收权政策向放权政策的转变。所谓收权政策，即发明的专利权归国家主管部门所有，承包商拥有免费使用权；所谓放权政策，即除了关系到国家安全的发明专利权归政府外，其他的专利权由承包商保留，但国家主管部门拥有为政府目的的免费使用权。

（二）美国政府现行专利管理政策的主要内容

（1）承包商保留专利权。除了涉及国家安全的发明外，或者出于更好地保护公共利益的考虑，政府 R&D 合同产生的专利权一般由承包商保留。

（2）政府给予必要的权利限制。在承包商保留专利权的情况下，政府一般拥有在世界各地不可撤销的免费使用权、转让发明专利的审批权以及优先发展本国工业的权利。而且还明确规定了承包商必须承担的报告义务，如必须定期向政府主管部门报告发明的使用情况。对于承包商由于滥用独占权而没有尽快商业应用发明的行为，用"政府介入权"进行限制。

（3）政府保留部分发明专利所有权。对于涉及国家安全领域的几种情形，如果由承包商保留专利权会造成很大社会损失，由政府主管部门获得专利权。在政府获得专利权的情况下，承包商拥有对该发明非独占的、可撤销的、免费使用权。承包商得到的收益小于其投入的成本的，政府将给予某种形式的补贴，以保证私人收益率和社会收益率的平衡。

（4）允许小企业在多数情况下保留专利权。现行的管理政策允许小企业，特别是小型技术企业在绝大多数情况下保留发明的专利权，以增强小企业的研究开发能力，促进发明创造迅速实现商业化。

（5）把专利使用费留给承包商"自由支配"。即承包商获得的专利使用费，扣除申请专利、管理专利的费用，并将部分资金用于向发明人支付报酬后，其余部分可"自由支配"用于科技、教育或培训等。

二、中国知识产权管理政策的现状

（一）国家科技计划相关的管理办法中涉及知识产权方面的有关规定

1. "863" 计划

《国家高技术研究发展计划（"863" 计划）管理办法》（2001 年 8 月）第

七章"知识产权与资产管理"第五十九条规定，计划课题形成的知识产权的归属、使用，按国家相关知识产权法律法规执行，保障国家利益和社会公共利益，保护课题责任人、课题依托单位和课题研究人员的合法权益。第六十条规定，计划课题形成的专利权的归属与实施按《专利法》和科技部《关于加强与科技有关的知识产权保护和管理工作的若干意见》的有关规定执行。第六十一条规定，计划课题形成的论文及专著应标注"国家高技术研究发展专项经费资助"字样，著作权的归属和使用按《著作权法》的规定执行。

2. 国家科技攻关计划

《国家科技攻关计划管理办法》（国科发计字〔2001〕429号）第六章第三十七条规定，攻关计划项目产生的科技成果，课题承担单位应当申请相关知识产权保护，特别要积极申请和利用专利保护。第三十八条规定，国家鼓励对攻关计划成果进行转让和转化。对成果转让和转化过程中涉及的知识产权及相应权益等问题，应遵照《促进科技成果转化法》和科技部《关于加强与科技有关的知识产权保护和管理工作的若干意见》的有关规定执行。

3. "973"计划

《国家重点基础研究发展规划项目管理暂行办法》（国科发基字〔1998〕543号）第三十四条规定，重点规划项目的研究成果，包括论文、专著、专利、软件、数据库等均应标注"国家重点基础研究专项经费资助"，著作权的归属和使用按《中华人民共和国著作权法》的有关规定执行。

（二）国家科技计划项目知识产权管理政策的基本内容

国家科技计划项目知识产权管理政策主要体现在《关于国家科研计划项目研究成果知识产权管理的若干规定》和《关于加强国家科技计划知识产权管理工作的规定》这两个文件中。这两个文件对国家科技计划项目的申请、立项、执行、验收以及监督管理中的知识产权问题作出了详细的规定，相比于计划经济时代，在很大程度上促进了科技成果知识产权的申请，加强了国有知识产权的保护力度。

但是，这两个规定仍然存在一些不足之处。以《关于国家科研计划项目研究成果知识产权管理的若干规定》为例，它在知识产权费用的负担和对科技人员的奖励方面缺乏可操作性。其第五条规定，科研项目研究成果取得相关知识产权的申请费用、维持费用等知识产权事务费用，一般由项目承担单位负担。经财政部门批准，在国家有关科研计划经费中可以开支知识产权事务费。

但对知识产权事务费补助的申请程序和数额都没有具体规定，缺乏可操作性。另外，对科研项目研究成果完成人和为成果转化做出贡献的人员给予奖励和报酬的规定也没有作出一个具体的、公正的、可行的操作方法。

（三）地方知识产权政策管理现状

近年来，地方知识产权管理，尚没有法律层次上的专门规定，也没有一套完整的管理规范，各级地方政府为鼓励知识产权的创造、应用、保护，相继出台了一些地方政策，如设立"知识产权发展资金""产业化扶持资金"等，用于补助专利申请、技术标准制定、驰名商标培育、集成电路布图研发等。有的省根本没有鼓励知识产权创造、保护、运用的政策。还有的省市每年资助标准不一样，时常变化，捉摸不定。所以，知识产权政策呈现多样性、不确定性。因此，知识产权政策管理带有很大的盲目性和随意性。

尤其是在科技计划项目的知识产权管理方面，还没有一套可行的、有利于地方知识产权保护和科技发展的管理办法，使很多具体问题无章可依，在很大程度上限制了专利申请量的提高和知识产权事业的发展。另外，还没有形成一个将科技信息与知识产权信息相结合的服务平台，不能为从事科技计划项目研究工作的人员提供知识产权方面的信息支持，使其了解国内、外相关科技领域的知识产权发展动态，为其技术研发和申请知识产权保护提供技术支持。

由于管理不到位，存在知识产权流失现象，一些科技成果的发明人或参与发明人将科技成果据为己有进行开发或转让，使由此产生的经济利益不公开地集聚在少数人手中，客观上造成侵蚀其他科技成果参与人的利益问题。从流失形式看，一般有外单位窃取、合同违约、随人员调离和化公为私几种形式。分析其原因，主要是多年来我们一直实行成果、专利管理"双轨制"，知识产权监督、保障机制不健全，造成"重成果、重论文、轻专利"的局面。这种体制下，科研任务的完成，完全以成果是否能通过鉴定盖章为标准，而不是以是否申请了专利保护为最终目的。这样便削弱了政府对知识成果的控制力，导致知识产权流失。

三、加强知识产权政策管理的措施

（一）增强知识产权政策管理意识

针对目前知识产权政策管理的现实情况，要对知识产权管理机关的管理人员系统进行管理方法、手段、方案以及知识产权政策评估等方面的专业培训，普及知识产权政策基础知识，提高管理技能和执行政策的自觉性，形成一支专业化的知识产权管理队伍。

（二）加强知识产权政策研究与建设

针对目前知识产权政策多样性、不确定性的现实情况，当务之急是要加强知识产权政策研究，从经济、科技发展的高度，加强知识产权政策建设，特别是要加强科技计划自身在知识产权方面的政策制度建设和以知识产权为导向的公共政策体系建设。在公共政策体系中，与知识产权制度相关联的公共政策主要有文化教育政策、产业经济政策、科学技术政策、对外贸易政策等。作为政策决策主体的政府，其任务在于制定和完善政策、统一和协调政策，制定出台一批科学有效的激励政策。明确科技计划实施过程中有关知识产权的权利与义务关系，做到产权清晰、权责明确、管理科学，形成合理的利益机制、激励机制、运行机制和监督机制，调动各方面的积极性。

（三）建立知识产权政策服务平台

建立知识产权信息与政策服务平台，为企事业单位和个人提供咨询服务，用好用足现行知识产权政策，用政策引导和支持知识产权创造、保护、运用和管理，为知识产权资源聚集、产业发展提供服务，为研发决策和科技成果知识产权保护提供支撑。当前，要在省、市级逐步完善知识产权信息与政策平台，定期发布国内外知识产权信息，及时公开各级政府的知识产权政策，方便查询和应用。

（四）完善知识产权政策监督机制

为了防止知识产权政策失效、资源流失，同时确保科技计划项目得到预期的知识产权产出，要在科技计划的实施合同中明确参与科技计划项目的人员对科技成果及其知识产权应承担的责任，如保密责任、人员流动及退休时的责任等，形成监督机制，防止国有无形资产流失。安排项目参与人员参加知识产权培训，向有关人员说明项目的知识产权管理政策，并就项目的知识产权归属、资料和数据保管与使用、技术秘密的保密义务等签订协议。政府要充分发挥其行政介入权，当计划项目承担单位或被授权人无正当理由不采取适当的相关知识产权保护措施时，或取得专利后而不予以转化或者不合理转化时，或者拒绝他人合理使用时进行必要的行政干预，保障知识产权的取得和转化。

第三节　知识产权合同管理

知识产权合同包括著作权合同、专利权合同，商标权合同等，是指平等主体的自然人、法人、其他组织之间设立、变更、终止知识产权权利义务关系的协议，性质上属于民事合同。

一、知识产权合同的种类

（1）专利申请合同、专利申请实施许可合同；（2）专利转让合同、专利申请权转让合同、专利权转让合同；（3）专利许可合同、专利实施许可合同、国际专利技术许可合同；（4）商标申请合同、商标注册申请合同、代理注册商标申请合同；（5）商标转让合同、商标权转让合同、注册商标转让合同、商标转让合同；（6）商标许可合同、注册商标使用许可合同、国际（非独占）商标使用许可合同、国际商标许可合同；（7）版权登记合同、参评图书著作权许可三方协议、版权转让协议、著作权转让协议、人物造型著作权转让协议书、摄影作品著作权许可使用和转让合同、著作权转让顾问协议、国内著作权维权专项法律服务合同、音乐作品版权登记认证协议书；（8）版权转让合同、著作权转让合同、影视剧版权转让合同、论文版权转让合同；（9）版权许可合同、计算机软件许可证协议书、国际计算机软件许可合同、计算机软件使用许可合同；（10）其他知识产权合同、杂志邮发合同、图书约稿合同、图书出版合同、授予翻译权合同、发行契约、著作权让与契约书等。

二、知识产权合同管理

知识产权合同订立的目的是为了保护当事人的合法权益，维护社会经济秩序，促进社会主义现代化建设。该合同通常是当事人就知识产权开发、转让、咨询或服务订立的确立相互之间权利和义务的合同。

（一）知识产权合同内容

（1）合同名称；（2）内容、范围和要求；（3）履行的计划、进度、期限、地点、地域和方式；（4）风险责任的承担；（5）技术情报和资料保密；

(6) 技术成果归属和收益的分成办法；(7) 验收标准和方法；(8) 价款、报酬支付方式；(9) 违约金或者损失赔偿的计算方法；(10) 争议解决的方法；(11) 名词和术语的解释等。

与履行合同有关的技术背景资料、可行性论证和学术评价报告、项目任务书和计划书、技术标准、技术方案、原始设计和工艺文件，以及其他技术文档，按当事人的约定可以作为合同的组成部分。涉及专利的应注明发明创造的名称、专利申请人和专利权人、申请日期、申请号、专利号以及专利权的期限等。

（二）知识产权合同管理的原则

(1) 合同签订要以法律为准绳，在法律框架内约定合同条款、内容和履行方式。

(2) 订立合同要平等、自愿、公平、公正、诚实守信。

(3) 有利于技术进步、成果转化、应用推广。

对知识产权合同的管理应建立长效机制。因知识产权合同比一般技术合同更加复杂、多变，在管理中，必须根据各类合同的特点和涉及的特定领域，区别对待，统筹兼顾，不断完善措施，健全制度，规范管理。当前，应加强知识产权合同的管理制度建设。如知识产权合同的登记备案制度、履行的监督机制、纠纷的调处机制，合同的终止、清理及结题制度等。

第四节　知识产权质押融资管理

一、知识产权质押贷款概述

知识产权质押是指以合法拥有的专利权、商标权、著作权中的财产权，经评估后向银行申请融资，并按期偿还资金本息的一种融资行为。由于专利权等知识产权实施与变现的特殊性，目前只有极少数银行对部分中小企业提供此项融资便利，而且一般需由企业法定代表人加保。尽管如此，那些拥有自主知识产权的优秀中小企业仍可一试。

二、知识产权质押的难点及对策

（一）知识产权质押贷款的难点

当前，知识产权质押贷款的难点主要集中在以下几个方面。

一是知识产权相关法律不甚完备。如知识产权许可使用权是否属于《担保法》第79条规定的可以转让的权利不确定；"专利权"这一术语在《担保法》和《专利法》中是否包括许可使用权不确定；是否能对专利许可使用权进行质押登记不清楚；《著作权实施细则》中也缺乏关于著作权或者著作权的许可使用权的质押登记规定等。

二是知识产权价值不易确定。知识产权质押最重要的环节是知识产权的评估，我国欠缺完善的知识产权评估制度，执业主体因对行政机关依附性强而造成能力缺乏，从业人员素质差影响了评估质量，评估缺乏统一的标准及规则而影响了评估的结果。同时，其价值评估不仅存在评估方法上的差异，而且还存在对产品市场估计的差异。

三是知识产权质押融资的风险问题。鉴于知识产权融资存在较大风险，西方大部分商业银行均采取了谨慎的操作态度，即由专业贷款机构、风险投资者或投资商以取得股权的形式参与知识产权融资业务。目前，我国尽管在知识产权法律现代化方面进步很大，但国家对适用于知识产权担保的担保法律制度并未给予足够的重视，现存的我国法律即使在处理一般动产的担保权益方面都还有欠缺。

四是银行驾驭知识产权质押的能力不够成熟。目前，国内一些银行对企业静态资产担保较为重视，但对具有无形资产特征的知识产权担保形式缺乏了解。传统的银行贷款需要借款方提供第三方担保或有形资产担保，但由于知识产权质押并无担保物的可转换性，这让银行感到有较大的不稳定性，易产生风险。因此，国内金融机构开展知识产权质押贷款的较少，更缺少具体的操作办法。

五是知识产权变现的可能性不易预测。同传统的担保贷款相比，知识产权的流动性不及不动产，因而处置就相应地困难。特别是在现阶段，国内知识产权意识普遍不高、知识产权转让市场小的情况下，知识产权的变现尤显困难。

（二）知识产权质押融资的对策

要有效推广知识产权质押贷款，亟须从完善法律体系和价值评估制度等方面入手，具体有以下几点。

首先，要建立现代担保物权法律体系。主要包括对我国知识产权相关法律进行修订完善，为知识产权可抵押、担保、质押等做出明确规定，为中小企业及金融机构操作提供法律依据。

其次，要建立完善的知识产权价值评估制度。知识产权价值的评估是知识产权质押的关键环节，在这方面应注意两点，一是要合理确定评估人员，组成由商标、专利、著作权领域的专家学者、各行业或商业界代表、资产评估师、律师、会计师及相关管理机构参加的评估组织进行评估；二是要在评估人员产生后建立严格的责任制度，因评估人员过错产生的损失应由其承担损害赔偿责任，情节严重构成犯罪的应依法追究刑事责任。

最后，要建立贷款风险补偿基金。为鼓励知识产权质押贷款的推广，降低银行承担的风险，政府部门应专项拨款，建立风险补偿基金，针对知识产权质押贷款给予银行一定风险补偿，在确认贷款无法偿还或者无法全部回收时，弥补银行的部分损失，这有利于提高银行开展相关业务的积极性。

三、知识产权质押的法律风险及防范

（一）知识产权质押贷款中的法律风险

知识产权质押贷款中的法律风险确切地说是金融风险的法律方面。凡是在贷款期间足以导致质物的价值减少、消失、转移或者担保权无法实现的法律事实，这就是所说的法律风险。其中可以分为两大类：一类是质物既存的瑕疵；另一类是质物或者担保物在贷款期间发生的继发性的一些法律事件、法律事实或者法律行为，比如法律的变更或者专利被他人申请宣告无效等，从而导致银行拿到的质物变成空质，或者价值急剧降低。这两类法律风险具体表现为以下方面。

1. 借款人、出资人资质方面的风险

这方面风险除涉及现行的知识产权方面的法律法规外，也涉及一些其他的法律法规，比如民法、公司法，包括借款人相关的重要法律文件缺失，或者没有履行必要的年检、登记、变更手续，从而无法符合银行的申请条件等。

（1）法律文件缺失有一些是权利凭证的缺失，以致从根本上无法确立知识产权。知识产权作为一项权利，应该是有权利凭证的，一旦权利凭证缺失或者能够证明权利的既授关系的法律文件缺失，会导致无法查证或者无法确立这项权利的归属。

（2）我国规定知识产权，特别是专利要履行一些必要的年检、登记、变更等手续。有些公司没有履行这些手续，也会造成无法贷款的现实。

（3）当借款期或者借款申请的时间跨了年检的年度，例如，某公司4月贷款，6月应该年检，贷款期到第二年的4月到期，此期间律师和银行的客服经理要督促其进行必要的年检，否则会带来金融风险。

（4）出资人不是知识产权的权利人。出资人是设定担保的人，可以是贷款人，也可以是担保人，但必须是知识产权的权利人。如果出资人没有国家正式授权文件证明其是知识产权的权利人，会造成金融风险。

2. 质物存在瑕疵带来的风险

（1）质物（商标或者专利）没有取得国家依法授权包括正在申请过程中的和已经过期失效的，在这种情况下不能取得贷款。

（2）质物的权属不清。首先质物必须是借款人或者出资人拥有的，否则它的权属就涉及公司法中的相关问题，可能导致发放贷款以后由于权属问题借款人、出资人或者相关的第三人之间发生争议、纠纷或者诉讼以致质物被冻结、被查封或者无法变现，也可能直接造成借款人不还款。

（3）质物存在侵权纠纷，或者提前终止，或者被申请宣告无效等法律风险。按照我国专利法规定，专利权可以在任何时候被申请宣告无效，因此这种法律风险不是质物本身的瑕疵，而是一种继发性。这就需要在事前做一些法律上的防范，从而保证借款的安全。

3. 现行行政管理体制导致的风险

（1）权属有争议，权利存在不稳定性。公众对专利或者商标权属有争议，均可向专利复审委员会或者商标评审机构提出，经核审后，就有可能推翻原来的权属状态。这样就使知识产权的权属处在一个相对不稳定的状态，不利于保护质权人以及相关受益人的权利。

（2）知识产权质押要进行登记。国家知识产权局或者国家工商行政管理总局商标局是专利权或者商标权质押登记的法定行政部门。由于现在工商局和国家知识产权局以及国家工商行政管理总局商标局没有联网，如果出资人的工商登记有变化,但没有到国家知识产权局专利局或者商标局做相应权利人的变更,有个别企业会通过不正当的手段办理登记手续,影响质权人的权利。

(3) 公示制度。商标质押后应该如何公示,对此现行的法律法规并没有作出明确的规定,公众很难通过一些便捷的方法查询。这样就使商标的质物权属在审查上有一定的难度。

(4) 相关信息的披露。知识产权的权利上存在的有些权力限制信息,有关行政部门并不主动向公众披露,公众无法通过便捷的方式查询。

(5) 自由裁量。国家商标局办理质押登记部门要求提供质物,要将与质物是相同或近似的商标一并质押。如何评判相同或近似的商标,主观性太强,导致商标局审查人员的自由裁量权很大,加大了质物审查的难度。

4. 其他风险

(1) 银行贷款规程不完备的风险。银行的操作规程和基本政策规定可能不完全符合法律法规的规定,从而带来法律方面的风险或者漏洞。

(2) 质物处置的风险。现在国内还没有形成成熟的、统一的知识产权交易市场,因此,知识产权变现相对困难,也就存在一些处置风险。

(3) 法律和价值评估的交叉风险。法律负责的是质物的质的方面,而评估主要是对其量的规定性做评估,两者之间存在一些模糊不清的交叉部分。在这些交叉点上需要律师和评估机构配合。存在法律瑕疵的质物,即使有较好的市场前景,亦会导致其价值评价失真;同样法律上符合要求但没有价值的质物是没有意义的。

(二) 风险防范和处理

由于存在上述风险,知识产权质押模式应采取以下对策。

(1) 律师事务所参与流程的设计和设置。律师运用其专业知识,参与知识产权质押贷款模式的策划、设计与流程制定工作。从制度上预防风险的发生,并且一旦发生风险,也可以有效地控制。

(2) 律师参与贷前审查、贷后管理、质物处置等全方位的金融服务。经银行认可其资质的律师事务所介入金融服务,从法律的专业角度对借款人资质、借款用途、质物权属、出质人资质及借款人借款用途、还款来源、经营状况等方面进行调查、见证、评审。贷后管理主要是对重大的经营变化进行贷后的监控。

(3) 建立由银行、律师、评估、担保等中介机构参加的金融平台。风险不是孤立存在的，也不是静止的，在贷款之前和贷款期间互相联系的一个风险和一个法律事实都会和其他的事实相互联系，所以仅有银行、律师、评估师，从防备风险这个角度来说都是不完备的。以上中介机构同时提供这些服务需要以下条件：各自独立，不互相串通，但是最后要达成共识。

（4）参与相关行政部门对一些管理办法的起草、修订工作，从源头上解决风险的防范问题。

四、知识产权质押贷款需完善机制

知识产权质押融资在欧美发达国家已十分普遍，在我国则处于起步阶段，目前，尚需完善的机制包括：

（1）建立促进知识产权质押融资的协同推进机制。
（2）创新知识产权质押融资的服务机制。
（3）建立完善知识产权质押融资风险管理机制。
（4）完善知识产权质押融资评估体系。
（5）建立有利于知识产权流转的管理机制。

目前，凡是以知识产权质押为中小企业融资的银行，对贷款企业的授信额度都较低。以交通银行为例，在此次关于知识产权贷款的规定中，专利质押贷款采用综合授信方式，发明专利权的授信额不超过评估值的25%，实用新型专利权的授信额不超过评估值的15%，商标专用权的授信额不超过评估值的50%，最长期限可达3年。

商标专用权质押贷款是一种具有创新意义的信贷品种，是指具有品牌优势的企业用已经国家工商行政管理总局商标局依法核准的商标专用权作质押物，从银行取得借款，并按约定的利率和期限偿还借款本息的一种贷款方式。在商标专用权的有效期限内，原则上可向银行申请不超过其商标专用权价值50%的1年期以内短期流动资金贷款，中长期贷款不超过3年。

第五节　知识产权奖酬管理

一、知识产权奖酬的现状

关于知识产权奖酬问题，因中国知识产权管理体制的特殊性，长期以来，采取分权管理，各相关知识产权管理部门对奖酬均有不同的规定，如《专利法实施细则》规定，对职务发明创造的发明人或者设计人的奖励和报酬：

被授予专利权的单位可以与发明人、设计人约定或者在其依法制定的规章制度中规定《专利法》第16条规定的奖励、报酬的方式和数额。企业、事业单位给予发明人或者设计人的奖励、报酬，按照国家有关财务、会计制度的规定进行处理。

被授予专利权的单位未与发明人、设计人约定也未在其依法制定的规章制度中规定《专利法》第16条规定的奖励的方式和数额的，应当自专利权公告之日起3个月内发给发明人或者设计人奖金。一项发明专利的奖金最低不少于3000元；一项实用新型专利或者外观设计专利的奖金最低不少于1000元。由于发明人或者设计人的建议被其所属单位采纳而完成的发明创造，被授予专利权的单位应当从优发给奖金。

被授予专利权的单位未与发明人、设计人约定也未在其依法制定的规章制度中规定《专利法》第16条规定的报酬的方式和数额的，在专利权有效期限内，实施发明创造专利后，每年应当从实施该项发明或者实用新型专利的营业利润中提取不低于2%或者从实施该项外观设计专利的营业利润中提取不低于0.2%，作为报酬给予发明人或者设计人，或者参照上述比例，给予发明人或者设计人一次性报酬；被授予专利权的单位许可其他单位或者个人实施其专利的，应当从收取的使用费中提取不低于10%，作为报酬给予发明人或者设计人。

上海市2007年4月29日施行的奖酬政策规定：被授予专利权的单位在专利权有效期限内，实施、许可他人实施、转让其职务发明创造后，支付发明人或设计人的报酬可以按下列比例由单位与发明人或设计人通过书面合同的形式约定。

（1）单位自行实施职务发明创造的，可以从实施该项发明或者实用新型专利的税后收益中提取不低于5%，或者从实施该项外观设计专利的税后收益中提取不低于1%，作为报酬支付给发明人或设计人。

（2）单位转让、许可他人实施其职务发明创造的，可以从该项职务发明创造的转让费、许可使用费的税后收益中提取不低于30%，其中高等院校、科研院所可以提取不低于50%，作为报酬支付给发明人或设计人。

参照前款，单位与发明人或设计人可以以合同约定一次性支付报酬，或者其他双方认同的方式支付报酬。实行股份制的单位可以股权方式支付报酬。

上海市提出了"专利权所有单位在实施专利后，支付给职务发明人报酬最高可达转化收益的50%；由职务发明人自行开发、自行实施职务专利转化的，发明人可按不低于65%的比例享受转化后的收益"。"专利权所有单位转让或许可他人实施专利技术的，提取不低于15%的份额作为报酬支付给职务发明人；专利技术作价入股的，职务发明人在技术股份中应占有不低于25%的股份"，并首次明确了"单位应对专利实施做出显著贡献的单位负责人给予奖励"等新的规定。这些规定注重把物质奖酬的重点建立在专利转化后取得效益的基础上，在奖励发明人的同时，加强了对专利实施做出显著贡献者的奖励，有利于形成促进专利转化的有效机制。

对商标的奖酬，虽然《商标法》没有给出明确规定，但各地方政府在现行的政策中规定，对获取驰名商标、著名商标的给予数额不等的奖励资金。对植物新品种的取得也有一定的奖酬。所以知识产权的奖酬比较混乱，有的奖酬既缺乏相应的法律依据，又没有统一的设置标准，各地执行办法五花八门，什么情况都有，这既不利于知识产权事业的发展，又影响发明创造者的创新积极性，因此，当前应加强对知识产权奖酬的管理，规范知识产权奖酬。

二、加强知识产权奖酬管理的对策

（一）更新观念，形成共识

知识产权制度在西方国家孕育与成长已有三四百年时间。在近代社会，知识产权是欧美国家促进经济发展、推动科技进步、繁荣文化和教育的法律工具；在当代社会，知识产权则成为创新型国家维系技术优势、保护贸易利益、提升国际竞争力的战略资源。

中国是由计划经济转型而来的，人们的观念、行为规则，还习惯于计划经济的传统做法，再加之知识产权事业发展的历史不长，知识产权制度的功能远没有完全释出来，影响制度效益目标实现的既有法律因素，也有非法律因素。审视发展中国家知识产权制度失灵的原因，主要有两点：一是制度外力强加而造成"水土不服"。英国知识产权委员会指出："知识产权体系能够成为发展本土科技能力的一个重要因素，特别是在那些已建立起科技基础结构的国家中。但是对大多数发展中国家而言，由于其自主创新能力不足，保护知识产权实际上只是保护了外国（主要是发达国家）的知识产权，增加了本国创新的成本。"因此，制度强加对于发展中国家并非好事。二是制度运作经验不足而导致"受制于人"。国际知识产权协会主席、美国斯坦福大学教授指出,发展中国家与发达国家在知识产权方面的差距不在于制度本身,而在于运用制度的经验。对中国而言,制度运用比制度选择更为重要,在当前的情况下,需要一系列的社会条件,例如,完善的政府公共政策体系、统一的奖酬制度、健全的激励机制等,而这些需要各级政府、知识产权管理部门转变观念,达成共识,确立信心,引领发展。

（二）科学论证，统筹规划

由于知识产权分散管理带来的奖酬政策不统一,直接影响创新的积极性,造成发明人心理的不平衡和待遇的不平等。因此,有必要对现行的知识产权奖酬政策进行梳理,逐项论证,寻求科学依据和法律条文,把现实需要和长远发展结合起来,把物质奖酬和精神激励结合起来,把法律依据和科学发展结合起来,把国家规定和地方政策结合起来。统筹兼顾知识产权各类奖酬的基本平衡,实现知识产权各要素协调发展。

（三）统一标准，规范运作

中国知识产权奖酬政策,要在科学论证、统筹规划的基础上,统一奖酬标准。比如《专利法实施细则》规定的"一奖两酬",在国家的层面上,要对商标、集成电路布图设计、植物新品种、传统文化、遗传资源等知识产权实行奖酬政策,以引导知识产权的创造、保护和运用,形成新的经济增长点。各地方政府要依据国家的奖酬规定,结合本区域实际,制定具体的落实措施和配套政策。同时,对这些奖酬政策的运行要实现规范化、程序化。

（四）监督落实，注重效果

加强政府对知识产权奖酬的监督、引导、协调和服务。鼓励职务发明创造的主体是单位,但政府及其主管部门要加强引导、协调和服务。实施奖酬政策的结果要看知识产权的产出数量和质量、产业化程度、对经济社会发展的贡献率。在当前的形势下,要对知识产权奖酬政策进行检查监督,对奖酬政策的落实情况,对尚待制定的奖酬政策准备情况,进行全面的论证,统一标准、统筹实施,努力营造有利于发明创造和向现实生产力转化的政策环境、舆论环境和市场环境。

第五章　知识产权人才管理

当今社会已步入知识经济时代，知识经济使世界进入一个崭新的信息传递高速化、商业竞争全球化、科技发展高新化的经济时代。近几年，我国企业知识产权遭遇的国际纠纷越来越多，如华为公司软件专利侵权、海信商标侵权等，但国内能够应对这些诉讼的知识产权高级人才却是屈指可数。事实证明，我国知识产权人才严重不足，知识产权人才结构也不尽合理，这对实施知识产权强国战略提出了严峻挑战。

第一节　知识产权人才管理意义

一、加强知识产权人才管理是时代赋予的使命

在整个知识产权人才队伍中，各类人才有着不同的分工，处于不同的地位。行政管理人才肩负着规划事业发展蓝图、统筹协调各方面资源、引导事业发展方向、创造事业发展政策环境的重要职责，对知识产权事业的发展发挥着主导性的关键作用；知识产权司法人才和执法人才肩负着知识产权制度体系建设和规范市场竞争秩序的重任；知识产权创造人才是知识产权事业发展的主力军，肩负着科技进步、文化繁荣、经济发展的历史使命。培养造就大批知识产权人才是知识产权事业发展的迫切需要，是进一步发挥知识产权促进经济社会发展的重要举措。知识产权人才在市场经济条件下，除具有一般通用人才的作用外，还具有特殊的地位和作用。

（一）经济全球化要求加强知识产权人才管理

随着经济全球化进程的加快，知识产权问题日益增多，尤其是知识产权问题在国际贸易中的广泛渗透，以美国、日本为代表的发达国家纷纷调整或制定

新的知识产权战略，并将其纳入国家经济与科技发展、企业经营的总体战略之中。如日本在 2002 年出台了《日本知识产权战略大纲》并修改了《发明专利法》和《商标法》，2003 年在政府机构设置中成立知识产权部，由首相亲自领导，强化知识产权立国策略。为应对国际知识产权制度变革和科技、经济挑战，必须加大对知识产权人才培养和管理的力度。

（二）实施知识产权战略需要加强知识产权人才管理

我国政府于 2008 年 6 月 5 日正式颁布《国家知识产权战略纲要》，提出了建立国家知识产权战略体系。国家知识产权战略以制度和政策为主，着眼解决全局性、制度性和政策性问题，为企业创造良好的制度和市场环境，提供相应的服务。因此，这个战略的顺利实施必然需要一大批熟悉知识产权的高级人才充实到立法、司法、国际贸易、经济管理、教育研究等诸多领域，这对加快知识产权人才的培养提出了前所未有的时代要求。

（三）提高国际竞争力更需要加强知识产权人才管理

随着知识产权在各领域的渗透，将知识产权战略作为企业经营管理的重要组成部分，已成为现代企业管理者的新理念，各国企业尤其是跨国公司视专利战略为企业的生命线，视商标战略为企业的保护神，不仅将知识产权战略运用到产品的开发、生产和营销之中，还在企业内部普遍设立知识产权部门，进行企业知识产权工作的管理和运作。

国外企业的这种经营策略为我国企业长远发展设置了诸多障碍，而我国企业还没有完全认识到知识产权与企业的生存关系，大多数企业的知识产权工作机制还是空白，更不可能建立起有利于企业长期经营的知识产权战略，比如专利战略、商标战略等。正是由于许多企业的知识产权应用和防御机制尚未准备好，一旦发生知识产权争端，对企业造成的损失将是难以估量的。内外部的需求都必将促使我国企业尤其是国有大型企业建立健全的知识产权战略体系和管理制度，由此可见，企业对知识产权人才的专业化和扩大化提出了迫切的要求。

二、当前知识产权人才管理状况

（一）现有知识产权人才队伍状况

知识产权人才队伍主要包括三方面人才：知识产权执法人才、知识产权司法人才和知识产权管理人才。在我国知识产权人才队伍发展上，目前主要存在两个不利因素。

（1）人才队伍总量不足，素质不高，不能适应发展需要。据统计，目前，我国知识产权人才队伍共约8万人。有关专家测算，全国每年培养的知识产权人才不过千余人。另据国家知识产权局知识产权发展研究中心对11所重点高校的调查表明，上过知识产权选修课的学生不到学生总数的5%。在全国2000多所高等院校中仅有不足1%的大学培养知识产权专业人才，在全国360所设有法学院系的高校中仅有4%左右的大学能够培养知识产权专业人才。改革开放以来，全国高校培养出来的知识产权专业人才不足3万人。从事专利工作的只有万余人，从事专利代理工作的只有3000多人，一些内陆地区如西藏等地甚至没有专利代理人。

（2）高层次知识产权人才奇缺。主要体现在两个方面，一是涉外知识产权人才严重稀缺，表现为外语口语能力普遍不高；对国外知识产权法律和国际规则了解有限；缺乏实战经验，实务技能不足。我国知识产权人才培养过于偏重知识产权法学理论的学习，在实务操作训练方面十分欠缺。加之对外实践交流有限，涉外知识产权实务经验更是严重缺乏。二是具有高级技术职称的人才偏少。从问卷调查中可以看出：初级职称及以下的占3.9%，中级职称占10.8%，高级职称只占9.1%，比例非常低。在问及"改革开放以来我国知识产权人才与社会经济发展的适应度"时，回答完全适应的占3.5%，基本适应的占25.5%，高层次人才短缺的占31.6%，国际化人才短缺的占16.1%，复合型人才短缺的占21.0%，知识产权各类专业人才短缺的占21.3%，高层次人才、国际化人才、复合型人才三类人才短缺合计为68.7%。因此，当务之急应加快我国知识产权人才的培养和引进，以适应社会经济的发展需要。

（二）知识产权人才队伍管理的目标

目前，知识产权人才队伍管理的目标，总体上要坚持："一个核心，三个支撑点"。"一个核心"是指以提高能力为核心，"三个支撑点"是指以人才培养计划、人才使用交流机制、人才队伍建设政策体系为支撑。规划明确行政管理人才队伍建设以提高知识产权社会管理和公共服务能力为核心，要实施行政管理人才培养计划，采用多种方式完善人才使用交流机制，构建促进人才队伍建设的政策体系。

一是增加数量。目前，全国知识产权局系统行政管理人员仅有5000多人，与经济社会发展对知识产权行政管理工作的需求存在较大的差距，因此，要求进一步充实知识产权行政管理和行政执法队伍，健全完善各级知识产权行政管理机构。

二是优化结构。要做好知识产权行政管理工作，需要多种类型的行政管理人才，主要包括领导决策类、政策制定类、项目管理类、行政执法类、法律事务类、国际事务类、战略规划类、文秘信息类、宣传教育类、人才管理类、统计管理类、财务管理类、行政事务类、专业技术类等。各类人才之间只有比例协调，才能相互促进，形成合力，发挥最大的管理效益。规划要求进一步优化行政管理人才的知识、能力、素质、专业、区域结构。

三是提高能力。行政管理人才的能力是决定行政管理效率的重要因素，应持续强化行政管理人才的能力建设。采取各种方式提高行政管理人才的社会管理、公共服务能力和行政管理、专业工作水平。

四是改善环境。人才环境是影响人才成长的重要因素，构建良好的人才环境是发挥人才作用、事业科学发展的必然要求。要大力推动体制机制创新，完善保障体系，创新工作方法，为人才发展营造良好的工作氛围和社会环境。

（三）对知识产权人才队伍的素质要求

知识产权的内容随着社会经济的发展不断更新，尤其是进入知识经济时代，知识产权已经渗透到社会经济的诸多领域，因此，对于知识产权人才应具备的素质提出了更高的要求。

（1）知识产权人才的政治素质。政治素质是其政治立场、思想品德、职业道德的总和。所谓的政治立场是指知识产权人才要有坚定的政治信念和较高的政治觉悟，尤其要求从事知识产权的领导人才和管理人才有一定的政策理论水平。此外，由于知识产权领域的一些工作涉及国家或企业的机密，比如专利发明、商标的注册使用等，处理不当可能会给国家或企业带来巨大损失，因此要求相关从业人员具有良好的思想品德和很强的职业操守，严格按照知识产权相关规章制度办事，始终严于律己。

（2）知识产权人才的专业素质。知识产权是一门综合性的学科，这种综合性决定了知识产权人才的专业素质应当是具有多门学科知识融合交叉的知识结构，即文理交叉、科技与法律并举，并兼有国际贸易、情报、外语等方面的知识。尤其是在加入WTO之后，后者显得尤为重要。当前世界上绝大多数的知识都是英语记载，知识产权领域的知识也不例外，包括早期的法律、相关成果，当前各种专利、商标的申请，知识产权纠纷处理，该领域的贸易谈判等。

除此之外，知识产权人才的知识应该随着社会经济的发展处于不断更新的过程，并且做到与时俱进，比如，在网络社会，应加强借助于互联网获取专利查询、申请、审查等知识产权相关工作的知识。

（3）知识产权人才的人格素质。人格特质理论认为，人格是一个由五个维度特征组成的抽象结构，这"五维"特征分别是：外向性、情绪稳定性、尽责性、宜人性及开放性。每个人都在这个"五维空间"中占据一个相对固定的点，而知识产权人才应对自己所肩负的重任感到自豪，对知识产权工作满怀热情，具有高度的尽责性。同时，知识产权工作的复杂性要求知识产权人才应具有相当强的观察能力、思维能力、综合分析能力和组织协调能力，能合作共事，充分调动他人的积极性，组成齐心协力的整体，依靠团队实现工作的顺利实施。这些反映在人格素质上就要求知识产权人才必须具有较高的外向性和开放性。

（4）知识产权人才的管理素质。知识产权人才的管理素质应包括：计划、组织、协调、沟通、谈判等多个方面。任何工作的展开都必须有一定的计划性，因此，知识产权人才在日常的工作中应该有明确的中短期计划和长期规划，配合其他部门组织实施知识产权战略；知识产权人才要具有组织人力、物力和财力，协调各种资源和各种关系的能力，既要能协调好内部的关系，又要为企业的发展创造一个良好的外部环境。

发达国家的经验表明，专利代理人要通过与长期跟踪相关技术的公司人员交流才能对该技术有更深的了解，才能撰写出高质量的专利文件，实现保护力度的最大化。因此知识产权人才要具备良好的沟通能力、文字表述能力。此外，工作中会经常遇到纠纷处理及知识产权相关谈判。因此，拥有一定的谈判能力从企业层面来说，有利于企业维护自身知识产权合法权益；从国家层面来说，有利于捍卫国家应得利益，增强国际竞争力。

三、加强知识产权人才管理是成就事业的根本保证

早在2006年，中共中央政治局在第31次集体学习会议上就作出了"加强知识产权人才培养"的明确指示。当前，加强知识产权人才培养与管理已被赋予战略意义和时代意义。

（一）人才资源是一切资源的决定因素

人类生存发展所凭借的资源主要包括人力、财力、物力和信息。在这四

类资源中，人类自身的资源是最重要的。只有人类能够进行有意识、有目的的高级思维活动，具有主观能动性。而工具、设备、原材料等各种生产资料，只有通过在生产过程中被动地适应人类，才能转化为生产力，才能创造价值。

（二）人才资源是经济社会发展的原动力

创造性是人才的基本特征，集中表现在两个方面。一是发明创造。钢铁农具的诞生大大提高了农业生产力，蒸汽机的发明推动了工业革命，计算机和网络技术的出现推动了人类跨入了信息社会。二是管理创新。层次制组织模式、自动化流水线作业、现代会计处理方法带来工业社会的繁荣；而在当代社会，学习型组织、扁平化结构、国际化经营又催生了新经济的来临。

（三）人才资源具有自我增值的巨大潜力

随着科学技术的发展，人才的作用越来越重要，人和知识正在取代土地、资本和原材料而成为直接的生产要素，并直接产生价值。用知识创造财富、用智慧撬动科技进步、经济发展和文化繁荣。像世界首富比尔·盖茨，仅以数百美元起家，依靠自己的知识和智慧，短短十几年就在软件开发方面领先世人，成为世界首富。

（四）人才资源是实施知识产权战略的重要保证

人才资源具有其他资源和生产要素所不具有的无限可能性。正如美国著名经济学家舒尔茨指出的"人类的未来并不完全取决于空间、能源和耕地，而是取决于人类智慧的开发"。实施知识产权战略，离开了人才将会成为空中楼阁，离开人的知识和智慧将会一事无成。

第二节 知识产权人才管理原则

世间万物人是最宝贵的，谁拥有了人才谁就拥有了财富，知识产权人才无疑是稀缺、宝贵的资源，是制约知识经济发展的决定性因素之一。对知识产权人才的管理是一个不能忽视的课题。那么，对知识产权人才的管理应该遵循什么原则呢？

一、能级原则

历史唯物主义认为，社会的主体是人民群众，任何社会活动都是人们进行的活动；离开了人们的主动积极性，就不可能实现社会活动的目标。科研单位的工作是一种社会活动，工作对象中的各个不同因素和工作过程中的各个环节，都需要人去掌握和推动。没有人正确地、合理地使用钱、物、信息、时间，它们就起不到应有的作用。工作过程中指挥、调节和控制等，首先也应该是对人的指挥、调节和控制，不然就无从实现工作的目标。这种对人的指挥、调节和控制就是人才管理。因此，人都具有一定的能量，既有能量，就有大小，有大小就可以分级。所谓分级，就是建立一定的程序、一定的规范、一定的标准。不同的能级应该表现出不同的权力、物质利益和精神荣誉。权力、物质利益和精神荣誉是能量的一种外在体现，只有与能级相对应，才能满足人的心理平衡。在其位、谋其政、行其权、尽其责、取其值、获其誉，失职者要惩其误。有效的管理不是拉平或消灭这种权力、物质利益和精神荣誉上的差别，而是对应合理的能级给予适当的待遇。各类能级必须动态地对应，才能知人善任，使具有相应才能的人处在相应能级的岗位上。人尽其才，才尽其用就是这个道理。

二、动力原则

人才管理必须有强大的动力，还要正确地运用动力，才能使人才管理持续有效地进行下去，这就是动力原则。动力不仅是人才管理的能源，而且是一种制约因素，没有它人才管理就不能有序进行。动力原则在很大程度上影响着其他原则的效能。能级原则必须有充分的能源才能实现。没有强有力的动力制约因素，能级可能蜕化为劣质等级。人才辈出，人尽其才，靠人们的良好愿望是无法实现的。只有当某种动力因素迫使人们非用人才不可，才能真正做到不拘一格选拔人才，否则领导选拔就可能任人唯亲。如果没有一定的动力驱使，群众就会对那些漠不关心的事随意了事。动力可分为物质动力、精神动力和信息动力。

（1）物质动力。知识产权主要是脑力劳动，脑力劳动具有创造性、连续性和复杂性的特点，应当有与之相适应的物质条件作保障。否则，很难引进人才、留住人才。当然，物质动力不是万能的，使用不当就会产生副作用，成为巨大的制约因素。

（2）精神动力。精神动力是客观存在的，"人总是要有点精神的"。精神动力不仅可以补偿物质动力的缺陷，而且其本身就具有巨大的威力。在知识产权人才管理中，要注意引进精神激励机制，确立坚定的理想信念和干事创业的信心。

（3）信息动力。它有不同于物质和精神动力的相对独立性。在小生产情况下，信息量很小，信息的作用也就体现不出来，在现代社会化大生产的情况下，没有信息的传递是难以想象的。信息动力包括更广泛的概念，可以说人类90%的信息资源，首先记载在知识产权文献中，它是推动科技进步与时代发展的信息动力，知识产权人才首先要学习、研究、传播这些信息资源，推动社会进步、文化繁荣。

三、行为原则

行为原则要求人才管理的主体对客体中的各级各类人员的多种行为进行科学分析和有效的管理，以最大限度地调动、巩固和发挥人才的积极性为目的。因此，要注意以下四点。

（1）行为导向。它是对人才管理的客体所希望的努力方向和主体所倡导的价值观的规定。由于人才个体工作动机和个性不同，他的个人行为可能会朝向各种方向，不一定与所倡导的目标行为相一致，同时个人的价值判断也不一定相容于组织的价值观。这就要求人才管理主体在制定管理制度时，必须明确所期望的行为方式和应秉承的价值观。对人才进行思想政治教育是当前社会主义市场经济条件下必不可少的行为导向工作。对知识产权人才来说，既要着眼全局，又要立足本职，扎实做好每一件事，成就知识产权大业，助推民富国强。

（2）行为规范。务必使每个人都有确定的、可以考核的具体责任，这就是行为规范。同时，要在一定的时间内对每个人所负的责任履行情况进行认真的验收。根据不同情况实行适当的责任制和认真验收是人才管理的关键。这是因为知识产权事业的各个岗位、各项职能都必须实行责任制，而任何责任制最终又都必须落实到每个人身上。因此，行为规范是行为原则的一个根本要求。

（3）行为标准。做任何事情都要有量化指标，特别是对人才的管理更需要科学严谨的标准，管理机构应根据知识产权人才的状况和现实需要，科学制定不同岗位、不同需求的标准，使管理工作有章可循，有法可依。

（4）行为归化。行为归化是对人才管理客体违反行为规范的事前预防和事后处理。所谓事前预防，是指事前告诉客体若不按规定行事可能带来的不良后果，对不规范行为事先起到抑制作用；事后处理是以惩罚和教育相结合的方式，一方面让当事人对不合要求的行为承担后果，另一方面则要通过教育和培训的方式增强当事人对行为规范的认识。

第三节　知识产权人才选拔管理

知识产权人才选拔管理，是在经济学与人本思想指导下，通过考试、招聘、甄选、培训、报酬等组织形式，对组织内外相关人力资源进行有效配置，满足当前及未来知识产权事业发展的需要，保证国家战略目标实现与人才发展的最优化。

一、知识产权人才选拔管理的原则

（1）高度重视原则。要高度重视知识产权人才选拔，主管领导要把人才选拔放在战略的高度来审视，授权人力资源管理部门成立由高层管理人员、企业专才和技术人员代表组成的专门评选机构，根据事业发展的需要，制定出严格的评选标准和要求，由组织人事部门具体负责，严格按照程序执行。

（2）按需选拔原则。知识产权人才选拔（研究、司法、管理、服务）最重要的是搞好人力资源规划，摸清各岗位人员的现状、需求状况和具体要求，针对岗位特点和工作性质的需要而进行人才选拔。要做到岗有所需、人有所值。正所谓："适用的便是人才"。

（3）德才兼备原则。人才的选拔必须把品德、能力、学历和经验作为主要依据，从态度着眼、能力着手、绩效着陆，在细节方面发现，从大事方面把握，争取开发和培养"德才兼备"的能人。所谓德才兼备，主要体现在"四有、四化、四力"方面，四有即有理想、有道德、有文化、有纪律；四化即革命化、年轻化、知识化、专业化；四力即创造力、坚持力、容忍力、凝聚力。

（4）多法并举原则。信息时代的到来给人才的选拔提供了更为广阔的空间、更为畅通的渠道，各知识产权用人单位可以按照自己的实际需要，通过人才市场、报刊广告、互联网、中介公司、熟人介绍等多种有效的招聘渠道，招聘单位所需要的各类知识产权人才。

（5）测评选拔原则。科学技术的进步推动了人力资源管理的科学性，通过利用科学的测评手段，如专门测评软件、面试、笔试、辩论等，了解人员的素质结构、能力特征和职业适应性，为量才用人、视人授权提供可靠的依据。为了实现原则规范，细则灵活，可以采用"走动式管理"模式，这种模式可以协助管理人员事先客观地了解单位员工的各个方面，为选拔人才的公正性提供事实依据。

二、知识产权人才选拔管理的程序

（1）分析选拔指标。选拔指标或称选拔维度就是根据岗位的具体要求，对每个申请者考察的内容。首先，要明确这个岗位需要考察的指标有哪些；其次，要考虑拟聘岗位的指标应该如何理解；再次，还应知道每个指标具体的行为表现应该有哪些内容。这就是选拔指标分析与定义的过程。选拔指标定义方法通常有典型行为定义、操作定义和极端特征定义等。我们通常采用的方法是"两维行为分析法"。即分析构成选拔指标的关键行为和每个关键行为的等级区别。即使是同一项选拔指标，在不同类别岗位上的关键行为不同，且在每个等级的行为表现也存在一定差异。

（2）确定选拔方法。选拔方法就是考官利用那些具体的技术对职位申请者进行评估。对于大部分人事主管来说，面试是普遍采用的方法。当然还包括心理测验、情景模拟、工作样本、申请表、背景调查等。前面曾经提及任何选拔方法都有其局限性，不同的选拔指标适用于不同的选拔方法，一个选拔维度可能同时适合两种以上的选拔方法。

假设确定了影响并试图控制他人、沟通能力、创新能力、关注他人四项选拔维度作为渠道经理的选拔指标。要逐一分析这四个指标分别用那些测评方法比较合适，"影响并试图控制他人"用心理测验中的动机测验；"沟通能力"可以用面试或无领导小组讨论；"创新能力"可以用情景模拟测验，也可以用面试的方法；"关注他人"可以用面试或情景模拟中的无领导小组讨论。确定了适宜每个选拔指标的方法后，再决定将选拔进行组合后设计题目或直接选取题库中的题目。

（3）设计选拔题目。这个环节是设计、选择各种选拔方法所采用具体题目的过程，如面试题目设计、情境模拟题目设计等。需要人事主管注意各种方法之间的连贯性，让题目之间有一定的联系性，在国外很多企业开始尝试在情景模拟中采用同一案例背景信息，以增强其仿真的特点。如果需要利用心理测验的话，人力资源主管还需要选择合适的测验量表。

（4）制定选拔方案。选拔方案设计即根据选拔方法的特点及实际情况来决定选拔技术的先后顺序。设计选拔方案要根据"成本最低、时间最短、用人最少"的原则，精确地计算选拔成本、准确地规划选拔时间、合理地安排选拔场地、详细地安排人员分工。做好考官分组、人员分工、计算题目数量、计划选拔时间等工作。选拔方案的设计还要注意各种方法之间的连贯性。

（5）监控选拔过程。选拔的实施过程是按照选拔方案规定的时间计划与分工计划及前后顺序完成选拔任务的过程。此环节需要提醒的是"考官培训问题"，实施评估之前，必须对来自企业内部或外部的考官进行深入、细致的培训。很多考官一般只依赖自己在以往项目中积累的经验对申请者进行评价，而不是依据客观的岗位素质标准，这也是很多选拔结果缺乏说服力的直接原因，因此，在实施之前必须要对考官进行选拔维度、题目、评价标准的培训。

（6）报告选拔结果。选拔结束以后，要进行各项测验结果的统计工作，并在定量与定性分析的基础上撰写选拔报告。由于很多测验可以直接在计算机上完成，或者是在被试者笔试后由录入人员将被试者的答案数据录入计算机系统，计算机系统能够根据软件规定的成绩统计方式进行成绩统计并输出结果。在企业人才选拔实践中，往往都具有明确的选拔目的。因此会根据选拔维度的特点使用多种选拔方法，所以根据某一个维度可能采用两种以上的选拔工具。这就需要选拔专家根据被试者在针对同一维度的多种选拔方法中的结果撰写总体报告。

三、知识产权人才选拔管理的对策

随着社会对知识产权人才的需求，组织选拔知识产权人才的任务越来越重，当前，建立有利于各类优秀人才脱颖而出、人尽其才的机制，开辟有利于知识产权人才健康成长的快车道，对知识产权人才选拔管理十分必要。

（1）健全知识产权人才选拔管理机制。随着知识产权人才需求的增加，知识产权人才选拔管理成为一项经常性的工作，目前，针对知识产权人才选拔中存在的问题，应站在时代发展的高度，健全知识产权人才选拔市场管理机制，实行人才资源管理的市场化运作。逐步把市场对知识产权人才资源配置的基础性作用同党和政府的宏观调配、政策引导职能结合起来，强化运用价值规律和经济手段来管理人才，配套建立健全人才招聘、培养、考核、流动、奖惩、晋升、医疗、社会保险等社会化服务体系，实现行政手段向经济手段管理人才方式的转变，使单位选贤、个人择业都通过市场来实现，促进知识产权人才管理的市场化、规范化、合理化。

（2）建立开放式的知识产权人才选拔机制。加快建设有利于知识产权人才脱颖而出的"绿色通道"。在开放的社会条件下，人才跨国界、跨地区、跨行业流动，因此，必须扩大选人视野，形成开放式的人才选拔机制。建立有利于各类优秀知识产权人才脱颖而出、人尽其才的开放式人才选拔机制，遵循人才成长的不同规律，充分体现公开、平等、竞争、择优的原则，以扩大民主、提高公开度和透明度、引入竞争机制为取向的选拔机制，适应知识经济挑战和人才分布日益社会化、社会生活日益复杂化特点。

（3）建立有利于知识产权人才成长的导向机制。大批优秀知识产权人才快速成长，是自我选择、主观努力和时势造就、组织培养共同作用的结果。自我选择、主观努力非常关键，但时势造就、组织培养也非常重要。时势造就、组织培养，是一种能动的"它导型"组织催化行为，是知识产权人才成长、成熟的催化剂。要加强对知识产权人才的理想信念教育、思想政治教育、纪律作风教育、道德法制教育、科学文化教育等各方面的教育，引导他们牢固树立马克思主义的世界观、人生观、价值观，牢固树立正确的权力观、地位观、利益观。

（4）建立和完善知识产权人才培训和实践锻炼机制。新的历史时期，社会利益的多元化，人们思想观念的变化，市场经济法则对社会各个领域的影响和渗透，以及现代社会信息化、网络化程度的提高，给新时期知识产权人才教育提出了新的课题和要求。在知识产权人才培养上，必须要有战略思维和眼光，走出新路。要紧跟时代步伐，不断改革和创新教育培训的内容、方法和机制，探索出一条理论培养与实践锻炼相结合，有目的、有重点的主渠道培养与激活内在动力自我培养提高相结合的育才路子。在实践中，要加强跟踪考察，并根据人才的现实表现，适时调整其环境和岗位，以切实增强锻炼的实效。

（5）完善知识产权人才选拔监督机制。知识产权人才选拔管理还应建立和完善监督机制，管理责任下移，从选拔的源头开始，实施全过程的监控，落实目标责任,保证知识产权人才选拔的质量。知识产权人力资源管理不仅仅是人事部门的责任,而是全体管理者的责任。过去是人事部门的责任,现在公共组织高层管理者必须承担对组织的人力资源管理责任,关注人力资源的各种政策。人力资源管理由行政权力型转向服务支持型。

综上所述,知识产权人才选拔是一个系统的过程,既要分阶段、多模式、多途径实现,同时又要积极探索符合知识产权人才特点的职业生涯规划体系和激励考核机制,合理利用和充分开发知识产权人才的潜能,壮大知识产权人才队伍,以适应知识经济时代日益激烈的国际竞争的需要。

第四节 知识产权人才教育管理

人才教育是指在一定的现代教育理论、教育思想指导下,按照特定的培养目标和人才规格,以相对稳定的教学内容和课程体系,管理制度和评估方式,实施人才教育的过程的总和。它包括四层含义:(1)培养目标和规格;(2)为实现一定的培养目标和规格的整个教育过程;(3)为实现这一过程的一整套管理和评估制度;(4)与之相匹配的教学方式、方法和手段。

一、知识产权人才教育现状

经过20多年的发展,我国目前有400多所院校开展了知识产权法的教学,已逐步形成包括本科、第二学士学位、法学硕士、法律专业硕士、博士生教育和博士后研究为基本结构的培养知识产权领域专门人才的教育体制,至今已培养出合格的知识产权专业人才数千人,每年向社会输送数百名知识产权专门人才。随着我国经济的快速发展,知识产权人才的培养速度和规模已远远不能满足社会的需要。我国现有知识产权专门人才的储备与现实需求相比存在巨大缺口,高素质、复合型,能够灵活掌握和运用知识产权规则的高层次人才尤为稀缺。

根据调查和预测,到2020年,我国知识产权专业人才预计将增加2.5万人至3万人,其中高层次专业人才增加至3000人。知识产权中介服务专业人才包括知识产权律师、专利代理人、商标代理人、版权经纪人和技术经纪人等,还需增加2万人。全国高等学校现有知识产权专业师资约500人,未来5年至少需新增师资2000人。

中国政法大学知识产权中心冯晓青教授也认为，知识产权人才缺口很大，如以中国10万个大中型企业每个配备1名知识产权管理人员为标准，全国需要10万名知识产权专门管理人才，但现在绝大多数企业没有配备。

目前，知识产权专业人才教育尚无统一模式，"知识产权高等教育主要是培养高素质的知识产权立法、司法、执法、教育和研究人才。同时，人才培养要体现战略能力、宏观思考能力、调控能力和运用能力，要实现文理交叉、科技文化并举，研究教育实践为一体"。

上海大学知识产权学院院长陶鑫良提出"规模化培养知识产权人才"的设想，即大量培养知识产权技术管理的应用人才，培养重经营思维的知识产权经营管理人才。规模化培养知识产权人才，一方面通过较大规模短期再次培训，把有相关工作经验和经历的初层次人才培养成适应新要求的知识产权人才；另一方面，通过优化现有的知识产权人才培养模式，加快培养知识产权人才。

2004年经教育部批准，华东政法大学在本科阶段建立了我国第一个知识产权专业，将知识产权学科定位为管理学和法学两个门类的交叉学科。据华东政法大学知识产权院院长高富平介绍，目前，华东政法大学知识产权本科生的培养包括专业基础，企业管理、理工科知识、计算机等课程，然后是法学、知识产权专业知识课程。在本科阶段，实质上就实施了复合理工管理和法学为主的知识产权人才培养方案。知识产权人才培养模式、知识产权学科设置等有待理论的深化和实践的检验。

二、知识产权人才教育模式

根据知识产权教育的现实情况和未来对知识产权人才的需求，比较一致的教育模式有以下六种，构筑知识产权人才培养学历教育体系。

（1）法学专业知识产权集成班。生源从法学之外各专业特别是理工科专业二年级本科生中选拔。从三年级起转入法学专业，按要求完成全部法学课程特别是知识产权课程的学习，授予法学学士学位。

集成班学生必须同时将原专业或相关专业作为第二学科修完，毕业时获得第二学科学士学位。毕业生可参加全国统一司法考试、商标代理人资格考试；第二学科属于理工科专业的毕业生还可参加专利代理人资格考试。

（2）知识产权法第二学科学士学位班。学生在修读主修专业的同时，从二年级下半年开始学习法学基础、知识产权理论和知识产权实务三类课程。毕业时除获得主修专业的学士学位，还将获得第二学科学士学位证书。毕业生可参加全国统一司法考试、商标代理人资格考试；主修专业是理工科专业的毕业生还可参加专利代理人资格考试。

上述两种模式都是培养具有法学和法学以外两种专业背景的复合型知识产权人才，为学生在更广阔的就业领域提供有效的职业准备。两个学科同时修读，既为社会培养了一批具有知识产权法学素养的技术人才和管理人才，又拓展了法学人才的选择空间。双学科背景的毕业生比单一专业的法学专业或其他专业本科生未来更有竞争优势。

（3）法学专业（知识产权法方向）。在法学专业本科中设知识产权法方向，每年选拔一定比例的法学专业本科生专修知识产权课程。在法学专业本科培养方案中列出知识产权法方向的指定课程，供选择知识产权方向的学生从三年级开始学习。经过较为系统的知识产权教育，他们将成为有知识产权特长的法学专业人才。

（4）法律硕士专业学位知识产权班。法律硕士生有全日制和非全日制两种学习方式，其生源是法学以外专业毕业生。法律硕士知识产权班以培养立法、司法、行政执法和法律服务等法律实务部门以及经济、行政和社会公共管理等部门所需的应用型的高层次复合型知识产权专门人才为目标。

（5）民商法学专业知识产权法方向硕士生。法学硕士生源主要是法学专业本科毕业生。学校对知识产权方向法学硕士采用专门的培养方案，培养具有扎实的法学理论素养的高层次知识产权研究人才。

（6）管理科学与工程学科知识产权法学研究方向博士生。在"管理科学与工程"一级学科博士点下设置二级学科"管理科学与工程（区域与战略管理）"。由法学院为主招生和管理，两院教师共担教学任务，其中设置"知识产权法学"研究方向。

三、复合型知识产权人才培养

知识产权人才是复合型人才，具有跨学科的知识结构，是业界已达成的共识。中南财经政法大学前校长吴汉东教授说，知识产权归属于法学，但与管理学、经济学、技术科学等有着交叉和融合，因此知识产权人才除了掌握法学的基础知识外，还应当能够理解文、理、工、医、管等学科的基本原理和前沿动态,成为懂法律、懂科技、懂经济、懂管理的复合型人才。

以科学技术为代表的知识产品日益凸显其巨大作用,超过土地、机器等传统生产和生活资源,成为社会财富增长的新引擎,同时改变了人们对知识的价值观念,使人们对知识的理解从"知识就是力量"迁移到"知识就是财富"。社会财富构成的变化,必然触及相应社会关系的架构,必然会引发相应的政治法律制度的深刻变革。反映到对财产及与之相关的社会关系进行调整的法律部门中,就突出地表现为民事法律关系客体范围的扩张和权利内容的丰富。

四、知识产权人才教育管理体制改革

(一) 改革知识产权教育体制

1. 提升知识产权的学科地位

经过20多年的发展,中国知识产权教育取得长足进展。1998年教育部将知识产权法学作为14门法学核心课程之一后,所有开设法学专业的学校都为本科学生讲授知识产权法学,从而使知识产权法学教育全面展开:全国已有数十家高校设立了专门的知识产权学院或知识产权研究中心,教学条件好的学校还开设了知识产权法硕士点和博士点。但迄今为止,知识产权的学科定位还并不十分明确。例如,虽然一些学校设立了知识产权本科专业,但在教育部的本科专业学科分类上,并没有知识产权专业。

从学科的划分标准看,知识产权在逻辑上属于三级学科。但是它的研究内容相对特殊,自成体系,既与民商法有着广泛而密切的联系,也有相对的独立性。鉴于知识产权制度对科技进步和经济、文化的发展影响重大,日益成为国际经济技术、文化教育交流和贸易中占主导地位的因素,同时知识产权问题日益成为我国与国际社会交往过程中发生矛盾和冲突的焦点之一,近年来西方发达国家相继推出全球性知识产权战略,为应对这一形势,我国也制定并颁布了《国家知识产权战略纲要》,其中,知识产权人才培养也是该战略的重要议题之一。在这种情况下,我国高等法学教育在学科设置过程中,给知识产权一个相对特殊的安排,如"升格为法学二级学科为宜"。

2. 加强知识产权学科建设

知识产权作为一门独立的学科,有自己独特的研究对象、特有的基本范畴、理念、原理、命题等;知识产权作为一种特定的专业,有自己特定的人才培养目标，也有自己特有的人才培养规格。两者相互依存，相互促进。知识产权学科是知识产权人才培养的基础平台，知识产权人才培养是知识产权学科建设的基本任务。学科建设是由人、财、物、信息、课程、科研、课题等要素组成的一个系统。人与师资是学科建设的第一要素。学科建设的关键和难点是对学术带头人的选拔和培养。根本上要在给教师创造一定学术平台，满足教师成才要求；同时改善待遇，满足教师的生活要求。应从以下四个方面加强学科建设和提升师资队伍：

（1）引进人才，完善师资队伍结构。由于知识产权学科属于新兴交叉学科，受传统的学科划分因素影响，复合型师资欠缺是普遍的问题。为此要引进具有理工科背景、管理学背景的教师，并对引进的教师进行复合型培养，逐渐形成法律或管理在理工科背景的教师身上的复合。

（2）建立学科制度，创造学科复合的机制。在学院内部建立不同学科教师之间知识的渗透，其中包括教研室活动学习，包括共同申报和从事课题研究等机制，避免不同学科之间机械式拼凑，实现不同知识在教师本身之间的融合。

（3）创造宽松的学术环境。学校应努力创造良好的学术氛围，创造科研条件，为年轻的教师提供科研、教学多方面发展的舞台。

（4）合理的分工和梯队。通过研究生指导小组、教研室等组建学科小组和梯队，确定小组负责人，并使每个小组有明确的研究方向，使每个人都有自己的主要领域，并能够向着一个明确的、有前途的研究方向而努力。

3. 组建中国知识产权学院（大学）

根据知识产权国际化趋势，知识产权已上升为国际竞争的法律武器，成为科技进步、经济发展、文化繁荣的战略资源。为此，应站在时代的高度，顺应国际知识产权制度的变革趋势，适时组建独立的知识产权学院（大学），按照知识产权的学科定位，在全国范围选拔校长、教员，招收新生，培养各类知识产权人才。这不仅是时代的要求，也是中国国情的迫切需要。

4. 理顺知识产权人才培养的管理体制

目前，知识产权人才培养，可以说"五花八门"，全国各高等院校争相开展知识产权教育，有在法学院加挂知识产权学院牌子的，有设立知识产权研究院的，有设立知识产权培训中心的，也有设立知识产权专业的，还有设立知识产权研究生、博士生培养点的，有在校生教学，也有远程教育，这样的结果，造成教学资源分散、教学标准不一、教育质量下降，影响知识产权人才的成长。为此，从国家的整体利益考虑，组织力量，对现行的知识产权教育培训进行认真的调查论证，摸底排队，设计知识产权人才教育规划，提出教育体制、教学资源改革方案，尽快理顺知识产权人才教育培养体制，使知识产权教育步入系统化、规范化轨道。

（二）制定知识产权人才教育规划

按照教育部要求，组织力量制定中国知识产权教育规划纲要，认真分析中国知识产权教育的现状、时代要求、可行性、现实性等；提出中国知识产权教育的指导方针和基本原则；科学确定教育目标、学科设置、大纲内容等；落实中国知识产权教育的保障措施，报经国务院批准后实施。

制定中国知识产权教育规划，一要站在时代的高度，突出前瞻性、全局性。因为中国知识产权教育史无前例，必须要高起点谋划，高标准运行，高效率产出。二要努力拓展宽度，突出知识产权多学科、多领域、多维度的特征。在制定规划时一定把这些因素考虑进去，制定出有中国特色的知识产权教育规划。三要积极探索发展深度，突出宽正面、大纵深。中国知识产权教育刚刚起步，而且受现代社会生态环境影响比较大，特别是受文化环境、法制环境、政策环境、市场环境的影响，公众的知识产权意识普遍淡薄，知识产权知识严重缺乏，知识产权战略运用刚刚起步，因此，制定中国知识产权教育规划时，要充分估计到这种现实的影响，要多视角进入，全方位普及，大纵深探索，使公众的知识产权意识明显提高，知识产权知识全面普及，知识产权战略顺利推进，实现由知识产权大国向知识产权强国的跨越。

（三）加强知识产权人才有效配置

目前，知识产权人才紧缺状况，很难在短时期内得到解决，有效配置知识产权人才资源无论是参与国际市场竞争，还是国内知识产权事业发展，都显得十分必要。合理有效配置知识产权人才资源，应把握以下几点。

（1）全面掌握知识产权人才的供求状况。组织力量按区域或行业对知识产权供需状况进行调查摸底，掌握知识产权法律人才、管理人才、服务人才、创新人才的基本状况，根据供需情况，制订知识产权人才配置计划，保证事业的顺利发展。

（2）加快推进知识产权人才资源向知识产权人才资本转变。人才资源向人才资本转变包括人才资本的积累、配置、转化三个环节。要调动各方的积极性，大力培育知识产权人才资源，扩大知识产权人才资本积累，调整人才结构和人才教育方式，实施合理的知识产权人才配置，通过完善政策、优化环境，加快知识产权人才资本向社会财富的转化，扩大人才资本的收益率和对经济社会的贡献率。

（3）制定和完善知识产权人才配置机制。要逐步建立健全以市场为主导的知识产权人才配置机制，建立与其他生产要素相贯通的知识产权人才市场体系，形成多元化的知识产权人才供需格局。加快发展知识产权人才交流、培训、测评等中介服务机构，提高知识产权人才市场化程度和选拔、配置机制。

（四）健全知识产权人才职称制度

目前，知识产权人才职称制度还没有真正建立，虽然上海知识产权局与人事部门协商建立知识产权工程师等资格认证体系，但仍是地方的一种尝试，不足以说明知识产权人才职称制度的建立。随着知识产权地位的提升和知识产权人才数量的增加，国家应当把知识产权人才职称制度列入议事日程，责成有关部门，在充分论证的基础上，建立健全知识产权人才职称制度，对职称设置、评定标准、评选方法、待遇等有关问题作出界定。这是当前知识产权人才管理中的缺项，应当尽快完善。

（五）强化知识产权人才的激励机制

要建立经济利益与社会价值双重激励机制，倡导按贡献大小分配社会财富的价值取向，采取物质奖励与精神激励相结合的办法，逐步建立知识产权人才经济利益和社会价值双重激励的机制。

（六）加大对知识产权人才建设的投入

要建立多元化的知识产权人才投入机制，按照谁投入谁受益的原则，激励和引导社会力量加大对知识产权人才培养和人才资本积累、转移的投入，依据知识产权人才市场需求，培养知识产权人才，满足日益发展的知识产权事业需要。

第五节　知识产权人才使用管理

俗话说"人往高处走"，对人才而言，这个"高处"就是干事成才的好环境、创业创新的好平台。事实证明，哪里的体制活、环境优，哪里就是吸引人才的"强磁场",就能集聚人才、多出人才;哪里的体制活、环境优,哪里就是干事成才的"沃土",人才就能落地生根,大展宏图。

一、知识产权人才使用原则

(1)唯才是举,用其所长。任何人都希望别人能看到自己的优点和长处,尤其希望上级领导者能够看到。倘若领导者只看到他有什么优点,不去计较他的缺点,那么就会产生"士为知己者死"的效应。特别是在某种特殊情况下,激励效果则更佳。如果领导者能够抑邪扶正、慧眼识才,那么,被识者就会从心底产生由衷的感激之情,一旦被重用,就会更加忘我地工作。其次,容其所短,适当抑制。"护短"不是目的而是手段,用其所长,还应抑其所短。这是用人的辩证法。

(2)恰如其分,用当其时。每一个人,特别是各类人才,都有自己一生的辉煌时期。所谓用当其时,就是指怎样捕捉人才的最佳起用时机。一般说来,应注意把握两个基本条件:第一,人才的起用时间,就是指人才精力最旺盛的时期;第二,人才起用的时机,应是在能够激励人才成长和进步的时期。只有在人才把自己的成长与组织紧密地联系起来的时候,才能使人才的创造性得到最大限度的发挥。在这样的时候,就应该大胆、及时地把人才提拔到重要岗位上去。

(3)适才适所,用当其位。所谓适才适所。就是指把人才安排到最能发挥他的才能的适合工作岗位上去,实现人与事的最佳配合。但每个人的个性差异很大,因此,要想使每个人都能发挥其积极作用,就必须遵循适才适所的用人原则。第一,用才必须发挥其专长,即把有技术专长的人才放在技术创新岗位上;把有组织才能的人才放到管理岗位上;把善于应变又有法律知识才能的人才放到司法岗位上;把技术熟练且热心服务的人放到服务岗位上。做到用人所长、用人所愿、专才专用、大才大用、小才小用,实现人尽其才,才尽其用。第二,用才不可忽视其气质和兴趣,在安排人才的工作岗位时,不仅要考虑人才的专长,而且还要考虑他们的气质类型和兴趣特征,尽可能地安排他们到最适合的工作岗位上去。

构筑充满活力的人才发展体制机制,必须坚决破除一切不利人才成长、人才流动、人才使用的思想观念和体制性障碍,建立健全促进各类人才公平竞争、合理流动、优化配置的体制机制。通俗地说,就是要努力做到知才、爱才、用才,让各类人才创业有机会、创新有条件、干事有舞台、发展有空间。

二、知识产权人才使用要求

（1）高瞻远瞩，引进人才。发挥人才的作用，前提是要引进人才，千军易得，一将难求。只有高瞻远瞩，才能慧眼识珠，引进高素质的人才。

第一，要具有虚怀若谷、甘当伯乐的品格。千里马常有，而伯乐不常有。管理者要做伯乐，而且要甘当伯乐，善于将思维敏锐、朝气蓬勃、德才兼备的人才引进，并能委以重任。

第二，还要具有披荆斩棘的决心。出于种种原因，一些领导、职能部门降低了引进人才的德才标准，引进的"人才"难免鱼龙混杂、良莠不齐，此外，在使用人才上存在着严重的门户之见，不着眼长远发展，不以德才兼备为标准，有盲目排外的问题。

（2）健全制度，重用人才。重用人才，建立人才责权制度。对人才的使用关键是要有健全的制度作保障，否则难以履行职责，并处于进退两难的尴尬境地。只有采取"放水养鱼"的政策，扩大基层及各类人才的相应权利，建立对等的、科学的责权制度，才能使各类人才合理合法地开展工作，保证其聪明才智的发挥。

（3）优化环境，留住人才。长期留住人才，必须加强物质环境、精神环境的建设。第一，要大力改善物质环境。要积极为人才创造优质的工作条件、努力提高其生活待遇，重点满足人才的必要需求，使人才的物质环境不断得以改善。第二，还要全面优化精神环境。精神环境包括诸多方面，如组织的威信、领导干部的作风、规章制度、工作秩序等。

（4）健全机制，量才适用。人才工作是一项系统工程，必须健全机制，落实责任。主要负责同志作为人才工作第一责任人，要亲自抓、亲自问，以自己的表率作用带动和影响全社会关心、支持人才工作。组织人事部门要从创优环境、创造机会、搭建平台等方面，不断完善人才的引进、培养、使用机制，推动人才工作再上新台阶。要把人才工作纳入各单位年度岗位目标责任考核，考核结果将作为衡量班子和干部政绩的重要依据。

三、知识产权人才使用管理

据有关研究显示，人的潜力在缺乏激励时，只能发挥20%～30%；而在良好的环境下，可以发挥到 80%～90%。因此，知识产权人才使用管理，必须坚持以人为本，必须做到善用人。尊重人、解放人是善用人的前提。尊重人，就是尊重人的社会价值和个体价值，尊重人的创造和权利，尊重人的独立人格和人的能力差异；解放人，就是不断冲破一切束缚人的聪明才智充分发挥的体制、机制、观念。充分发挥人才资源的潜能，就要采取科学的方法，发挥人的聪明才智和潜在能力；要建立和完善用人机制，做到人尽其才，才尽其用。

（1）要确立爱才之心。就是从思想上重视人才，从感情人贴近人才。萧何"月下追韩信"，促成刘邦建汉；刘备"三顾茅庐"，成就三国鼎立伟业，这些都是历史上爱才的佳话。在知识经济时代，需要对知识产权人才倍加呵护，从对知识产权事业的热忱，建设创新型国家的高度，爱护知识产权人才。

（2）要提高识才之智。就是要善于发现人才，准确地识别人才。发现和识别人才，是一个"剖石为玉、淘沙成金"的过程。要深入实际，在实践中发现人才，推进识才制度改革，举贤荐能，为知识产权事业造就大批人才。

（3）要拥有容才之量。就是要以开阔的眼光和宽广的胸怀选才用才。要善于包容、吸纳、凝聚各种各样的人才。选人用人要剔除狭隘的传统观念，要以事业为重，不拘一格选才用才。

（4）要把握用才之艺。就是要拴心留人，充分调动各类人才的积极性、创造性。最根本的是要用共同的理想、共同的追求及共同的事业团结人、凝聚人。在人才的使用上，要充分信任，放手使用，从各个方面为他们施展才能、实现抱负提供舞台。当人才遇到困难和挫折时，给予鼓励和支持。同时，对于人才在工作和生活上的实际问题，要尽可能地解决，坚持用事业留人，用感情留人，用待遇留人。

当前，知识产权人才管理，一要建立知识产权高层次人才信息库，内容包括：登记表、主要贡献、获奖情况、组织人事部门考核材料、著作及论文目录、专业技术职务聘任情况、工作实绩以及参加国内外学术活动、培训情况等。二要对知识产权高层次人才实行年度考核，由所在单位人事部门根据知识产权高层次人才的总结及主要论文、专著、获奖、应用、经济社会效益等有关情况，写出考核报告。三要对知识产权高层次人才实行动态管理。将每年的考核结果作为优秀的知识产权高层次人才晋升、提拔、激励的依据。同时，允许知识产权人才的合理流动。

第六节　知识产权人才奖惩管理

合理的奖惩，能够调动知识产权人才的积极性，激发工作的热情和斗志。但奖惩只是一种手段，并非目的。奖惩包括实行奖惩的原则、条件、种类、方式、程序、手续，以及行使奖惩权限的机关等内容。在实施中应灵活运用，不搞"一刀切"。

奖励是对成绩优秀的知识产权人才给予精神和物质的嘉奖，以激励全体成员干事创业。惩罚是对工作不力或犯有过失、违反纪律的知识产权人才进行的行政处罚或行政制裁。奖励与惩处具有激励与控制的双重功能，二者相辅相成，结合使用。

奖惩制度。为强化遵纪守法和自我约束的意识，增强员工的积极性和创造性，同时保证各项规章制度得到执行，维护正常的工作秩序，应制定知识产权人才奖惩制度。奖惩制度的重要性在于提高制度的约束力和威力，它具有严肃性和严谨性。但是，应依据时代发展需要，不断进行制度创新。

奖励管理。对知识产权人才奖励，按照组织人事部门的制度规定进行管理，奖励的种类通常分为：表扬、嘉奖、记功、授予模范称号、记大功等；奖励的方式有经济奖励、行政奖励和特别贡献奖三种。对知识产权人才的奖励应在党委政府的统一领导下，按人事管辖权实施。

惩罚管理。惩罚包括批评、记过、罚款、降级或降职、辞退。其他违反制度和规定的行为，按相关制度或规定处理。对知识产权人才惩罚，按照公务员条例和组织人事部门的制度规定进行管理。

对知识产权人才奖惩的核实及手续办理由人力资源部门负责，各级知识产权管理部门协助。

第六章　知识产权资源管理

知识产权作为资源与自然资源、人力资源不一样，它是需要创造的，自然资源以自然产生为主，人力资源依靠培养得到，权利资源依靠创造产生。知识产权资源，是需要创造和经营的，这种创造经营包含有效的科学管理。可以说，知识产权创造就是要把创新成果最大程度产权化，创立更多的原创性发明专利、世界级驰名商标，生产出更多的基于现有公共资源的版权产品。知识产权战略其实不是科技人员和作者的事情，更多的是创新成果的经营加工者和管理者的事情，这些加工就是代理人、专利律师、授权机构和企业的良好协作，加工者会在一件朴实的发明创造基础上，撰写出最大的保护范围，变成一个杀伤力很强的权利武器，在国内外知识产权贸易中实现其价值的最大化。

第一节　知识产权资源的构成

知识产权涉及的是人类创造性脑力劳动所获得的非物质性的知识形态产品，它具有专有性、地域性和时间性的特点，具有财产权和人身权的双重内容。作为一种财产权，同有形财产一样，权利人对其具有占有、使用、收益和处分的权利，这种权利为国际所公认。权利人通过对知识产权的确认，在一定时期和一定地域内获得对其智力成果的专有权，可以有效制止无偿使用和假冒、仿制、盗版等违法行为，实现对相应的技术阵地或商品销售市场的占领、控制和垄断，从而谋取高额利益。知识产权资源已成为当今社会重要的无形资产。构成知识产权资源的要件主要有以下几个方面。

（1）产权化的智力资源。它是指人们通过智力劳动创造的成果被国家以法律授权的智力成果资源，包括各类知识和创造性地运用这些知识研究和解决问题的能力。这些知识和能力主要是各种常识性的知识、技术专长以及领导能力、决策能力、管理能力、创新能力等。

（2）系统化的信息资源。它是指通过信息网络所能收集到的与生产经营活动相关的各种信息。如国家及企业所在地区的有关经济政策信息、市场需求信息、原材料价格信息、客户的反馈信息、本行业及相关行业的产品信息、与本企业有关的最新科技信息等。

（3）创造和拥有的无形资产。它主要包括市场资产、知识产权资产和组织管理资产。市场资产指企业创造和拥有的与市场有关的、能给企业带来可能的竞争优势和利益的无形资产的总和，如企业的品牌、信誉、与顾客和合作伙伴的良好关系、销售渠道、特许经营权等。知识产权资产指企业创造和拥有的以智力劳动成果为形式的无形资产的总和，如专利、版权、技术诀窍、商业秘密、植物新品种、原产地产品、地理标志、非物质文化遗产等。组织管理资产指企业创造和拥有的能够使企业正常运转且稳定、秩序、高效的企业无形资产的总和，如企业的技术流程、业务流程、管理流程、企业文化、管理模式与方法、信息网络等。

此外，企业的知识资源按其属性和获取、传递的难易程度，还可划分为"显性知识资源"和"隐性知识资源"。前者是指可以用规范化和系统化的语言进行传播、可文本化的知识或可以通过编码以信息的形式存在的知识资源。后者是指高度个体化，存在于个人头脑中的信仰、隐喻、直觉、思维模式和"诀窍"等难以编码、复制或用非直接交流方式共享的知识资源。

第二节 知识产权资源管理的意义

知识产权资源具有法律特性、垄断性、时效性、地域性、不稳定性、制约性、共享性。比如，专利作为知识产权最重要的形式之一，其战略资源属性日益明显。一方面专利资源可以作为衡量创新产出的度量指标，其拥有量是国家创新能力的重要表征；另一方面专利资源数量尤其是优质专利资源的数量正在成为国家间竞争的关键性影响因素。因此，专利竞争正在成为新一轮国际竞争的焦点之一，"世界未来的竞争是知识产权的竞争"。

正如水资源、矿产资源等自然资源的分布具有其地区分布特征一样，专利资源在世界范围内的分布也有其聚集性与不均衡性。这种不均衡性所反映出的资源的地区聚集性，有可能会直接影响到不同国家在整个国际竞争中的地位。

一、知识产权资源数量及分布决定竞争实力

为全面展现全球知识产权资源的分布格局，我们以专利的申请量、授权量

及相关人均指标为例,进行数据分析和展示。

(一) 从申请量分析

(1) 总量分析。从受理机构的角度看:2006年,世界各国专利受理机构受理专利申请总量大约为176万件。其中,美国专利商标局接收425 966件,日本408 674件,中国210 501件,韩国166 189件。专利申请的80%流向美国、日本、中国、韩国、德国、加拿大、俄罗斯、澳大利亚、英国这9个国家的受理机构。从来源国的角度看:所有国家中,本国居民提出专利申请数量最多的是日本(514 047件),其后依次是美国(390 815件),韩国(172 709件),中国(128 850件)。从中可以看出,世界专利申请总量较大的区域集中在美国、欧洲地中海沿岸、日本、韩国、中国、俄罗斯,就是说这些国家是专利申请的聚集地。专利申请量往往代表着创新能力和知识产权资源的拥有量,因此,可以据此基本判断出创新能力较强的国家也正是老牌的美国、欧洲、日本以及新兴的中国和韩国。

(2) 单位GDP专利申请分析。单位GDP的专利申请数量能够反映出一国的专利生产效率。在此指标中,排在前两位的国家分别为韩国、日本,其每10亿美元GDP的专利产出为121.56件和86.53件。俄罗斯、新西兰、中国、美国、德国分别为32.45件、25.6件、23.65件、19.6件、19.41件。值得注意的是,虽然美国的本国居民专利申请绝对数量高于俄罗斯和中国,然而将GDP这一因素考虑进来之后,中俄两国的比值却均高于美国,反映出这两个国家较高的专利生产效率。

(3) 单位人口专利申请。把各国专利申请的绝对数量转换为各国每百万人口拥有的专利数,从这一指标来看,日本、韩国、美国、德国、新西兰排在前五位,人口数量较多的中国、印度、俄罗斯排名分别为第20、第16、第58。相比较这三国在专利申请量中的排名第3、第8、第11,单位人口的专利申请数量要相差甚远。

(二) 从授权量分析

从专利受理机构的角度看:2006年世界专利受理机构的专利授权总量约为72.7万件,其中,美国专利商标局授予的专利为173 770件,日本为141 399件,韩国为120 790件,中国为57 786件,俄国为23 299件,德国为21 034件,这6个国家的专利授权量占世界专利总授权量的71.1%。从被授权专利的来源国看：日本在这一方面占据领先位置，达到 217 364 件，其后依次是美国、韩国、德国、中国，分别为 154 760 件、102 633 件、56 091 件和 26 292 件。由此可知：北美、欧洲、东亚地区是专利授权量最集中的地区，大洋洲也有相当的专利获得核准，而非洲和拉丁美洲国家除了巴西、南非、埃及等国家，所获得的专利授权数量较专利发达国家相比差距很大。

（三）从有效专利分析

世界各国尽管对专利的保护期限略有不同，但大都设置了 15~20 年的时间跨度。正常情况下，专利自被提出申请到最后失去法律保护应该有较长的寿命周期。从法律的角度看，只有在保护期的专利才受到保护。失去专利保护的技术发明将进入自由使用领域，从而丧失其作为战略资源的属性而变成一般的人类知识存储。

要深入探讨国家对专利资源的掌握，不但要看其申请量和授权量，更要看一定时期内的专利存量，也就是看处于保护期内的有效专利的数量。2006 年，世界有效专利总量大约为 610 万件。拥有量前五位国家为日本、美国、韩国、德国、俄罗斯，我国排在第 8 位，由于我国自 1985 年开始才实行专利制度，这个排位显示出我国专利资源正在以又好又快的态势发展。

在知识经济时代，衡量一个国家的科技实力与经济实力，往往就是看它拥有知识产权的数量和质量。英国政府的一份白皮书这样指出：竞争的胜负取决于我们能否充分利用自己独特的、有价值的和竞争对手难以模仿的资产，而这些资产就是我们所拥有的知识产权。因此，一个国家知识产权资源的储量往往代表着这个国家参与国际竞争的能力强弱，而一国所拥有的知识产权资源中那些寿命较长的优质资源数量的多少则会更加直接地影响到一国的国际竞争地位。

通过以上的分析，可以看到，我国虽然实施专利制度的时间较短，但是无论从专利申请数量、授权数量，还是从对有效专利资源占有量来看，都处于快速发展并追赶发达国家的阶段。但同时也应该看到，在专利等知识产权资源日益成为国家间竞争重要战略资源的今天，我国的知识产权资源状况仍然存在一些问题。我们应站在新的历史起点上，大力开发和利用知识资源，提升知识产权创造、运用、保护和管理能力以及自主创新能力，建设创新型国家；提升我国企业市场竞争力，提高国家核心竞争力。

二、知识产权资源管理的现实意义

当前,我国经济结构处在转型期,劳动力、资本和土地资源等传统生产要素对经济增长的贡献率出现递减趋势,创新日益成为经济发展的主导因素,知识产权资源的创造、拥有、保护、运用已成为世界各国占领国际市场、推动技术进步、拉动经济增长、繁荣社会文化的战略资源和重要标志,世界各发达国家均把保护知识产权作为培育和提升国家核心竞争力的基础,作为谋求竞争优势、保持垄断地位的关键因素,将知识产权规则作为解决国际经济和贸易纠纷的法律武器,将知识产权资源提升到维护国家经济安全和国家主权的重要地位。因此,大幅度提高创新能力,形成更多的知识产权资源,并加强对知识产权资源的管理是今后一个时期的基本任务。通过强化管理职能、完善管理制度、创新管理机制,达到促进创新、保护创新成果的目的。通过有效管理,对创新资源合理配置、对创新成果有效保护、对创新财产归属做出科学界定,从而完成建设创新型国家、构建和谐社会的宏伟目标。

第三节 知识产权资源管理的特点

知识产权资源管理就是对知识财产的法律权利的管理,按其基本属性可以从两方面理解:一是对它知识财产的属性的管理,二是对它作为一种法律权利属性的管理。

一、从知识产权资源的财产属性分析

(1) 知识产权资源具有无形性。在当今社会,知识产权资源作为一种最主要的无形财产,与动产、不动产相并列为三大类财产。在法律上,动产与不动产是有形财产,如房产、设备、车辆、器具、衣物等,它们都具有物质形态,客观上可被其所有人占有,而且一般来说在同一时间内只能为一个民事主体占有或支配。而知识财产资源作为智力劳动创造成果,是一种精神财富,是无形的;它不占据一定空间,难以实际控制,很容易脱离所有人的占有。当然,作为无形财产,也要通过一定的物质载体表现出来,如模型、图纸、胶片、印刷品、光盘等,但法律对这些智力成果的确认和保护却不在这些载体

上，而在智力劳动成果本身。

（2）知识产权资源具有可复制性。由于知识产权是一种无形的精神财富，需要借助于一定的载体才能表现出来，也就是说它在表现形式上肯定是与所有人相分离的，因此，只要有合适的载体它就可以被不断地表现出来，或者被复制出来。这就意味着知识产权资源可以同时被多人使用，而不会带来自然损耗。换句话说，不论知识产权资源的所有者转让与否，他人都有可能通过一定的方式复制它、使用它，因而法律对知识财产资源的保护要比对有形财产的保护复杂得多。法律对有形财产的保护，只要确保不被非法所占、毁坏就行，而对知识财产的保护则要确保它不被非法复制、传播、剽窃、假冒、毁誉等，这显然要难得多、复杂得多。

（3）知识产权资源的创造性。应该说，创造性是知识产权确立的一个基本理由。知识产权作为人的智力劳动成果产生的权利，其智力劳动应该是一种具有创造性的智力劳动。只有创造性的智力劳动，产生的成果才会具有创造性、先进性，其所有人的权利才能得到法律的确认和保护，专有权、版权等都是如此。像商标之类标志性的知识产权形成过程也许不复杂，但在其价值形成过程中，仍然凝结着创造性智力劳动。所以，知识产权资源本身就凝聚着创造性智力劳动成果。

二、从知识产权资源的法律属性分析

知识产权首先属于一种民事权利，是公民和法人民事权利的重要组成部分。因为知识产权所反映和调整的社会关系是平等的公民、法人和其他组织之间的财产关系和人身关系，符合民事权利最本质的特征。尽管多数知识产权资源的产生要经过国家主管机关的审批、注册、登记等依法授予或确认的程序，知识产权的行政主导性也较强，但是，知识产权本身却是一种民事权利。民事权利是一种私权。私权是属于具体的、特定的主体的权利，与不特定的、公众中任何人均可行使的公权相对应。TRIPS协定在序言中明确强调全体成员要承认知识产权为私权。

作为一种民事权利，知识产权包括人身权利和财产权利两个方面。知识产权的人身权利是指知识产权作为一种名誉权利时，它与智力成果的创造人、发明人的人身是不可分离的，既不能转让，也不能继承（如署名权、创造发明权等）。这与财产权是不同的，权利人对有形财产的权利仅仅是一种完整的物权，并不包含人身权。但知识产权又包括财产权利，实际上也是一种物权。这不仅是因为作为知识产权资源的客体的智力成果本身具有一定的财产价值，更重要的是智力成果一旦被利用，往往可以带来极大的社会效益和经济效益。再者，智力成果的开发，需要付出大量的人力和财力，其开发者也有理由收取开发成本，并获得回报。这就在客观上决定了知识产权中包括财产权利。知识产权的这两种权利通常被称为精神权利和物质权利，它们在法律上是相互联系的。从知识产权的基本属性可以得出知识产权资源的特点有以下"三性"。

（1）知识产权资源的专有性。专有性也称作独占性或垄断性。它是指知识产权资源具有排他性，一经法律确认，就为其权利人所专有，其他人不经权利人的同意，均不能使用这种受法律保护的权利，否则就构成侵权。一项发明、一个商标或一部文学艺术作品的独占权只能授予一次，其他人如果仿制或抄袭，就不可能得到法律保护。知识产权包括智力成果的所有权和该成果的使用权、处分权。知识产权资源可以作为商品流通、转移或扩散，可以继承或有偿转让等。

（2）知识产权资源的地域性。地域性是指一国所确认和保护的知识产权资源，只能在该国的范围内有效；在没有专门条约规定的情况下，对其他国家不产生法律效力，因而在外国就得不到保护。由于知识产权资源的客体是一种精神财产，具有非物质性，可以被许多人拥有，并可以在无限的范围内被人们利用。所以世界上所有国家法律均规定，除非有国际公约或条约规定外，一国法律授予的知识产权，只在该国领域内有效。如《保护工业产权巴黎公约》规定："本联盟国家的国民向本联盟各国申请的专利，与在本联盟其他国家或者非本联盟国家就同一发明所取得的专利各不相关"，这充分体现了知识产权资源的地域性特征。

（3）知识产权资源的时间性。时间性是指知识产权仅在一个法定的时间内受到保护，超出这一时限，权利便终止，其智力成果便进入公有领域，任何人都可以自由使用而不发生侵权问题。实践中各国的法律都对不同类型的知识产权规定了有效期限。如著作权期限为作者有生之年加死后20～50年；发明专利一般为15～20年；商标权则多数为10年，英国为7年，但商标可以在有效期内续展，而且续展次数不限。

对知识产权资源时间上的限制，是为了平衡和兼顾知识产权权利人与社会公众之间的利益关系，解决智力成果发明人的合法利益和促进科学、技术、文化进步之间的矛盾。一项技术发明，虽然取得了知识产权保护，但如果得不到实施，就不利于技术进步。反过来，如果不给发明者以专有权，任何人都可以自由使用发明者的成果，虽然短时间内技术发明得到传播，但从长远看，人们就不会有积极性从事发明创造工作，最终会影响社会的技术进步。因此，既要保护专利权人的合法权益，又要防止专有权滥用，就必须对知识产权资源的有效期作出规定。

三、从知识产权资源的现状分析

知识产权资源的财产属性和法律属性决定了其管理的隐蔽性、复杂性、长期性，因此，知识产权资源管理具有以下特点。

（1）管理的艺术性增强。知识产权资源管理，本质上是对人的管理与对物的管理，管理对象复杂多变、千差万别，对人的管理，要讲究方法，因人而异，实行自我控制，充分调动人的主动性、积极性和创造性；对知识产权资源的管理，既要分门别类，理清层次，系统控制，更要适时掌握法律动态，实施有效管理，因此，对知识产权资源的管理，既要按科学程序办事，更要讲究方法艺术。

（2）管理的时效性提高。知识产权资源具有高度的通融性、交汇性、时间性，而且种类众多，有效时间不一，呈现一种动态的变化过程。随着经济网络化趋势不断加强，知识产权资源的这种特征更加明显，应充分利用知识产权资源的这种特性，更加广泛地吸取外界不断创新产生的新知识、新成果，形成更多的知识产权资源。在保护好自身知识产权资源的前提下，搞好知识产权资源资本的运营，以实现其利益的最大化。因此，应站在全行业、全国、全球的高度加强对知识产权资源的有效管理。

（3）管理组织复杂性增强。传统的组织结构是金字塔式的结构，这种结构能保证行动团体化、统一化。知识产权资源管理结构主要是通过网络信息传递，也就是纵向传递和横向交叉的传递方式，其结构呈扁平化，在传统实物管理中，由于产生的信息量相对较少，这种结构是适用的。但在知识密集型企业中，信息量非常大，横向联系变得越来越重要。因此，这种结构不再适用。只有建立扁平化的、圆桌式的、网络化的组织结构，才能及时处理大量的知识产权资源。

第四节　知识产权资源管理的目标与原则

一、管理目标

知识产权资源是组织知识产权管理的核心对象。对于组织者来说，首先依据经营战略及核心业务，认真分析组织内现有的知识产权现状和未来对知识产权资源的需求，实施有效的管理。知识产权资源管理，作为一种管理思想和方法体系，它以人为中心，以数据、信息为基础，以知识的创造、积累、共享及应用为目标。

（1）实现组织的可持续发展。将组织中的知识产权资源产品研发、销售网络、专利技术、业务流程、专业技能等知识，作为核心资产进行管理、开发和保护；建立相应的管理体系，通过组织文化、知识资源库、信息通信技术等形式固化到知识产权资源管理组织中去，有助于实现组织结构的可持续发展。

（2）提高资源效能的最大化。通过科学有效的知识产权资源管理，可以将分散的资源系统化、条理化，促进知识产权资源的产业化、市场化，实现资本的有效运行，提高知识产权资源利用的最大化，服务社会、造福民生。

（3）提高员工素质及工作效率。通过组织知识的共享与重用，可以提高员工的知识水平和创新能力，提高工作效率、研发水平、操作技能及服务能力。通过建立保障知识共享、创新的制度和措施，有利于员工之间开展知识交流与共享，可以促进员工的个人发展，有利于提高员工的创新积极性，从而实现组织内部和谐共进。

（4）提升组织的运作绩效。通过将组织的知识产权资源运用于业务运作的各个环节，提高业务管理水平、产品研发能力、生产经营水平、市场开拓能力、产品附加值，提升服务客户水平，增强竞争实力和后发优势。

二、管理原则

（1）领导作用原则。对领导者、管理者的培训和教育是取得知识产权资源管理成功的关键。领导者的支持和参与，是系统实施知识产权资源管理的前提和保障。

（2）市场导向原则。不同组织由于其行业环境、组织特点、战略选择和知识特征的不同，会导致该组织在知识产权资源管理方向和路径不同。因此，需要以市场为导向，对自身经营战略、知识产权资源管理现状及需求的分析，将知识资源管理融入组织的经营战略和市场需求之中，以支撑经营战略目标，实现市场化运作。

（3）业务驱动原则。业务驱动是在不同的规划期内，以核心业务为向导，针对业务热点或主题推进知识产权资源管理，实现组织结构、业务流程和知识流程的有效衔接和互动。

（4）文化融合原则。知识资源管理涉及人员、文化、制度、行为模式等多方面内容。实施时，应抛弃单纯从技术出发的观念，宜将知识产权资源管理思想、理念和方法与现有的文化和行为模式相融合，形成相互融通和有效促进。

（5）技术保障原则。应采用适宜的技术设施来保障知识产权资源管理的实施，从而在业务或文化角度推进知识产权资源管理时，使知识产权资源管理的成果固化和持久。

（6）自主创新原则。通过制定制度鼓励员工创新，将知识产权资源管理与创新的绩效挂钩，激发员工的创新积极性。鼓励员工勇于试错，并愿意承担员工创新的风险；在员工创新的过程中，阶段性的创新成果应通过知识产权资源管理来固定、分享和保护。

（7）成果保护原则。在知识产权创造、积累、分享和应用的同时，应注重组织内部知识的安全保密，保护创新成果获得知识产权，避免因人员的流动、合作伙伴、供应商等因素导致知识产权资源流失与损失。

（8）保值增值原则。知识产权资源管理作为一项日常经营工作，应通过有效的资本运作、可靠的调控评审，发现问题及时改进，使知识产权资源管理始终处于一种最佳状态，实现资源经营的保值增值。

第五节　知识产权资源管理的任务

知识产权资源管理的主要任务就是将创新的根本力量——知识，作为一个相对独立的资源体系来加以综合管理，通过促进知识的交流与共享，驱动以创新为目的的知识创造、积累，扩大知识产权资源，并将知识产权资源嵌入产品或服务的生产与管理过程中，增强竞争实力和后发优势。

一、知识产权资源管理概念模型

知识产权资源管理应根据核心业务范围，鉴别知识产权资产，开展管理活动：鉴别知识、创造知识、获取知识、存储知识、共享知识和应用知识；知识产权资源管理的实施，应从三个维度管理考虑，即组织文化、技术设施、组织结构和制度。

知识资源管理概念模型

二、知识产权资源创造管理

驱动以创新为目的的知识生产是知识产权资源管理的主要内容。理论和实践都已证明，知识的创造发生在知识转化的复杂的动态过程之中。这种知识的转化是在个人、群体、企业等不同主体层次之间以及在各主体层次内部进行的。

（一）知识产权资源创造活动

（1）根据已确定的知识产权战略和需求，明确知识创造的方向，即在未来的发展中应该在哪些领域创造出新知识，为组织成员明确地指出如何进行有效的知识创造，以及用于知识创造的知识来源在哪里。

（2）为知识创造营造良好的氛围，培养成员间的相互信任，加强组织成员间的知识交流，通过实践和直接交流而获得隐性知识。

（3）充分利用科研人员、理论家和思想家等专家所掌握的互补性知识来加快知识创造活动，催生新知识产生。

（二） 知识产权资源创造方法

知识创造有多种不同的方法。从个人层面来说，可以有从实践中学习；联合解决问题或头脑风暴等方法。在团体机构层面，可以通过促进个人之间的交流，营造有利于知识交流和分享的氛围和场所，以及创造新的产品知识和服务来实现。

（三） 知识产权资源创造过程

用于知识创造活动的信息主要是组织内部和外部的信息和知识，通过构思理论、创意管理、SECI 模型等理论和方法，依据知识产权战略和需求，依靠组织激励机制和创新文化，完成新理论、新模式、新方法、新产品、新服务、新流程的输出。

（1）社会化过程。主要是通过观察、感悟、对话、模仿和不断实践等，使得难以表达的技能、经验、诀窍、心智模式和团队的默契等隐性知识在不同层次知识主体内部和不同层次知识立体之间交流与共享，从而实现从隐性知识到显性知识的转化。

（2）外化过程。它主要是通过隐喻、类比、图表、概念和模型等方式，将不同层次知识主体所拥有的、可以显性化的那些隐性知识用概念、语言和文字等清晰地表达出来，从而实现隐性知识到显性知识的转化。外部化是扩大隐性知识交流与共享范围，实现知识创造的重要途径。

（3）综合化过程。主要是通过整理、分类、综合和一致性验证等方式，把外部化得到的分散的、不系统的显性知识和原有的各种显性知识进一步组合化、格式化、规范化，从而实现显性知识到显性知识系统化的转换。

（4）内化过程。主要是通过阅读、聆听、练习和实践等方式，将各种相关的显性知识进一步升华、内化，形成新的、更高级的不同层次知识主体的隐性知识，从而实现显性知识到隐性知识的转化。在这个不断螺旋上升的连续过程中，新知识被不断创造出来。

（四） 对知识产权资源创造的管理

对知识产权资源的管理，不是在形成知识产权资源后才实行管理，而是在知识产权资源创造的过程中就介入管理，确保知识产权资源创造在法律的引导下，有组织地进行。首先，要确立高起点。要站在时代的高度、瞄准高科技前沿、实施原始创新，形成具有核心竞争力的知识产权资源。其次，要坚持高标准。要整合创新资源，深入调查研究，广泛吸取现有成果之精华，创造超一流的知识产权资源。再次，要讲究高效益。要以市场为导向，创造有市场前景、有发展潜力的知识产权资源，造福民生、回馈社会。

三、知识产权资源保护管理

知识产权资源保护强调对已存在知识的整理和外部已有知识的获取。对隐性知识和显性知识的学习、理解、认识、选择、整理、汇集、分类，满足对知识产权资源的需求。

（一）知识产权资源的获取

知识产权资源获取包括：（1）对组织内部知识产权资源进行梳理、分类、汇总；（2）从客户、竞争对手、供应商、合作伙伴、公开知识产权资源，如政府网站、图书馆、互联网等获得知识产权资源信息；（3）通过兼并、收购、购买等方式直接在某个领域获取所需要的知识产权资源，或有针对性地引入相应人才等。

（二）知识产权资源获取方法

知识产权资源获取的方法分为主动式和被动式两类。主动式知识获取也称为知识的"直接获取"，是知识处理系统根据该领域专家给出的数据与资料，利用诸如归纳程序之类的工具软件直接自动获取或产生知识并装入知识库。被动式知识获取亦称知识的"间接获取"，往往是间接通过一个中介人并采用知识编辑器之类的工具，把知识传授给知识处理系统。这一活动的方法可包括：

（1）知识搜索：在搜索发展进入智能化阶段后，通过网络互动机制、专门的文献查询系统等，搜索所需领域的知识信息。

（2）知识购买：对所需的知识信息，可通过购买的方式获取，为知识创造服务。

（3）知识分类和编码：在对知识进行调研的基础上，采用各种分类法对知识进行分类，得到知识分类体系，在此基础上对知识进行编码，有时也可以开发相应的计算机辅助分类编码系统，用于解决知识产权资源的交流与共享问题。

(4) 知识整理：对组织内外部的知识产权资源进行整理、归类。

（三）知识产权资源获取过程

用于知识产权资源获取的信息一般来源于书本中的已有知识、专家的知识，或者是存在于某个领域或某个组织中的知识集合。知识产权资源获取一般从确定目标开始，在知识产权资源管理专业人员和一个或多个领域专家的密切配合之下完成知识产权资源创新活动，最终形成满足组织需要的知识产权资源。

（四）对知识产权资源的保护

对获得的知识产权资源，要实施有效的保护。一是依法保护。对获得授权并在保护期内的知识产权资源，要依据知识产权法律（国际法与国内法）进行有效的保护，防止知识产权资源的滥用、假冒、侵权的发生。二是自律保护。知识产权资源所有人要善于对自己的知识产权资源进行保护，包括运用司法、行政等方式，切实维护自己的合法权益，防止知识产权资源流失。三是建立保护联盟。知识产权资源所有人依托政府机关在本地域、本行业建立保护联盟，形成保护网络，制止侵犯知识产权资源的行为，维护无形资产市场竞争秩序。

四、知识产权资源流转管理

（一）知识产权资源鉴别

知识产权资源鉴别是知识产权资源管理活动中的关键性工作。知识产权资源管理，首先应根据目标任务，分析知识产权资源需求，包括对现有知识产权资源的分布和未来知识产权资源的分析，适用于组织层次战略性的知识产权资源需求和个人层面日常对知识产权资源的需求。

1. 知识产权资源鉴别内容

对已有知识产权资源和尚缺乏的知识产权资源进行分析鉴别，包括：

（1）根据已确定的发展战略和需求，明确知识产权资源管理的环境、任务、目标等。

（2）识别业务流程中产生知识产权资源的业务环节，识别关键的知识产权资源；明确已积累的知识产权资源。

（3）确定这些知识产权资源所在的位置。

（4）明确目前这些知识产权资源的拥有人。

（5）发现知识产权资源缺口，即现有知识产权资源与实现战略需求所应具备的知识产权资源之间存在的差异。

2. 知识产权资源鉴别方法

（1）知识战略规划：基于发展战略，通过系统梳理知识产权资源领域，分析关键知识产权资源领域状态，找出行动计划，从而支撑发展"知识产权资源规划"的方法、流程及工具。

（2）情景预置规划：根据知识产权资源管理需求和可能出现的新情况，设计几种可能发生的情形，而后拟定相应的解决方法。

（3）业务流程定位：对业务功能定位应进一步细化，从业务流程图的编制、运行、调控等形成科学合理的组织系统，引导识别业务流程中产生知识产权资源的环节。

（4）资源需求分析：对产品和服务的知识产权资源需求进行分析；例如对知识资源数获得、评价、交流、修改等方法。

3. 知识产权资源鉴别过程

用于知识产权资源鉴别的信息主要来自于相关的信息和数据，通过对已有知识产权资源和尚未具备的知识产权资源进行分析研究，在知识产权资源管理专业人员与领域专家的密切配合支持下，获得所需知识产权资源及其相关信息。以知识鉴别活动的输入、输出、支持及其主要内容为基本形式，从中鉴别优劣，区分好坏。

（二）知识产权资源储存

知识产权资源储存是构成有效知识产权资源管理的一个重要的组成部分。包括以各种方式存在的企业知识产权资源，如书面文档、储存于电子文档中的结构化信息、储存于专家系统中的显性知识、文档化的企业程序和过程，以及企业成员和企业成员网络所获取的隐性知识等。储存也被视为记忆，它被分成正式记忆和非正式记忆。正式记忆通常指一般的、显性的、能够用明确语言表述出来的知识产权资源。非正式记忆指特定情境和特定环境中的知识产权资源。现今，多媒体数据库、数据库管理系统等，都是提升储存记忆的有效工具。

（三）知识产权资源流转

它是指知识产权资源的转移。知识产权资源转移发生在各个层次：个人之间、企业内部团队之间、企业之间、隐性知识和显性知识之间的转化等。知识产权资源管理的一个重要内容就是在适当的时间内将适当的知识产权资源转移到适当的地点并转移给适当的人。知识产权资源能否转移和正常流动通常要受到单位知识产权资源的潜在价值、动机、知识产权资源传输渠道等因素的影响。总之，加速知识产权资源的流转，是科技进步、社会发展、文化繁荣的需要，是科技、经济全球化的必然趋势。

（四）知识产权资源共享

知识产权资源的共享范围越广，其利用、增值的效果越好。在知识型组织中，知识产权资源只有被更多的人共享，才能使知识产权资源的拥有者获得更大的收益。通过知识产权资源的交流传递，可以将个人或团体的知识产权资源扩散到组织系统中，使知识产权资源得到进一步扩展。

五、知识产权资源应用管理

知识产权资源应用是其价值的具体实现。一方面，表现为利用已有知识产权资源，在创新中形成新的知识产品；另一方面，促进个人和团体知识产权资源储备的拓展。知识产权资源只有在应用时才能增加价值。

知识产权资源应用是对应于应用目标和应用计划的相关知识产权资源。依据已有知识产权资源，结合具体的情况，解决实际问题，帮助实现运营绩效，提升竞争实力。知识产权资源应用是推动经济社会发展的关键。因此，加强对知识产权资源应用的管理就显得十分重要，要推动企业成为知识产权资源运用的主体。促进自主创新成果的知识产权化、商品化、产业化，引导企业采取转让、许可使用、质押等方式实现知识产权资源的市场化、价值化。同时，要充分发挥高等院校、科研院所在知识产权创造中的重要作用，加大对创新源头的扶持力度，形成更多的知识产权资源。鼓励群众性发明创造和文化创新，促进优秀文化产品的创作。引导支持创新要素向企业集聚，促进高等院校、科研院所的创新成果向企业转移，推动企业知识产权资源的应用和产业化，缩短产业化周期。通过对知识产权资源应用的计划管理、信息管理、市场管理，全面提升知识产权资源运用能力和应对市场的竞争能力。

第六节　知识产权资源管理措施

一、落实知识产权资源管理组织

随着知识产权资源不断向企业渗透，知识产权资源将成为企业发展的主导性要素，应设置专门的机构（人员）进行管理，为合理有效地运营知识产权资源提供组织保证。目前，我国大多数企业尚未建立知识产权管理机构，对知识产权资源管理职能不落实，造成知识产权资源人为流失现象。企业应根据市场发展的需要，设置知识产权管理机构并充分发挥其作用。其主要职责为：对企业知识产权资源的种类、投入、积累、配置状况、经济价值等进行统计和调研；评估企业知识产权存量和利用状况并分析潜力；负责组织知识产权的开发与积累；保护企业知识产权资源；跟踪知识产权发展态势；根据企业的需要引进或转让知识产权资源等。知识产权管理机构应配置高素质的专业人员和法律人员，同时应建立相应的配套制度，如知识产权申报审核制度、信息汇编制度、统计制度、保密制度等，实施系统化、规范化管理。

二、夯实知识产权资源管理基础

（1）转变观念，夯实思想基础。人们越来越清楚地认识到"知识产权比知识本身重要"，知识产权是知识价值的权利化、资本化。知识的增长和科学技术的发展，使知识和经济的关系发生重大变化，人类的经营活动离不开知识，人类积累知识、归纳知识、创新知识，形成了科学体系，从而推动社会发展。所以，我们应舍弃过去那种单纯依靠外延资本投入的粗放式经营模式，代之以靠技术进步及知识创新提高劳动生产率和产品知识产权资源含量的集约经营模式。在这一转变过程中，必须建立转变传统的经营模式，确立以知识产权为主导的知识化发展模式，用心经营知识产权资源。

（2）摸清底数，夯实资源基础。在知识经济中，企业间的竞争是知识的竞争。谁拥有更多的、长期的、稳定的知识控制权，谁就可以主导市场。企业的发展过程与其说是一个资本积累过程，不如说是知识的积累过程。企业要在市场中占有稳定的地位，必须不断进行知识开发和积累，使知识的使用、储备、开发相衔接，以增强企业的长期竞争力。所以，知识产权管理部门（企业）应对本组织的知识产权资源进行深入细致的调查摸底，对已有的知识产权资源进行登记统计，做到心中有数；对潜在的知识产权资源提出挖掘方案，分步实施；对本组织开拓市场需要的知识产权资源提出引进计划，择机购入；对闲置不用的知识产权资源提出转让办法，组织上市交易。

（3）创新管理，夯实效益基础。知识产权资源是一种隐性无形资产，知识产权资源的积累是一个长期的过程，需要大量的投资，风险较高，有些知识产权资源如市场信息、计算机软件等应用的时效性强，可以在考虑成本收益的基础上，适当引进急需的知识产权资源，使其能够快速地集聚，实现其经济价值。为此，应根据自身实力及竞争对手的知识产权资源数量及配置状况，确定知识产权资源的技术优势，合理进行市场定位。在管理过程中，应从实际出发，不断创新管理模式，争取知识产权资源效益的最大化，抢占技术的制高点。

三、健全知识产权资源管理制度

企事业单位要根据经营、发展总体目标，建立知识产权资源管理制度，鼓励通过知识产权资源入股、员工持股和股权、期权等多种分配、奖励形式，逐步建立与国际惯例接轨，有利于发明创造和保护知识产权资源的归属制度、评审制度、分配制度、奖惩制度、档案制度、保密制度等。引导企事业单位将知识产权资源管理纳入研发、生产、销售的全过程。各有关部门和组织要将自主知识产权资源的拥有、利用、保护及管理的情况作为认定企业技术中心、工程技术中心、高新技术企业、高新技术园区的重要条件，在开展科技奖励、科技项目申报、评审中要将知识产权资源状况作为重要条件。要加大对知识产权工作的投入，为提高核心竞争力聚集知识产权资源。在合资企业中倡导使用商标的本土化。

第七章 知识产权行政管理

第一节 立法框架及权力结构

一、专利权与国家知识产权局

根据《专利法》第 3 条规定,国务院专利行政部门负责管理全国的专利工作;统一受理和审查专利的申请,依法授予专利权。

国家知识产权局是国务院主管专利工作和统筹协调涉外知识产权事宜的直属机构,其前身为中国专利局。1998 年更名为国家知识产权局,进入国务院直属机构。中国专利局成为国家知识产权局直属事业单位,受国家知识产权局委托承担原中国专利局依法受理审批专利申请、审理、复审、撤销以及其他国家知识产权局委托的行政管理职能。2003 年专利复审委员会由专利局的内设机构调整为国家知识产权局直属事业单位,其职能主要负责当事人对专利局决定不服案件的复审,以及请求宣告专利权无效案件的审理等工作。

就专利事务而言,专利局主要内设机构为审查业务管理部、初审及流程管理部;对专利的实质审查,专利局根据申请类别设置了机械发明审查部、电学审查部、通信发明审查部、医药生物发明审查部、化学发明审查部、光电技术发明审查部、材料工程发明审查部、实用新型专利审查部、外观设计专利审查部、专利文献部及其他人事、行政等职能部门。

二、商标及其类似权利与国家工商行政管理总局商标局

根据《商标法》第 2 条规定,国家工商行政管理总局是国务院主管市场管理和有关行政执法工作的直属机构,主管全国商标注册和管理工作。其内设

机构商标评审委员会和商标局承担保护商标权的职能。

商标评审委员会承担保护商标的职能，主要负责处理商标争议的具体事宜。

商标局的具体职责主要包括：负责办理与商标有关的注册、变更、转让、续展、补证、注销以及对商标异议的裁定、制定或参与制定有关商标的规章制度及其措施；查处商标侵权案件，指导本系统商标法律工作；协助办理商标侵权行政复议案件；负责商标使用许可合同和商标的印制；管理商标代理机构、评估机构；认定驰名商标；负责收集与商标有关的信息；组织商标国际条约、协定在中国实施及承办商标国际交流与合作的有关事宜。

另外，在国家工商行政管理局内设置公平交易局，其部分职能也涉及知识产权保护，即反不正当竞争，主管市场上的各种不正当竞争。在知识产权保护方面已经有专利法、商标法等特别立法的情况下，反不正当竞争法更多意义上提供的是对传统知识产权法所没有覆盖的知识产权保护。如专利法中不包含的商业秘密；商标法中不包含的除商标权以外的商品标志权，如商号、知名商品特有的名称、包装等。

三、版权（著作权）与新闻出版广电总局（国家版权局）

《著作权法》第7条规定，国务院著作权行政管理部门主管全国的著作权管理工作。行政主管机关是指新闻出版广电总局（国家版权局），是国务院出版事业和著作权的直属机构。在著作权的管理上以国家版权局的名义单独行使职权。版权管理司是国家版权局的内设机构，其职权包括：参与同著作权有关的法律、法规草案的起草和规章的制定、实施；检查著作权法律法规的实施和国际版权公约执行情况，查处重大、涉外的侵权案件；承办设立著作权集体管理机构的审批并指导工作；监管著作权登记和法定许可使用作品的工作，管理国家享有著作权的使用；承办中国香港、澳门、台湾地区著作权的相关事宜；承办及参加与著作权有关的双边及多边条约、协议的谈判、签约，管理国内履约活动的有关工作；联系国际著作权组织；承办设立著作权涉外机构、指定国（境）外著作权认证机构、外国和国际著作权组织在华设立办事机构的审批工作；承办强制重印或翻译出版外国作品申请的审批工作并发放强制许可证；监督指导涉外著作权贸易、涉外著作权合同登记、外国作品著作权认证工作。

四、原产地标志与国家质量监督检验检疫总局

原产地名称产品与所具有的质量声誉或其他本质上取决其产地的自然因素和人文因素的特性有关，任何产品必须经审核批准才能以原产地名称命名。

2005年7月15日施行《原产地域产品保护规定》，国家质量监督检验检疫总局统一管理全国的原产地名称产品保护工作。各地出入境检验检疫局和质量技术监督局依照职能开展原产地名称保护工作，主要包括原产地名称产品的申请受理、审核批准、原产地专用标志注册登记和监督管理等工作。

五、植物新品种与国家农业部和国家林业局

《专利法》第25条规定，动植物品种是不属于可申请专利保护的客体，但植物新品种却能享受类似专利的保护。

植物新品种保护是新品种保护审批机关对经过人工培育或发现并加以开发的野生植物的新品种。依授权条件按照规定程序进行审查、决定该品种能否被授予品种权。植物新品种权同样是知识产权重要的组成部分。

依据《植物新品种保护条例》第3条规定，国务院农业、林业行政部门按照职能分工共同负责植物新品种权申请的受理和审查并对符合条例规定的植物品种授予植物新品种权。具体而言，由国家农业部植物新品种保护办公室和国家林业局植物新品种保护办公室分别负责农业植物新品种权和林业植物新品种权申请的受理和审查，并对符合规定的植物新品种授予新品种权。

六、互联网域名权与国家工业与信息产业化部

域名权是指互联网入网者对其注册的域名享有专有权，是入网者在互联网上的标记权。国际上域名的管理是由非政府组织管理的，而在中国，对域名的管理采取类似传统知识产权的方式进行管理。

《中国互联网络域名注册暂行管理办法》规定国务院信息化领导小组为中国互联网域名系统的管理机构，负责制定中国互联网络域名的设置、分配和管理的政策及措施；选择、授权或者撤销顶级和二级域名的管理单位；监督检查各级域名的注册服务情况。

中国互联网信息中心（CNNIC）工作委员会，协助国务院信息办公室管理中国互联网络域名系统。CNNIC 在业务上接受工业和信息产业部领导，在行政上接受中国科学院领导，中国科学院计算机网络信息中心承担 CNNIC 的运行和管理工作。

七、知识产权在边境上的保护与海关总署

海关总署为国务院直属机构。海关主要对涉及跨境知识产权的保护，通过边境制度，对进出口商品进行规范和检查，保护相关权利人的合法权益。

1995 年 7 月 5 日颁布《中华人民共和国知识产权海关保护条例》（以下简称《知识产权海关保护条例》），该条例在 2003 年 12 月进行了修改，加大了对商品的知识产权保护力度。中国海关通过层级关系对跨境商品知识产权问题进行管理和保护。首先，由海关总署政策法规司对全国海关知识产权边境保护工作负总责，具体办理通关物品的知识产权保护备案。其次，由全国各直属海关内设的法规处具体负责本关区的知识产权边境保护工作。根据《知识产权海关保护条例》依申请进行保护和依职权进行保护。

八、非物质文化遗产与文化部

非物质文化遗产是指各种以非物质形态存在的与群众生活密切相关、世代相承的传统文化表现形式，包括口头传统、传统表演艺术、民俗活动礼仪与节庆、有关自然界和宇宙的民间传统知识和实践、传统手工艺技能等以及与上述传统文化表现形式相关的文化空间。非物质文化遗产是以人为本的活态文化遗产，它强调的是以人为核心的技艺、经验、精神，其特点是活态流变。包括：

（1）传统口头文学以及作为其载体的语言。
（2）传统美术、书法、音乐、舞蹈、戏剧、曲艺和杂技。
（3）传统技艺、医药和历法。
（4）传统礼仪、节庆等民俗。
（5）传统体育和游艺。
（6）其他非物质文化遗产。

为了继承和弘扬中华民族优秀传统文化，促进社会主义精神文明建设，加强非物质文化遗产保护、保存工作，《中华人民共和国非物质文化遗产法》已

经第十一届全国人民代表大会常务委员会于 2011 年 2 月 25 日审议通过,并于 2011 年 6 月 1 日起正式实行。《中华人民共和国非物质文化遗产法》第 7 条规定,国务院文化主管部门负责全国非物质文化遗产的保护、保存工作。

第二节 知识产权行政管理体制及行政效率

一、知识产权行政管理体制现状

目前,我国知识产权行政管理体制呈现"分散管理、多头施治"的格局,由多个部门负责知识产权的行政管理工作(见下表)。

序号	知识产权种类	行政管理部门名称
1	专利权、集成电路布图设计专有权	国家知识产权局(专利局)
2	商标权	国家工商行政管理总局商标局
3	著作权	新闻出版广电总局(国家版权局)
4	制止不正当竞争	国家工商行政管理总局公平交易局
5	原产地标记	国家质量监督检验检疫总局
6	农业植物品种权	国家农业部
7	林业植物品种权	国家林业局
8	国际贸易中的知识产权	国家商务部
9	与科技有关的知识产权	国家科技部
10	与进出境货物有关的知识产权	海关总署
11	非物质文化遗产保护	国家文化部

地方各级政府参照国家机构设置原则,在县区以上政府机构中设置了相应的知识产权管理部门,负责区域内的知识产权管理工作。至 2011 年,建立具有中国特色的知识产权行政管理体制,基本达到 WTO 的要求,同时不断向国际化方向迈进。

在知识产权保护管理中,形成了中国特色的行政保护和司法保护"两条途径并行运作"的知识产权保护模式。多年来,知识产权行政管理部门在各自领域开展了卓有成效的工作:(1)开展知识产权专项执法活动。在知识产权行政执法体系中,专项执法活动是其一大特色。专项执法活动可以集中执法资源,针对某一时段、某一地域进行大规模、高效率的执法行动。迄今,我国已经进行了多次全国性的知识产权专项执法活动，包括：多个国家部门联合开展展会知识产权保护的"蓝天"行动；公安机关在全国开展打击侵犯知识产权犯罪的"山鹰"行动。为了规范专利市场行为，维护专利权人的权益，我国还开展了"雷雨"和"天网"专利专项执法行动。（2）受理和查处多起知识产权行政违法案件。包括版权行政管理部门处理的盗版出版物及音像制品案件、知识产权管理部门受理的专利侵权与其他专利纠纷案件、工商行政管理部门查处的商标违法案件等，有力地打击了知识产权违法经营活动，整顿、规范了市场经营秩序。（3）建立高效、合理的知识产权海关保护机制。中国海关在知识产权领域加强工作力度，强化行政执法力度，世界海关组织（WCO）授予中国海关"世界海关组织2007年打击假冒和盗版成就奖"，以表彰其在打击侵犯知识产权行为中所取得的成绩。

二、知识产权行政管理体制存在的问题

我国知识产权行政管理及执法，虽然取得显著成绩，但在体制及机制上仍然存在一些亟待解决的问题。

（一）"管"与"罚"主体同化，缺乏监督

我国知识产权管理体系的主要特点是行政管理与行政执法一体化，知识产权管理机构不仅仅享有专利授权、商标注册、版权登记等职权，同时还进行知识产权案件的调解、裁决及知识产权违法行为的查处。就是说，知识产权的管理授权主体同时也是知识产权的执法主体，集管理和处罚职能于一身，使其在行政执法时缺乏监督。今后一段时期，我国传统的知识产权司法保护和行政保护的"双轨制"模式要逐渐向前者倾斜，2014年全国人大批准在北京、上海、深圳设立知识产权法院，并对行政管理体制进行改革与规划。首先，在理念上，管理体制内应增加"服务"因素。向公众提供公共产品和服务，知识产权行政管理机构应整合现有资源，建立知识产权预警应急机制，发布重点领域的知识产权发展态势报告，对可能发生的涉及面广、影响大的知识产权纠纷、争端和突发事件，制定预案，为个人、企业甚至行业的知识产权需求提供服务。其次，在措施上，执法手段应增加"非强制性"内容，在未来管理体制变革的过程中，行政机关可以主动采取劝告、说服等非强制性措施，这可以降低行政成本、提高执法效率，并能使公权对私权的干预程度降低。

（二）机构设置分散化，缺乏集中

在我国，知识产权的行政管理工作分别由 11 个部门来负责，各部门分别管理某一领域的知识产权。这种管理模式的优点在于分工较细，职责分工较为明确，但会导致知识产权行政管理的成本过高。此外，在地方知识产权机构的设置上，除了商标局设置有一个自上而下的统一组织和管理体系外，对其他机构法律并无明文规定。这就导致了各地机构设置模式的多样化，致使地区知识产权管理工作差别较大，给地区之间的协同管理造成一定的障碍。目前世界上大多数国家都对不同知识产权部门进行集中管理。虽然我国成立了国家知识产权局，但该局主要行使的依然是原专利局的职能，仅增加了其统筹协调的职权，不能视为集中管理。总之，目前我国知识产权行政管理机构设置数量太多、职能太散，缺少一个统一的领导机构。

（三）保护标准多样化，缺乏统一

知识产权行政管理机构的职能不同，往往造成"政出多门"，制度不一。例如我国制定了《植物新品种保护条例》，但在具体实施中却是由国家农业部与国家林业局各自制定实施细则，有关农业新品种和林业新品种的规定不尽相同。有时，由于知识产权管理机构职能的不同，还会造成权利的冲突。我国知识产权管理机构还存在职权重叠的问题，对同一事务可能会采用不同的管理标准。如在卡拉 OK 收费问题上，国家版权局公告规定卡拉 OK 经营行业以经营场所的包房为单位支付版权使用费。而文化部以享有对文化内容的监管职权为由，推出了"全国卡拉 OK 内容管理服务系统"，对所有卡拉 OK 经营场所以及其他单位实行免费接入、免费服务。这两种标准的适用是长期以来广受争议的话题。

三、知识产权行政管理效率分析

目前，在知识产权行政体制中，不同种类的知识产权由不同的行政部门负责管理，在行使管理职能时存在以下问题。

（1）行政管理成本高。不同类型的知识产权分属不同的部门管辖，这些机构组织分散，组织体系各异，每个机构为了行使职能都必须设置各自的办公场所以及职能、业务部门，在相同或相似的法律法规研究、宣传、人才培养、信息服务等方面投入大量的资源和精力。而各种知识产权本质上是一个互相联系、密不可分的有机整体，具有共同的特性和运行规律，如单设部门、分别管理，会造成机构设置重复，人才、资源浪费，致使行政成本提高。

（2）行政管理效率低。现行分部门、分类别管辖的知识产权管理体制，从表面上看是针对每一种类型的知识产权都实施了专门保护，但实际上这种管理模式更容易导致管理上的空白和漏洞。通常情况下，各行政机构都倾向于扩张自己的权力范围，同时又会尽量缩小自己的责任区间，容易造成某些领域的重复、交叉管理，导致行政管理机构在管辖上的冲突，造成相互推诿状况。另外，由于行政职能划分过细，相互间缺乏协调沟通，造成个别行政部门在行政过程中权力不足，导致行政效率低下。

（3）行政执法力度不均。由于不同的知识产权行政管理机构的组织结构存在差异，在职能设置、管理体制、运行机制、人员安排等方面各不相同，从而导致对相似对象的保护力度存在差异。例如，对植物新品种的申请分属国家农业部和林业局管辖，在进行管理时，导致对同属于植物的农业新品种和林业新品种之规定不尽相同，对两种新品种的保护力度存在差异。此外，对于不同的知识产权行政管理部门，其权力结构也不尽相同，有的有调处权，有的没有调处权，造成相同类型知识产权的执法保护力度不尽相同，有损法律的权威性。

（4）引发知识产权内部权利冲突。知识产权是一种民事权利，是可以为权利人带来经济利益的一种权利，在很多情况下，权利客体与主体之间关系的不明确往往会引起在权利归属和利用方面的问题与纠纷。由于知识产权权利纠纷的存在，行政管理机构在执法时可能会出现被动局面。例如，商标与外观设计专利分属两个部门管辖，极易引起行政机构间的管辖冲突，从以往发生的纠纷案例可知，美术作品的著作权、工业品外观设计的专利权、标识的商标权、原产地名称、商号、商标、域名是最易引发纠纷的知识产权领域。

（5）不符合国际惯例。据调查，在世界实行知识产权制度的196个国家和地区中，只有阿拉伯联合酋长国、沙特阿拉伯、巴基斯坦、利比亚、希腊、埃及、中国和文莱等不到10个国家的专利和商标行政机构是分设的，其余180多个国家和地区都设立了统一的工业产权局或专利商标局，对专利和商标实行统一管理。其中的美国、加拿大、澳大利亚、英国、新西兰、俄罗斯、瑞典、瑞士、韩国、泰国、新加坡、西班牙、中国香港等74个国家和地区均将专利、商标、版权等知识产权管理统一归属于一个行政管理机构。在国际组织中，世界知识产权组织（WIPO）和世界贸易组织（WTO）也设置了一个统一机构对专利、商标、著作权进行管理。对此，我国知识产权行政管理机构相互分离的情况，既不利于统一协调管理，又不符合国际惯例及发展趋势。

（6）不利于国际交流。我国的知识产权行政管理机构相互分离，各自都拥有对外事务职能，使得外方与我国进行知识产权交流合作时，必须分别同各类知识产权行政管理部门逐一进行洽谈、磋商，严重阻碍了我国知识产权事务的国际交流。此外，分散的知识产权行政管理机构也严重阻碍了我国参与国际组织的活动和交流。由于不同机构有其不同的利益侧重点，有时各部门的意见难以取得统一，从而导致知识产权行政管理的混乱现象，影响政府的声誉和国际形象。

四、深化知识产权管理体制改革势在必行

政府知识产权行政管理的角色，应定位于有效运用知识产权保护制度，充分维护本国国民、法人及其他组织合法权益，谋求国内社会发展秩序与速度、寻求国际良好发展环境、保持国家竞争力的经济发展推动者、自主创新倡导者、市场秩序维护者和国民利益代言者，由此推动知识产权管理体制改革。《国家知识产权战略纲要》提出，将"深化知识产权行政管理体制改革，形成权责一致、分工合理、决策科学、执行顺畅、监督有力的知识产权行政管理体制"作为战略重点，改革之路任重道远，仍需要不懈努力。

第三节　知识产权行政管理内容

一、知识产权行政管理的主要任务

（1）负责协调全国知识产权保护工作，推动知识产权保护体系建设。

（2）协调各有关部门建立知识产权执法协作机制，组织实施国家知识产权战略纲要，开展行政执法工作。

（3）开展知识产权宣传教育工作。

（4）会同有关部门规范知识产权管理秩序。

（5）拟定知识产权法律法规草案，拟定知识产权管理的政策和规章制度，

拟定知识产权交易的政策措施，指导地方处理、调解侵犯知识产权的案件以及查处假冒他人专利行为和冒充专利行为，指导和规范无形资产评估工作。

（6）拟定涉外知识产权工作政策。

（7）把握国际知识产权发展变化，统筹涉外知识产权事宜。

（8）开展专利工作的国际联络、合作与交流活动。

（9）拟订全国知识产权发展规划和年度工作计划，负责全国知识产权公共服务体系建设、管理，知识产权登记、统计工作。

（10）组织开展知识产权的宣传普及、人才培养。

二、行政机关知识产权管理的内容

（1）知识产权的创造管理。从鼓励发明创造的目的出发，运用财政、金融、投资、政府采购政策和产业、能源、环境保护政策，引导和支持市场主体创造。强化科技创新活动中的知识产权政策导向作用，坚持技术创新以能够合法产业化为基本前提，以获得知识产权为追求目标，以形成技术标准为努力方向。完善国家资助开发的科研成果权利归属和利益分享机制。将知识产权指标纳入科技计划实施评价体系和国有企业绩效考核体系。逐步提高知识产权密集型商品出口比例，促进贸易增长方式的根本转变和贸易结构的优化升级。引导知识产权创造，促进知识产权的开发，做好知识产权的登记统计，清资核产工作，掌握产权变动情况，对直接占有的知识产权实施直接管理，对非直接占有的知识产权实施管理、监督。

（2）知识产权的经营管理。鼓励知识产权转化运用，引导支持创新要素向企业集聚，促进高等学校、科研院所的创新成果向企业转移，推动企业知识产权的应用和产业化，缩短产业化周期。深入开展各类知识产权试点、示范工作，全面提升知识产权运用能力和应对知识产权竞争的能力。促进自主创新成果的知识产权化、商品化、产业化，引导企业采取知识产权转让、许可、质押等方式实现知识产权的市场价值。充分运用财政、金融、投资、政府采购政策和产业、能源、环境保护政策，促进知识产权的产业化。对知识产权的经营和使用进行规范；研究核定知识产权经营方式和管理方式。

（3）知识产权的保护管理。通过修订惩处侵犯知识产权行为的法律法规，加大司法惩处力度。提高权利人自我维权意识和能力、降低维权成本，提高侵权代价，有效遏制侵权行为，防止知识产权滥用，维护公平竞争的市场秩序和公众合法权益。

完善知识产权审判体制,优化审判资源配置,简化救济程序。研究设置统一受理知识产权民事、行政和刑事案件的专门知识产权法庭。进一步健全知识产权审判机构,充实知识产权司法队伍,提高审判和执行能力。

加大海关执法力度,加强知识产权边境保护,维护良好的进出口秩序,提高我国出口商品的声誉。充分利用海关执法国际合作机制,打击跨境知识产权违法犯罪行为,发挥海关在国际知识产权保护事务中的影响力。

(4) 知识产权的收益处分管理。完善知识产权审查及登记制度,构建国家基础知识产权信息公共服务平台;建设高质量的专利、商标、版权、集成电路布图设计、植物新品种、地理标志等知识产权基础信息库,加快开发适合我国检索方式与习惯的通用检索系统;健全植物新品种保护测试机构和保藏机构;建立国防知识产权信息平台;指导和鼓励各地区、各有关行业建设符合自身需要的知识产权信息库,促进知识产权系统集成、资源整合和信息共享。

建立知识产权预警应急机制,发布重点领域的知识产权发展态势报告,对可能发生的涉及面广、影响力大的知识产权纠纷、争端和突发事件,制定预案,妥善应对,控制和减轻损害。对知识产权资源使用效益情况应登记统计,公平分配、合理处分。根据市场需求和自身情况,科学确定知识产权的转让、拍卖、终止方式。

(5) 知识产权的战略管理。知识产权战略制定、制度设计、流程监控、运用实施、人员培训、创新整合等一系列管理行为的系统工程。知识产权管理不仅与知识产权创造、保护和运用一起构成了我国知识产权制度及其运作的主要内容,而且还贯穿于知识产权创造、保护和运用的各个环节之中。为此,要充分运用知识产权评论、专利导航等手段为知识产权战略服务。

从国家宏观管理的角度看,知识产权的制度立法、司法保护、行政许可、行政执法、政策制定,将知识产权规划、资源、战略实施等也都纳入知识产权宏观管理的内容;从企业管理的角度看,企业知识产权的创造、保护、实施、信息等都被纳入知识产权管理的范畴。

三、公共组织知识产权管理的内容

(1) 技术信息检索。在产业结构调整、科技立项、企业发展中,认真进行文献信息检索。

（2）重大项目的知识产权论证。在科技立项、科技成果转化、技术引进、对外贸易中要进行知识产权论证、评审。

（3）企业知识产权战略制定。根据企业产品领域、研发方向，指导企业制定具有本企业特点的知识产权战略，并提出发展建议，供企业发展决策参考。

（4）知识产权预警与法律援助。为行业、区域、企业提供知识产权预警服务，即通过企业业务信息、知识产权信息，分析企业研发和贸易风险，并提出改进的建设性意见。

为知识产权纠纷提供法律援助，即提供知识产权有效性论证，无效性论证，为法律认定提供技术信息依据。

（5）区域专利信息统计和分析。为区域专利管理部门进行专利申请和授权量统计和分析，利用"专利信息统计分析系统"，可以进行区域分布、行业、专利种类、申请人等信息分析。

（6）专利技术推介。利用知识产权公共服务平台提供知识产权项目的交易渠道，免费发布专利、商标、版权等知识产权项目的交易信息。

（7）知识产权项目评估。对知识产权项目（包括专利、商标、版权等）进行评估，主要用于项目合作、投资、转让、技术引进、许可等经济活动中。

（8）知识产权应用系统开发。为行业、企业、区域等知识产权管理工作开发管理系统、分析系统，使知识产权管理工作现代化，提高工作效率。

（9）网络系统设计。为企事业单位设计、建设网络管理系统，包括设备选型、网络架构设计以及网络建设工作。

（10）建设专题专利数据库。为行业、企业、区域建设专题专利数据库，尤其是具有企业自身特点的专利数据库，防止研发过程中技术信息检索时被竞争对手发现研发动态。

（11）业务培训。包括信息检索、知识产权管理、知识产权战略制定、知识产权基础知识、专利文献撰写、专利信息分析、专利信息利用、专利案例分析等培训。

（12）技术跟踪。为企事业单位从科技立项、研发过程、专利申报到市场拓展方向等，提供过程跟踪服务，以防止无效劳动和侵权。

（13）平台建设。为建设知识产权公共服务平台地方分平台提供技术支持，包括为方案设计、网页设计、系统配置设计、知识产权信息等提供支持和服务。

第四节 知识产权行政管理目标

知识产权行政管理目标，简单地说，就是通过提高行政活动的效率，协调并不断改善行政主体与客体的关系，以实现行政活动期望的效果。当代国家行政管理的普遍特点是：管理范围不断扩展，管理内容日益复杂，管理方法更加多样，组织机构空前庞大，行政人员急剧增加，行政关系错综复杂，这就需要制定科学的行政管理目标，使行政管理的一切活动循着既定的轨迹进行，最终达到预期的结果。

一、知识产权行政管理目标的意义和特点

（一）知识产权行政管理目标的特点

（1）综合性。所谓综合性就是总体性，它是社会发展和经济发展对知识产权行政管理各方面活动的内在规律要求的反映，它决定着整个行政管理系统的方向。各个方面的行政工作都必须以目标为依据，围绕目标开展工作。

行政管理活动是一个十分复杂的过程，它有十分丰富的内容。如党的路线、方针和政策的贯彻；法律、规章的制定、贯彻和执行；组织机构建设和人员的配备；财力、物力、人力的调配和使用；交通、安全、积累和消费、计划和预算、文化和科学、能源与开发、内政和外交等，都属于行政工作系统的内容。行政工作既要遵循社会规律，又要遵循自然规律；既要遵循管理规律，又要遵循经济规律。行政管理的目标必须综合反映这些规律要求。

行政管理综合性还表现在定向、定时、定质、定量的四位一体性上，任何行政管理目标都具有方向性，它是人们前进的指南，它指导着人们为其实现目标而努力奋斗拼搏。任何行政管理目标也都具有时间性，目标是一定时间的目标，是一定时间内必须完成的目标。目标的定质、定量性主表现在制定目标和实现目标时要有质量要求，有质无量或有量无质都不能形成目标。

（2）可分性。行政综合性决定了它的可分性。一级行政组织的目标可以分解到它管辖的各个部门、各个单位，一个部门、一个单位的目标又可分解到它的各个成员，分目标是综合目标的组成部分，各目标之间是互相关联、互相依存的，同时也有着内在的从属关系，而综合目标是各个分目标有机联系的集

中反映。

（3）阶段性。行政管理工作和其他事物的运动一样，在实现自己的目标时，不是一蹴而就的，而是一个逐步实现的过程。在整个目标实现的过程中，虽然由目标规定的根本任务在目标没有实现以前是不会完成的，但目标的实现是一个比较长的时间，在这个时期内，由根本任务决定的其他具体任务，有的解决了，有的部分解决了，由于主客观条件的变化，围绕着目标新的任务可能又产生了，原来的具体任务有的可能就不复存在了，这就使目标显现出的阶段性。

（4）从属性。行政管理的目标必须从属于党和国家的总目标、战略目标、长远目标、根本目标。任何行政管理目标都必须为其服务，不得有任何的背离。同时，任何行政管理目标也不可照抄照搬法律法规。而且行政法中有一类"自主的行政管理法规"，是规定法律或别的行政管理法规所没有规定的事项，但这种"自主"只是相对的，它不得违背宪法、法律和上级的行政管理法规。连国家最高的行政机关国务院，在其规定行政措施、制定行政法规、发布决定和命令等职权时，也必须根据宪法和法律，这充分说明了行政管理目标的从属性。

（5）层次性。行政管理的任务是由不同层次的组织机构来承担的，行政管理活动在许多不同层次的范围内进行，而每个层次的机构和每个层次的活动都有自己的目标，这就证明行政管理的目标具有了层次性。

（6）多样性。在纵向上高、中、低、基层，每个层次都有自己的管理目标。横向上各条战线、各个行业、各个单位都有自己的管理目标，因此，行政管理目标具有多样性。

（二）知识产权行政管理目标的意义

（1）知识产权行政管理目标是一切知识产权行政管理活动的依据和出发点，知识产权行政管理，要以实现本目标为终点，紧紧围绕目标开展活动。就此而言，管理目标决定着管理活动的方向和性质。因此，在知识产权行政管理中，强化目标意识，对保证知识产权行政管理的方向，提高知识产权行政管理效益十分重要。

（2）科学的行政管理目标是统一人们的意志，为不同层次的管理者和工作人员规定了行动纲领。把每个人的行动统一于共同的目标之下，使个人的目标服从共同的目标，使每个管理者明确方向，把自己的工作与要达到的目标融为一体，可以调动广大行政人员积极性、主动性，引导他们为实现目标而奋斗。

（3）行政管理目标是考核行政领导和行政干部的客观标准。在现实的行政管理活动中，难免出现若干复杂的情况，管理者会遇到各种干扰，不同的利益群体会从各种不同的角度对管理者作出迥然不同的评价，唯有行政管理目标为管理者提供了综合的客观标准。管理目标的实现是管理者德才能综合素质运用的结晶。

二、知识产权行政管理目标体系

（一）目标体系

知识产权行政管理目标与公共行政管理目标一样，是一个目标体系。从纵向上来考察，分别有中央政府、省级政府、县级政府等的行政管理目标，而且每级政府的管理目标对上来说是支目标，对下来说是本目标。

每级政府的行政管理目标对其职能部门的管理目标也是本、支关系。如国务院的管理目标是所属各部、委及其他机构的本目标，而各部、委及其他机构的目标是国务院的支目标。

从横向上考察，大的方面可分经济发展目标、科技发展目标、社会发展目标、管理机制完善目标。具体来说，又可分为人事行政、立法行政、公安司法行政、企业行政、工商行政、科技行政、财务行政等各级政府职能部门的管理目标。一级政府职能部门的管理目标是上一级政府同类职能部门管理目标的支目标，同时又是下一级政府同类职能部门的本目标。

从时间上来考察，行政管理目标又可分为长期目标、中期目标和短期目标。每个时期又分若干个阶段，每个阶段都有其各自的目标。长期目标带有战略性的特点，如2008年颁布的《国家知识产权战略纲要》就属于长期目标。中期目标、短期目标带有策略性的特点，在一定意义上是实现长期目标的手段。中期目标一般为五年左右的目标，短期目标一般为一年及一年以下的具体目标。中期目标、短期目标必须以长期目标为依据。从行政管理目标体系的角度而言，长期目标为中期目标的本目标，中期目标为长期目标的支目标，为短期目标的本目标。短期目标是中期目标分目标。

总之，行政管理目标是一个庞大的目标体系，可以说，行政管理的任务和内容有多少，目标就有多少；行政管理的层次有多少，就有多少层次的目标；行政管理的机构有多少，就有多少机构的管理目标，不论它是如何宏大，还是如何微小，都必须服务于和从属于国家的总目标、根本目标，都必须从行政管理的角度来保证国家总目标、根本目标的实现。

（二）国家知识产权行政管理的目标

国家知识产权行政管理目标，是要通过行政手段建立起国家知识产权法律体系、科学的运行机制、高效的服务机构，为知识产权强国建设提供保证。

第一，建立比较完善的符合中国国情的知识产权法律和政策体系，为社会主义市场经济的发展提供良好的法制和政策环境。

第二，建立起比较完善的知识产权工作体系，大幅度提高我国知识产权审批、管理和保护的能力和水平。全社会的知识产权意识明显提高，市场经济按秩序明显改善。

第三，大幅度提高市场经济主体，也就是企业的创新能力和利用知识产权参与市场竞争，尤其是参与国际市场竞争的能力，形成一批竞争力强，拥有自主知识产权的技术和知名品牌的企业集团和大型跨国公司，提升国家核心竞争力。

第四，要基本完成独立自主、技术先进、功能完善，能够全面满足知识产权事业发展审批知识产权业务和宏观管理需要，能够为社会提供良好服务的信息检索和分析的平台。

第五，要培养一支宏大的、高素质的知识产权创造、管理、实施和保护的工作队伍，打造一批研究能力强，精通知识产权国际规则和实务能力的高级人才。

第六，要改善知识产权国际环境，提高我国在知识产权国际规则的调整和改革过程中的影响力，能够切实维护国家的根本利益和经济安全。

三、实现知识产权行政管理目标的途径和措施

实现知识产权行政管理目标的途径和措施，主要通过组织联动、培训促动、机制带动和整体推动来实现。

（1）抓组织联动，形成管理合力。一要进一步转变思想观念。通过宣传教育，让干部职工充分认识到加强管理是经济形势发展的必然要求，是知识产

权部门强化管理的内在要求，是推进职能到位的现实需要，切实增强责任感和紧迫感，自觉把加强管理放在突出位置。二要进一步明确责任。在管理中，要进一步明确责任，实行"一把手"负责制，层层建立责任制，形成一级抓一级、一级对一级负责的责任体系，不推诿、不扯皮，上下联动，协调配合，真正形成抓管理的工作合力。三要进一步加强督查。要充分发挥上级监督、内部监督、群众监督和舆论监督的作用，不断提高管理水平。

（2）抓培训促动，提升管理水平。知识产权队伍管理能力的高低与系统完整的业务培训密切相关，因此，要通过着力抓好队伍的业务培训，提升知识产权队伍的管理素质，为全系统的管理打牢基础。一要突出业务培训的多样性。在培训方式、方法上要打破常规，创新培训方式，实行学历教育与岗位培训相结合，请进来组织培训与自主培训相结合，集中学习与分散学习相结合，全员培训与分层次培训相结合，培训和大练兵、大比武等竞赛活动相结合。二要突出业务培训的针对性和实效性。按照学用一致、按需培训的原则，立足岗位需要，注重培训实效，当前要加大对法律法规、信息化应用技能等培训力度，坚决摒弃形式主义的能力培训，使能力培训真正起到提高队伍素质和工作能力的目的。三要突出业务培训的激励性。把业务培训与岗位轮换、干部选拔、任用、晋升、年终考核评选、奖励等切身利益相挂钩，对不积极参加业务培训，不符合岗位职责要求的坚决予以不同方式的处罚，防止业务培训流于形式。

（3）抓机制带动，增添管理活力。完善的机制可以推进管理的有效开展。为此，一要完善导向拉动机制。知识产权机构的职能是代表政府对知识产权的管理，但是在实践中，还存在管理不落实、监督不到位的问题。要形成以推进履职到位为导向的工作机制，引导全系统把工作的重心转移到落实上。二要完善机制建设。结合知识产权行政管理中出现的新情况、新问题，深入调查研究，不断探索推进职能到位的新思路、新方法。三要完善上下联动机制。全国知识产权系统，要在多沟通、多统筹、多配合方面形成上下联动，横向互动的有效机制，避免在职能上各自为政，在工作中推诿扯皮。

（4）抓整体推动，增强管理实效。一要加强基础工作。要把基础管理和基础建设作为能力建设的突破口来抓，扎实推进基层标准化建设工作，扎实推进全系统依法行政工作，打造规范、和谐知识产权管理。二要突出重点工作。按照《国家知识产权战略纲要》的要求，进一步推进纲要目标的落实。三要抓好创新工作。积极探索新形势下知识产权执法、行政管理、战略运用、技术产业化、国际贸易、中介服务等。建立适合中国国情的知识产权行政管理模式。

第五节　知识产权行政管理趋势

随着中国参与国际交流的日益广泛和国际知识产权制度的变革,知识产权行政管理的发展越来越趋向系统化、科学化、规范化和现代化。

一、知识产权行政管理体制系统化

系统是普遍用于自然科学和社会科学的外延很宽的一个概念。系统是各要素之间、要素与整体之间相互对立、相互联系、相互作用的矛盾统一体,是从要素量的组合,达到总体质的飞跃的效应。因此,系统概念反映了客观世界多因素、多变量、多层次交互作用的复杂关系,以及系统内在的复杂的因果关系、质量互变关系、结构与功能统一关系等。

把知识产权行政管理看成是由许多相互支持和相互制约的、并有一定功能的各种要素或子系统所构成的总体系统。有效的知识产权行政管理系统,就是通过设置合理的机构、配备适当的人员、采用一定的程序和方法,把计划、组织、指挥、控制、协调等管理活动有机结合起来。应用系统工程理论和方法来组织各项行政活动,要求对知识产权行政管理活动作定量的系统分析,建立相应的数学模型和逻辑模型,通过分析和评价,选择最优的知识产权行政管理方案。

二、知识产权行政管理决策科学化

知识产权行政决策是为履行国家的行政管理职能而进行的决策活动。行政决策的正确与否,直接关系到国家行政机关的形象和人民群众的利益。由于行政决策的正确与否受决策者自身素质、思维方式、环境因素、文化渊源、时间等因素影响,因此,必须牢牢把握决策的准则,关注决策过程,学会决策方法,实施科学决策、民主决策。知识产权行政决策按层次级别可分为国家决策、地方决策和基层决策,按决策性质可分为战略决策、规划决策和战术决策等。决策的核心是选择,而要进行正确的选择,就必须利用合理的标准对各种方案进行评价,从中选择最优方案。通常行政决策除各级行政机关领导层进行决策外,还可设置专门的决策机构,集中一批有广泛的科学知识和丰富的社会实践经验的专门人才,配备先进的电子计算机,专门从事决策研究和政策分析。

三、知识产权行政管理方式规范化

现代化管理的方法包括两个方面内容：一是应用科学管理方法，包括计划管理、劳动管理、组织管理、经营业务管理、市场与价格管理等行之有效的方法。二是运用管理科学的技术方法，如将模拟法、统筹法、系统工程、价值工程等运用于知识产权管理，可达到科学合理有效的目的。

在预测方面有各种预测技术，如特尔斐法、趋势法、时间序列法、回归法、平滑法、弹性系数法等。决策方面有多目标决策、竞争性决策、层次分析法、集群决策、模糊决策、随机性决策等。控制和协调方面有计划协调技术（PERT）、关键路线法（CPM）等。分析和评价方面有系统分析、可行性分析、成本效益分析、灵敏度分析、风险分析等。现代知识产权行政管理方法要充分借鉴公共管理的做法，结合知识产权行政管理的特殊性，采取灵活的管理方法，实施规范化运行。

四、知识产权行政管理手段现代化

现代化管理是指运用现代自然科学和社会科学的研究成果，使管理适应现代科学技术的发展水平。现代化管理符合现代化大生产的要求，主要包括以下几方面内容。

（1）在管理思想和人们的精神状态上，要适应时代要求，从产品经济观念和自然经济观念向商品经济观念和市场经济观念转变，树立人本思想、民主管理思想、现代经营思想、公开竞争思想等。

（2）在管理方式和方法上，要适应时代发展的需要，学习和引用各种科学的管理方法和管理手段，实施有效的科学管理。

（3）在组织机构方面，要适应现代社会化大生产的要求，采用符合生产发展要求的组织形式和管理机制。

知识产权行政管理工作，实质上是信息的收集、处理、传输、存储和更新。特别在当前知识产权各行政管理部门相对分散的情况下，要通过建立电子计算机网络系统，形成上下联动、部门互动的知识产权行政管理信息系统，实现在线信息处理，达到资源共享的目的，这是知识产权行政机关管理现代化和自动化的发展方向。

第八章 知识产权司法管理

中国的知识产权司法制度体系一直是以知识产权保护为核心的有机联系的整体，涉及知识产权的立法、执法、法律实施、法律教育、法律研究、法律监督等多方面内容。其中尤为关键的执法机制，我国采取行政与司法保护相结合的双轨制。

第一节 知识产权司法管理体制

一、法院体系

我国法院分为最高人民法院、地方各级人民法院、专门法院，最高人民法院是国家最高审判机关，设有刑事、民事、经济、行政、知识产权审判庭，监督地方各级人民法院和专门法院的审判工作。

（一）地方各级人民法院

我国地方法院体系分为三级，即设基层法院、中级法院、高级法院。
基层法院包括县、市辖区的法院。
中级法院包括省、直辖市、自治区范围内，按地区设立的中级人民法院。
高级法院包括每个省、直辖市、自治区设立的高级人民法院。
我国实行二审终审制，基层、中级、高级法院设立刑事审判庭、民事审判庭、经济审判庭等。

（二）专业法院

专业人民法院包括军事法院、海事法院、铁路运输法院、森林法院、知识产权法院等。

知识产权法院的建立是在《中共中央关于全面深化改革若干重大问题的决定》中所提出的为了加强知识产权运用和保护，健全技术创新激励机制而设立的审判机构。

2014年8月31日，第十二届全国人大常委会第十次会议表决通过了全国人大常委会关于在北京、上海、广州设立知识产权法院的决定。

在中国法院体制改革中，有人曾提出将全国划分为若干司法辖区、设立巡回法庭，以及中级法院、基层法院由省市高级法院直接管理的改革设想，目的在于打破地方保护主义和行政干扰。

目前，全国法院单设知识产权庭172个，专设知识产权合议庭140个，共有知识产权法官约3000人，已有7个高级法院、74个中级法院和80多个基层法院开展了知识产权民事、行政、刑事案件"三审合一"审理模式的试点，全国2/3左右的专利纠纷是由法院受理的。当前，知识产权司法体制和诉讼制度已经比较健全和完善，完全可以承担知识产权民事争议案件。

二、"双轨制"的弊端

我国目前实行的知识产权执法保护的"双轨制"，主要体现在行政机关和司法机关都可以处理知识产权侵权纠纷。

作为特定历史条件下的产物，知识产权执法保护"双轨制"已延续20多年，对知识产权法律制度的建立和实施起到了重要的积极作用。然而，随着法律制度的不断完善，"双轨制"日益暴露出一些弊端。

其一，知识产权纠纷属于民事纠纷，应该由当事人自行启动纠纷解决程序并承担纠纷解决成本，政府机关不应该"花纳税人的钱"救济私权纠纷。

其二，对于同样性质的纠纷，设立平行的两套执法系统，不仅造成了公共资源的浪费，同时也容易产生执法程序上的矛盾。

其三，按照现行的知识产权执法纠纷解决程序，在行政执法程序之后，当事人又可以提起行政诉讼，不仅使纠纷解决程序更加复杂、拖延，也加重了行政执法机关的诉讼负担。

世界各国对知识产权保护普遍采取单一的司法保护模式。在全国人大常委会专利法执法检查中，一些常委会委员和全国人大代表在审议中纷纷呼吁加强知识产权的司法保护："专利侵权纠纷属于当事人之间的民事纠纷，民事纠纷应当由当事人双方通过司法途径解决，而不应该由行政机关进行处理"；"取消管理专利工作的部门处理专利纠纷的功能，仅保留其行政执法的功能，即查处假冒、冒充专利的职能"；"在知识产权保护过程中，司法保护应该被提到更高、更重要的位置。强化司法保护，降低维权成本，提高侵权成本，应当成为知识产权保护的基本方向并具体落实到司法实践中"。

三、我国知识产权确权的行政诉讼

知识产权行政确权诉讼，由专利复审委员会和商标评审委员会的所在地法院，即北京市第一中级人民法院管辖，该类行政诉讼的二审是北京市高级人民法院。知识产权确权行政诉讼当前存在问题包括知识产权庭、行政庭管辖冲突问题和专利复审委员会、商标评审委员会是否能够作为行政诉讼被告问题。

（1）知识产权庭、行政庭管辖分工。知识产权行政确权诉讼的特点，是围绕着行政相对人的专利、商标权是否确立、是否有效，针对行政机关的决定进行的诉讼，因而有双重属性：既属于知识产权案件，又属于行政诉讼案件。在我国法院系统中存在知识产权庭与行政庭的分工，于是就产生了专利、商标行政确权诉讼，由知识产权庭管辖还是行政庭管辖的问题。

2002年5月发布的《最高人民法院关于专利法、商标法修改后专利、商标相关案件分工问题的批复》，以折中方式解决了这一问题，其规定："对于人民法院受理的涉及专利权或者注册商标专用权的民事诉讼，当事人就同一专利或者商标不服专利复审委员会的无效宣告请求复审决定或者商标评审委员会的裁定而提起诉讼的行政案件，由知识产权审判庭受理；不服专利复审委员会或者商标评审委员会的复审决定或者裁定的其他行政案件，由行政审判庭审理"。这一批复以"民事纠纷在先"为界限，将知识产权确权行政诉讼分为两类：

① 有民事纠纷在先的，典型情况是在民事侵权诉讼中，被告提起行政诉讼，请求宣告专利无效，或请求撤销商标权。这类情况由北京市一中院知识产权庭进行一审管辖，北京市高级人民法院知识产权庭二审管辖。

② 无民事纠纷在先的，典型情况是专利、商标申请人，不服有关复审、评审决定，以该决定为对象，提起行政诉讼。这类情况由北京市一中院行政庭进行一审管辖，北京市高级人民法院行政庭二审管辖。

这种分工存在以下四大弊病。一是"民事纠纷在先"这一分案依据，没有相应的认定标准、程序，使一中院对于此类案件的立案工作缺乏可操作性和确定性。二是审查的范围不同：行政诉讼法要求全面审理，对行政机关具体行政行为，从程序出发进行全面审查；而民事诉讼法实行"不告不理"原则，对当事人未主张的事项，法院不予审理。三是审查的程度不同：行政诉讼法要求行政机关承担证明责任，司法审查仅涉及行政决定的合法性；而民事诉讼法要求证明责任对等、优势证据，涉及行政决定的合理性。四是判决的方式不同：行政庭的判决实行"司法权不干涉行政权"原则，对否决的事项，要求行政机关重新作出决定；知识产权庭的判决，对否决的专利确权事项，已经发展为直接改变行政机关的决定。

（2）行政机关作为被告。《行政诉讼法》第 26 条第 1 款规定："公民、法人或者其他组织直接向人民法院提起诉讼的，作出行政行为的行政机关是被告。"专利复审委员会做出是否授予专利权、维持专利权有效的决定，商标评审委员会做出是否授予、撤销商标权的决定，有关申请人、当事人不服，提起行政诉讼的，专利复审委员会、商标评审委自然成为被告。行政机关作为被告存在两大弊病。一是行政机关不堪重负。专利复审委员会自 1985 年至 2004 年共受理复审请求 9345 件。每年以 50% 至 100% 的速率增长。同期对专利复审委员会决定不服，向北京市第一中级人民法院起诉和向北京市高级人民法院上诉的案件累计已达 1346 件，其中对无效宣告决定起诉和上诉的案件为 1180 件。商标评审委员会方面，积压案件已超过 3 万件。以 2005 年 3.7% 的起诉比例计算，处理完这些积案，商标评审委员会要作被告 1120 次。每天出庭 1 次，要出庭近 3 年。二是行政机关不是真正的民事权益利害关系人，诉讼积极性不高，表现为提交证据不够充分及时、庭审态度不主动，往往以"参见无效决定"作为意见陈述，致使真正民事利害关系人的权益得不到保护。

四、发达国家的做法

（一）美国

美国实质上的行政诉讼，可以说自其建国就存在，1946 年行政程序法，集中规范了司法审查。其第 702 节（请求司法审查之权利）规定美国政府机构应当是行政诉讼的被告。第 703 节规定了行政诉讼类型。而知识产权确权行政诉讼，明显被涵盖其中。

美国专利法规定了诉讼当事人，其字面含义与上述美国行政程序法的规定不同。美国行政程序法规定的是政府机关应当作为被告，但是专利法规定了双方诉讼程序。从中可见美国行政程序法是一般法，而专利法中有关行政诉讼的规定是特别规定。美国的专利、商标行政诉讼，由既审理行政诉讼，又审理民事诉讼的联邦巡回上诉法院，以及审理民事诉讼的联邦地区法院，适用民事诉讼规则审理，美国专利法专门规定了这些法院的管辖权。

美国专利、商标确权行政上诉案件，适用联邦上诉程序规则中有关民事诉讼的规定，也就是说美国联邦巡回上诉法院审理专利、商标确权行政案件，适用的是"民事诉讼法"。美国专利、商标确权行政诉讼中，实行单方、双方诉讼，单方诉讼是专利申请人告专利局，双方诉讼中是抵触程序的原告和被告，围绕着专利复审与抵触委员会的行政决定，在联邦巡回上诉法院进行诉讼。如果要划分性质，那么单方诉讼属于行政诉讼，双方诉讼属于民事诉讼。尽管适用民事诉讼法，案件的性质既有行政诉讼，又有民事诉讼，但联邦巡回上诉法院审理专利行政案件，采用行政决定之审查标准，其遵守司法权不干预行政权原则，只对明显错误的行政决定，发回改判。

（二）英国

英国行政法院的行政诉讼制度，由英国民事诉讼法第 54 节规定，行政决定应当受到司法审查，知识产权确权行政诉讼明显在其内。如果根据英国民事诉讼法第 54 节规定，那么英国专利商标局的行政决定，就应当受到英国行政法院审查。但是英国民事诉讼规则第 63 节有关"专利和其他知识产权诉讼请求"中单独规定：专利上诉至专利法院，其他上诉至大法官部。从中可见英国民事诉讼法有关行政诉讼规定具有一般性，而专利法当中的有关行政诉讼的规定是特别规定。

英国知识产权行政案件由民事法院承担。专利、商标的申请人及无效宣告请求人不服专利复审机构的决定，不按行政诉讼规则，上诉至高等法院中的行政法院，而是按民事诉讼的一般规则，上诉至英国高等法院，包括其中的专利法院。英国有与美国相同的"双方程序"，原审案件有双方或多方当事人的，专利商标局不作被告。

（三）法国

法国的"三权分立"，是强调防止司法机关滥用权力，立法、行政机关不受司法机关的干预。法国有完备的行政法院系统，行政案件必须由行政法院审理。法国行政诉讼的范围包括越权诉讼、全面诉讼、解释诉讼、处罚诉讼，知识产权确权行政诉讼明显在其内。但是法国知识产权法典（法律篇）第二款规定："在履行该职责时，其（指法国工业产权局）不受监督机构管理。不服其决定的上诉，应至法规规定的上诉法院"。这里的"不受监督机构管理""法规规定的上诉法院"，排除了应当事人请求行政法院进行司法审查的可能性。以上说明，法国于2000年完成的近800条款、与民事诉讼法典有相同的重要地位的行政诉讼法典，是行政诉讼的一般规定；而知识产权法典中的工业产权确权行政诉讼规定是专门规定。

法国工业产权局作为公共机构，作出有关工业产权之决定，接受的不是行政法院按照行政诉讼法的司法审查，而是接受民事法院系统上诉法院的司法审查，按照民事诉讼法来审理。在司法审查中，不服驳回工业产权申请之上诉，工业产权局局长是被告；对授予工业产权进行异议的，该异议的一方当事人是被告。

（四）德国

德国法院专业分工状态，行政法院分为地方行政法庭、州高等行政法院和联邦行政法院三级。《联邦行政法院法》第42条第1款，规定了以行政机关为被告，可以提起撤销之诉、赋予义务之诉、确认之诉、形成之诉、给付之诉，知识产权确权行政诉讼明显在其内。但是根据德国基本法，国会专门设立了联邦专利法院，规定了专门的专利上诉程序。

（五）日本

日本虽然是大陆法系国家，但是其诉讼制度带有美国的某些特点。日本的行政诉讼机构设置，与我国的设置又非常相似，即没有单独的行政法院系统，行政诉讼审理机构是法院中的行政庭。《日本行政案件诉讼法》规定的行政诉讼范围是：（1）抗告诉讼包括处分撤销诉讼、裁决撤销诉讼、无效等的确认诉讼、不作为违法确认诉讼、赋予义务诉讼、请求禁止诉讼；（2）当事人诉讼；（3）民众诉讼；（4）机关诉讼。但是日本专利行政诉讼制度是在日本专利法中专门规定的。《日本专利法》第八章（诉讼）第178条"对复审决定等的诉讼"，规定对复审决定，以及驳回复审、再审的请求的诉讼，由东京高等法院管辖。专利行政诉讼仅限于复审之当事人、参加人，及参加该复审、再审之申请被驳回者，可以提起。

日本专利行政诉讼案件,沿用《日本行政案件诉讼法》,将当事人分为两种类型,一种是抗告诉讼:专利申请人以专利局为被告,请求法院撤销不授予其专利权的行政决定;另一种是当事人诉讼:专利无效当中的当事人,以该程序中的对方为被告,请求法院撤销专利局的行政决定。

(六) 韩国

韩国法院分三级:最高法院、高等法院、地区法院。内部机构与我国相仿,设有民事、刑事、行政审判庭。《韩国行政诉讼法》规定行政诉讼的范围是:(1)控告诉讼包括取消诉讼、确认无效等诉讼、确认违法不作为诉讼;(2)当事人诉讼;(3)民众诉讼;(4)机关诉讼。这一规定与日本非常相似。不同的是,韩国的当事人诉讼中,法律规定行政机关是被告,而在日本,对方当事人是被告。

韩国的知识产权行政确权诉讼并不由法院的行政庭管辖,而是由《韩国法院组织法》和《韩国专利法》规定的、隶属于最高法院的专利法院管辖。韩国专利法院的诉讼,在确定原告、被告方面采用的是日本、美国的方法,即分为双方案件和单方案件。在审理当中,有当事人的,以对方当事人为被告。没有当事人的,以知识产权局局长为被告。这种做法与韩国的行政诉讼中的当事人诉讼,采取了完全不同的原则。以韩国知识产权局为被告的案件,按照行政诉讼法进行。在当事人为原、被告的案件,按照民事诉讼法审理。

上述国家的司法实践是:通过专利法、诉讼法、法院组织法规定知识产权确权行政案件,实质上是经过一次司法审查,即使是二审、三审终审制,不服司法审查的上诉案件,要得到上诉法院许可。

五、我国的现实情况

我国最高人民法院、地方各级人民法院中设有刑事、民事、经济、行政、知识产权审判庭。行政诉讼法规定的行政诉讼范围包括行政处罚、对人身或财产的强制措施的行政行为、颁发许可和执照、违法要求履行义务等。实践当中贯彻凡对"行政行为不服",除法律另有规定者外,均可以提起行政诉讼的原则。知识产权确权行政诉讼,被认为当然属于行政诉讼,主张"大行政审判格局"的专家,同时还认为凡是行政诉讼,均应当由行政庭管辖。我国知识产权确权行政诉讼与国外相比有两个鲜明特点:一是我国是产权确权行政诉讼，完全根据行政诉讼法规定，任何案件中行政机关一律作为被告；二是在行政庭、知识产权庭并存的情况下，不是像上述国外国家那样，按照专业将所有知识产权案件交由知识产权庭审理，而是以是否有"民事纠纷在先"为界限，将知识产权确权行政诉讼分别由行政庭、知识产权庭处理。

六、有关立法的建议

我国行政机关有机构设施完整、专业人员充分、解决问题迅速、依职权主动调查方便的优点，行政机关与法院关系和谐。借鉴国外的成功做法，针对国内实际，专家学者一致认为：

（1）知识产权行政确权案件，由知识产权庭统一审理。行政诉讼法是一般法，社会生活各方面，只要有关行政纠纷存在，有关行政诉讼就必须遵循行政诉讼法。在特殊法作出专门规定以前，在专门法院、法庭没有成长起来以前，行政诉讼法、行政庭起到有关行政诉讼的培育、照料作用；在专业法院、法庭产生以后，在有关法律、法规作出专门规定以后，专业法院、法庭产生应根据这些特殊规定，承担起专门责任。

对技术性、专业性很强的知识产权确权行政诉讼，目前北京市一中院、北京市高院是行政庭、知识产权庭两个系统审理，这一做法急需改进，以法律、人大常委会决定、最高法院批复等形式，规定知识产权确权行政诉讼，统一由知识产权庭审理。

（2）知识产权确权行政案件，有一方当事人的，行政机关不作被告。核准之专利、商标权，是否应当继续有效的诉讼，实际上是由私人权利的利害关系人提起的，行政机关只是被动地裁决，其自身并非真正的私人权利之利害关系人。由行政机关代替一方作为被告，实际上重复的是一方当事人的诉讼请求，即该专利、商标是否应当无效、撤销。尤其重要的是行政机关使用的证据，本质上是由胜诉一方提供的，并非自己证据。也就是说行政机关是用别人提供的证据，来支持自己的诉讼请求，原则上不能保证证据的真实性，违背了诉讼的根本性质、诉讼法的基本要求。

这些本质问题，导致了一系列不良现象的发生，如行政机关诉讼积极性不高，使真正民事利害关系人的权益得不到保护；有损行政机关权威；压制了败诉方的合法权益；可能导致行政机关腐败等。为此，应以法律、人大常委会决定、最高法院批复等形式，规定在核准的专利、商标权，是否应当继续有效的诉讼中，行政机关不作被告，而由在行政程序中胜出的请求人、权利人作为被告，行政审查机关应法院要求或依职权主动申请，可作为第三人参加诉讼。

（3）知识产权确权行政案件，按照当事人的身份，适用行政诉讼法、民事诉讼法。我国行政诉讼法、民事诉讼法，均为规定诉讼程序、当事人权利义务的程序法，在知识产权确权行政诉讼中，对保证专利、商标遵守法律规定的实质条件这一根本目的来说，均存在缺陷。

知识产权确权行政案件，关键要解决授予的知识产权是否符合法定条件问题。保证专利、商标遵守法律规定的实质条件，是司法审查的目的，而行政诉讼法、民事诉讼法是司法审查中可以相互替换的手段。知识产权确权行政案件在诉讼程序、审查标准方面，实际上自成体系。

目前，知识产权确权案件，统一适用行政诉讼法，与世界主要发达国家知识产权确权行政诉讼的实践有很大差异，应以法律、人大常委会决定、最高法院批复等形式，规定对专利、商标申请是否应当核准的行政诉讼，适用行政诉讼法；对核准的专利、商标权，是否应当继续有效的诉讼中，适用民事诉讼法。

（4）从用户观点出发，构筑法院和行政机关的和谐关系，减少审级。由于专利复审委员会、商标评审委员会的程序，采用或原则上采用了公开审理原则、辩论原则、审查决定公开原则，从用户角度出发，有关案件已经行政机关的拟司法或称司法化审理。

专利法、商标法、诉讼法、法院组织法规定，知识产权确权行政案件，实质上是经过一次司法审查，即使是二审、三审终审制，不服司法审查的上诉案件，也要得到一些法院或者上诉法院许可。

以往我国的行政诉讼理论，过分强调司法审查监督依法行政的职能，其前提是"行政机关倾向于滥用权力"。相反，没有强调另一个方面，即司法机关、行政机关是国家权力中平衡的两个系统，两个系统共同为使用者、民众服务。

（5）实行知识产权审判大格局。近十年来，我国法院知识产权审判取得举世瞩目的成绩，为我国知识产权审判标准的统一、稳定、准确，提供了重要支撑。但是，由于目前我国法院系统知识产权审判，存在民事、行政、刑事三大系统的分工，三大系统间缺少合作与交流，使本来应当统一的知识产权司法尺度，未能实现统一、稳定、准确。在条件成熟的地方，规定刑事案件可以由知识产权庭审理。

（6）有关知识产权专业法院。我国地域广阔，人口众多，各地情况复杂，知识产权案件的数量，比德国、法国、日本、韩国数量都要大，而与美国情况容易类比。建议我国知识产权司法体制改革的顺序为：

① 明确知识产权确权行政案件的司法审查，由知识产权庭统一审理；同时对"双方案件"，专利局、商标局不作被告。

② 在知识产权庭统一审理前提下，借鉴德国、日本、韩国等国家技术法官、调查官制度，进行实质性试验、探索，使人民法院承担起对知识产权行政确权案件，尤其是专利确权案件的实质审理工作。

③ 根据实施国家知识产权战略需要，适时建立知识产权行政确权案件专业法院——知识产权高级人民法院。

第二节　知识产权司法管理内涵

尽管辞海和互联网对知识产权司法管理没有现成的词条解释，但是，随着知识产权法律制度的不断完善和知识产权案件的增多，依据我国司法管理的实践，知识产权司法管理应当被提到议事日程，纳入我国大司法管辖范畴，被予以足够的重视和科学的规范。

（一）广义的知识产权司法管理

关于知识产权司法管理的定义，其范围在纵向上，既涉及宪政制度层面（如宪法），又涉及实体法层面（如刑法、民法、诉讼法、知识产权法等）、法院系统管理层面（如法院组织结构）以及法院内部管理层面；横向上，则围绕"法院管理"这一司法管理的核心，以法院管理为核心，涵盖法院管理、检察管理、侦察管理、公证管理、律师管理、仲裁管理、司法教育及考试管理等多个方面的内容。

（二）狭义的知识产权司法管理

有学者对司法管理给予外延较为狭窄的定义，如美国学者格里克认为，司法管理主要涉及两个领域，一是法院组织和人事的管理，二是诉讼运行的管理。在现代司法制度的构建成功与司法独立问题解决后，将上述两个领域作为司法管理的重点研究对象并无不妥，但在目前中国知识产权司法尚未真正独立、社会主义特色的知识产权司法制度正在构建之中。

（三） 知识产权司法管理的内涵

知识产权司法管理所涉及的是立法主体、司法体系、运行机制、配套保障等重大组织原则问题。

首先，知识产权司法管理是管理司法正义的学问和艺术。要管理好司法，既需要司法机关本身做好内部管理，或者说做好中观、微观层面的司法管理，又要从源头做起，从国家的宏观层面管理好司法，从公共权力科学分配开始，为提高司法质量打好基础。从加强司法系统内部及外部管理开始，优化司法管理环境。

其次，知识产权司法管理的目标是为了构建和谐社会。其内容涵盖法院内务管理、司法选择、法律职业的组织与培训、法院结构、司法审查范围的确定、司法权的宏观配置、与司法运行质量密切相关的其他因素管理等。

最后，知识产权司法管理的范围及内涵决定了司法管理活动的特点：（1）广泛性；（2）动态性；（3）开放性；（4）以法院管理为核心。可以说，知识产权司法管理的内涵，在我国司法实务中，从无到有，从一般的"控制"到全面的司法管理，再向法院体制拓展，不断完善运行机制，扩充管辖范围，有逐渐深化的趋势。

第三节　知识产权司法管理目标

改革开放30多年来，我国知识产权审判事业取得了重大进展，审判职能不断强化、审判领域不断拓展、审判质量不断提高。在加入世贸组织以后，知识产权司法保护受到国内外前所未有的高度关注，各级法院妥善处理各种复杂知识产权纠纷，依法保护当事人的合法权益。

一、知识产权司法管理状况

（一） 知识产权司法管理取得重大进展

我国专利法、商标法、著作权法、反不正当竞争法等各项知识产权法律制度正处在如何适应TRIPS协议的新的发展和进一步完善时期，这一时期人民法院知识产权审判工作，一方面，强调严肃执法，正确贯彻执行知识产权法律、侵权认定、法律责任等各项制度，依法维护社会主义市场经济秩序，保护知识产权权利人和其他当事人的合法权益。另一方面，为适应科学技术和知识产权市场飞速发展情况，积极开展对外交流和调查研究，进行案件审理中的司法解释，为建立高效公正的知识产权司法审判体系和机制，使知识产权审判工作适应科教兴国战略和依法治国方略实施的需要，适应科技创新和信息时代的要求，努力探索，踏实工作。

我国的知识产权审判活动卓有成效。据统计1996—1999年人民法院共受理一审著作权纠纷案件2168件，审结2101件；受理技术合同纠纷案件4474件，审结4415件；受理商标侵权纠纷案件1401件，审结1355件；受理专利侵权3812件，审结3560件，受理侵害商业秘密等其他知识产权案件4225件，审结4189件。另据统计，2010年，全国法院共受理侵犯知识产权犯罪案件1175件，审结1021件，比2009年同期上升了22.13%。目前，我国知识产权案件大幅度增长，审理范围不断扩展，结案率逐年上升，二审改判率逐渐下降，再审率不断降低。

（二）知识产权司法体制有待完善

我国的司法体制在裁决争议、化解纠纷、制裁侵权等方面发挥了重要作用。但是，现行知识产权审判模式因循传统的民事审判方法，其程序配置、审判标准、诉讼管辖以及证据规则等都有待适时调整。

（1）关于审判程序配置问题。审判程序的脱节是目前存在的一个主要问题。首先，民事程序和行政程序的衔接。其次，民事程序和刑事程序的衔接。审判程序配置问题，已经引起广泛关注。《国家知识产权战略纲要》提出，"完善知识产权审判体制，优化审判资源配置，简化救济程序。研究设置统一受理知识产权民事、行政和刑事案件的专门知识产权法庭"。目前我国某些省市已经成为知识产权审判模式改革的试点地区，并形成了独具特色的"浦东模式""福建模式""武汉模式"等，这些模式仍需经过实践的检验。

（2）关于审判标准问题。统一法官裁判尺度，减少当事人对司法公信力的质疑，是知识产权审判面临的重大问题。由于中国各地经济发展程度不同、地域性差别较大，不仅各地知识产权案件审判的数量和质量不同，而且会因为收入水平、相关市场规模等因素的不同而出现审判标准的不统一。在地域管辖上，权利人倾向于在经济发展水平较高的地方起诉，以求获得更高的赔偿数额，侵权人则会提出管辖权异议，导致案件久拖不决。此外，地方保护主义也会因审判标准不统一而产生不公平的现象。

（3）关于诉讼管辖问题。知识产权的管辖问题是目前广受关注的热点问题。由于三大诉讼法的不同规定，我国知识产权审判产生了不可避免的管辖冲突。

我国《刑事诉讼法》规定由基层人民法院管辖第一审包括知识产权犯罪在内的普通刑事案件；而在《民事诉讼法》中却规定了中级人民法院管辖的原则，只有少数的基层法院可以审判普通知识产权案件。在知识产权侵权行为发生时，侵权定性是知识产权民事侵权案件和刑事犯罪案件必须解决的首要问题，如果同一案件的侵权定性和处罚标准不同，法院执行程序的衔接将变得十分复杂，还有可能会出现裁决结果冲突的情况。

（4）关于诉讼证据问题。目前我国的知识产权诉讼中，在庭前证据交换、举证时技术鉴定的委托和专家证人等方面都还存在较大问题。由于知识产权审判工作的专业性强，不少案件涉及复杂的法律关系和技术背景。法官由于知识背景的因素，很难对案件中的技术性问题作出判断，不得不在审判中引入专家证人。《最高人民法院关于民事诉讼证据的若干规定》第六十一条，首次以司法解释的形式在我国的诉讼制度中确立了专家辅助人制度。由于缺乏必要的规范加以指导，专家辅助人制度在实践中存在不少问题。因为专家辅助人由当事人聘请参加诉讼活动，其作用是帮助当事人就专门性问题的证据进行说明和审查，难免会出现偏颇，法官不能直接引用其证言裁判。

总之，我国的知识产权审判制度脱胎于传统的民事审判，随着知识产权法律制度的日益完善和知识产权审判的专业性、技术性特征的日益加深，其存在的问题也在逐渐显现。对此，我们不应因循守成，而应适时通变，积极寻求知识产权司法体制的创新之路。

二、知识产权司法管理目标确立

中国知识产权司法管理的目标既不同于常规的司法管理目标要求，也区别于国外司法管理的目标设计，是一种独特的司法管理目标体系。

（一）总目标

知识产权司法管理应以"有效规范无形资产市场秩序，构建社会主义和谐社会"为总目标。我国自 1980 年 6 月加入世界知识产权组织（WIPO）以来，知识产权制度基本形成并与国际接轨。这些制度为我国经济的快速发展和社会的和谐稳定奠定了重要的法律基础。正是这些制度大大激发了国人创新的积极性，为推动科技进步，提高经济运行质量，引导民族工业产品跻身国际市场做出了巨大贡献。事实证明，知识产权在构成国家主权中的地位越来越显现出来，并上升为重要的组成部分，在国际交往中扮演着越来越重要的角色。无论是建立社会主义市场经济体制、科技创新，还是依法治国、对外开放都非常需要知识产权的法律保护。对此，我们必须站在战略的高度，审视知识产权司法管理在国民经济中乃至整个国家建设中的战略地位；必须从知识产权的内涵、外延和发展的深度考虑，科学界定知识产权司法管理目标的战略地位和历史与现实作用；必须从知识产权司法管理目标涉及领域的广度、抢占世界知识前沿、提高综合国力的实际需要出发，科学论证，全面阐述，深刻理解，努力实现，用以"规范市场秩序，繁荣经济发展，构建和谐社会"。

（二）分目标

（1）按司法主体权力结构可将知识产权司法管理的分目标分为：①优化知识产权审判机构；②规范知识产权审判程序；③统一知识产权审判标准；④健全知识产权审判机制；⑤完善知识产权审判监督。

（2）按照司法队伍建设要求可将知识产权司法管理的分目标分为：①司法队伍组织建设，包括人员选拔、培训、任职、交流、奖惩等；②司法队伍政治建设，司法民治、民享，执法为民、情为民所系、权为民所用、依法行事、公正、公平；③司法队伍业务建设，以法律为准绳，司法程序规范，业务精湛，量刑适当；④司法队伍作风建设，包括勤政廉洁、雷厉风行、求真务实、讲究实效。

（3）按照知识产权要素可将知识产权司法管理的分目标分为：①著作权与邻接权诉讼。包括：著作权权属诉讼；著作权与邻接权侵权诉讼；著作权与邻接权合同诉讼；计算机软件诉讼；著作权与邻接权行政诉讼；著作权与邻接权刑事诉讼。②专利诉讼。包括：专利权属纠纷；专利侵权诉讼；专利行政诉讼；专利刑事诉讼。③商标诉讼。包括：商标侵权诉讼；商标合同诉讼；商标行政诉讼；商标刑事诉讼。④反不正当竞争诉讼。⑤植物新品种权诉讼。⑥非物质文化遗产诉讼。⑦集成电路布图设计权诉讼。⑧技术合同诉讼等。

第四节　知识产权司法管理原则

知识产权司法管理原则是指知识产权司法机关在行使司法权的过程中，应遵循的基本规则和基本要求，主要包括司法独立、审判公开、程序公开、审判制度等四个方面。

一、司法公正、公平原则

包括实体法的公正和程序法的公正，这是司法活动的性质和法的内在精神要求的。特别是知识产权案件比较复杂，既与权力主体人身权紧密联系，又包括权利人的财产权利。它的技术性、无形性、流动性、可复制性特征决定着它的复杂性，尤其在运用知识产权法律量刑时，比普通案件适用法律更难以把握，而且知识产权案件成为社会关注的热点，成为涉外关系的焦点。因此，公正显得更为重要。

二、以事实为依据，以法律为准绳原则

以事实为依据即是以客观事实为依据排除主观想象、分析和判断的依据。要以法律的标准和尺度审理每一件知识产权案件，以事实为依据，一切从实际出发，严格按照法律程序办事。

三、司法机关依法独立行使职权原则

（1）国家的审判权和检察权分别由人民法院和人民检察院依法统一行使。
（2）司法机关依照法律独立行使职权，不受行政机关、团体和个人的干涉。
（3）司法机关在司法中必须依照法律规定正确地适用法律。这是由司法权的三个性质即专属性、行使职权独立性和合法性决定的。

司法活动的对象是案件，主要内容涉及法律问题的纠纷和争议及对有关案件进行处理。而且司法原则并不排除当代中国追求法律效果与社会效果的统一。司法的基本要求是正确、合法、合理。

四、诚实信用原则

诚实信用原则在现代民法中的地位和功能一直受到民法理论与实践的高度重视，特别是诚信原则，在民法立法中的价值统领地位和在民事司法中法官自由裁量权的授权作用，我国民法学者有很充分的探讨。但诚实信用原则作为司法原则不仅仅是授予法官自由裁量权，而且对司法解释的成因意义和制约作用也是很明显的。诚信原则不仅是司法解释的授权缘由和解释方法，司法解释中更要贯彻诚实信用原则的道德要求和法律要旨。但诚信原则作为最高的民法原则应该在司法解释中有更高的价值体现。当前，我国司法解释中对诚实信用原则还缺乏应有的重视。

第五节　知识产权司法管理形式

关于知识产权司法管理形式，至今没有成文的固定模式，笔者根据知识产权司法管理的原理、法律条文、司法文书和司法实践，认真研究，归纳总结如下。

一、司法机构系统化

自1993年我国有了首个知识产权审判庭。2000年10月，最高人民法院率先在其内部进行机构改革，将原知识产权审判庭改为民事审判第三庭。至此，我国已经建立了最高人民法院和地方法院三级知识产权审判机构，并以中高级法院知识产权审判庭为主的审判格局。从组织机构上实现了系统化，为知识产权的司法保护提供了组织基础。

知识产权司法管理是一个大系统，在诸多系统关系中，结构是诸多因素中最为关键的因素之一，没有司法机构的建立，就不可能形成有效的司法保护，所以，知识产权审判机构的建立，为知识产权司法管理、司法审判、司法保护架起了通向世界的桥梁，为融入经济全球化奠定了基础。

二、司法制度规范化

我国自20世纪80年代初实施知识产权制度，虽然制定了《专利法》《商标法》《著作权法》等知识产权法律体系，但与国际知识产权法律接轨还有很长的路要走。在这一发展过程中，由于立法不健全及一些基本法律的缺乏，特别是由于立法者一直采用"宜粗不宜细"的原则制定法律，从而使许多法律条文过于原则、抽象甚至含糊，立法滞后和操作性不强的特点突出，由此给法院适用法律造成了很大的困难。而立法机关因立法任务繁重，很难加强立法解释，面对此种状况，最高人民法院加强了司法的解释工作，并形成了内容较为丰富、涉及面十分广泛的司法解释系统。大量司法解释不仅填补了法律漏洞，而且为法官裁判案件提供了更为具体、明确的规则依据。司法解释在我国整个法律体系的建立和完善过程中发挥了举足轻重的作用。正是有了最高人民法院的各种司法解释，才使得各级法院依法审判成为可能，司法制度实现规范化。

三、司法队伍专业化

司法队伍专业化建设是司法独立、司法公正和司法效率的关键。当前，应该妥善处理好"三大关系"，即坚持以人为本，处理好职业化建设与司法警察出路之间的关系；坚持"统筹兼顾"，处理好上级法院与本法院的"双重领导"之间的关系；坚持"全面、协调、可持续发展"的原则，处理好认真履行职责与全面服从、服务于审判工作之间的关系。

（1）坚持"以人为本"，处理好职业化建设与出路之间的关系。根据《人民法院司法警察试行聘任制暂行办法》的要求，坚持"以人为本"，处理好职业化建设与司法警察出路之间的关系，是必须把握的原则，也是实现职业化的根本前提和必要条件。第一，必须强化思想政治工作，解决"人"的观念问题。第二，完善用人机制，关注"人"的保障问题。第三，一视同仁，重视"人"的发展问题。

（2）坚持"统筹兼顾"，处理好"双重领导"之间的关系。根据《人民法院司法警察暂行条例》的规定，司法警察实行编队管理、双重领导，既受本法院领导又受上级法院职能部门的领导。但在现实中，"双重领导"下的司法警察工作往往面临一些问题：一是工作任务上的冲突，二是上下级法院的协调问题。解决好上述问题，必须坚持"统筹兼顾"的原则，首先，要总揽全局，科学筹划，强化司法警察工作的前瞻性、规范性和计划性；其次，要协调发展，兼顾各方。作为上级法院职能部门，确需调整的应及时与下级法院领导班子进行沟通。在人才培训上，上级法院应发挥资金、技术、装备、场地等方面的优势，为下级法院提供便利条件。作为下级法院，应确立"全局意识"，积极支持上级法院的整体性工作。

（3）坚持"可持续发展"，处理好当前和长远之间的关系。司法警察应处理好履行职责与全面服从、服务于审判工作之间关系，应坚持"全面、协调、可持续发展"的原则，努力提高司法警察队伍的整体战斗力和综合服务水平。首先，要摆正位置，突出重点，兼顾全面。司法警察在履行自身职责特别是重要警务时，应恪尽职守，专心致志。其次，转变观念，提高素质，实现协调和可持续发展。应在思想上摒弃陈旧观念，确立改革意识、创新意识和发展意识，以崭新的思维方式去应对司法现代化对司法警察工作提出的新问题、新要求，切实将司法警察的工作提升到更高的层面。

四、司法管理网络化

（1）建立网络化管理运行模式。在知识产权司法管理中，建立网络化管理运行模式，是信息化对我们提出的客观要求，特别是知识产权司法管理，涉及的管理要素多、案件的技术性强，加之我国地域广阔，经济发展不平衡，风情民俗各异，案件往往呈现群体性、反复性，有时相互交叉，给知识产权司法审判带来一定难度，因此，根据知识产权司法管理的原则和要求，建立网络化管理体系势在必行。对此，最高人民法院应因势利导，区别不同情况，在全国范围内构建知识产权司法管理网络，明确职责分工，落实网络管理措施，发挥网络信息作用，实现知识产权案件分庭（辖区）审理，案件信息资源的全国共享。

（2）建立知识产权司法预警机制。在发挥网络化管理作用的同时，充分发挥网络分析作用，建立知识产权案件分析系统，对已发生的知识产权案件和可能发生的知识产权侵权案件进行分析研究，总结经验教训，提出预防对策，对可能发生侵犯知识产权的领域、行业、重点部位提出预警，防范经济风险。把预防知识产权侵权的关口前移，消灭在萌芽状态，不断净化知识产权司法管理环境。为公众创造公正和谐的无形资产市场氛围。

（3）努力提升知识产权司法网络化效能。在健全知识产权司法网络机构的同时，应当更加注重网络化效能，着力提高国家、省、市知识产权审判机构的效能，采取请进来、走出去等方法，开展多种形式的全员培训，使每个审判人员具备必要的网络知识，熟悉法律条文，具备较高的审判技能，一定的矛盾纠纷化解能力和组织协调能力。充分发挥人机一体化功能，不断提升知识产权司法管理的水平，提高审案质量和办案效率。

五、司法监督常态化

为适应形势的发展变化，充分运用执法信息化建设成果，建立健全网上司法监督新机制，将执法监督活动向虚拟空间延伸，实现对执法活动网上全方位、全过程的实时监督，做到执法监督的网络化、常态化、流程化，切实提高执法监督的效能和水平，有力推进执法规范化建设。

（1）完善网上司法办案制度，为司法监督提供依据和标准。为进一步规范网上司法办案，加强网上监督，立足司法工作实际，运用信息化成果，制定《案件入网工作规定》《网上审理案件流程规范》《网上司法监督办法》《网上办案和信息录入制度》等制度，为开展网上司法监督提供依据和标准。

（2）司法监督活动前移，实现司法监督常态化。实行"三必须""三挂钩""三加压"。一是必须同法官每月绩效考核挂钩，给审判工作加压。一旦出现通报不及时、检查不认真、督促整改不到位等情况，要纳入法官每月考核，实行扣分制。二是必须同各部门季度执法质量考评挂钩，通报的情况作为各部门的平时成绩计入季度司法质量考核成绩，给审案部门加压。三是必须同各部门法官每月绩效考核挂钩，给审案法官加压。部门领导通报的情况作为本部门法警每月绩效考核的重要内容。

通过实行网上监督检查，变集中监督为日常监督，变"查阅案卷"为网上即时监督，将执法监督融入日常司法活动的每一个环节，做到发现及时，整改及时，进一步规范执法审案程序，提高办案质量。

（3）充分发挥网络作用，及时发布案件审理动态。为了规范司法程序，统一审判标准，公开量刑法律，实现司法公正，对审理的知识产权案件要及时在网上发布，使利害人双方都能够了解案件全貌，达到心悦诚服。同时，也可以让同行业及时了解掌握知识产权案件的审理动态，相互学习，取长补短，引导审判工作向深度和广度发展。

六、司法执法人性化

人是管理活动的主体，人的积极性、创造性的充分发挥，是管理活动成功的关键。知识产权司法执法人性化，就是指一切以尊重人、爱护人出发，做好知识产权司法执法工作。

（1）树立人本观念。知识产权是人的创造性智力成果，知识产权司法执法的对象首先是人，其次是人的智力成果。因此，应坚决摒弃见物不见人、重技术不重人、靠权力不靠人的观念，牢固树立人本观念、人的因素第一的思想。由此出发对知识产权司法执法进行把握，把法理、人情有机结合，既要依法审理，又要考虑人的因素，构建和谐，保持社会稳定，充分体现以法治国和以德治国的精神。

（2）做好人的转化工作。世界上一切事物都是围绕人展开的，做好人的工作是知识产权司法执法的核心，在知识产权司法执法中要让人们明确创新光荣、侵权耻辱、劳动光荣、剽窃耻辱的荣耻观，并结合知识产权司法实践，针对知识产权保护的新动态，宣传知识产权法律知识，规避知识产权案件的发生，引导企业和广大公众深入开展发明创造活动，形成更多的知识产权，丰富社会文化生活和促进经济发展。

（3）处理好人际关系。在知识产权司法执法中，要处理好原告与被告，审判员与原、被告之间的关系，处理好审判中的人际关系最有效、最直接的办法，就是以法律为准绳，以事实为依据，充分调查取证，公正判决，使原、被告都能心悦诚服，创造和谐审判气氛，避免误判、错判的问题发生，化消极因素为积极因素，化干戈为玉帛。

第六节　知识产权司法管理对象

知识产权司法管理对象，包括工业产权和版权两大部分。根据我国有关知识产权法律规定，我国的知识产权类型主要包括著作权、商标权和专利权等权利类型。知识产权的对象是"知识"，知识产权的性质具有无形性、专有性、地域性、时间性、可复制性。

一、知识产权

知识产权所说的"知识"，是指依法保护的创造性的智力成果和工商业标记，是知识的一部分，但是，它们却具备了知识的全部特征；知识几乎是现代社会使用率最高的词汇。它涉及人类的全部生活方式。

（一）知识产权内容与种类

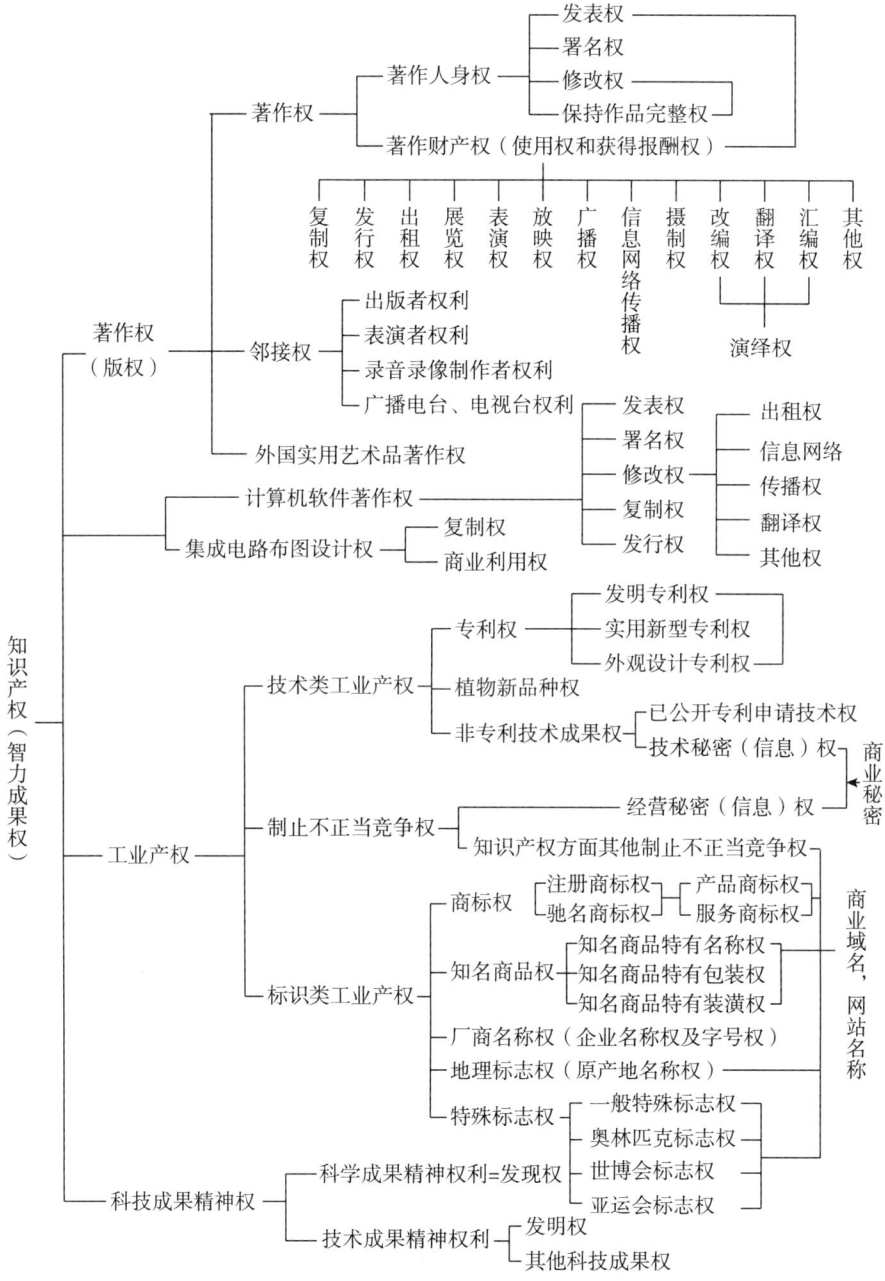

知识产权图表

（二）知识产权的范围

自 1624 年世界上第一部专利法《垄断法规》实施以来，有关知识产权保护的三个主要国际公约的缔结，在世界范围内形成了一个完整的知识产权保护体系。这个体系由工业产权、版权两大类别与专利权、商标权和版权三大支柱共同支撑。时至今日，任何试图用一两句话概括当今知识产权的做法都必然是不谨慎的。要全面了解知识产权的范围，必须适用不同的标准，从不同侧面来说明。

1. 客体范围

知识产权的客体即知识产权权利赖以产生的标的，也就是前文所述具有知识性、财产性及权利性的智力成果。然而，并非所有的智力成果都可成为知识产权法的保护对象。各国法律都为谋求知识产权保护的各类智力成果规定了相应的"资格"性条件。只有当各项条件均已满足后，智力成果才可取得享受保护的资格。

从总体上说，智力成果可被划分为三大类：即实用性成果、非实用性成果和介于前两者之间的半实用性成果。由于这三类智力成果在社会功能及开发方式方面均存在着很大区别，从鼓励开发创造、有益于社会发展与进步的角度出发，法律分别为其规定了不同的保护条件，在一定领域内享受保护。

除前述三类客体外，多年来被放在知识产权问题一起加以解决的受保护对象还有两种。一种是具有与知识产权相似之潜在获利价值的自然因素：地理标记。另一种是依赖于人为的"保密"而使其具有潜在获利价值的"未公开信息"，即原来被称为"技术秘密"："专有技术"或"秘密技术""商业秘密"的那一部分信息。这两种受保护对象一直被世界知识产权组织列为自己的工作对象；而地理标记则早已进入《保护工业产权巴黎公约》的保护范围。但是，这两种对象与传统的及目前仍在发展的基本知识产权客体之间存在着质的区别。地理标记虽由"人"而定，但它一旦确定，便不再属于任何"个人"的智力成果；而法律赋予其上的权利亦不得为任何个人所独有。未公开信息则与知识产权的"公开性"要求相悖，是同传统知识产权相对立而存在的一种"私有财富"。

2. 权利范围

（1）立法标准。立法标准即以知识产权法的立法部门为标准。从目前各国立法来看，知识产权权利可被划分为：①专利权；②商标权；③版权；④邻接权；⑤工业品（外观）设计权；⑥实用新型权；⑦地理名称权；⑧计算机软件权；⑨集成电路布图设计权，以及未公开的信息权。

（2）权利性质标准。权利性质标准即以知识产权权利的法理性质为衡量标准。为此，可以将知识产权权利区分为两大类。第一类是以受保护的智力成果为标的而无限可分的可获利权。这类权利又可分为积极权利和消极权利两种。积极权利系指自己使用或授权他人使用智力成果的权利；消极权利则指禁止或限制他人使用此种成果的权利。在立法中，这两种权利实际上是相互吸收而并存的，无须同时分别作出规定。在《保护文学艺术作品伯尔尼公约》中，这类权利又被称为"经济权利"；大陆法系国家的版权法则称其为"使用权"。第二类是以智力成果中所体现的"精神"因素为对象而由该成果之开发人所享有的"精神权利"或称"人身权"。这类权利在版权领域表现得相当突出，在其他领域则被视为一种可有可无的权利。

法定时间性是知识产权的重要外部法律特征之一。简单地说，到目前为止，各国的知识产权立法赋予智力成果之上的、以智力成果的使用为核心的知识产权权利均有一定的时间限制。至于具体的保护时间多长，各国立法的规定不尽一致。

知识产权的空间效力是各国在保护本国智力成果开发人之私人权利的同时所设置的一道公共利益保护网。这道保护网使其在一国已获得法律保护的智力成果，在另一国却极有可能得不到任何保护，从而成为人人可自由使用的"公有物"。所谓的知识产权保护"国际化"，正是针对这一特征所采取的一系列国际步骤。随着国际化的不断发展，知识产权的效力空间正在从某些方面开始逐渐扩大。

3. 法律范围

知识产权法是一个跨越多种传统法律部门，由多种法律规范形式共同构成的边缘性、综合性法律体系。这个法律体系以根本法为基础，以专门法为核心，以其他部门法中的有关规范为保障而发挥着独有的社会作用。因而，考察一个国家的知识产权立法是否完备，不能仅看其制定了几个专门法规，亦不能仅看其规定了多少权利，更重要的则是要分析其立法是否构成了一个可运行自如的、有多重保障的完整体系。就是说，凡已有知识产权立法的国家，侵权救济方面的法律规范才是最值得关注、最能反映该国知识产权保护状况的因素。一个完整的知识产权法体系应在宪法有关规定的基础上包括：①确定保护对象与权利范围的专门法；②规定权利行使与保护的一般法及专门法；③设定侵权责任的一般法及专门法；④设定侵权救济方式及途径的实体法与程序法；⑤保障上述法律得以正常运作的组织法与监督法。此外，现代社会还应制定防止逃避上述法律之不正当行为及权利滥用的制衡法。

二、与知识产权有关的法律体系

经过三十多年的努力，我国先后颁布了《专利法》《商标法》《著作权法》《反不正当竞争法》《植物新品种保护条例》《集成电路布图设计保护条例》等知识产权法律体系，并根据国际知识产权制度的变革和国内保护知识产权的实际，对已有的知识产权法律进行了多次的修改，逐步与国际知识产权制度接轨，与国内保护知识产权的要求吻合。但是随着经济全球化的到来，特别是中国的改革开放，对知识产权司法管理提出越来越高的要求，既要保持知识产权法律体系的相对稳定性，又要关注国际知识产权制度的发展变化，既要借鉴发达国家的经验，又要不断完善自身的法律体系。所以，知识产权司法管理要跟上时代的发展，接轨国际立法变化，完善提升我国知识产权法律体系。

三、与知识产权有关的组织结构

我国不仅制定了一整套知识产权法律法规，而且，建立了最高人民法院、高级人民法院和中级人民法院知识产权审判机构，从组织上保证了知识产权司法的体系，在我国享有知识产权的任何自然人、法人和其他组织，在其权利受到侵害时，均可依法向人民法院提起诉讼，享受切实有效的司法保护。人民法院依法独立行使审判权，只服从法律，不受任何其他行政机关、社会团体和个人的干涉。

建立健全知识产权案件审判组织，完善审判制度，是人民法院正确审理知识产权案件、切实依法保护知识产权的重要保障。鉴于审理知识产权案件专业性强、技术含量高的特点，一些省份的高级人民法院根据实际需要，自1992年以来，设立了知识产权审判庭，通过对知识产权纠纷案件的审理，依法保护了中外知识产权所有人的合法权益。

知识产权是一项重要的民事权利。对于民事侵权行为，人民法院除可以依法责令侵权人承担停止侵害、消除影响、赔礼道歉、赔偿损失等民事责任外，还可依法对行为人给予必要的没收非法所得、罚款、拘留等制裁。对那些侵犯他人知识产权情节严重、扰乱经济秩序构成犯罪的，还可以依法追究其刑事责任。对于检察机关依法提起公诉的知识产权刑事犯罪案件，只要有充分证据，证明被告人假冒他人商标或专利，情节严重、构成犯罪的，人民法院严格依照法律规定，及时准确地予以惩处。

依据行政诉讼法，人民法院对自然人、法人和其他组织因不服知识产权行政管理机关处理的知识产权纠纷决定提起的行政诉讼，有责任进行审理，并依法作出维持、撤销或变更行政决定的判决。

人民法院审理涉外知识产权纠纷依据我国法律和我国加入或缔结的有关国际公约，坚持在适用法律上的国民待遇原则和对等原则，为促进国际经济技术和文化的交流与合作，提供了坚实的法律保证。

四、与知识产权有关的制度安排

从1474年威尼斯共和国颁布世界第一部具有现代专利保护意义的法律，到1994年TRIPS协议的正式签订，知识产权制度走过了不断完善、从国内法到具有国际性法规的漫长路程。尤其是近百年来，技术、贸易和文化以惊人的速度发展，不断挑战知识产权法律系统的强度和灵活性。法律不断完善推进，给知识产权制度的快速发展注入了催化剂。

（1）"特权"的确立。知识产权制度的起源可溯及到封建社会。封建社会的一切规制体现着占有土地和依附于土地生存的劳动力的统治者的意志，这种特定的社会背景铸成了知识产权制度的一个基本特征：地域性。知识产权制度的雏形，是封建社会的地方官吏、封建君主、封建国家通过赦令、法令的形式授予的一种特权，其效力只可能涉及颁发赦令的官吏、君主或国家权力所及地域内。这种"特权"的确立，是智力成果被首次承认为一种独占权，是知识产权发展进程中的第一阶段。尽管地域性一方面在形式上似乎限制了创造者享有权利的范围，但另一方面又正是在这个特定的范围内，智力成果为其权利人所专有，由智力成果产生的利益，才能被其权利人所独享。从而使知识产权在地域性的前提下实现了另一重要特征"专有性"。

（2）"法权"制度化。知识产权制度发展到资本主义社会，"特权"制度已完全不能适应产业革命所导致的发明创新热潮。以国家法律的形式将"特权"制度化，使知识产权终于成为依法产生的"法权"。18世纪60年代在英国开始的产业革命，如果没有专利制度是难以发生的。如当时的支柱产业——

棉纺织业的水力纺纱机，许多发明都是在专利权的保护下诞生的。专利制度的作用在19世纪变得更为明显。德国、美国利用专利保护，有力地推动了本国技术和工业的发展。德国从1850年的穷国，跃升到1900年的富国，其在1877年颁布的专利法起了重要的作用。

（3）"制度"国际化。在资本主义发展到垄断阶段后，垄断资本家的势力范围已超越了国界，他们希望通过对国外的销售、投资和技术输出获得更大的利润。在这种情况下，具有严格地域性的知识产权对资本主义发展不利的一面便显露出来，尤其是它同垄断资本家扩张国际市场的需要之间的矛盾显得更为突出。因此，谋求专利权国际保护的问题被提出，一些发达国家作为先行者进行了许多开拓性工作。1883年签订的《保护工业产权巴黎公约》，1886年签订的《保护文学和艺术作品伯尔尼公约》，形成了知识产权领域国际保护制度的基本法律框架。与之相适应的巴黎联盟、伯尔尼联盟及后来的世界知识产权组织的建立，为知识产权国际保护制度的实施提供了组织保障。它们同后来的《商标国际注册马德里协定》《世界版权公约》《专利合作条约》《商标注册条约》等一系列全球性和地区性的知识产权条约一起，共同确立了知识产权国际保护基本体制。至此，具有严格地域性的各种知识产权得以通过种种途径获得多国保护，知识产权制度具有了"国际性"。

（4）现实的挑战。严肃执法是整个司法工作的核心。人民法院进行知识产权审判活动，坚持以事实为根据、以法律为准绳，严格按照实体法和程序法办案，实行合议、回避、公开审判、两审终审和审判监督等制度，依法受各级人民代表大会、人民检察院和人民群众的监督，保证审判活动的公开性、公正性和严肃性。但是，根据知识产权制度的发展变革和中国的现实情况，知识产权司法管理面临许多新的挑战，包括法律自身的修订完善，制度的设立与废止，司法对象的发展变化，司法队伍专业素质的提升等都在发生着变化，这些新情况、新变化需要不断充实和完善知识产权司法管理，使知识产权司法制度建设与时代同步，与国际接轨。

第九章　知识产权经营管理

知识产权是重要的无形资产,是知识经济的核心内容。要实现其效益的最大化,不仅要依法进行保护,而且要确立位置、精心经营,实现保值增值。

第一节　知识产权孵化管理

据统计,我国每年申请专利总量超过百万件,但真正能够形成生产力的不到10%,有许多专利因资金、场地、人才原因都处在休眠状态,亟待唤醒、开发。目前,一些省市尝试建立孵化中心(基地)的做法,对休眠专利进行孵化,有的省市利用科技孵化器对专利进行孵化,均收到很好的效果。但对知识产权孵化管理还缺乏高端设计、系统规划、科学管理、规范运行。

一、知识产权孵化机构定义及结构

(一) 知识产权孵化机构定义

知识产权孵化机构是一个智能服务产业,是一种以咨询、筛选、中试和中介为手段的高级智能服务产业。知识产权孵化机构的经营管理者必须具备相应的智能,以团队、个人的方式尽可能为在孵的专利技术提供全方位和全过程跟踪服务;智能服务的结果自然是智能资源的外化,尽可能多地为在孵企业开拓、挖掘、配置知识产权资源,包括人力资源、市场营销、发展战略在内的大规模的咨询服务和经纪、融资等中介服务活动。

(二) 知识产权孵化机构设置

知识产权孵化机构是一个智能服务产业。按照现实需要,通常设置以下机构:

（1）项目招商部：招商引资，项目洽谈，技术资格认定、进驻审批，收集各类科技、经济信息和市场情报，推荐投资合作项目，文件翻译，企业工商注册服务等。

（2）产业服务部：专利中试、论证、转让、生产、市场营销、财务管理、知识产权代理、标准化认定准备等服务，税务登记服务，进驻企业资质认定，协助高新技术企业、产品和各类项目的申报，研究企业发展模式，战略制定，指导进驻企业现代化管理，做好企业数据统计管理等。

（3）综合服务部：对外宣传、接待、文秘、档案、内部财务管理、信息调研、内部管理，物业管理（孵化基地的水、电、设备、环境卫生、保安等配套服务）。

（4）信息部：孵化基地计算机网络管理及相关专业技术信息服务等。

通过对现有资源整合，把孵化机构变成集中、有效的资源整合工具。实现通往官、产、学、研、银行、风险投资的广泛渠道和网络，具备自我繁衍和繁衍他人的能力。

二、知识产权孵化机构发展模式

我国知识产权孵化机构的发展刚刚起步，呈现出勃勃生机，它代表着知识产权产业化的发展方向和过程。知识产权孵化机构正朝着形式多样化、功能专业化、投资主体多元化和组织网络化方向发展。

（1）建设形式多样化。知识产权孵化机构不仅要有综合性的孵化中心，而且要有相配套的信息文献库、中试平台、展示交易大厅、对接洽谈、产、学、研、企交易等，以多样化促进集约化发展。

（2）孵化功能专业化。知识产权孵化机构兴建以专利技术为主要孵化对象；特别是对高科技领域的专利技术的孵化，按行政区划可在全国分别设立生物医药、海洋经济、航空航天、新材料、新能源、遗传工程、人类基因、高效农业等专业的孵化基地。

（3）投资主体多元化。对知识产权孵化机构除了有政策性孵化机构外，商业性孵化机构、民营孵化机构的发展亦应鼓励；管理体制从事业型为主，向企业型、事业单位企业化管理并重模式转变。允许国有和民营大中型企业、风险投资机构和跨国公司创建企业孵化机构，逐步形成投资主体多元化的知识产权孵化机构。

（4）组织机构网络化。为促进知识产权孵化机构优势互补，协同发展，企业孵化机构也是重要的知识产权产业化组织。经过不懈的努力，逐步形成以国家孵化中心为依托，辐射各省市的知识产权孵化机构网络，职能统一划分，资源统一配置，信息共同利用，实施网络化管理。

三、对知识产权孵化机构管理

加强对知识产权孵化机构的建设与管理，已成为知识产权转化为生产力的关键要素，针对目前的情况，应从体制、机制方面加大管理力度，稳步推进知识产权孵化机构建设。

（1）健全体制，完善职能。知识产权孵化机构建设，要从体制入手，参照科技孵化器建设经验，统一规划，明确建设目标，合理区分任务，有效配置建设资源，确定职能范围，形成布局合理，功能健全的运行模式，承担知识产权的孵化中试任务。

（2）加强指导，规范运行。知识产权孵化机构在我国还处于初创阶段，各级政府要在政策、资金、场地、人员等方面予以大力支持，知识产权管理部门应对知识产权孵化机构，在规章制度、业务拓展、日常管理、对外交流等方面给予具体的指导，使这一新生事物沿着正确的方向发展，规范化运行。

（3）优质服务，高效产出。知识产权孵化机构要切实加强自身建设，不断提高自身政治、业务素质，强化职能意识，确立服务思想，对入孵化器的技术、企业提供优质服务，保证在孵项目的高效产出。通过强化对知识产权孵化机构的管理，加速知识产权的流转，形成新的经济增长点。

第二节 知识产权信息管理

知识产权信息管理是知识产权经营管理工作的一个方面。由于对知识产权信息的利用涉及知识产权经营管理工作的各个方面，无论是发明创造、申请专利，还是技术进出口、知识产权战略研究、知识产权纠纷调处、知识产权资产评估等，都离不开知识产权信息情报，因此，知识产权信息管理又是一项基础性的管理工作。

知识产权信息管理可分为宏观和微观两方面的管理。宏观上的管理，包括对国家、行业、地区及各个企事业单位的宏观的知识产权信息管理。诸如：国家知识产权信息服务网络的规划与建设；符合社会主义市场经济秩序的知识产权信息服务业的建立；整个民族知识产权信息利用意识的提高；知识产权信息利用知识的宣传与普及；知识产权信息检索专门人才的培训；知识产权信息利用与管理规章的建立、执行和监督检查等。微观上的管理，即对知识产权信息的管理，如知识产权信息的收集、整理、分析研究、传播、利用等。

知识产权信息管理主要有以下五个方面。

一、知识产权信息管理责任机构

国家知识产权局、国家工商行政管理总局、新闻出版广电总局（国家版权局）等部委和地方知识产权管理机关应分别负责国家、行业和地方宏观的知识产权信息管理工作。

企事业单位的知识产权信息管理归口部门或从事知识产权工作的有关人员负责企事业单位的知识产权信息管理工作。

二、知识产权信息管理内容

（1）国家知识产权局的知识产权信息管理。国家知识产权局作为政府主管全国专利工作的职能部门，负责制定全国专利信息服务网络建设发展规划，改进专利信息传播与利用手段，规范、监督和检查专利信息服务机构的服务工作，宣传专利信息情报利用知识，培训专利信息管理人才，指导专利信息管理工作，推动整个民族利用专利信息进行技术创新。同时，国家知识产权局作为国家专利文献收藏中心和国家宏观专利信息统计数据发布机构，还应充分利用得天独厚的专利信息情报资源，联合地方、部委专利管理机关，共同进行专利调研，开展专利战略研究，为国家经济发展、科学进步的宏观决策提供依据。

（2）国家工商行政管理总局的知识产权信息管理。国家工商行政管理总局作为政府主管全国商标工作的职能部门，负责制定全国商标信息服务网络建设发展规划，改进商标信息传播与利用手段，规范、监督和检查商标信息服务机构的服务工作，宣传商标信息情报利用知识，培训商标信息管理人才，指导商标信息管理工作，推动商标信息进行技术创新。同时，商标局作为国家商标文献收藏中心和国家宏观商标信息统计数据发布机构，还应充分利用得天独厚的商标信息资源，联合地方、部委知识产权管理机关，共同进行商标调研，开展商标战略研究,为国家经济发展、科学进步的宏观决策提供依据。

(3) 新闻出版广电总局(国家版权局)的知识产权信息管理。新闻出版广电总局(国家版权局)作为政府主管全国版权工作的职能部门,负责制定全国版权信息服务网络建设发展规划,改进版权信息传播与利用手段,规范、监督和检查版权信息服务机构的服务工作,宣传版权信息情报取用知识,培训版权信息管理人才,指导版权信息管理工作,推动版权信息进行技术创新。同时,新闻出版广电总局(国家版权局)作为国家版权文献收藏中心和国家宏观版权信息统计数据发布机构,应充分利用得天独厚的版权信息资源,联合地方、部委知识产权管理机关,共同进行版权调研,开展版权战略研究,为国家经济发展、科学进步的宏观决策提供依据。

(4) 部委的知识产权信息管理。部委知识产权管理机关应当通过行业知识产权管理规定,就研究开发、技术改造、技术贸易、引资合资等过程中知识产权信息的利用与管理作出规定,以便将知识产权信息管理纳入本行业企事业单位的科研和经营管理体制中去。

(5) 地方知识产权信息管理。地方知识产权管理机关应通过相应的地方知识产权管理法规,将知识产权信息利用与管理引入企事业单位的技术创新活动,并负责检查规定的执行情况。本着资源共享、便于利用的精神,根据国家知识产权信息服务网络建设规划,制定本地区知识产权信息服务网络发展规划。负责本地区知识产权信息检索、利用和管理知识的宣传及人员培训工作,开展对知识产权信息检索和利用方面的研究,组织经验交流,提高公众利用信息的意识,推动本地区的技术创新活动。负责规范、监督和检查本地区知识产权服务机构的知识产权信息服务活动,使之在市场经济条件下更好地发挥其社会化信息服务作用。应当同国家知识产权局等部委密切联系,负责收集国家和本地区的知识产权信息数据,为地区科技发展宏观决策提供依据。同时,针对本地区经济与科技发展的重大课题开展知识产权调研,发现与之相适应的、有市场前景的专利技术,积极组织实施,为地区的经济发展服务。

(6) 企业知识产权信息管理。在竞争激烈的市场竞争中,适者生存。一个企业只有随时了解世界科技和市场动向,才能把握发展机遇。知识产权信息正是企业了解世界各国竞争对手动向的有用工具。纵观世界各国的大型名牌公司,美国的 IBM 公司、贝尔电报电话公司、壳牌石油公司,日本的日立、东芝、松下公司,德国的西门子、BASF 公司,荷兰的 PHILIPS 公司等,对于知识产权信息情报的收集与管理十分重视。企业知识产权管理部门的职能之一是收集、整理、研究与本企业有关的知识产权信息情报，向企业的决策人员报告，向科研开发、技改、营销管理人员传播，为企业经营发展策略的制定与修改提供依据。

企业知识产权信息管理的内容主要有以下几方面。

① 制定企业知识产权管理办法，将知识产权信息的利用与管理纳入其中。例如，对技术研究与开发、技术进出口过程中的知识产权检索等作出规定等。

② 负责向企业管理人员、技术人员和工人普及知识产权信息的利用知识（包括如何利用本企业所收集的专利文献和相关信息）。

③ 收集同企业相关的知识产权信息。例如，同企业的研究开发和技术改造有关的、同企业欲引进技术有关的、同企业技术与产品出口地有关的、与竞争对手有关的知识产权信息情报等。

④ 对收集的知识产权信息情报进行归纳和研究。例如，对国内外竞争对手的专利申请进行归纳、统计，组织有关人员研究其专利的权利要求涉及的技术内容，搞清其技术发展动态、市场意图，写出调研报告；分析比较同企业欲引进技术相关的各公司的专利技术及其法律状态、商务信息，写出调研报告；根据调研结果，对本企业产品和技术的开发、上市、出口应采取的对策提出建议。

⑤ 负责将调研情况向企业技术主管人员报告。并有针对性地向有关科技和营销人员通报，为企业的研究开发、技术贸易等经营发展策略的制定提供依据。

⑥ 建立本企业的知识产权档案。如对企业历年的知识产权申请与授权情况、实施与收入情况、年费缴纳情况、奖酬情况、技术评估情况等，定期进行分析，并就专利权的维持与终止、发明人的奖酬等，向企业主管人员提出建议。对有专利性和市场前景的项目进行新颖性检索，为企业申请专利作准备。

⑦ 对收集的知识产权信息进行有序管理。例如，文献归档、计算机编目、建立企业知识产权信息数据库等。国有大型企业的知识产权管理机构中应配备有受过专门培训的知识产权信息管理和检索人员。对知识产权信息情报的收集、整理、研究和通报，应是企业知识产权管理机构最主要的日常工作之一。中、小企业也应了解知识产权信息并懂得信息情报管理。对于获得的知识产权文献以及企业自身的知识产权档案都应有专人负责管理。有条件的大型企业应建立内部的计算机信息服务网络。

（7）科研院所的知识产权信息管理。科研院所的知识产权信息管理工作内容同企业大致一样。根据科研院所科技人员集中、科研投入大、成果多、技术含量高，而且一部分科研人员还不同程度地存在着重成果、轻知识产权的现状，以下两方面应作为工作重点。

一是知识产权知识的普及要向专利法律信息的利用、专利技术信息的跟踪统计分析方面深入。科研院所对于技术信息包括专利技术信息在内，历来是重视的，但是对于知识产权的法律、商业信息的收集、整理、研究利用还比较薄弱。科研人员对查到的知识产权文献，往往注重研究其技术内容是什么，而不问其中哪些是受到专利保护的、其保护策略是什么。因此，应帮助科研人员学会分析权利要求书及相关法律著录事项，通过围绕一项技术的若干件专利文献分析其专利保护策略，从而在制定科研方案时，注意确立自己的发明创新点；学会运用回避、见缝插针、专利交叉许可、利用对比文献向专利局提无效宣告等各种策略，为研究开发以及日后科研成果商品化，占领市场铺平道路。同时，要帮助科研人员适时将自己具有技术优势与市场潜力的研究成果申请专利。

二是要不间断地跟踪收集国内外同行业特别是发达国家同行业的知识产权信息，分析其技术动态、市场意图，及时以调研报告的形式向院所业务主管报告、向各课题组通报。科技更新与发展速度日益加快，对知识产权信息的管理和利用提出了更高的要求，只有信息先行，才可能使科研工作有前瞻性。做好知识产权信息调研，可以为科研计划和发展战略的制订提供可靠的依据。

此外，科研院所应加强内部知识产权信息数据库的建设。

（8）大专院校的知识产权信息管理。其知识产权信息管理主要包括：建章立制、信息收集、统计分析和数据管理等方面。根据大专院校科研工作分散于各（院）系的特点，知识产权信息管理可以采用网络化的管理方式，即各（院）系配备知识产权信息管理人员，建立起院校的知识产权信息管理网络。院校的知识产权管理部门，在对院校的知识产权信息管理工作作出规定的基础上，应负责汇总各（院）系的情况，从宏观上对（院）系的知识产权信息管理工作加以指导与管理。

根据大专院校的特点，应把培养具有高度知识产权保护意识的科技人才作为重点。应通过安排有关课程，普及利用光盘、联机数据库、互联网检索知识产权信息和进行专利数据统计分析的方法，以及分析专利权利要求、制定和运用知识产权申请策略、分析科研成果专利性、知识产权评估、知识产权战略等方面的知识，使师生建立起依靠法律保护和发展民族科技的意识。同时，应加强对理工类（院）系的指导和检查，重视对信息管理人员的培训，组织开展知识产权信息统计分析、知识产权战略制定、知识产权管理、评估等方面的经验交流，推动（院）系的知识产权信息管理工作深入、扎实、有效地开展。

三、知识产权信息管理人员选拔

知识产权信息管理和情报工作一样，是平凡而琐碎的工作，但是责任重大。做得好，能为企业、国家带来经济利益；出现失误，就会产生不良的法律后果，甚至导致重大的经济损失。因此，对知识产权信息管理人员应当提出更高的要求。首先，从思想素质上讲，从事知识产权信息管理工作的人员，应当热爱祖国，关心国家和企业的发展，有事业心，办事认真，工作踏实，肯于吃苦；其次，从业务素质上讲，应当有大专以上理工科学历，懂得知识产权法律、文献分类、信息利用方面的知识，了解专利权利要求书的撰写方式，至少掌握一门外语，会使用计算机进行光盘、联机检索和数据处理。

知识产权信息管理工作的连续性，需要通过实践积累经验，因此，负责知识产权信息管理的人员应相对稳定，不宜频繁调换。

四、知识产权信息管理设备要求

为了便于进行信息情报输入（出）、存储和分析处理，应配备运算速度较快、内存比较大的计算机，并装备数据处理软件，如 Excel、Foxpro、WPS 等办公软件和打印设备。

五、知识产权信息管理方式确定

对知识产权信息应采取手工和计算机相结合的管理方式。对各种文档，如专利说明书、专利调研报告、研究报告等，最好分别按顺序号收集；同时将题目、收藏顺序号等著录事项输入计算机，根据需要建立各种数据库，诸如专题题录数据库（又称为分类题录数据库）、顺序号数据库等，既便于查找，又便于分类统计和分析。

第三节　知识产权创新管理

知识产权创新管理，是指以获得知识产权为目的的技术创新活动。它是由技术的新构想、新工艺、新方法，经过研究开发或技术组合，到获得实际应用，并产生经济、社会效益的商业化全过程。其中，"技术的新构想"指新产品、新服务、新工艺的新构想；"技术组合"指将现有技术进行重新的组合；"实际应用"指生产出新产品、提供新服务、采用新工艺或对产品、服务、工艺的改进；"经济、社会效益"指近期或未来的利润、市场占有或社会福利等；"商业化"指全部活动出于商业目的；"全过程"则指从新构想产生到获得实际应用的全部过程。

一、知识产权创新管理的类型

知识产权创新管理可以从不同的角度进行分类。一般而言，对于知识产权创新管理的分类是根据创新管理对象、创新管理程度、创新管理来源等进行分类。

（1）按知识产权创新管理对象分类。根据创新管理对象的不同，知识产权创新管理可分为产品创新管理和工艺（过程）创新管理。

产品创新管理，是指在产品技术变化基础上进行的技术创新管理。按照产品技术变化量的大小，产品创新管理又可细分为全新（重大）的产品创新管理和渐进（改进）的产品创新管理。产品用途及其应用原理有显著变化的可称为全新产品创新管理。渐进的产品创新管理则是指技术原理本身没有重大变化，基于市场需要对现有产品进行功能上的扩展和技术上的改进。

工艺创新管理，指在整个创新过程中，始终贯穿工艺改进、提升等。

（2）按知识产权创新管理程度分类。根据知识产权技术创新管理过程中技术变化强度的不同，可将知识产权创新管理分为渐进性创新管理和原创性创新管理两类。

渐进性创新管理，是指对现有技术进行局部性改进所引起的渐进性的技术创新管理。

原创性创新管理，是指在技术上有重大突破的技术创新管理。它往往伴随着一系列渐进性的产品创新管理和工艺创新管理，并在一段时间内引起产业结构的变化。

（3）按知识产权创新管理的来源分类。根据技术创新管理的来源不同，可将技术创新管理分为自主型技术创新管理、模仿型技术创新管理和引进型技术创新管理三类。

自主型技术创新管理，指依靠自我技术力量，进行研究、开发新技术并实现其工程化和商业化生产的技术创新管理。

模仿型技术创新管理，指通过模仿已有技术成果的核心技术，并根据自身实际情况作进一步改进完善的技术创新管理。

引进型创新管理，指通过引进技术或产品，在此基础上消化、吸收再创新的技术创新管理。

知识产权技术创新管理通常是指在技术行业创新中所作的管理工作，管理者一般具有较高的技术水平，同时带领着自己所管理的团队完成某项技术任务。在知识产权技术创新管理的实际操作中，强调的是管理者对所领导的团队的技术分配、技术指向和技术监察。管理者用自己所掌握的技术知识和能力来提高整个团队的效率，继而完成技术创新任务。

二、知识产权创新管理的特点

（1）知识产权创新管理是以创造、发明为基础的技术活动。知识产权技术创新管理与非技术创新管理的区别在于基本手段，知识产权技术创新管理是基于技术的活动，而不是基于计划、组织、制度的变动。这里的"技术"是一种广义概念，它包含三个层次：一是根据自然科学原理和生产实践经验发展而成的各种工艺流程、加工方法、劳动技能和技术诀窍等；二是将这些流程、方法、技能和诀窍等付诸实现的相应的生产工具和其他物质装备；三是适应现代劳动分工和生产规模等要求的发明创造，对生产系统中所有资源（包括人、财、物、信息）进行有效组织与管理的过程。

（2）知识产权技术创新管理是对技术与权利的对接活动。从知识产权技术创新的发展来看，既存在技术的根本性变动，也存在技术的渐进、微小的变化。技术创新管理在概念的外延上，不仅包括新产品、新工艺、新方法，也可以包括对产品、工艺、方法的改进；在实现方式上，既可以是在研究开发获得新知识、新技术的基础上实现创新，也可以将已有技术进行新组合而实现的创新。知识产权技术创新管理的任务，是保护创新成果，实现创新成果产权化，防止无形资产流失。

（3）知识产权技术创新管理是技术与经济的结合活动。知识产权技术创新管理不是纯技术创新活动，而是知识产权技术与经济发展的有机结合，实现产业化的活动。从本质上讲，知识产权技术创新管理是一种"权利和技术"

为手段实现经济目的的活动。知识产权技术创新管理的关键在于知识产权的产业化、商品化，检验知识产权创新管理成功与否的基本标准是商业价值（也包含社会价值），对经济社会发展的贡献率。

三、知识产权技术创新管理的现状

知识产权创新管理虽然取得了一定的成绩，特别是在发展高科技及其产业化上取得了一定的成果，但是，知识产权创新管理对经济增长还远未发挥巨大的促进作用，目前还存在一些不可忽视的问题。

（一）知识产权创新管理效率不高

衡量一个国家知识产权技术创新管理效率的通用标准是：年均专利数量与国家科技人才数量的比值和单位 R&D 经费产出的专利数量。按照瑞士国际管理学院（IMD）的统计分析，1998 年我国研究与发展人员达到 166.77 万，居世界第一位，而同期美国、日本、德国和法国分别只有 96.27 万、94.81 万、47.02 万和 31.84 万，分别只相当于我国的 58%、57%、28% 和 19%。但是，我国科技人力资源的一个明显的特点是效率低下，按照 IMD 的数据，每万 FTE 产出的专利（包括国内专利和国外专利）件数，我国为 10.8，而美国为 1714.4，日本为 1737.0，德国为 1534.0，法国为 1504.9，均超过我国的 100 倍以上；英国和韩国分别为 984.8 和 554.7，是我国的 50 倍以上，印度也达到 44.6。按照我国科技部的统计，每万个全时 R&D 人员年均专利产出也只是 22.5 件，不及美国、日本、德国和法国的 1/50，也只有印度的一半。我国知识产权创新管理效率低下还可以从 R&D 经费的专利产出上表现出来，我国每亿美元 R&D 经费的专利产出为 46 件，只有美国的 51%，日本的 43%，德国和法国的 34%，英国的 38% 和韩国的 72%。

（二）知识产权技术创新管理能力不强

国际上常采用以专利数和重大科技成果数，作为衡量一个国家技术创新管理能力的量化指标。我国专利数总量增长缓慢，特别是发明专利。年均重大科技成果数与 20 世纪 90 年代初相比，出现了下降。据科技部统计，"十五"期间，我国共取得重大科技成果数约 15 万项。但是，国家级科技成果的数量，2001 年以来逐年下降。其中重大科学理论成果的数量总体上也是呈下降趋势。

2004年与2001年相比，研究机构、企业、高校和其他部门的重大科技成果数量下降的幅度分别为62％、73％、43％、7％。从重大科技成果的应用行业上看，工业下降50％，农业降幅达76％，医药卫生降幅为53％，其他行业降幅为11％。

当前，一些跨国公司通过专利战略和国际技术标准设置新的壁垒，我国企业在知识产权领域遭遇的跨国纠纷越来越多。20世纪90年代以来，跨国公司在华专利申请量以平均每年30％的速度增长，全球80％的知识产权资源掌握在发达国家和跨国公司手中。尤其是在高新技术领域，国外大公司的知识产权占绝对优势，通信技术的92％、半导体技术的90％、生物技术的87％、医药和计算机领域的79％被国外申请了专利，高新技术领域的发明专利几乎都被外国占有，这意味着要获得其技术，必须付出巨大的代价。面对越来越多的知识产权之争，如何拥有自主知识产权，抢占市场制高点，已经成为知识产权创新管理的严峻课题。

（三）技术成果的转化率低

我国的专利技术成果转化率不足10％，远远低于发达国家30％~50％的水平。我国主要行业的技术水平与世界先进水平相差10~20年，一些产业的主体设备和技术还主要依赖进口，飞机、移动通信、软件等的国内市场基本上被外国企业所占领。

高技术企业的产值占GDP的份额也一直维持在1.5％~1.7％，而美国、日本、德国和英国等国家在3％以上。从高技术产品的出口上看，我国高技术产业的国际竞争力较低。以代表未来经济发展方向的信息产业为例，我国的计算机产量不到世界的1％，全国的产量还不到IBM一个公司的60％；行业利润不及英特尔公司的四分之一。我国集成电路的设计、生产技术基本依靠进口，软件产品质量差、功能单一，难以与发达国家相比。我国知识产权创新管理能力还不强，创新管理成果的利用率低，不仅同发达国家存在很大差距，同新兴工业化国家之间的差距也很大。

专利技术产业化是一项高风险的投入，对企业来说，面对巨大的风险压力，对很多高新技术望而却步。宁愿冒着侵权的风险，也要仿造他人的产品，宁愿实施没有独占性的技术成果，也不愿实施技术含量高、市场前景广、风险大的专利技术。追求的是平稳和小利，放弃的是高风险、高回报。

四、加强知识产权创新管理的对策

加强知识产权技术创新管理有着重大的现实意义,一方面,要转变政府职能,制定相关政策,营造知识产权技术创新管理的外部环境,另一方面,企业要结合自身实际优化内部环境,推动企业知识产权技术创新管理的发展。

(一)营造知识产权创新管理环境

一方面要求为其技术创新管理提供强大的人力和物力保障;另一方面制度保证和整个社会知识产权创新管理意识的形成。

1. 完善政策制度环境

彻底转变政府职能,使企业成为技术创新管理的主体。政府职能的重点是投资于教育,投资于基础设施,为企业创造良好的环境,完善财政税收、金融扶持、创新管理的激励政策等。

科研体制要由以国家、科学院和高等院校为主逐步转变到以企业为主,以市场为主。科学院和高校要突出应用研究,其课题更要与企业联系、结合。

2. 完善法律法规环境

要对现行的知识产权法律制度和规定,适时进行修订完善,使其更好地与国际接轨,为"大众创业、万众创新"提供服务。

(二)繁荣社会文化活动

繁荣社会文化活动是知识产权创新管理的重要内容,首先,要转变观念,形成尊重知识、尊重人才、尊重劳动、尊重创造的社会氛围。其次,要鼓励创新,崇尚竞争,宽容失败,推崇脚踏实地、敢闯敢试、不骄不躁的创业风尚。最后,探索建立创新管理文化氛围。做到树立勇于创新管理、敢为人先的观念;树立追求真理、宽容失败的观念;树立鼓励竞争、崇尚合作的观念;构建激励创新管理的文化环境,积极开展有利于创新管理的文化活动,培育和繁荣创新文化,营造"大众创业,万众创新"环境。

(三)控制发明创新风险

加强知识产权创新管理的风险管理,就是要通过对知识产权创新管理风险的判断、识别、衡量、预测和分析,及时采取相应对策处置知识产权创新管理风险和不确定因素的发生，力求以最小成本保障最佳知识产权创新管理效益，规避或减少知识产权创新管理的风险，以保障知识产权创新管理的最佳效益。

（四）加强创新能力建设

(1) 加大资金投入。资金投入是知识产权创新管理活动的必备条件。经费投入多少在很大程度上决定知识产权创新管理活动的空间规模和时间的持续性，是反映企业知识产权创新管理实力的重要标志之一。加大知识产权创新管理投入，通常可通过企业直接投入、融资投入、政府扶持投入等方式。

(2) 健全创新机制。创新管理机制主要由三方面构成：创新管理目标、创新管理制度、创新管理速度。创新管理目标决定和统率创新管理的具体行为，能否正确确立并贯彻实施创新管理目标是其能否顺利推进技术创新管理、赢得创新管理收益的先决条件。要在正确分析自身内部条件和外部环境的基础上做出创新管理总体目标部署，以及为实现创新管理目标而做出谋划和创度规定。同时，要高度重视技术创新管理速度，缩短与发达国家的差距。

(3) 培养创新队伍。大力培养具有敏锐的创新管理意识、会管理、敬业精神强的企业家队伍。企业家通过权力感召力和创新管理精神，培育和建立有利于技术创新管理活动场所的文化氛围，通过自己卓越的管理实践，创造性地利用企业资源开拓商品市场，组织和管理企业技术创新管理活动。

(4) 提高研发能力。要继续推动建立健全技术开发机构和高水平的研发中心，对企业的研究开发条件进行改善，并吸收独立科研院所和高等学校的科研力量以多种形式投入企业技术创新管理中来，以抓好重大关键技术的攻关，带动创新管理的研究开发。对引进技术要在消化吸收的基础上进行二次开发，以提高自主开发和创新管理能力。同时，要按照市场经济的要求，大力开发具有自主知识产权的生产技术和有较高附加价值的名、特、优产品，使其成为进入市场的有力武器。

第四节　知识产权市场管理

为加快知识产权交易市场规范发展，2007年12月13日，国家发展改革委、财政部、科技部、国家工商总局、国家版权局、国家知识产权局研究制定了《建立和完善知识产权交易市场指导意见》，对知识产权交易市场的管理提出了指导性意见。包括六个部分，现摘录如下。

一、指导思想、基本原则和总体目标

（1）指导思想。围绕提高企业自主创新能力，依托和发挥现有知识产权、技术产权和技术等要素市场的作用，发挥市场基础调节作用，加强政策引导和综合协调，推进知识产权交易市场的合理布局和功能多元化，完善交易规则与制度，引导专业中介组织参与交易活动，促进知识产权公开公正有序交易，形成有效的保护和监管体系，创新融资模式，拓宽融资渠道，促进中小企业又好又快发展。

（2）基本原则。一是坚持市场主导与政府推动相结合。充分发挥市场配置资源功能，加强政府引导和协调，促进各类知识产权成果通过市场进行转化，落实完善相关财税政策、实施有利的金融政策，鼓励企业自主创新和知识产权成果转化，形成政府推动与市场化发展的互动机制，推进知识产权交易市场体系的建设和发展。

二是坚持重点布局与协调发展相结合。充分利用已形成的知识产权、技术产权、技术市场等要素市场，根据区域经济发展水平和市场发育条件，逐步建立完善知识产权交易市场准入制度，重点布局带动力强、辐射面广的区域性知识产权交易市场，避免重复建设。协调多级产权、技术市场、技术产权等市场发展，促进技术、资本等要素跨区域流动。

三是坚持规范发展与探索创新相结合。建立健全知识产权交易机构行业组织和自律机制，遵循公开公平公正和诚实守信的原则，逐步建立完善政策法规体系。围绕交易市场发展过程中的关键问题和核心环节，鼓励有条件的区域进行交易模式、交易品种和体制机制的创新，实现交易品种的标准化。

四是坚持加快发展与合理监管相结合。抓住我国重大战略机遇期，加速建立与之相适应的知识产权交易市场体系的同时，加快建立有利于其发展的监管体制与监管模式，规范交易主体行为，维护其合法权益，保证交易市场正常秩序，形成知识产权保护的市场机制和社会环境。

（3）总体目标。通过政府引导和市场推动，逐步构建以重点区域知识产权交易市场为主导，各类分支交易市场为基础，专业知识产权市场为补充，各类专业中介组织广泛参与，与国际惯例接轨，布局合理，功能齐备，充满活力的多层次知识产权交易市场体系。

二、推进知识产权交易市场体系建设

（1）规范交易主体，提高交易质量。进场交易主体应具有完全民事行为能力的自然人、法人或其他经济组织。法人或其他经济组织在资金、评估、交易程序、运作方式、制度建设和专业人员配备等方面应具备相应的资质和水平，提高风险识别和防控能力。有条件的地区，要逐步建立交易主体信用制度，提高交易透明度与效率。

（2）丰富交易品种，创新交易方式。交易主要包含专利权、技术秘密、著作权及有关邻接权、商标专用权、名称标记权、集成电路布图设计专有权、植物新品种等各类知识产权，具备条件的市场可交易以知识产权为主要载体的有限责任公司或未上市股份有限公司的股权等品种。交易可采取转让、许可使用、合资入股等方式。中小企业股权交易要按照《公司法》《证券法》等法律法规，探索有利于企业股权流动、便利投资者进出的交易方式。

（3）建设交易市场，完备运行功能。有条件的地区，要逐步建立知识产权交易市场准入制度。知识产权交易市场应为各省（区、市）人民政府批准设立或认定并报相关业务主管部门备案的常设交易机构，可为事业法人或企业法人，其功能主要提供信息审核、信息发布、组织交易、交易鉴证、结算交割等服务。交易市场应具备必要的交易场所，网络化的电子商务和信息服务平台，完善的交易系统及信息发布系统，较完善的交易制度、交易程序和规范的运作方式，按规定公开披露交易信息，并有明确的发展规划，拥有专业从业人员，满足交易活动需要。知识产权可在省（区、市）认定的产权交易中心登记托管。

（4）统筹安排，合理布局。知识产权交易市场在有条件的中心城市现有的技术交易市场、产权市场、技术产权交易市场、知识产权展示交易市场等基础上优化整合而成。积极推进专业化交易机构发展，逐步建立国家交易市场、区域性市场和专业化交易市场组成的多层次市场交易体系。

（5）整合资源，配套服务。根据知识产权交易需要和业务特点，交易机构可实行会员制，选择服务好、信誉高、能力强的交易中介为指定服务机构，进场从事交易服务。

三、规范知识产权交易行为

（1）严格交易程序，履行必要手续。程序主要涉及知识产权的真实性审查、价值评估、信息披露、竞价和撮合交易、合同鉴证与结算交割等。项目挂牌成交后，由转让双方签订合同并履行鉴证等相关手续。

（2）完善内部管理，建立信息披露制度。知识产权交易市场须建立健全交易规则及登记托管、结算交割、交易监督等规章制度，并报地方监管部门备案，接受管理和监督。项目披露应包括项目财务、经营管理、研发、人才储备、资金使用、价格评估、盈利分析及限制性条件等信息，由项目所有人选择评估、会计、律师事务所等专业机构、经纪会员委托代理。交易机构履行挂牌审核、信息内容认定和披露、交易方案确定和实施、交易主体和结算资金监管等职责，确保市场安全有序运行，保护交易参与者的合法权益。

（3）建立知识产权交易信息沟通反馈机制与运营网络。通过现代信息技术手段逐步建立参与知识产权交易主体的信用信息平台，完善交易市场信用信息数据库，促进企业自主知识产权信息的互联互通。

四、改进知识产权交易配套服务

（1）促进知识产权交易市场的有序运行，推进政策法规、信用服务、融资担保、资格认证及相关中介服务的配套体系建设，加速科技成果转化，营造市场发展的良好环境。

（2）整合各类中介服务资源，积极发展技术中介、咨询、经纪、信息、知识产权和技术评估、风险（创业）投资、产权交易等中介服务机构，为知识产权顺畅交易提供支撑。逐步形成以知识产权交易机构为主，产权代理机构、会计师事务所、律师事务所、风险（创业）投资公司、资产评估机构等相配套的服务体系和协调机制。

（3）加强市场中介服务机构规范管理，提高执业水平和服务能力。通过政策法规、执业能力培训及多种形式业务交流，提高市场从业人员的专业素养和操作能力。培养一支多专业、懂法律、善经营的知识产权经纪人队伍，建立相应的考评制度。

五、加大政策引导和扶持力度

（1）政府采取多种形式促进知识产权交易等市场发展，通过财税政策引导和鼓励交易市场或机构的信息平台与能力建设。

（2）建立适应知识产权交易的多元化、多渠道投融资机制。政策性银行按稳妥审慎原则，经批准应开展知识产权等的质押贷款业务。鼓励商业银行积极开展以拥有自主知识产权的中小企业为服务对象的信贷业务。支持和引导各类信用担保机构为知识产权交易提供担保服务，探索建立社会化知识产权权益担保机制。研究开展知识产权权益托管服务。

（3）加大创业投资对知识产权交易的支持力度。积极发展创业风险投资，发挥政府创业风险投资引导基金作用，引导和鼓励民间资本投入知识产权交易活动，符合规定的可享受创业投资机构的有关优惠政策。

（4）积极探索知识产权投融资新模式。拓宽风险（创业）投资退出渠道，经批准在发展较好的知识产权交易市场开展未上市高成长性中小企业股权流通的试点工作。

（5）国家鼓励不同形式的知识产权进场交易。政府财政性资金投入和支持的项目所形成的非关系到国家经济安全、国防安全和国家机密的知识产权应进场交易，促进民间资本投入所形成的和自然人所持有的知识产权进场交易。

六、加强领导和监督管理

（1）加强对知识产权交易市场的指导。各级政府要根据经济社会发展的需要，进一步改进工作方式，创新服务手段，加大指导与协调力度，及时发布交易信息，促进交易市场的规范发展。各地应结合实际，制定完善地方性知识产权交易市场的法规和配套政策，促进交易市场的制度化、法制化。

（2）建立由国家发展改革委员会牵头，财政部、科技部、国家工商总局、国家版权局、国家知识产权局、国务院国资委、证监会等相关部门及部分省（区、市）级知识产权交易管理部门参加的指导委员会，加强对知识产权市场的指导和协调。依法建立和完善重大知识产权交易活动的审查制度。各业务主管部门要依法建立对知识产权等重大交易活动的特别审查机制，根据各自职能分工履行监管职责，加大知识产权保护力度。

（3）知识产权交易过程中，双方若出现争议，应协商解决，必要时依法采取纠纷调解、交易中止、撤销交易凭证、交易终止等措施解决，并及时向监管部门反映。对非法侵害知识产权、制销假冒产品和技术并造成重大损失的行为，要依法追究法律责任。

（4）国家和地方知识产权交易市场的监管部门，应依法实施管理，加强动态监管。通过年报方式，对交易不规范的机构予以警告并限期整改，对违反相关法律的机构依法予以中止直至追究其法律责任。

（5）积极推进国家和区域性知识产权交易市场行业自律。切实发挥行业自律组织在自律维权、业务交流与合作、技术规范制定、管理咨询、业务培训、理论研究、对外合作等方面的作用，提高交易市场的整体效能与水平。

第五节　知识产权保险管理

知识产权与货物贸易及服务贸易并称为世界贸易体系三大支柱。知识产权是知识经济时代最重要的财产权，近年来，我国逐步与世界知识产权保护体系接轨。但是知识产权的风险管理至今仍没有引起足够的关注，虽然，我国某些企业甚至行业屡屡卷入国际性的知识产权纠纷之中，但至今仍没有一个很好的办法来规避知识产权风险所带来的意外损失。保险作为一种有效的风险分散工具，将其运用于知识产权风险的管理具有重要的现实意义。

一、知识产权保险中的保险利益

（1）知识产权的可保性。保险标的必须是可保的某种财产、权益、利益、生命、人的肢体或潜在的责任。一种风险可保通常需要符合经济上具有可行性。知识产权不论作为一种权益还是作为一种潜在责任，虽然具有经济上的可行性，但各个保险标的在很大程度上是不同质的，每一项知识产权都由法律保障其唯一性，即不存在内容与形式上完全相同的知识产权，这就为发挥保险机制中风险集合的作用带来了很大困难。比如，虽然知识产权本身的价值难以衡量，但是使其恢复原貌的费用以及其潜在责任引发的货币损失都是可以通过司法程序得以确定的。因此，将知识产权保险与诉讼费用结合起来是非常必要的。如果简单地把知识产权与一般实物财产等价起来，按照标的市场价格或重置成本计量保险价值，将为从核保到理赔的各个环节制造各种难以解决的问题。

（2）知识产权体现着货币价值。财产保险的标的必须有客观具体的货币价值，这使得企业的一系列无形资产价值（如商誉等）都不可能成为保险标的。然而企业的知识产权类无形资产会在企业的财务报表中被很好地反映出来，其核算方式都有会计准则进行规定，且收益权受到法律保护。具备这些特征的知识产权与有形资产相比，除在物质形态上，没有本质的区别。知识产权具有会计上与法律上的双重特性，这将其与企业其他无形资产区分开来，符合保险标的特征。

（3）知识产权所有人拥有经济利益。被保险人必须与保险标的物保持如下关系：被保险人因标的物的安全、完好或免于责任而受益；因标的物的损坏或责任产生而受到损害。

一方面，知识产权所有人在其权利受法律保护期间可能遭受被侵权的风险，一旦侵权行为发生，知识产权的价值就有可能下降，严重的侵权可能使知识产权的价值完全丧失。这时所有人可以采取的方案有：一是放弃原来的知识产权；二是试图与侵权方达成共同使用的协议，并要求一定的费用；三是通过司法程序控诉侵权方，强制其停止侵权行为。前两种方法都会导致知识产权价值的损失，这种损失是事先难以估量的。而如果起诉侵权方，可能会花费大量的诉讼及律师费用，如果遭到侵权方的反诉，情况将更为复杂，要花费大量的时间和金钱。另一方面，企业在自有知识产权的使用方面也面临遭到第三方起诉的风险，如果企业屈服于控方，将失去知识产权或不得不付出高昂的使用费用。如果积极应诉，同样面临高昂的费用，一旦败诉还要面临巨额的索赔。

因此，被保险人不但会因知识产权受到侵害而受到经济上的损失，也会因知识产权风险得到分散与转移而获益，被保险人与知识产权标的关系中显然存在着保险利益。

（4）知识产权所有人的权利受法律保护。保险人与保险标的物之间的关系必须是为法律所承认的。知识产权所有人的权利是受专门法律保护的。在我国民法和有关的专门法规中明确规定知识产权所有人的合法权益受法律保护。这种合法利益就是在一定时间范围内，知识产权享有的不受他人侵犯的专有权及由此产生的经济利益。因此，知识产权所有人，为防止他人对其权利的不法侵害，是能够主张其保险利益的。

通过以上分析，可以得出：知识产权所有人对知识产权具有保险利益。这就为知识产权保险的开展奠定了稳固的理论基础。

二、国外知识产权保险概况

知识产权保险在西方国家较早地得到运用，其中以美国最为典型。特别在20世纪90年代后，美国的知识产权侵权案愈演愈烈，知识产权保险满足了争议双方当事人的需要。一方面，权利所有人在其知识产权遭遇侵权后，利用法律使损失得到补偿、权利得到复原的费用得到保障；另一方面，因应诉被控侵犯他人知识产权发生的辩护费用也可获得承保。无论是伸张权利还是防卫辩护，此时都获得了一个可靠的途径来妥善处理知识产权侵权纠纷。因此，知识产权保险对维护公司的稳健运行和缓解公司因知识产权纠纷引起的风险极其重要。目前，世界上流行的知识产权保险按性质大致可分为两类。

（一）知识产权执行保险

知识产权执行保险也称"对抗"侵权的知识产权保险。这种保险的特征是对被保险人在执行其权利的过程中发生的费用进行赔偿，这里主要是指当有第三方侵犯被保险人的知识产权时，被保险人与第三方发生法律纠纷，从而发生的一系列法律诉讼、反诉讼等费用，保险公司将按合同约定对这些费用进行赔偿。从保险角度来看，这是一种针对某一权利进行投保的财产保险，保险价值主要依据权利得到复原所需花费的费用来确定，这里的复原是指通过法律程序排除他人对该项知识产权的使用权。可以从四个方面认识知识产权执行保险：核保、保险责任、赔偿的例外情况和保单的具体操作问题。

1. 核保

核保主要是指保险公司对投保人的选择，投保人的知识产权，必须是在国家专利、商标局注册承认的，是有效的知识产权。这样会避免因故意侵权的人来购买此项保险，从而给专利权人和保险公司造成损失。而且保险公司还要了解关于这项知识产权和公司的更多的信息，比如，这项知识产权的营利性，被保险人原来的诉讼历史记录以及这一类知识产权的诉讼历史记录等问题，最终确定被保险人的可保性。

2. 保险责任

保险责任主要有以下几个方面：（1）被保险人对侵权人提出指控的诉讼费用；（2）被保险人抗辩侵权人指称其某项知识产权无效提起反诉的费用；（3）被保险人对抗侵权人试图使其知识产权无效的行为，在专利、商标局提起该项知识产权再审的费用；（4）在专利、商标局重申其权利或使原有权利的费用。

3. 赔偿的例外情况

保险赔偿的例外情况有：事故发生不在保险期间；由于侵权行为造成的经济上或其他非法律方面的损害；被保险人故意造成的侵权、犯罪行为等。

4. 保单的具体操作问题

被保险人激活保单需采取以下方式：（1）被保险人可以通过填写保险公司提供的申请表，通知保险公司发生的侵权行为和其他相关事实；（2）提供给保险公司一封知识产权辩护律师的评价信，包括评价该知识产权的执行情况、有效性和被侵权情况。保险公司会根据保单条款决定是否激活保单和补偿被保险人的法律费用。

被保险人对诉讼的管理分两种情况：一是被保险人选择律师，要经过保险公司的同意；二是被保险人完全掌握诉讼的主动权，保险公司并不参与，只是按保险合同对发生的法律费用进行补偿。

在知识产权执行保险的保单中，保费、赔偿限额、免赔额、共同保险的份额都根据保单具体情况，由保险人与被保险人协商决定。

（二）知识产权侵权辩护费用补偿保险

知识产权侵权辩护费用补偿保险，用于偿付在应诉知识产权侵权诉讼时所必须支出的诉讼费用，包括律师费和在产生损害的情况下应由被保险人支付的损害赔偿金。这种保险带有防御性，其目的在于保护受到侵权起诉的当事人，保护其自身的利益或将损失减少到最低限度。从保险分类的角度看，其保险标的是由知识产权衍生的法律责任，表现在被保险人败诉后保险人承担赔偿责任上。

知识产权侵权辩护费用补偿保险的很多方面，比如，核保、除外责任、保单的具体操作、保险限额、责任免除、分保比例等的设计与规定都与知识产权执行保险类似，下面是知识产权侵权辩护费用补偿保险独有的保险特征。

1. 保单责任

（1）被保险人在保单期间应诉专利侵权指控的诉讼费用；（2）被保险人在应诉中指称原告专利无效而提起反诉的费用；（3）被保险人启动再审程序作为应诉的答辩费用；（4）原告对被保险人提出的损害赔偿。

2. 地域上的有效性

以美国为例，只要它是在美国注册的公司，即使侵权行为发生在其他国家，被保险人依然可以得到保险赔偿。在经济全球化的今天，这样的特征很重要。

3. 费用补偿

如果胜诉，在法律判给被保险人的赔偿中保险公司享有规定的比例来补偿律师费和其他费用,但是不超过保险公司在诉讼中花费的总费用。

以上两种保险,统称为知识产权法律费用保险。在广义上它们都属于财产保险的范围,财产保险的一个重要原则就是损失补偿,那么如何确定损失也是关乎知识产权保险存亡的关键问题,如果知识产权存在一种事先可以预计的经济利益,那么知识产权保险就应该对这种利益的损失给予补偿。采用法律费用保险,实际上是将法律费用视为恢复原有权利的费用,从而使他的损失可以通过司法途径得到补偿。为了避免被保险人通过知识产权保险额外获利,保单条款中载明在被保险人有额外得利的情况下(如得到超额赔偿、获得新的排他权等),对保险金要有所返还。

三、我国知识产权保险管理探讨

我国保险市场得到恢复和发展的时间较短,保险公司的规模又非常有限,风险承担能力相对较弱,风险管理技术受经验积累、规章制度和资本市场等多方面限制,亦不足以控制变数很大的知识产权风险。如果将知识产权保护视为一个市场,这个市场与保险市场一样年轻,这使得知识产权保险的推广可能会面临保险意识不足和知识产权保护意识不足的双重问题,以营利为目的的保险公司更是不会轻易涉足这样一个尚待成熟的领域。

(1)政府参与,发展政策性知识产权保险事业。纯商业性的知识产权保险在中国现有的市场环境下难以实现其自身的发展并为中国的知识产权保护发挥应有的作用。但随着经济发展,知识产权在企业发展中的作用日益增强,甚至成为企业壮大的关键,对于知识产权的保护与风险管理是知识经济的必然要求,如何在中国的特殊市场上解决这个问题,结合中国的市场环境,发展政策性知识产权保险是最可实行的办法。

所谓政策性,就是需要政府的积极干预。从福利经济学的角度分析,购买知识产权保险有利于增进整个社会的福利水平,从需求上和供给上来讲都带有一定的正外部性。如果按完全私人物品在竞争性市场上进行交易,供给和需求不会达到均衡的合意水平。商业保险公司的商业性决定了它为了自身的经济效益,缺乏积极地发展知识产权保险的动力,因此,需要政府力量的介入。如果没有政府的政策性干预,知识产权保险市场很容易发生萎缩。

政策性保险是一种特殊的保险,经营政策性保险的保险公司或商业保险机构由国家财政直接投资或国家委托独家代办,不以营利为目的,更重要的是为了体现国家政策，如产业政策、国际贸易等。这类保险所投保的风险一般损失程度较高，但出于政策性考虑而收取较低保费，若经营者发生亏损，国家财政将给予适当补偿。

（2）政策激励，培育政策性知识产权风险机构。知识产权保险与出口信用保险相类比，有一定的相似性。国外企业对国内企业知识产权的侵权行为，以及指控国内企业知识产权侵权的行为都有很强的人为性，是一种商业风险；而且国际上知识产权法律的差别也在一定范围内属于政治风险的范畴。这些风险同样无法预计，难以计算概率，加之我国企业因知识产权卷入法律纠纷后，受法制以及经验等方面因素的影响，抗辩能力往往不强，使得承担保险责任的保险公司面临更高的风险。所以，随着知识经济日益深化与市场竞争的日益激化，知识产权的纠纷日益增多，加之我国知识产权保护体系不完善，在与国外大型企业或企业联盟发生知识产权纠纷后往往陷入困境。如何为中国企业的知识产权穿上保护衣，如何保证中国企业在激烈的竞争中，不被知识产权盾牌打倒，知识产权保险机构应该得到国家的政策扶植。大力培植一批知识产权保险机构，为企业参与国际市场竞争，防范经济风险提供帮助。

（3）健全机制，推动知识产权风险规范运行。知识产权保险在我国还处于起步阶段，特别是政策性知识产权风险机构尚待建立，当前，应抓住机遇，科学论证，从组织机构、专业人员、发展模式、规章制度、业务范围等方面入手，先行试点，总结经验，规范运行，稳步推进。

第六节 知识产权归属管理

一、政府投资项目知识产权归属管理

2007年12月23日，全国人大常委会进行二审的《科学技术进步法（修订草案）》，对国家资助科研项目的知识产权归属作了更为明确的规定："利用财政性资金设立的科学技术基金项目或者科学技术计划项目所形成的发明专利权，计算机软件著作权、集成电路布图设计专有权和植物新品种权，除涉及国家安全、国家利益和重大社会公共利益的外，授权项目承担者依法取得"；"项目承担者应当依法使用前款规定的知识产权，同时采取保护措施，并就使用和保护情况向项目管理机构提交年度报告；满二年没有使用的，国家可以无

偿使用，也可以许可他人无偿或者有偿使用"；"项目承担者依法取得的本条第一款规定的知识产权，国家为了国家安全，国家利益和重大社会公共利益的需要，可以无偿使用，也可以许可他人有偿或者无偿使用"；"项目承担者因实施本条第一款规定的知识产权所产生的利益分配，依照有关法律，行政法规的规定执行；法律、行政法规没有规定的，按照约定执行"。

我国无论在计划经济体制下，还是市场化改革的今天，政府科技投入对推动我国科技发展一直起着极其重要的作用。然而，政府科技投入项目形成的知识产权归属问题并没有得到很好的解决。政府投入部门和科技成果完成单位以及个人之间的法律关系不够明确，由此产生了科研成果与市场脱节、研发效率低下、资源浪费严重等问题。这种局面已严重阻碍了我国科技进步与发展，因此，加强政府投入项目成果知识产权归属管理已提上议程。

（一）政府科技投入的特点及目标

政府科技投入是政府利用财政资源支持科技活动的重要方式。从投入的方式来看，主要包括税收减免、补助津贴、无偿赠款及直接财政拨款等；从投入的领域来看，有基础研究项目的投入、应用研究项目的投入和试验发展项目的投入。

总之，政府科技投入既不同于私人科技投入，也不同于政府自身的经营性投资，因此，它不能适用私人科技投入和政府经营性投资的市场规则。政府在其科技投入中的法律地位不同于科技市场中的普通顾客，它是公共利益的代表者、政策的制定者、市场的调控者。政府科技投入的终极目标是促进技术创新，并使科技成果得以最充分利用，从而推动国家和社会科学技术的进步。因此，科技投入的政府部门不应该利用"谁投资谁拥有""谁投资谁收益"的市场原则，从受资方那里要求充分的经济利益回报，更不能将其投入项目科技成果的知识产权独占。

（二）政府科技计划项目投资的原则

经国务院批准实施的《关于国家科研计划项目研究成果知识产权管理的若干规定》，明确了国家科研计划项目研究成果的知识产权归属原则。

（1）除涉及国家安全、国家利益和重大社会公共利益外，科研项目研究成果形成的知识产权，国家授予项目承担单位，承担单位可依法自主决定实施、许可他人实施、转让、作价入股等，并取得相应的收益。

（2）为确保科研项目成果切实发挥应有的经济、社会效益，国家根据需要，保留对科研成果无偿使用、开发、使之有效利用和获取收益的权利。对涉及国家安全、国家利益和重大社会公共利益的项目，科技计划管理部门应当在立项或验收时予以确认，明确知识产权管理方式，拟订成果转化、应用的方案。

（3）政府资助科研的基本目的，是促进成果的产生与充分利用，以保持国家科技和产业竞争力，提高人民生活质量。承担单位作为科研项目成果的知识产权权利人，在其无正当理由不实施转化项目成果、影响公众对成果的应用时，政府有权予以干预。

（4）继续贯彻落实国家关于对成果完成人给予奖励和报酬的政策，而且项目承担单位转让科研成果知识产权时，成果完成人享有同等条件下优先受让的权利。

（三）政府科研项目产权归属的原则

我国由于长期以来实行计划经济，政府投入项目成果知识产权归属问题，一直没有得到很好的解决。随着市场经济体制的确立与完善，科技资源越来越被要求公平合理地配置。政府投入项目成果知识产权的归属原则急需明确，否则这类成果难以被充分利用，国有资产也将大量流失。

我国在确立政府投入项目成果知识产权归属时，应以"有限放权"为总体指导思想，并坚持三个基本归属原则，即经济效益原则、利益平衡原则和激励创新原则。

（1）经济效益原则。知识产权制度的根本目的在于对知识产品的生产和利用提供一种合理有效的机制，从而促进国家的经济增长。政府投入项目知识产权的归属应该遵守经济效益原则。如果政府更有能力使其项目成果得到最优配置并发挥其最大经济效益，那么由政府享有知识产权是合理的。但事实上，政府并不是经营实体，不受利润刺激，且经济责任分散。因此，在市场经济条件下，政府作为产权主体往往是虚设的，政府很难通过自身行为实现知识资产效益的最大化。而作为受资方的研发单位则不同，它们往往是独立的法人而且是市场主体，其知识资产的生产及转化与其自身经济利益密切相关，它们一旦掌握了知识资产的产权，就会尽力通过市场实现其效益的最大化。由研发单位拥有项目成果知识产权，不仅符合知识资产本身特性，也符合政府科技投入的终极目标。

在特殊情况下，政府也可能保留部分知识产权：

① 研究开发放弃知识产权，而又无其他产权主体时，政府可保留该项知识产权。

② 政府出于国家安全或重大公共利益考虑而保留知识产权。

③ 研究开发方没有在国外申请专利保护时，政府享有国外的该成果专利申请权。

④ 政府科技投入并由政府公务员承担的科研基础项目知识产权归属于政府。

⑤ 对于难以立即市场化且具有重大科技进步社会效应的基础性研究成果，适宜于由政府保留其知识产权。

（2）利益平衡原则。知识产权的最优配置，实际上也是知识资产拥有者和使用者之间权利义务的合理分配，是个人利益与公共利益，单位利益与国家利益的不断平衡。在遵循市场规律，尊重智力劳动，并且使知识产品生产者的收益回报尽可能符合其付出成本的同时，必须注重国家对社会经济生活的干预和社会整体利益的维护。在知识产权配置上，以维护知识生产者利益为基础，以技术创新为目标，依法兼顾国家利益和公共利益；将个人利益和单位利益，国家利益和社会整体利益有机协调起来，做到既保护知识产权人的合法权益，又使社会公众及国家从智力成果的公开和转让中受益。

（3）激励创新原则。知识资产的形成虽然离不开资金、设备、信息和管理，但智力是决定性因素，随着人类迈入知识经济时代，智力劳动成为社会进步的主要动力。可以说，智力劳动是一切知识产品产生的根本。因此，在构建知识产权归属制度时，应特别重视科技成果完成人的创造性劳动，使他们所获得的报酬尽可能符合其智力劳动投入成本，从而激励他们进一步开展技术创新活动。

总之，以上三个基本原则既有区别又有联系。经济效益原则，强调项目成果应该被充分利用以实现其经济效益的最大化，这一原则既符合研发单位及个人意愿，也符合政府知识产权战略目标；利益平衡原则，强调研发单位及个人利益与国家及社会利益的协调性，政府应保留对其投入项目成果的使用权和行政介入权；激励创新原则，强调科技成果完成人在科技成果生产及应用中的重要地位和作用，只有通过法律加强对科技成果完成个人利益的保护，才能从根本上维护技术创新，促进科技进步。这三个原则互相联系、互为补充。其中，激励创新原则是根本的原则，它体现了"科学技术是第一生产力"的战略思想。创新是科技进步的原动力，只有不断创新，才能提高经济效益。但是在提高经济效益的同时，利益平衡是科技与经济可持续发展的重要保障。在处理政府投入项目知识产权问题上，必须同时坚持上述原则。

（四）政府科研项目产权归属的管理

政府资助 R&D 项目是发明成果的重要来源。随着我国政府对 R&D 资助的进一步增加，如何优化配置这类发明成果的知识产权，使其充分转化利用，已经成为当今知识产权归属管理的一个重要问题。

从管理学、法学、经济学和哲学理论出发，对政府资助 R&D 项目合同的法律性质、政府资助形成的发明成果知识产权的归属、项目职务发明人的权利等问题进行研究；借鉴域外政府资助形成的发明成果知识产权归属制度的基础上，应加大政府资助形成的发明成果知识产权归属的管理。

（1）明确政府资助 R&D 项目合同的性质及其当事人相互之间的法律关系；特别是参与项目第三方的法律地位及相应的模型。由于政府资助 R&D 项目所涉及当事人和所形成的法律关系十分复杂，因此，其发明成果知识产权的归属也要区别不同情况。在确立政府资助项目成果知识产权的归属时，应把握"有限的放权"的指导思想和三个具体的归属原则，即经济效益原则、利益平衡原则和激励创新原则。

（2）明确项目主体各方应该享有的知识产权和必须履行的相应义务，特别是对参与项目第三方的知识产权分享问题作出界定。政府资助形成的发明成果知识产权归属于研发单位更有利于其转化利用和促进创新。政府不应该遵从"谁投资谁所有"的市场原则，要求受资方给予充分的利益回报，或将其资助形成的知识产权据为己有。当然，政府基于国家利益和公共利益考虑，对其资助项目成果可以行使免费的成果使用权、特殊情况下的所有权和行政介入权。

（3）明确项目职务发明人的法律地位，特别是项目职务发明人权利的基础及其应该享有的精神权利和财产权利。项目职务发明人由于其被雇用地位，通常情况下不应该享有项目中职务发明的专利申请权和专利权。但是其智力劳动必须得到充分尊重，除了享有署名权等精神权利外，还应该享有一定的报酬权和其他权利，在具体实施中，按照《专利法》执行。

二、国防知识产权归属管理

我国国防知识产权的归属与美国政府专利权归属有类似问题，因此，可以借鉴美国政府知识产权归属处理的做法，对我国国防知识产权的归属进行管理。

(一) 国防知识产权的主体确定

为鼓励国防智力成果方、使用方积极投入成果创造与商业化活动，应对其权益给予充分的考虑。为此，国防知识产权在归于国家的同时，应保留一部分权利给国防智力成果方，这一类权利应以法律形式给予确认。同时应允许国防知识产权在适当范围进行交易，成果使用方通过交易亦应能获得一定范围的权利。

(二) 国防知识产权权利内容界定

(1) 应确保国家对国防知识产权的绝对控制权。首先，国防智力成果具有更强烈的政治色彩、共用性色彩以及公益性色彩。为了保证国家安全，国家必须对国防智力成果在国防专用领域里实施拥有绝对的垄断权。其次，国家对国防智力成果的投资巨大，国家有理由代表全体人民尽可能地收回投资，促进其产生经济效益。由此积累国防智力成果扩大再生产所需的资金，促进更多的国防智力成果的产生与应用，并造福于全国人民。因此，国家应对国防智力成果保值增值管理拥有充分的权利，而这是在国家对国防智力成果拥有充分的明晰的财产权基础上形成的。具体包括：对国防智力成果的保值增值活动的调控、监督与促进；对一切因侵蚀国防知识产权（如化公为私等）、非法转移国防智力成果（如通过人员流动等）以及未及时申请法律保护（如提前公开，让外国厂商抢先申请专利等），不健全的国防智力成果交易机制（如交易费用与实际不符，无形资产评估制度的不健全等）而导致国防智力成果资产流失、国家利益严重受损的活动进行干涉与管理。

(2) 国家对国防知识产权权利内容的管理。第一，国家对一切用于国防专用的智力成果应拥有绝大部分的产权。由此导致国防智力成果研制方利益损失（比如因无许可权而使其收益受到损失）可考虑采用现有《国防专利条例》中规定的那样对成果方发放"补偿费"的制度性补偿手段来弥补成果方的损失。第二，应明确确定国家对国防专用领域使用的国防智力成果拥有一定的权利。比如，国家有权控制国防智力成果的外贸活动，以确保国家应有的利益不受侵犯；又比如，对于重大的军转民技术贸易活动，国家应对其有调控权以及收益权，如项目计划的审批权、项目计划实施绩效监督权、项目收益分配方案制定权以及适当比例的收益享受权等。第三，鉴于美国政府知识产权处理经验，我们也应考虑对那些实施难度大或实施不利的成果项目（除国防专用项目外），国家对其应拥有以许可权为主的转让权，有权指定或通过招标等形式确定有实力的单位实施，或国家代表本国利益，在解密的基础上选择有市场的国家实施。第四，为确保国防智力成果不流失，应明确规定对国防知识产权拥有终极所有权，即国防知识产权只能在一定范围内出让，但不允许将所有产权进行出售。

（三）国防智力成果完成方权利归属

（1）国防知识产权权利主体的特性。国防知识产权主体唯一性，国防系统长期奉行的知识产权一律归国家所有的产权政策，对国防系统最终所带来的财富可能是"总和为负"的影响。因为，当一方享受"成果使用权"时，可能得到了一定的收益（比如军工厂接到试制及生产的任务，这就意味着军工厂在为自己创造收益的同时，也在为国家创造财富），而另一方在承担"成果研制义务"时，却因无权交易而遭受的利益的损失。这种"权利"享受者与"义务"承担者之间的收入流转，即一方所失，为一方所得，这从国防系统总体来看却是一个"总和为零"的结果。此外，在考虑外部性的存在还导致了成果方对成果研制的努力程度的降低，加上国家改善外部性所导致的各种消极后果而付出的高昂成本，就得到了上述整体收入"总和为负"的结果。

（2）国防知识产权权利内容的管理。第一，成果收益权的确定。尤其是在国防应用领域，成果方不具有任何转让权的情况下，只有通过单独确定适当范围的收益权，才有可能在一定程度上弥补因不允许其自由交易而带来的损失，由此尽可能在照顾国家的特殊需求与减少成果方损失之间取得一种均衡。第二，成果方转让权的确定。主要体现在民用领域中其应拥有许可权的规定上，只有允许其进行市场交易，产权才会给其带来更多的利益，由此才能强化产权的激励功能。而这一权利制度又是以国防智力成果的制度化的解密工作实施为前提的。而成果方保留许可权，也是在国防智力成果转化过程中引入市场机制的重要内容之一，因为它的明确界定是市场交易得以实现的重要前提。

（3）国防知识产权使用方权利的管理。当国防智力成果进入非国防领域时，使用方的权利主体地位是通过产权交易活动形式确定的。这时它对成果拥有的产权范围大小也是通过合约界定的。它的交易对象有可能是国家，也有可能是成果方，具体视交易客体的许可权归属方向而定。国防智力成果使用方，不仅可以包括军工企业,还可以包括民用企业,甚至外国企业。

需指出的是,国防智力成果的使用方主要承担着无形资产转为有形资产,并促使其产生经济效益的重要任务。因此,在加速国防智力成果商品化过程中,重要的任务之一就是刺激企业对智力成果的消费需求。通过产权交易合约来确定使用方对交易客体的使用权、相对的排他权以及收益权。由此来保证使用方在成果商业化过程中的合法权益。为促进国防无形资产的经营,通过建立完善的产权制度,合理考虑使用方的权利。

三、企业知识产权归属管理

知识产权的归属问题一直是引发企业与科研人员矛盾的重要原因之一,这个问题处理的好坏在一定程度上反映出该企业知识产权制度的优劣。

(一) 企业知识产权归属管理法律内涵

知识产权是国际上广泛使用的一个法律概念。知识产权法对调整智力成果归属、利用和保护而产生的各种社会关系均有明确的法律规定。如《专利法》第六条规定:执行本单位的任务或者主要是利用本单位的物质技术条件所完成的发明创造为职务发明创造。职务发明创造申请专利的权利属于该单位;申请被批准后,该单位为专利权人。非职务发明创造,申请专利的权利属于发明人或者设计人;申请被批准后,该发明人或者设计人为专利权人。利用本单位的物质技术条件所完成的发明创造,单位与发明人或者设计人订有合同,对申请专利的权利和专利权的归属作出约定的,从其约定。

《专利法》第八条还规定:两个以上单位或者个人合作完成的发明创造、一个单位或者个人接受其他单位或者个人委托所完成的发明创造,除另有协议的以外,申请专利的权利属于完成或者共同完成的单位或者个人;申请被批准后,申请的单位或者个人为专利权人。

我国的知识产权法律法规以及司法解释,对知识产权的归属从不同方面做出明确的规定,是企业知识产权归属管理的依据。

(二) 企业知识产权归属与管理

明确知识产权归属,防止无形资产流失。国外企业非常重视企业智力成果的确权。员工进入企业时,要与企业签订合同,明确发明创造的权利归属、奖酬待遇、保密守则等合同内容。目前，国内企业在知识产权归属与管理还不到位，有的企业甚至没有知识产权归属与管理制度，处于空白地带。这里以IBM公司知识产权的归属与管理为例阐明企业知识产权归属管理。目前IBM对于知识产权的归属及管理是实行"中央集中管理制"，由总公司来集中管理此类事务。

首先，在各员工和公司之间要签署一份"有关信息、发明及著作权的同意书"，其中规定，只要他是从IBM内部取得若干机密信息或是从以前员工完成的发明、著作等创作物中截取若干信息来完成IBM的有关研究开发项目的成果，以及其因执行职务或为公司业务而产生的成果，都应该将这些成果的IPR移转给公司。

其次，IBM各子公司都要和总公司签署一份"综合技术协助契约"，依此，总公司为各子公司支出研究开发的费用，子公司的研究开发工作如有成果，其知识产权必须转移给总公司所有。这样，总公司不仅拥有其员工移转来的知识产权，也有从全球各子公司移转来的知识产权，在数量上，这是一笔可观的数字。

最后，当总公司与全球的其他企业缔结专利或与其他公司签署知识产权授权契约时，总公司也可通过再授权的方式，将相关技术提供给子公司。当子公司制造、销售产品，侵害到第三人之知识产权并遭遇诉讼时，总公司出资协助子公司进行抗辩。有关商标之使用，原则上是由总公司集中管理，各子公司要使用时再由总公司授权。对于总公司的上述各种授权，各子公司以营业额中的一定数额支付给总公司，作为使用的费用。

无可否认，在各员工和公司之间签署一份"有关信息、发明及著作权的同意书"，这样能有效避免员工和企业之间产生知识产权的权属争议，并使员工清楚地知道自己的职责和享有的正当权利，自觉遵守公司规定不侵犯公司的合法知识产权，在员工与企业间构建起一种平等的、互相尊重的和谐关系。IBM各子公司和总公司签署的"综合技术协助契约"，又使总公司在肩负科研费支付义务的同时成为最后知识产品的所有方，分公司对该知识产品的使用只能由总公司以授权的方式许可其使用。IBM之所以采取这种高度集中，统一授权的知识产权管理模式，正是考虑到子公司的知识产权保护能力相对有限，这种综合技术协助契约有利于总公司在不妨碍子公司知识产权合理利用的条件下，合法地对子公司的知识产权进行全面保护，维护IBM的整体知识产权权益，客观上也使公司的知识产品在更大范围内获得了流通和增值。

(三) 企业知识产权归属管理建议

针对中国企业知识产权现状，在认真吸取国外知识产权归属与管理的经验时，一定要从中国的国情出发，从本企业的现实需求考虑，制定切合自身实际的知识产权归属与管理办法。

（1）签署协议，界定产权归属。其内容包括：协议双方同意乙方（员工）受雇（或受委任）期间，所产生或创作之构想、概念、发现、发明、改良、公式、程序、技术创新、著作、图样、软件程式、专利或其他形式存在之知识产权或商业秘密等机密资讯，无论有无取得专利权、商标专用权、著作权等，其所有相关权利与利益均归甲方（公司）所有。合约规定：不因本合约终止或届满而失其效力。

关于《知识产权归属约定书》，立约定书人（员工）因聘雇关系（包括本公司或下属子公司）自行或与他人共同研究、构思所完成之发明、发现、设计、发展、改良、操作程式、专利权、商标权、集成电路布图设计权、商业秘密或其他知识产权均属本公司所有，如依法律规定该发明属于立约人所有时，立约人同意将该发明无条件让与本公司，或授权本公司独家使用，并同时放弃该发明之知识产权。本合约于本人离职后继续有效。

（2）签订保密守则，规范知识产权管理。员工在企业工作期间完成的智力成果，包括科研课题、学术论文、发明创造等，其知识产权归企业或课题负责人共有。员工在离开企业前，需将在企业从事科技工作的全部技术资料、实验材料、实验设备、产品、计算机软件等交回企业，并承担保密义务，严格遵守企业的知识产权保护规定，不得擅自将企业的知识产权带出。依法保护企业的知识产权，并不得擅自复制、发表、泄漏、使用、许可或转让企业知识产权。

（3）兑现奖惩规定，依法保护知识产权。员工在本职岗位利用企业的资金、设备、原材料、试验条件、场地或者不对外公开的技术资料、技术基础，以及企业名义完成的发明创造，企业按照知识产权法律规定，兑现"一奖两酬"政策，保护发明创造热情，支持员工发明创造活动。对违犯本办法而使企业的知识产权受到损害者，直接人员应当依情节轻重，分别给予不同的行政处分；违犯法律的依法追究其法律责任。

四、其他知识产权归属管理

（1）畜禽遗传资源知识产权归属。2007年9月4日，国务院常务会议通过的《中华人民共和国畜禽遗传资源进出境和对外合作研究利用审批办法》规定，在境内与境外机构、个人合作研究利用列入畜禽遗传资源保护名录的畜禽遗传资源，知识产权归属明确、研究成果共享方案合理。

在对外合作研究利用过程中需要更改研究目的和范围、合作期限、知识产权归属、研究成果共享方案或者国家共享惠益方案的，在境内与境外机构、个人合作研究利用列入畜禽遗传资源保护名录的畜禽遗传资源的单位，应当按照原申请程序重新办理审批手续。

《畜禽遗传资源进出境和对外合作研究利用审批办法》自2008年10月1日起施行。旨在加强对畜禽遗传资源进出境和对外合作研究利用的管理，保护和合理利用畜禽遗传资源，防止畜禽遗传资源流失，促进畜牧业持续健康发展。

目前，针对遗传资源的保护，国际社会在十几年前逐渐形成了以《生物多样性公约》为代表的若干国际规则。该公约于1993年生效，所确立的三项核心原则是：国家主权原则、知情同意原则和惠益分享原则。新修订的《专利法》中增加了有关遗传资源保护的相关规定。

（2）知识产权权利归属法律适用。2010年10月28日全国人大常委会第三次审议的《涉外民事关系法律适用法》规定，知识产权的归属和内容，适用被请求保护地法律。

（3）知识产权归属合同。知识产权归属合同是其产权归属的法律依据。通常包括：当事双方（甲方、乙方）的名称、机构代码；合同内容、产权归属、权利义务、争议解决等内容等。

第七节　知识产权经营管理

一、知识产权经营

知识产权经营是财产经营的新领域。知识产权集技术、经济、法律于一体，知识产权经营是以各种形式的"知识产权"综合在一起进行商业运营的经营模式，是一种以品牌文化为底蕴、以新技术研发、工艺设计、经营创意为后盾、建立技术专利、技术标准、材料标准，用出售、转让、租赁、授权等方式实行营利的一种新的商业模式。

企业如何建立知识产权管理体系、如何建立经营战略、研发战略、知识产权战略三位一体的经营模式，如何进行对知识产权纠纷预防的风险管理，如何将知识产权作为经营资源加以利用、提升企业价值等一系列问题亟待解决。目前，学者提出了经营知识产权的三种方式。

第一，经营反侵权诉讼。中国的版权索赔诉讼的标的大部分不高，但嗅觉敏锐的商人早已开始掘金的尝试。近年来，随着中国知识产权保护的力度加大，以经营打盗版诉讼的企业开始出现了。他们先通过合同买断版权，然后搜集侵权对象批量向各地法院起诉，有的甚至连律师费诉讼费都不付，把诉讼外包给律师事务所，让律师"垫资施工"，胜诉后再利润分成。

第二，经营知识产权许可的模式。这方面典型的是以经营专利许可见长的高通公司。经营品牌的许多跨国公司也是精于此道的高手。为了捍卫自身的利益和预防风险，他们在全球布局注册了各种知识产权的权利，在推出重要的产品或者品牌之前，会首先完成知识产权布局。以实现行业垄断，获取利益的最大化。

第三，综合经营知识产权和其他商业资源的模式。好莱坞是这方面的典型。这种模式大致可以概括为：资本+创意，专业+多元（内容产业以版权为核心，从娱乐延伸到出版业、服务业、制造业），不仅仅经营知识产权，而且通过电影文化的出口，引领文化潮流，潜移默化地影响人的价值观甚至是意识形态。

知识产权集技术、经济、法律于一体，企业知识产权经营在企业尤其是高技术企业发展中具有独特的功能和作用，是其他任何经营不能替代的。由于企业经营方式的进步及情报的高度利用，企业经营活动中的知识产权经营不断被强化，充分利用知识产权经营，可以有效遏制竞争对手，并不断提高企业的竞争力。

二、知识产权经营的几种模式

（1）内在积累模式。主要是指通过自主创新、引进、消化、吸收、再创新，将智力成果最大限度地产权化，形成自身的知识产权优势，把资源变成资产，并加以扩大，形成占领市场的竞争优势。

（2）合作联盟模式。是指企业可以与其他企业进行战略联盟，知识产权交叉许可，实现利益的均等化，共同推进本领域的跨越发展，核心重点是要加强企业管理，建立并完善联盟机制。

（3）市场跟进模式。主要是指企业在暂时处于竞争劣势地位，不具备技术领先条件时，可以及时掌握市场变化趋势跟进技术发展，同时研究市场的空白点，实施技术改进，最终实现超越。

（4）资本投资模式。根据资本市场情况，对企业发展制约的知识产权，可以通过收买的方式，并购目标知识产权，为企业发展聚集资本。

以上四种基本模式可以单独使用，也可以根据企业特点进行组合使用。另外，在知识产权经营模式中，以专利权经营为例，还有专利有偿转让模式；专利收买模式；专利回输模式；交叉许可模式；专利许可代理模式；专利共享模式；利用失效专利模式；绕过障碍专利模式；专利诉讼模式等。

三、国外知识产权经营管理借鉴

（一）国外企业知识产权经营变化

第一种是合资：合资起于20世纪中期，跨国公司进入中国，因对国情不了解，加之一些跨国公司品牌在中国知名度较低，便选择与中国著名企业合资，通过合资的方式分摊进入中国市场的成本、降低风险。如美国惠而浦与雪花合资、德国博世与神州合资、德国西门子与扬子合资等。

第二种是合资变独资：在20世纪中后期，跨国公司进入中国后，对市场有了了解，加上合资双方目标、文化的不同而发生诸多矛盾，跨国公司多转为独资经营。

第三种是软价值竞争：在中国加入WTO后，外资企业"受惠条件"降低，跨国公司在中国"低成本制造"优势也不明显了，与此同时，中国企业以"价格战"血拼出来的制造规模也让跨国公司在中国"不玩了"，便开展了软价值竞争，即"知识产权运营模式"。

"知识产权运营模式"是一种以各种形式的"知识产权"综合在一起进行商业运营的经营模式，是一种以品牌文化为底蕴、以新技术研发、工艺设计、经营创意为后盾、建立技术专利、技术标准、材料标准，用出售、转让、租赁、授权等方式实行营利的一种新的商业模式。这种模式在西方发达国家已成为国家层面的竞争与营利方式，如在英国，单以文化创意为后盾的"知识产权运营"产业GDP超过了总体GDP的7%。

（二）西方大学知识产权经营

大学知识产权经营是指国家将其资助大学研究产生的成果及其形成的知识产权下放给大学，大学作为技术转移公共平台，设立专门机构从事知识产权的保护、管理和营销，并以许可的方式向企业界转移技术。实施"横向技术转移""纵向技术转移""国际技术转移"等。其知识产权经营受益于以下几个方面。

1. 国家归属政策激励

（1）下放知识产权所有权。西方国家通过立法及行政命令的方式，允许大学获得国家资助大学研究所产生知识产权的所有权。以美、英、日三国为例：

美国1980年出台著名的《拜杜法案》（Bayh – Dole Act），规定联邦政府资助大学研究产生的科技成果，只要大学愿意花钱申请专利，把专利许可给企业界，以及监督企业实施专利，则专利所有权归大学。

在英国，大学研究的主要资助机构研究理事会（Research Councils）有一条不成文的规定：研究理事会自身不试图拥有知识产权所有权。这就使得大学有机会获得公共资助大学所产生知识产权的所有权。

在日本，国立大学改制为"独立行政法人"，文部科学省"乘此东风"，着手修改国立大学职务发明归属政策，国立大学教师使用国家经费和设备产生的职务发明由国家所有改为大学所有。

国家下放知识产权所有权，意在调动大学的积极性，发挥大学技术转移的优势，推动知识产权产业化进程。

（2）允许发明人分享收入。西方国家在下放知识产权所有权的同时，也不忘给予发明人激励。美国《拜杜法案》规定发明人有权分享专利许可收入；在日本，过去政府规定科研人员专利所得每年不得超过600万日元，如今这一上限规定已被废除。

2. 学校配套政策完善

国家下放知识产权所有权，是国家主动调整自己与大学之间的权利和义务关系；职务发明问题由于涉及大学与教师之间权利和义务的划分，所以学校也调整大学知识产权的归属政策和激励政策。

大学如果决定经营知识产权，需围绕职务发明问题出台两个配套政策：一是坚持职务发明归学校，二是给予发明人丰厚的回报。二者相辅相成，缺一不可。

（1）职务发明归学校。西方国家有关职务发明的法律规定和实践主要分三类：一是英国和法国，其专利法规定职务发明归雇主；二是美国，其专利法中无"职务发明"这一概念，并且为保护发明人的利益，规定专利申请人必须是发明人，但实践中雇主完全可以在与发明人签订雇用合同时就约定职务发明的所有权利归雇主；三是德国和日本，法律虽然规定发明人享有职务发明的原始所有权，即发明人有权申请专利并获得专利权，但同时也都留有"特别通道"，让雇主得到职务发明所有权。

在国家激励政策出台前，绝大多数西方大学忽视甚至排斥知识产权，更谈不上经营，只有极少数大学敢于做"异端"（斯坦福大学在《拜杜法案》出台时已成功经营知识产权 10 年。因此，当国家出台政策鼓励大学经营知识产权时，西方大学一改以往对职务发明归属漠不关心的态度，出台积极的知识产权政策，明确规定职务发明归学校。

（2）给予发明人丰厚回报。西方国家对发明人的激励因政策适用面广，故只作笼统规定，以便为各校制定政策留出空间。学校对发明人的激励则因政策规定，可参与收入和股权的分配。

许可净收入分配方案分"固定比例制"和"累计递减制"两大类。"固定比例制"指发明人按固定比例分享许可净收入，典型例子是斯坦福大学和东京大学实行的"三三三制"，即院、系、发明人三方各得1/3。"累计递减制"指学校规定 1~2 个许可净收入累计值"门槛"，发明人所得比例随"门槛"提高而下降，典型例子是耶鲁大学。

3. 学校知识产权制度健全

周密的知识产权保护是大学知识产权经营的基石。西方大学十分重视知识产权保护，学校知识产权保护制度健全，主要表现为：

第一，知识产权条款被纳入教师雇佣合同。教师须在《参与协议》中作出如下承诺：一是把外来资助研究产生的发明，以及大量使用学校设备产生的发明，及时披露给学校；二是声明自己已经阅读和理解了学校的知识产权政策，并同意遵守；三是同意自己在外来资助研究中产生的发明，以及大量使用学校设备情况下产生的发明，其所有权利均归学校。

第二，重视实验室记录的维护。实验室记录是手写的完整的试验记录，是证明试验结果于何时、何地、由何人做出的法定证据。一方面，美国是世界上最重要的市场，各国都极为重视申请美国专利。另一方面，美国曾长期实行

"先发明制"，把专利颁发给最先发明人（试验记录）而非最先申请人。因此，西方大学都十分重视实验室记录的维护，例如，哈佛大学出台内含18项规定的《记录维护规程》。再如，牛津大学对实验室记录提出以下要求：永久装订成册；每页都印有页码；始终用钢笔记录；记录要完整合格；描述所有实验程序；填写时注明日期，并尽可能填写见证人等。

第三，注意签订保密协议。发明只有具备新颖性才能申请专利，过早公开发明将丧失新颖性。如果确实需要适当公开发明的内容，则必须签订保密协议。一项发明披露后，学校便明确要求发明人在与企业谈论发明或进行学术交流时，都必须事先签订保密协议。

4. 采取 OTL 模式经营知识产权

OTL 模式是美国斯坦福大学于 1970 年 1 月创立的技术许可办公室（简称 OTL）。该模式的主要创新点：一是将专利营销放在工作首位，OTL 模式强调大学亲自管理专利事务，并把工作放在营销上，以专利营销促进专利保护。二是工作人员均为技术经理。OTL 模式下，工作人员必须既有技术背景，又懂法律、经济和管理，还要擅长谈判。技术经理只管专利营销和谈判，其他专利申请等事宜交由校外中介事务所办理。三是发明人和其所在学校参与分享专利许可收入。

当代西方大学知识产权经营的标准模式是采用斯坦福大学 OTL 模式。

第一，设立 OTL。知识产权经营为专门的商业活动，不同于一般意义上的科研管理，故需要设立专门机构。西方大学视法律环境而定，有的在校内设立 OTL，典型例子是斯坦福大学和麻省理工学院；有的在校外设立技术转移公司，典型例子是牛津大学和东京大学；还有的采取校内 OTL 和校外技术转移公司两块牌子、一套人马的做法，典型例子是剑桥大学。

第二，招聘一支技术经理队伍。经营知识产权需要的专门人士不是高度专业化人才专利律师，也不是普通复合型人才专利代理人，而是高度复合型人才技术经理。技术经理必须有理、工、农、医学科背景，必须有在企业界的工作经验，还必须熟知法律，擅长沟通，能负责合同起草和谈判等。

第三，自收自支。西方大学只是在 OTL 成立时给予一次性启动投入，OTL 今后所有费用都须在经营中寻求解决，OTL 每财年首先从许可总收入中扣除专利费用和办公费用。

第四，自主经营。一项发明披露后，关键经营权——是否申请专利，寻找合适的企业，以及专利许可协议的谈判等——都掌握在技术经理手中，而专利申请的具体事宜，学校通常委托校外专利事务所办理。因此，在建立起一支技术经理队伍后，西方大学不再走委托校外技术中介机构推销发明的老路，而是自主经营知识产权。

第五，力争产学合作中的知识产权。产学合作中，西方大学不再按以往"谁资助、谁拥有"的归属原则，将知识产权拱手让给企业，而是在谈判中采取多种手段力争知识产权所有权。以斯坦福大学对待企业资助研究为例，学校主要采取三种手段：一是法律，例如美国《拜杜法案》规定联邦政府部分资助产生的知识产权也归大学所有；二是说服，例如，向企业解释学校拥有知识产权所有权的目的是进行技术转移；三是适当的让步，例如，提供资助的企业可以优先得到技术许可。

第六，谋求企业分担专利费用。由于专利费用昂贵，大学作为非营利教育机构无力承担全部专利费用。因此，一项发明如果具备申请专利的条件，则技术经理通常先找市场，即先寻找到合适的许可对象，然后再决定申请专利。技术经理会把专利费用纳入专利许可协议谈判，要求企业支付全部（独占许可）或部分（普通许可）专利费用。企业对此通常都予以理解和接受。

四、对我国知识产权经营的思考

企业经营发展渗透着知识产权经营的运用，知识产权的研发、经营是提高企业市场竞争力的内在动力和重要保障，构成了企业的营销内容和打击竞争对手的重要手段。在新的经济条件下，知识产权经营为公司的日常经营提供方法，使企业经营战略得以运转，将公司发展战略和知识产权经营有机结合，形成新的经济增长点，为企业利润不断增长和长期发展奠定坚实基础。

从国外知识产权经营模式和经营的策略看，当前，中国企业的知识产权经营应注重从以下方面入手。

（1）建立知识产权管理部门。该部门主要负责企业的知识产权工作，包括申请、登记、缴费、续展、专利检索、知识产权评估、知识产权许可、转让谈判、处理纠纷、契约谈判、教育培训、制定规章制度等。

（2）建立知识产权情报系统。知识产权情报系统的建立，有助于企业了解某一领域的专利分布情况，寻找研究开发的突破口和关键点，监控国内外的技术发展动态，选择正确的研究方向；有助于企业了解竞争对手，监视和分析竞争对手的专利要求，分析竞争对手已经授权专利的内容；有助于企业比较完整地进行技术现状分析、发展趋势分析、技术生命周期分析、市场中竞争对手技术现状及其发展动态分析。使企业在知己知彼的基础上，制定与实施适合本企业发展的知识产权经营模式。

（3）灵活运用知识产权经营策略。①加大投入，自主创新。研发是企业实现可持续发展的必由之路。企业只有研发出具有自主知识产权的产品和核心技术，才能够在竞争中生存和发展。②合作"联发"，建立技术联盟。"联发"模式包括了在企业间寻求帮助，供应商和其他渠道等都能成为重要的创新灵感来源。通过技术联盟可以整合资源，进而使参加联盟的企业都获得竞争上的优势地位。③收购海外企业的优质资产。收购资产是对目标公司的实物资产或专利、商标、商誉等无形资产进行转让，目标公司的主体资格不发生任何变化，收购方对目标公司自身的债权债务也无须承担任何责任。用以壮大企业自身的规模和资产实力。④善于利用失效专利。企业可以从失效专利中有针对性地选择相关技术为继续研究开发、创新的起点。失效专利并不意味着是没有价值的技术。有许多专利虽然由于过了保护期或因故提前终止，但是其技术含量依然存在，也具有一定的市场价值，而且利用失效的专利不需要支付专利使用费，可以为企业节省开支，缩短研发时间。

（4）选择知识产权经营模式。要对企业拥有的技术或引进技术的先进性、成熟程度、商品化前景进行认真论证，并以专利导航为抓手，分析该行业发展特点和竞争对手专利特点，选择适合本企业自身条件的知识产权经营模式。例如，拥有竞争力强的优秀专利企业，可以较多地采用交叉许可经营模式；研究开发力量相对薄弱、资金相对不足的大量中小企业，应以利用失效专利模式和绕过障碍专利模式为主；研究力量较强，资金充足，经营管理水平较高的企业则可以更多地采取专利回输模式。

（5）注重知识产权经营实效。知识产权经营是实现利益最大化的关键。因此，要通过对本企业和他人已采用的技术进行改进、完善，在原有基础上开发出比原来的产品性能更优异、结构更合理、成本更低廉、更富有竞争力的技术和产品，以技术的高精尖、产品的高质量、生产的低成本控制和占领市场。在引进技术、消化吸收的过程中，形成以专利为主体的"引进—消化—吸收—创新—输出"的良性循环机制。

第八节　知识产权危机管理

知识产权与其他财产一样，在整个经营活动中始终存在危机，特别是跨国公司到中国"跑马圈地",精心构筑由"专利地雷阵""品牌封锁网""技术标准封锁线"等组成的知识产权壁垒。全世界高科技领域的顶尖技术几乎90%被美国垄断,约8%被日本、英国和德国控制,我国掌握的世界顶尖技术寥寥无几,而且,在我国受理的高技术领域专利申请中,国外所占比例为:计算机70%、医药60.5%、生物87%、通信92%、半导体90%。由此可见,知识产权危机随时可能发生,做好应对知识产权危机准备势在必行。

一、知识产权危机管理概述

(一)知识产权危机管理含义

危机管理是为应对各种危机情境所进行的规划决策、动态调整、化解处理及员工培训等活动过程。危机管理是管理科学的一部分,它是为了对应突发的危机事件,抗拒突发性灾难事变,尽量使损害降至最低点而事先建立的防范、处理体系和对应的措施。

知识产权危机管理,是为了应对知识产权的突发危机事件,降低知识产权危机产生的风险,消除知识产权危机的造成的影响而采取的应对策略措施。

知识产权危机管理就是要在偶然性中发现必然性,在危机中发现有利因素,把握危机发生的规律性,掌握处理危机的方法与艺术,尽力避免危机所造成的危害和损失,并且能够缓解矛盾,变害为利,推动知识产权事业健康发展。

(二)知识产权危机管理的目的

(1)预防危机。知识产权危机如同金融、经济危机一样,预防与控制是成本最低、最简便的方法。应根据知识产权经营情况,识别整个经营过程中可能存在的危机,并从潜在的事件及其潜在的后果追根溯源,排查出其滋生的土壤,然后进而收集、整理所有可能的风险并做好应对危机的准备,形成系统全面的风险识别系统,对可能导致危机的原因进行限制,并针对经营实际预有准备,以达到避免危机的目的。

(2)控制危机。主要是建立应对危机的组织并制订危机管理的制度、流程、策略和计划,从而确保在危机到来时能够理智冷静,胸有成竹,从容应对。

(3) 化解危机。主要是指通过相关的手段阻止危机的蔓延并消除危机。如建立强有力的危机处理班子；有步骤地实施危机处理策略等。

(4) 在危机中发展。危机管理的最高境界就是总结经验教训，平息事态，焕发活力，在消除危机中发展自己。因此，危机对于一个单位来说，并不一定是坏事，只要处理得当就能在其中找到发展的机会，从而得到新的发展。

（三）知识产权危机管理内涵

知识产权危机管理是指通过危机监测、危机预警、危机决策和危机处理，达到避免、减少危机产生的危害，总结危机发生、发展的规律，对危机处理科学化、系统化的一种新型管理体系。其要素包括：

(1) 危机监测。危机管理的首要任务是对危机进行监测，在知识产权经营顺利发展时期，就应该有强烈的危机意识和危机应变的心理准备，建立一套危机管理机制，对危机进行监测。越是风平浪静的时刻越应该重视危机监测，在平静的背后往往隐藏着杀机。

(2) 危机预警。许多危机在爆发之前都会出现某些征兆，危机管理关注的不仅是危机爆发后各种危害的处理，而且要建立危机警戒线。在危机到来之前，把一些可以避免的危机消灭在萌芽之中，对于一些不可避免的危机通过预警系统能够及时得到化解。这样，才能从容不迫地应对危机带来的挑战，把损失减少到最低限度。

(3) 危机决策。在调查分析的基础上制定正确的危机决策机制。根据危机产生的原因，对各种应对方案进行优劣比较后，选择出最佳方案。方案定位要准、推行要便捷迅速。

(4) 危机处理。第一，要确认危机。确认危机包括将危机归类、与危机相关信息收集、危机危害程度以及找出危机产生的原因，辨认危机影响的范围和影响的程度及后果。第二，控制危机。控制危机需要在确认某种危机后，遏制危机的扩散使其不影响其他事物，紧急控制如同救火刻不容缓。第三，处理危机。在处理危机中，关键的是速度。要能够及时、有效地将危机决策运用到实际中化解危机，以避免危机造成的损失。

（四）知识产权危机管理原则

(1) 制度化原则。危机发生的具体时间、实际规模、具体态势和影响深度，是难以完全预测的。这种突发事件往往在很短时间内产生恶劣影响。因此，应该有制度化、系统化的有关危机管理和灾难恢复方面的业务流程和组织机构。在危机发生时，及时启动并有效运转，对危机的处理发挥重要作用。因此，应建立知识产权危机管理制度、有效的组织管理机制、成熟的危机管理培训制度，提高危机处理的快速反应能力。

（2）诚信形象原则。诚信是经营的生命线。危机的发生必然会给经营诚信形象带来损失，甚至危及经营活动。矫正形象、塑造形象是知识产权危机管理的基本思路。在危机管理过程中，要努力减少对经营诚信形象带来的损失，争取公众的谅解和信任。只要顾客或社会公众是由于使用了该知识产权产品而受到了伤害，知识产权经营者就应该在第一时间向社会公众公开道歉以示诚意，并且给受害者相应的物质补偿。对于那些确实存在问题的知识产权产品应该不惜代价迅速收回，立即改进产品质量或提高服务水平，以尽力挽回影响，赢得消费者的信任和理解，维护经营者的诚信形象。

（3）信息应用原则。良好的管理信息系统对应对危机管理的作用也日益明显。信息社会中，只有持续获得准确、及时、新鲜的信息资料，才能保证自己的生存和发展。预防危机，必须建立高度灵敏、准确的信息监测系统，随时收集各方面的信息，及时加以分析和处理，从而把隐患消灭在萌芽状态。在危机处理时，信息系统有助于有效诊断危机原因、及时汇总和传达相关信息，并有助于知识产权部门协调一致、联合应对，及时采取补救措施。

（4）预防为主原则。防患于未然永远是危机管理最基本和最重要的准则。危机管理的重点应放在危机发生前的预防，预防与控制是成本最低、最简便的方法。为此，建立一套规范、全面的危机管理预警系统是必要的。现实中，危机的发生具有多种前兆，几乎所有的危机都是可以通过预防来化解。危机的前兆主要表现在发展空间被挤占、知识产权大量流失、企业信誉降低、负债过高、产品销售受限等。因此，要从危机征兆中透视存在的危机，尽早认识到存在的威胁，采取适当的行动，控制危机的发展。

（5）领导参与原则。危机处理工作对内涉及科研、生产、营销、财务、法律、人事等各个部门，对外不仅需要与政府和媒体打交道，还要与消费者、客户、供应商、渠道商、股东、债权银行、工会等方方面面进行沟通。如果没有高层领导的统一指挥协调，很难想象这么多部门能做到口径一致、步调一致、协同作战的快速行动。由于中国企业更多趋向于人治，企业高层的不重视往往直接导致整个企业对危机麻木不仁、反应迟缓。因此，企业应组建危机管理领导小组，危机领导小组组长一般应该由企业一把手，或者是具备足够决策权的高层领导担任。

（6）快速反应原则。危机的解决，速度是关键。危机降临时，当事人应当冷静面对，采取有效的措施，隔离危机，要在第一时间查出原因，找准危机的根源，以便迅速、快捷地消除公众的疑虑。同时，必须以最快的速度启动危机应对计划并立刻制定相应的对策。及时调整经营战略，重新核定发展方向；在危机发生后，要时刻同新闻媒体保持密切的联系，借助公证、权威性的机构来帮助解决危机，承担起给予公众的精神和物质的补偿责任，做好恢复企业的事后管理，从而迅速有效地解决企业危机。

二、知识产权危机管理现状

改革开放以来，我国在危机处理方面积累了一些实践经验，初步建立了一套危机管理体系，有效地规避了2002年的亚洲金融危机、2010年的世界经济危机和2011年的欧债危机，但在知识产权危机管理方面还存在一些不容忽视的问题。

（一）知识产权危机意识淡薄

政府官员、公共管理者以及社会公众的知识产权危机管理意识淡薄。主要表现在：（1）政府部门对知识产权危机缺乏系统的分析研究，特别是对来自发达国家和跨国公司大举进攻"跑马圈地"的现实情况研究不够。因此，缺乏统一的危机协调管理机构和应对危机的处置方案。（2）公共管理者对知识产权危机的认识不到位，只注重本地区、本行业知识产权的申请、注册、登记，不注重研究国外的知识产权入侵，做到了知己而不知彼，对可能形成知识产权危机缺乏足够的认识。（3）社会公众知识产权意识淡薄，当前社会公众普遍存在重视有形财产，忽视无形资产，重成果，轻专利等，特别是缺乏对知识产权在经济社会发展中的作用认识不足，更谈不上知识产权危机管理。

（二）对知识产权危机危害认识不足

知识产权危机的爆发通常具有突然性，时间短促，传播迅速，危机将产生"多米诺效应"和"蝴蝶效应"，迅速向外传播，由局部危机引发大规模的知识产权危机。对这种危机还没有引起足够的重视，还缺乏知识产权危机的应对预案，还没有建立相应的组织机构，信息资源分散，对知识产权危机危害程度估计不足、判断不准，致使危机来临束手无策，处置无力。

（三）对知识产权危机特征把握不准

按照知识产权的基本属性，其危机特征通常表现为：（1）突发性。由于知识产权的特殊性，知识产权危机往往都是不期而至，令人措手不及，危机发生的时候一般是在毫无准备的情况下瞬间发生，带来严重后果，造成混乱和惊恐。（2）破坏性。知识产权危机发生后可能会带来比较严重的经济损失和负面影响，有些危机可能影响到整个行业发展。（3）不确定性。知识产权危机事件爆发前的征兆一般不是很明显，难以做出预测。危机出现与否与出现的时机是无法完全确定的。（4）急迫性。知识产权危机的突发性特征决定了对危机做出的反应和处理的时间十分紧迫，任何延迟都会带来更大的损失。

由于对知识产权危机的特征把握不准，往往在危机突然降临之时，决策者不能做出快速反应，迅速判明情况，预测危害程度，果断采取措施，降低危害程度。他们可能惊慌失措，忙于被动应付，失去处置危机的最佳时机。

（四）应对知识产权危机管理机制不健全

欧美国家对于知识产权危机管理机制的建立进行了深入系统的研究，某些国家组织军事战略专家、国防经济学专家从国防和经济安全的角度来研究危机预警系统，并建立了一套比较完善的危机处理体系和快速反应机制，在危机发生后，能作出快速反应，应对各种危机。但是，我国政府的公共危机管理机制还存在诸多不完善的地方，如缺乏系统的战略和政策规划；缺乏系统化、制度化的教育训练和组织保障；缺乏各行政部门之间的整合与协调机制；缺乏高效的信息支持和沟通联络机制；缺乏制度化的财政资金保障和人力资源保障；与国际组织和地区组织缺乏有效的沟通与协作等。这些也是知识产权危机管理机制所需要面对和解决的问题，因此，尽快建立健全与公共危机配套的知识产权危机管理机制是时代发展的迫切需要。

三、知识产权危机管理对策

俗话说，"天有不测风云，人有旦夕祸福"。在市场竞争日趋激烈的今天，诸多因素导致的危机无时无刻不在威胁着企业的生存和发展。近年来，一些名声赫赫的世界品牌、知名企业，突然间被一连串纠缠不清的危机包围，接二连三地掉进了不能自拔的泥潭。更有一些新兴企业，在遭遇一两个似乎不大的危机后，因处理不当，而便导致千辛万苦培植起来的品牌功亏一篑，多年心血付诸东流！

那么，在当前的国际形势下，怎样化解和应对突如其来的知识产权危机呢？根据国内外成功的做法，主要应把握以下几个方面。

（一）提高知识产权危机的识别能力

知识产权危机产生的原因是多方面的，其中不排除偶然的因素，多数危机的产生都有一个由量变到质变的过程。如果有敏锐的洞察力，根据日常收集到的各方面信息，特别是专利文献中记载的信息，可以分析各国在中国的布局态势、进攻方向、所占领域等，及时采取有效的防范措施，完全可以避免危机的发生或使危机造成的损害和影响尽可能降到最低程度。因此，认识危机、预防危机是危机管理的首要环节。

对知识产权危机的识别，首先，要树立强烈的危机意识，使企事业单位、行业面对激烈的市场竞争，充满危机感，将危机的预防作为知识产权经营的组成部分。其次，进行危机知识教育。认清危机的预防有赖于全体国民的共同努力，增强知识产权保护意识，提高危机的识别和抵御危机的能力，有效地防止危机发生。最后，开展危机管理培训。危机管理培训的目的与危机管理教育不同，它不仅在于进一步强化危机意识，更重要的是掌握危机识别知识，提高危机处理技能和面对危机的心理素质，从而提高国民整体的知识产权危机识别和预测能力。

（二）建立知识产权危机预警机制

预防和应对知识产权危机，必须建立高度灵敏、准确的预警系统。信息监测是预警的核心，随时收集各方面的信息，及时加以分析和处理，把隐患消灭在萌芽状态。预防危机需要重点做好以下信息的收集与监测：一是随时收集公众对知识产权产品的反馈信息，对可能引起危机的各种因素和表象进行严密的监测。二是掌握行业信息，研究和调整产业的发展战略和经营方针。三是研究竞争对手的现状、进行实力对比，做到知己知彼。四是对监测到的信息进行鉴别、分类和分析，对重要领域、重点行业的相关信息与知识产权危机预警系统的指标进行对比，确定该领域或行业所处的评价等级，确定专利所处的法律状态。对于状态正常的专利，继续监控和管理；对于状态在警戒线的专利，应及时发出预警；对于处于危机中的专利，需要进行危机控制和管理。对未来可能发生的危机类型及其危害程度做出预测，以便控制危机发生。

（三）制定知识产权危机处置预案

知识产权危机处置预案是为应对知识产权危机而事前设想的处理方案。为应对国际知识产权制度的变革，特别是发达国家的知识产权入侵，要在充分调研、掌握信息的基础上，按照可行性、可靠性、适应性、系统性的原则，制定知识产权危机处置预案，包括：抵御高新技术领域专利入侵方案；制止专利、商标捆绑进攻方案；限制技术标准壁垒许可方案；破坏对方兼并合围方案；破坏对手防御阵地方案等。总之，知识产权危机与其他危机一样是一种新的风险，但危机的孕育、发展、出现有一个过程，危机之中往往孕育着转机。危机管理是国家、行业发展战略中的一项长期任务。要在不断谋求技术、市场、管理和组织制度等一系列创新的同时，应将危机管理创新提到议事日程，通过制定处置预案，当危机来临时，临危不惧、从容应对，妥善处理危机，化危机为商机。

（四）完善知识产权危机指挥机构

建立知识产权危机指挥机构，是发达国家的成功经验，是顺利处理危机、协调各方面关系的组织结构，是危机管理的组织保证。

知识产权危机指挥机构，应当在国家和省市级设置，由知识产权行政管理部门牵头，相关行业的负责人参加，在国家知识产权战略框架内展开工作，定期分析国内外知识产权信息，随时掌握知识产权发展变化动态，及时发布知识产权危机预警。当知识产权危机降临时，紧急启动知识产权危机指挥机构，进入指挥状态；危机出现后，要按照危机处置方案，实施靠前指挥，科学计划兵力，调动各种资源，采取各种措施，限制消除危机，把危机造成的危害降低到最低程度。

（五）增强知识产权危机处置能力

知识产权危机发生后，应冷静观察，沉着应对，快速反应，采取果断的措施，制止事态蔓延，化解危机风险。根据事态发展，随机应变。针对具体问题，随时修正和充实危机处理对策。把一些潜在的危机消灭在萌芽状态，把必然发生的危机损失减少到最小的程度。

在处置和应对危机中，一要实事求是、真诚沟通、诚意、诚恳、诚实地化解危机。二要分秒必争、速度第一，必须当机立断，快速反应，果敢行动，迅速控制事态，防止危机范围扩大，以免对全局造成危害。三要把握重点、系统运行。在进行危机处置时必须系统运作，绝不可顾此失彼，要透过现象看本质，创造性地解决问题，变害为利。四要标本兼治，对症下药。在危机发生后，要真正彻底地消除危机，需要在控制事态后，及时准确地找到危机的症结，对症下药，谋求治"本"。

第十章　知识产权统计管理

由于我国实行知识产权制度的时间不长，加之知识产权行政管理条块分割的现实，知识产权统计工作相对滞后，管理分散，虽然各职能部门建立了内部统计制度，但是知识产权统计还没有形成统一的规范纳入国家大统计的管理之中，这种状况迫切需要改变，健全统计制度，完善统计标准，规范统计程序，提高统计质量是当前和今后一个时期知识产权统计工作的重点。

第一节　知识产权统计的含义与作用

一、知识产权统计的含义

一般来讲，知识产权统计有三种含义，即知识产权统计工作，知识产权统计资料和知识产权统计学。由于现象的复杂多样性，各种现象之间相互联系的性质不同，只用个别统计指标来反映是不够的，需要采用指标体系进行描述。统计指标体系就是各种相互联系的统计指标所构成的一个有机整体，用来说明所研究现象各个方面相互依存和相互制约的关系。统计指标体系，因各种现象本身联系的多样性和统计研究的目的不同而分为不同的类别。

知识产权统计工作，是指知识产权统计实践活动，即对大量知识产权现象数量方面进行收集、整理、描述、分析和开发利用过程的总称。它的实质是对知识产权数、质量的一种调查研究活动或认识活动。

知识产权统计资料，是指知识产权统计工作活动过程所取得的各项数据资料以及与之相联系的其他资料的总称。它包括原始的调查资料及经过整理和分析研究而形成的系统的统计资料，如统计表、统计图、统计报告、统计资料汇编等。

知识产权统计学，即研究知识产权方面大量的现象数据资料的收集、整理、描述、分析、开发利用的理论和方法的科学。它是知识产权统计实践活动发展到一定阶段的产物。它是对知识产权统计实践的理论概括与总结，反过来又指导知识产权统计工作。

二、知识产权统计的对象

知识产权统计是对大量的知识产权现象在数量方面的一种调查活动。主要包括知识产权要素的数量、质量统计分析等。

（1）知识产权数量统计。包括专利、商标、版权、集成电路布图设计、植物新品种、非物质文化遗产、地理标志、商业秘密等。按照月、季、年的划分，分类统计。

（2）知识产权质量统计。通过对知识产权数量分类统计，实行个案分析，掌握知识产权的变化动态，提出决策建议及应对措施，保证知识产权工作沿着正确的道路发展。

（3）知识产权动态统计。对知识产权的申请、注册、登记动态实行随机统计，分析申请、注册、登记的国家和地区、所属单位和个人、技术领域、授权情况、法律状态等，通过分析研究，找出内在规律，发布知识产权预警，为政府决策提供参考依据。

三、知识产权统计的特点

知识产权统计是国家统计大系统中的一个分支，它与经济社会统计密切相关，它具有经济社会统计的一般特点：数量性（知识产权数量、质与量互变的数量界限等）、总体性（对知识产权统计定量的认识活动）、具体性（对具体的知识产权数量进行分析研究）、社会性（知识产权是人的智力活动成果，包括人与物、人与人的关系）。由于知识产权自身的特殊性，因此，知识产权统计除具有一般统计的共性外，还有其自身的特殊性。

（一）统计的复杂性

由于知识产权本身不仅类别多，而且技术性强、涉及领域广、适用法律多，再加之现有统计分散在各主管部门，形成知识产权数据变化大，统计异常复杂，不可控制的因素众多，比一般统计要复杂一些。

（二）统计的国际性

一个国家的知识产权创造活动，不仅影响本国的经济社会发展速度和水平，而且反映着世界各国的经济社会发展速度和水平；知识产权法保护的不仅是本国的知识产权，而且是世界各国在内的知识产权。因此，知识产权统计资料应有高度的国际可比性，严格意义上讲，通过知识产权统计，可以了解国际技术发展水平和发展趋势，各国文化发展动态。

（三）统计的探索性

知识产权统计形成的时间不长，统计体系还没有完全建立，统计指标和方法有待完善，针对我国知识产权管理的分割现状，对市场经济条件下，知识产权统计还需要进一步的探索、论证，在制度、指标、方式等方面，逐步达到具有中国知识产权统计特色并与国际知识产权统计接轨。

四、知识产权统计的作用

知识产权统计的作用是指知识产权统计的功能或职能描述。知识产权统计的功能或作用，是随着知识产权活动的发展而展开的。知识产权统计是在社会经济增长从数量型向质量型发展转变的过程中应运而生的，是统计的重要组成部分，是对国家的知识产权活动情况、规模、结构和知识产权传播应用及对经济、社会发展影响程度的定量测定。我国知识产权统计起步较晚，目前尚不完善。但是知识产权统计分析和研究具有重要的意义。

（一）知识产权统计对认识知识产权活动规律和特征具有导向作用

知识产权统计的目的不仅是获取相关的数字，更重要的是引导知识产权活动朝着健康的道路发展，提高对经济社会的贡献率。通过一个设计科学的统计指标体系，可以描述现象的全貌和发展的全过程，分析和研究现象总体存在的矛盾以及各种因素对现象总体变动结果的方向和程度，也可以对未来的指标进行计算和预测，对未来现象发展变化的趋势进行预测。

（二） 知识产权统计是制定战略、政策的决策工具

一方面，知识产权统计可以全面、准确、及时地反映一个国家、地区、行业、单位知识产权拥有量、活动规模、所处水平、发展速度、功能结构和目标效益等；另一方面，知识产权统计又可以从总体上反映宏观、中观和微观知识产权发展的现状和走势，为各级政府制定知识产权战略、规划、政策，确立知识产权发展目标和方向，提高创新起点，为建设创新型国家等提供科学依据，使知识产权管理现代化、决策科学化建立在可靠的基础之上。

（三） 知识产权统计是评价知识产权活动的重要手段

通过系统地积累数据，开展统计分析、科学进行评价，以其全面、准确的统计数据和科学的统计方法，揭示知识产权活动的发展变化规律；为国家和各级领导机关制订、检验、调整方针政策、规划、计划提供依据；通过统计可有效促进知识产权事业发展，也可以提高全社会公民知识产权意识，促进知识产权管理工作的规范化。提高全社会公民知识产权意识和知识产权创造、运用、保护、管理能力，促进知识积累效益，经济、社会、文化效益发展。

第二节　知识产权统计体系

知识产权统计是靠健全的知识产权统计体系运行而实现的。知识产权统计体系是由构成知识产权活动的各个部分所组成的综合系统，包括：知识产权统计指标体系、统计规范和标准体系、统计调查体系、统计组织体系。统计指标体系是根据统计任务的需要，能够全面反映统计对象数量特征和数量关系，互相联系的一套指标。根据其内容统计指标可分为基础指标和特征指标。基础指标是反映总体基本状况的指标，由总量指标和相对指标构成。特征指标是反映数据取值分布特征的指标，由平均指标、变异指标和峰度系数组成。在知识产权统计指标体系中，把知识产权创造、运用、保护、管理四个次级纳入指标体系，以期进一步规范知识产权统计的指标体系。

一、知识产权统计指标体系

《知识产权指标体系》是一个全面衡量知识产权建设状况的评价体系，也是指导知识产权工作的"指挥棒"和考核各级领导干部知识产权工作的重要指标。制定《知识产权指标体系》对促进经济增长方式转变、激励知识产权创造、加强知识产权保护、促进知识产权运用、完善知识产权管理、优化知识产权服务、培养知识产权人才，形成知识产权工作合力，全面推进创新型国家建设具有深远的意义。

（一）知识产权统计指标与指标体系

统计指标具有描述、理论研究、能级评价、监督报警、预测、计划管理、激励导向等职能。统计指标体系在具体实践中，促成人们认识目的的实现。

知识产权统计指标，即反映知识产权活动某种数量特征的概念和数值。一个完整的知识产权统计指标，一般由指标名称、计量单位、计算方法、时空范围、指标数值等要素组成。知识产权统计指标同其他指标一样，往往侧重从定量角度研究在一定时间和空间条件下知识产权活动总体数量变化的规律性，具有可量性、综合性、具体性特点。

根据不同情况，可对知识产权统计指标进行多角度分类。根据知识产权统计指标反映的内容不同分为：数量指标和质量指标；按知识产权统计指标的作用和表现形式分为：总量指标、相对指标和平均指标；按知识产权统计指标计量单位不同分为：实物指标和价值指标；按知识产权统计指标对知识产权管理作用不同分为：考核指标和非考核指标；按知识产权活动过程不同可分为：投入指标和产出指标等。

（二）建立知识产权统计指标体系的原则

（1）科学性原则。科学性原则要求知识产权统计指标体系的设立应符合知识产权活动本身的性质、特点、关系及其运动过程，要求其指标解释和定义应规范化、标准化，力求符合国内知识产权管理的一般特点及其概念相适应。科学原则同时强调指标体系的完整性，要求研究的目的，按照系统科学的思想，围绕核心指标构筑完整、可行、实用、有序的指标体系，从而使得知识产权统计指标体系能够准确、有效地描述知识产权创造、应用、保护、管理活动状态、产出效益及活动环境、影响及效率等。

（2）关联性原则。联系性原则要求从总体上考虑知识产权统计指标之间的联系，在指标体系中，指标间的联系形成了一个多层次的立体网络，只有协调指标之间的联系，尽可能减少指标间信息的交叉重叠，才能保证指标体系的有效、稳定和其功能的发挥。同时，还要处理好知识产权统计指标体系同其他指标体系的匹配关系。

（3）可比性原则。统计指标既是描述、分析、评价的工具，也是进行横向比较的"语言"。可比性原则是指在设计和改进统计指标时，应注意指标口径、内容、计算方法在纵向和横向上的可比及总体系统内部各子系统之间的协调，以便使知识产权统计指标体系在不同领域、不同单位、不同时期、不同国家和组织体制间进行比较、分析时发挥功能作用。

（4）可行性原则。现实可行性是保证数据质量的前提之一。知识产权统计指标体系的建立，在力求系统、科学、完整的基础上，还要充分考虑主、客观条件的限制，把可操作性放在第一位，便于取舍、分析、统计。

（5）稳定性原则。知识产权统计指标体系是指用来刻画与描述知识产权活动总体基本状况和各个变量分布特征的综合数量。随着实践的发展和认识的提高，要想保持指标体系的活力，必须适应客观环境的变化，增强指标体系的弹性，适时调整完善，对指标体系的更替应采用渐次替代的方式，不可采取突变的替换方法。要保持指标体系的连续性、稳定性。

（三）知识产权统计指标体系结构

随着国际知识产权制度的变革，我国知识产权统计指标体系，必须立足国情，与国际知识产权统计接轨，由于我国知识产权管理的特殊性，目前，国家还没有将知识产权统计纳入国家统计范畴，现在进行的统计均为部门行为。笔者大胆提出：知识产权统计指标体系结构框架，以此抛砖引玉，将知识产权统计引向深入。

知识产权体系框架（一）

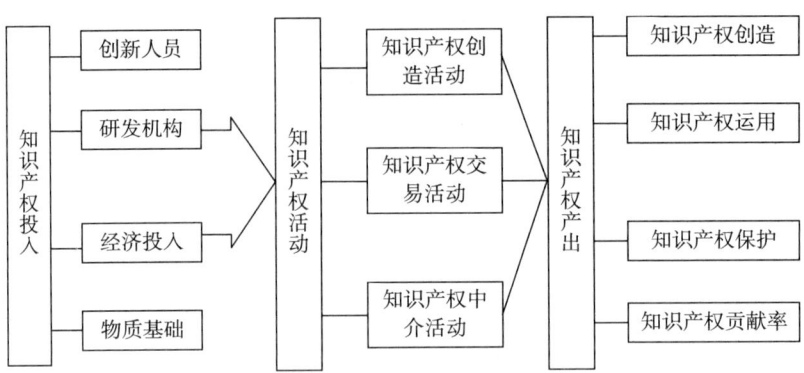

知识产权统计指标体系框架（二）

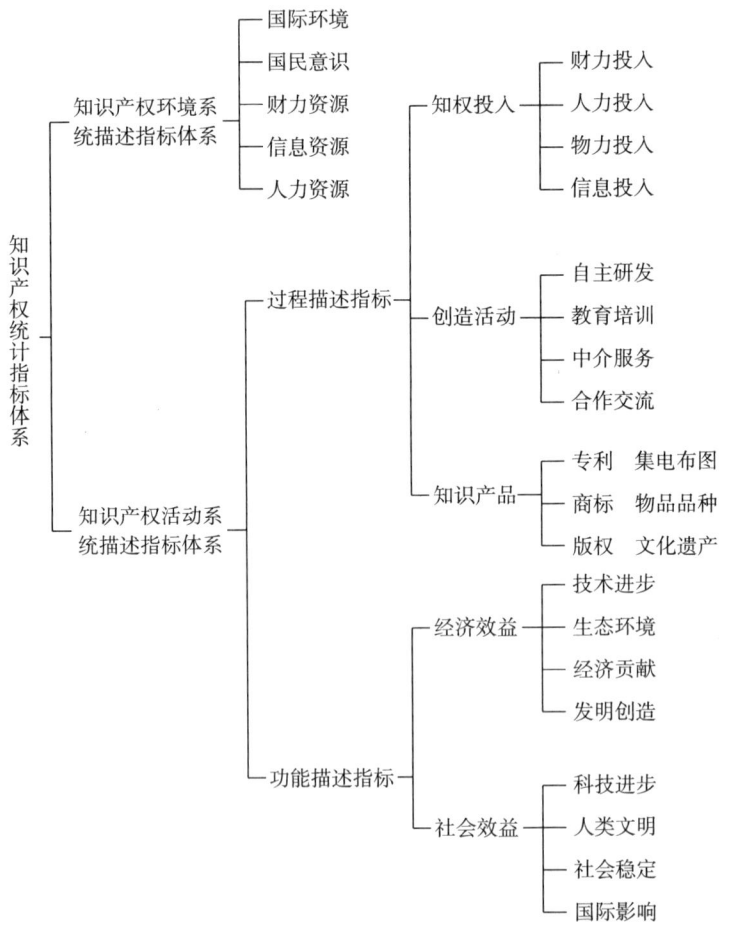

二、知识产权统计规范体系

统计法是统计活动的法律规范,知识产权统计规范,即知识产权统计系统中保证知识产权统计实现规范化和标准化的最基本的文件。知识产权统计规范标准,是统计信息开发和信息资源共享的基本前提。如统计调查、整理、分析等,都应制定相应的规范和标准。目前,我国知识产权统计缺乏统一的统计规范和标准,包括统计调查审批、统计资料管理、统计数据质量检查、统计报告形成等,这种现象不仅影响统计数字的准确性,而且制约着知识产权事业的快速发展。当前,需要从体制、机制方面着手,逐步理顺统计关系,健全统计制度,完善统计功能,制定统计规范和标准,实施归口集中统计。

三、知识产权统计调查体系

知识产权统计调查体系是由多种调查方法构成的统计资料搜集系统。它是知识产权统计工作的基本环节。世界经济发达国家,早在五六十年代,就已建立知识产权统计调查制度,并不断加以完善。目前,我国知识产权统计调查体系,在统计范围上,只限于知识产权要素的分支机构,还没有形成统一的调查体系,覆盖整个社会的知识产权;在调查内容上,由于知识产权分别由多个部门管理,有些内容不能客观及时地反映出来,对调查指标的概念、定义、口径、范围、计算方法和分类编码也不尽一致,难以求得系统、准确的总量数据;在调查方法上,还没形成调查对象明确、调查要求具体的方法体系,还处于各自为政的被动状态。

四、知识产权统计组织体系

知识产权统计组织体系是由知识产权统计机构和配备的统计人员以及相应的知识产权统计工作制度所组成的工作体系。它是实现知识产权统计功能的基本保障。世界各国的知识产权统计组织体系,依据调查主体的不同,通常采取集中型、分散型、集中与分散相结合型的方法进行。

我国的知识产权统计工作,基本上属于不完善的分散型,其中,专利和集成电器布图设计的统计在国家知识产权局;商标的统计在国家工商总局;著作权的统计在新闻出版局；植物新品种的统计在国家农业局和林业局；非物质文化遗产在文化部等。这种分散统计的组织体系，应当通过国家机构改革，使其趋向合理化，实现真正意义上的知识产权大统计。

第三节　知识产权统计分类

知识产权统计分类与国家的政治体制有着密切关系。根据目前我国的知识产权管理体制现状，笔者认为：知识产权统计分类大致可按知识产权要素、指标构成和知识产权功能分类。

一、按知识产权要素分类

1. 专利统计基本分类

专利统计按类型可分为：发明、实用新型、外观设计。专利统计按所有者分类可分为：单位登记专利、个人登记专利和外国人登记的专利。专利统计国际通用分类（IPC），采用五级分类系统，将专利5个级别：部、大类、小类、主组和分组。其中，作为第一级的8个部将目前全世界已有的技术知识进行归类，分别为：

A 部：人类生活需要；

B 部：作业；

C 部：化学和冶金；

D 部：纺织和造纸；

E 部：固定构造；

F 部：机械工程，热工，照明，军工，爆破；

G 部：物理技术仪器；

H 部：电技术。

2. 专利统计的指标体系

专利统计数量指标：包括专利申请件数；国内授权专利数；国外授权专利数；出售专利件数、金额、转让、许可、合作、入股、质押等。

专利统计质量指标：包括申请专利批准率；专利出售率；专利出口率；万人专利拥有率；对经济发展贡献率。

二、按知识产权功能分类

（一）知识产权创造

（1）国内三种专利年申请量。该指标反映一个地区的技术创新活跃程度，是知识产权创造能力的重要指标之一。

（2）国内发明专利年申请量。按《专利法》第二条，发明创造是指发明、实用新型和外观设计三种专利。其中发明专利申请要经过实质审查才能获得授权，所以发明专利的技术含量和权利稳定性最高，是技术创新的核心指标。

（3）每万人国内三种专利年申请量。计算公式：每万人国内三种专利年申请量＝国内三种专利年申请量/常住人口数。该指标从人均的角度反映技术创新活跃程度。

（4）国内发明专利申请获授权的比重。计算公式：国内发明专利申请获授权和比重＝年国内发明专利授权量/年国内发明专利申请量。以相同年度为统计单位。该指标可反映发明专利申请中获得授权的比重，也在一定程度上反映发明专利申请文件的撰写质量和技术的新颖性、创造性、实用性。

（5）PCT年申请量。专利统计按我国申请人向境外申请专利，一般可以通过《专利合作条约》和《保护工业产权巴黎公约》两种途径。但通过《保护工业产权巴黎公约》提出的专利申请不利于统计，而且由于《专利合作条约》便捷的特点，通过该途径申请专利的比例在不断提高。

（6）中国驰名商标总量。国家商标局、国家商标评审委员会或法院根据《商标法》第十四条的规定，认定商标是否构成驰名商标，该指标反映我国企业的品牌建设能力。

（7）国内商标注册量。商标分为注册商标和非注册商标，注册商标可以获得更好的法律保护，该指标反映我国企业的品牌数量和知识产权保护意识。

（8）境外商标年申请量。企业向境外申请商标的数量，反映企业开拓海外市场的情况。

（9）地理标记（原产地）登记量。

（10）软件著作权年登记量。计算机软件著作权登记在举证等方面有一定价值，也反映软件企业的知识产权保护意识情况。

(11) 集成电路布图设计年登记量。

(12) 植物新品种繁育及获权量。

(二) 知识产权管理

(1) 各级政府知识产权管理机构建设情况。

(2) 地方知识产权管理制度、法规建设情况。

(3) 知识产权管理投入情况。

(4) 知识产权管理活动开展情况。

(5) 知识产权知识宣传普及情况。

(6) 知识产权人才培养情况。

(7) 规模以上工业企业知识产权管理制度建设情况。

(8) 规模以上工业企业知识产权发明专利比例。

(9) 企业自主创新活动开展情况。

(10) 知识产权合作与交流情况。

(三) 知识产权保护

(1) 知识产权司法案件年结案率。

(2) 知识产权行政执法案件年结案率。

(3) 知识产权执行案件的年执行率。

(4) 非物质文化遗产登记量。

(5) 知识产权舆论保护情况。

(6) 知识产权自律组织建设情况。

(四) 知识产权运用

(1) 自主知识产权产品产值占高新技术产品产值的比重。

(2) 核心专利产品年产值。

(3) 软件产业年产值。

(4) 版权产业年产值。

(5) 自主知识产权产品占出口总额的比值。

(6) 植物新品种对农、林业发展的贡献率。

软件产业是高新技术产业的重要组成部分，也是版权产业的重要组成部分。

（五）知识产权环境建设

（1）知识产权代理机构年专利代理量占年专利申请量的比重。
（2）知识产权代理机构及从业人数。
（3）财政性知识产权投入占政府 R&D 投入的比重。
（4）公民知识产权知识普及率。

三、按《知识产权指标体系》结构分类

根据知识产权统计要求，《知识产权指标体系》暂定选用 33 项指标，力求覆盖知识产权全貌，并用知识产权综合指数反映知识产权建设发展状况。《知识产权指标体系》是动态发展的，将随着知识产权事业的发展适时调整，并在实践中不断探索、深化、完善。

（1）国内三种专利年申请量。
（2）国内发明专利年申请量。
（3）万人国内三种专利年申请量。
（4）国内发明专利申请获授权的比重。
（5）PCT 年申请量。
（6）国家驰名商标总量。
（7）国内商标年注册量。
（8）境外商标年申请量。
（9）地理标记（原产地）登记量。
（10）软件著作权年登记量。
（11）集成电路布图设计年登记量。
（12）植物新品种繁育及获权量。
（13）历史文化遗产登记获准量。
（14）传统资源登记获权量。
（15）非物质文化遗产登记量。
（16）规模以上企业中建立知识产权管理制度的企业比重。
（17）规模以上企业中拥有发明专利的企业比重。
（18）自主知识产权产品产值占高新技术产品产值的比重。
（19）自主知识产权产品占出口总额的比值。

（20）核心专利产品年产值。

（21）软件产业年产值。

（22）版权产业年产值。

（23）植物新品种对农林业发展的贡献率。

（24）知识产权司法案件年结案率。

（25）知识产权行政执法案件年结案率。

（26）知识产权执行案件的年执行率。

（27）知识产权舆论保护情况。

（28）知识产权自律组织建设情况。

（29）知识产权代理机构年专利代理量占年专利申请量的比重。

（30）知识产权代理机构及人从业人数。

（31）财政性知识产权投入占政府 R&D 投入的比重。

（32）公民知识产权知识普及率。

统计指标体系是指用来刻画与描述总体现象基本状况和各个变量分布特征的综合数量。不同的统计指标所反映的内容不同，根据其内容的不同统计指标可分为基础指标和特征指标。基础指标是反映总体基本状况的指标，由总量指标和相对指标构成。特征指标是反映数据取值分布特征的指标，由反映数据取值分布集中趋势的平均指标、反映数据分布离散程度的变异指标和反映数据分布形状的偏态和峰度系数构成。

另外，统计指标是指反映总体现象数量特征的概念。它包括三个构成要素：指标名称，计量单位，计算方法。统计指标是反映总体现象特征的概念和具体数值，还包括时间限制、空间限制、指标数值等。

第四节　知识产权统计实施

一、周密制订调查计划和调查方案

（一）调查计划

在展开知识产权统计之前，必须周密制订调查计划，明确项目名称、调查机关、调查目的、调查范围、调查对象、调查方式、调查时间、调查的主要内容等，不打无准备之仗。

（二）调查方案

调查方案应包括以下内容：
（1）调查对象填报用的统计调查表及说明书。
（2）整理上报用的统计综合表及说明书。
（3）统计调查的组织实施方案，包括实施的组织领导、人员构成、调查分工、方法步骤、结果汇集、报告形式等。
（4）统计调查保障。包括人员选配、经费来源、办公场所、设备等。

二、灵活选用调查统计方法

（一）综合统计调查

综合统计调查是涉及知识产权发展全局性的重要统计调查。现阶段由各知识产权主管部门的发展计划司会同有关司局共同拟订，经部领导审定，报国家统计局审批，以部颁文件形式下达后实施。

（二）专项统计调查

专项统计调查是按照知识产权要素由知识产权相关管理部门归口进行统计调查。由组织调查的单位拟订并组织实施。专项调查更具有针对性，从数据采集、技术分析、汇总报告，均要求全面、准确、及时。

（三）调查统计基本方法

（1）询问法。询问法是在抽样的基础上，运用问卷，通过询问或访问的方式向被调查者收集资料的一种手段，该方法是知识产权统计最常用的一种方法。

（2）实地考察法。实地考察法既是一种调查方法，也是一种现场研究的方法，主要用于收集非语言行为的数据资料。该方法可分为有结构的考察和无结构的考察。有结构的考察方法要求考察者事先设计好考察项目和内容，制定考察表格或卡片，并做好详细的考察记录，作为定量分析和对比研究。无结构考察只要求考察者有一个大致的考察内容和范围，比较灵活，但数据零乱，不利于定量分析研究。

（3）二手资料采集法。以上两种方法耗时费力，因此，在实践中，通常把询问法和实地考察法与二手资料的采集和利用结合运用，提高调查的时效性。二手资料采集是从机构内部或外部各类信息资源中获取，并经加工、整理的资料。它既可以为知识产权研究提供历史背景，又可以成为研究数据的主要来源。所以，对二手资料的采集利用，是知识产权统计的基本方法。

（4）抽样法。抽样法是指从所研究的知识产权现象总体中，按照随机原则，抽取一部分单位作为样本进行调查，并通过样本的调查资料测算，估计研究总体数量的一种方法。在抽样法中又可分为：概率抽样和非概率抽样两种。

概率抽样：包括简单随机抽样、机械随机抽样、分层随机抽样、整群随机抽样。

非概率抽样：又称立意抽样，是指调查人员根据自己的主观选择抽取样本的方法。包括配额抽样法、判断抽样法和任意抽样法三种。

知识产权调查统计是一项复杂的系统工程，涉及种类复杂、关联的部门多，加之现阶段管理体制制约，不论是综合统计调查还是专项统计调查，实施的难度都比较大，因此，不仅需要有周密的计划，而且需要建立协调机制，不仅需要完善组织，而且需要配备精干的工作人员，才能保证知识产权统计调查工作的稳健进行。

三、调查统计应遵循的原则

（1）统计调查项目必须符合精简、效能原则，最大限度地减少调查频率，缩小调查规模，降低调查成本。调查的报表格式和文字说明必须规范；指标解释应明确，避免歧义；调查内容应简洁，避免交叉、矛盾。调查应使用国家标准或行业标准，尚无国家标准和行业标准的，可以制定补充性标准。

（2）调查方法要科学合理，依据知识产权分类指标，结合调查目的和要求选择最适当的调查方法，避免由于调查方法使用不当给基层造成过重负担。特别是对知识产权交叉调查中，要注意方法，搞好配合，尽量减少重复统计。

（3）调查前要进行业务培训，使参加调查的人员了解国内外知识产权统计概况；知识产权统计基本概念；知识产权统计内容；知识产权统计指标及其分类；高技术产业和高技术产品统计和测度；知识产权统计监测；知识产权对经济社会贡献率测度方法等。

（4）制定质量控制方案，在调查及数据处理的过程中，要保证数据的完整性。新增调查项目，必须经过研究论证和试点，具备完整的论证材料和试点材料。

第五节　知识产权统计管理

为了有效地组织知识产权统计工作，保证统计资料的准确性与及时性，发挥统计工作的重要作用，防止数出多门，乱发报表，应依据《中华人民共和国统计法》规定，加强对知识产权统计工作的管理。

一、统计组织管理

知识产权统计的组织工作，在当前应特别予以加强。首先，要确立大统计的观念，跳出单一知识产权统计的惯性做法，把知识产权统计纳入国家统计的大盘，统一标准、统一步骤、统一行动。其次，知识产权系统内部的协调配合，知识产权统计涉及的种类多、内容复杂，长期以来分散统计，各相关部门要从知识产权事业发展的需要出发，积极主动地配合搞好知识产权统计工作。再次，要完善制度，统一标准，在认真吸纳现有统计制度的基础上，针对统计需要，进一步完善各项统计制度，做到统计组织严密、制度标准统一，统计结果准确及时的要求。

二、统计活动管理

（1）统计报表管理。对各种定期上报的统计报表，统计人员要及时负责填报，并保证报表的准确性和及时性。各级统计人员应加强指标的分析，深入实际，调查研究，了解有关指标的波动原因，为分析和预测提供资料，实行统计监督。

（2）统计资料的提供、积累和保管。各部门的统计资料、统计数字，一律以本部门统计人员所掌握的统计资料为准。各级领导所需要的统计数字，应由同级统计人员负责提供，以便克服使用统计数字混乱的现象。主要统计资料，应由综合统计人员负责保管。各部门应将本部门的统计资料，采用台账形式，按月进行整理分类，以便使用。各部门编制的统计台账和加工整理后的统计资料，必须妥善保管，不得损坏和遗失。对已经过时的统计资料，如认为确无保管价值，应呈请上级主管部门批准后方可销毁。

（3）统计工作的交接。统计人员调动工作时，必须认真办妥交接手续，在未办妥以前，原任人员不得擅离工作岗位，更不得因工作调动而影响统计工作正常进行。统计人员调离工作台时，必须做好下列工作：

① 将经办统计工作情况向接替人员交接清楚。

② 培训接替人员的业务，使其能独立工作。

③ 所有统计资料（包括原始凭证、统计手册、台账、报表、文件、历史资料等）与统计用具（如计算机、书刊等）应列出清单移交。

（4）数据分析与统计报告。文字说明与分析是统计报表的重要组成部分，编制统计报表要做到：月报有文字说明，季报、年报有分析报告。

文字说明是统计分析的基础形式，必须根据统计报表中各项主要指标反映的问题，说明产生的原因、影响及其后果。

分析报告应以报表为基础，以检查计划为重心，测定计划完成程度，分析完成与未完成的原因，并提出改进意见。

（5）健全统计奖惩制度。统计人员，必须严格按照统计制度规定，提供统计资料，不准虚报、瞒报、迟报和拒报。属于保密性质的统计资料，按照保密规定办理，严防丢失和泄密，提供时应按保密制度的规定执行。对虚报、瞒报、迟报、拒报的单位，按统计制度规定追究责任，造成损失的，按损失的轻重依法惩处。

三、统计监督管理

随着网络和信息化的发展，知识产权统计工作日趋多元化、复杂化，知识产权统计的直接结果，就是为政府和企业提供科学决策依据。一方面，知识产权统计要准确无误。另一方面，知识产权统计要及时有效。知识产权统计监督的最终目的就是要保证统计数据的准确及时。为此，应把握以下几点。

（1）设立监督体系。日趋复杂、繁重的知识产权统计工作要求，必须设立与统计工作对应的监督体系，以便对整个知识产权统计工作实施不间断的调控和有效的监督，保证统计工作的健康顺利进行。知识产权统计监督体系，通常由上级（主管）、同级和下级共同组成，人员由本级抽调，不单设机构，职责是实施知识产权统计监督，发现问题，适时调控，形成上级、同级、下级三层监督体制，确保调查效果。

（2）完善监督制度。知识产权统计监督是一项全新的统计工作，要依据统计工作要求，制定知识产权统计监督制度，包括统计任务来源、统计目标内容、统计程序安排、统计方法步骤、统计保障要求等，均要逐步完善，使知识产权统计监督成为大家的自觉行动和必备的保障。

（3）落实监督检查。各部门从事统计工作的人员落实情况，制度的建立情况，各相关部门必须严格按照统计制度提供统计资料，认真做好统计报表工作，上报的统计报表应及时、准确无误，不虚报、瞒报、迟报和拒报，不得伪报，不得伪造、篡改，发现有违纪之一者，视情况给予处罚。根据统计结果提出切实可行的统计调查分析，效果显著可给予奖励。

第六节　知识产权统计改革

当今全球化、网络化、知识化交织在一起，世界处于大变革之中，知识产权作为 WTO 的三大支柱之一，扮演着越来越重要的角色。知识产权统计也面临变革的关键时期，这些改革涉及知识产权统计体制、机制、方法、管理等方面的改革。

一、理顺知识产权统计体制

（1）在组织结构上理顺。通过深化政府机构改革，从国家层面理顺知识产权分散管理的现状，形成知识产权大管理的格局，这样既有利于国内知识产权制度与国际接轨，又有利于知识产权事业的大发展。当前，应解决传统观念与时代发展的矛盾，站在国家利益的高度审视这一问题，放弃部门利益，维护国家整体利益。重新进行职能定位，使知识产权统计从顶层开始设计，建立符合中国特色的知识产权统计体制。

（2）在管理职能上理顺。现行知识产权管理分兵把口，各占一方，国家知识产权行政管理分散在十几个部门，既要制定法规政策，又要实施宏观管理，既当裁判员，又是运动员，全国缺乏统一管理知识产权的主管部门，不仅造成知识产权管理政出多门，就连知识产权统计也分头实施，很难为政府决策提供及时、准确、可靠的依据。要彻底改变这种现象，必须在机构职能上进行理顺，形成全国统一的知识产权管理格局，最终实现知识产权统计的高效统一。

（3）在统计口径上理顺。知识产权统计在摸索中前行，历经20多年的实践，各相关知识产权部门总结出各自的统计方法，但在统计口径上还不尽一致，需要规范和统一。根据国家统计法要求，结合知识产权统计的特殊性，当前，知识产权各主管部门应建立规范的统计制度，理顺统计口径，为实现知识产权管理的统一奠定基础。

（4）在利益平衡上理顺。统计权利的行使，很大程度上是由政府知识产权管理部门的职能赋予的，权利与义务是相辅相成的两个方面，中国知识产权管理体制的合并，本来是利国利民的事，但执行起来却非常难，这其中奥妙就在于部门权利的平衡。如某市按市场需要，计划将专利、商标、版权合并管理，却遇到上级部门的干预，以法律没有授权为由，予以坚决反对，结果只能将专利和版权合并为一体。这一改革向前迈进了一步。当前，主要是转变观念问题，消除传统行政意识，淡化部门利益，理顺编制体制，从而实现知识产权统计改革的目标。

二、健全知识产权统计制度

（1）健全知识产权统计管理体制。统计管理体制是指国家组织管理政府统计工作的体系和制度，表现为国家对政府统计组织与管理结构中各层次、各部分之间隶属关系、职责范围、管理方式等一系列问题的制度化和法律化的规定。

知识产权统计管理体制，应该实行纵向上的集中统一，纳入国家大统计的盘子，统筹各知识产权要素的统计工作；从横向上，国家各部门之间密切协调，相互配合，保证知识产权统计的质量效率。国家知识产权行政部门管辖各地方政府的知识产权统计工作，形成上下联动、横向互动的知识产权统计体制。

我国自20世纪80年代，知识产权统计工作经历了20多年的发展历程。建立了分专业的内部统计机构，承担着知识产权的统计工作，实行部门领导、分级管理的统计体制。随着知识产权在国民经济和社会发展中作用的显现，知识产权统计应重新定位，健全与社会主义市场经济相适应的知识产权统计体制，承担知识产权统计任务，保证各种知识产权统计数据的权威性和协调统一。

（2）规范知识产权统计调查制度。统计调查制度是狭义的统计制度，仅指统计调查阶段所应遵守的技术规范。知识产权的统计调查制度是从20世纪80年代初开始的。各种知识产权统计调查报表制度先后建立起来，如专利统计报表（专利管理工作基层表、企业专利工作基层表、大专院校专利工作基层表、独立科研机构专利工作基层表、中介机构专利工作基层表等）。

从调查方法制度上讲，过去实行的全面统计报表制度，已不能满足知识产权发展对统计的要求，需要改革完善。以定期普查和抽样调查为主、多种调查方法相结合，是现行知识产权统计调查体系的基本特征。调查方法制度是随社会、经济的发展和政治、经济管理体制的改革而不断改革和完善的。可以预期，我国民间统计机构和统计业务将会介入知识产权调查统计，成为政府统计的重要补充，同时，各类市场调查机构也须纳入法制管理轨道。

（3）完善知识产权统计法制。统计法制是保证统计工作依法进行，保证统计资料及时、客观、真实地反映社会经济现实的依据。1983年12月8日《中华人民共和国统计法》正式公布，这是我国统计史上第一部正式法规，该法规的颁布，标志着我国统计工作真正开始走上法制轨道。

没有规矩，不成方圆。在社会主义市场经济条件下，知识产权统计业务越来越重要，应由国家知识产权主管部门牵头，针对知识产权统计工作制定新的《知识产权统计管理办法》，进一步确定统计主体及相关规定。对不断变化的新情况和新的问题，及时进行调整和补充，促进和完善知识产权统计法制建设。

三、规范知识产权统计程序

统计程序决定统计质量。知识产权统计实行的是分散管理的模式，就统计程序看，因受各种专业特性的限制，采用的程序也不完全相同，产生的数据差别较大。因此，有必要对知识产权统计程序进行规范，在报表格式、调查方法、上报时间、报告格式、文字表述、具体要求等方面统一标准，规范运行，从而与国家统计衔接和与国际知识产权统计接轨。

四、统一知识产权统计标准

统计标准，分为国家统计标准和部门统计标准。国家统计标准，是在全国范围内强制执行的标准。根据《统计法》规定，国家统计标准，由国家统计局制定，或者由国家统计局和国务院标准化管理部门共同制定。目前已经制定的国家统计标准有：国民经济行业分类标准，三次产业分类标准，经济类型划分标准，大中小型工业企业划分标准，基本建设大中小型项目划分标准，职业分类标准，大中小城市划分标准，工农业产品（商品、物资）分类，沿海和内地划分标准，农业和非农业人口划分标准等。

部门统计标准，是在一个部门范围内强制执行的统计标准。国务院各部门可以根据本部门的统计调查的需要制定部门统计标准。国务院各有关部门都有适应本部门管理需要的统计标准，如生产部门有产品质量的标准，建设部门有建筑产品的质量标准等。部门统计标准必须在国家统计标准的基础上做补充性的规定，与国家统计标准相对应。

统计标准在法律效力上，最高层次是国家统计标准，其次是部门统计标准。凡是有国家标准的，必须执行国家标准；在没有国家标准，有部门标准的情况下，执行部门标准。在既没有国家标准也没有部门标准的情况下，应根据国家统计局和国务院有关部门制定统计标准的基本原则，来制定补充性的其他统计标准。

知识产权统计，既是老问题，又有新情况。所谓老问题，就是近年来一直沿用传统的统计标准；新情况，就是知识产权统计要适应市场的变化发展和国际知识产权制度的变革，要创新发展，调整标准体系，颁发新的统计标准，当然这只是对原统计标准的补充、重组、延伸、细化，与原标准的兼容和转换。对知识产权统计分类、要素指标、责任单位、数据标准、表格格式均做出明确规定，以便统计工作中实行。

五、提高知识产权统计质量

统计质量管理产生于 20 世纪 20 年代。开创性的工作，是由在贝尔电话实验室工作的 W. A. 休哈特和 H. F. 道奇在 1925 年分别提出的休哈特控制图和计数抽样检验方案，当时只在少数工厂中应用。第二次世界大战中得到进一步的发展和完善；战后美国及其他国家相继成立了有关质量管理的专门学术机构，出版了许多刊物，还陆续制定了军用的、国家的和国际的抽样检验表和有关统计质量的标准。20 世纪 50 年代，美国 A. V. 费根又提出了全面质量管理的思想，它主要是要求企业中全体从业人员，从最高领导到一般工人，都应把产品质量第一的思想放在首要地位。

第二次世界大战以后，在美国统计学家和质量管理专家的帮助下，日本的质量管理得到迅速发展，在不到 30 年的时间里，创建了日本式的全面质量管理，使日本的工业产品质量跃居世界前茅。

中国从 20 世纪 70 年代后期开始，吸取了日本的经验，结合本国具体情况，有计划地普及和应用全面质量管理，取得了较好的成效。但是，知识产权统计还有许多困难，既要借鉴国际统计经验，又要立足知识产权统计实际，既要尊重历史，又须创新发展，要积极创造条件，完善工作制度，培养统计人才，提高统计起点，注重统计实效，保证统计工作质量。

第十一章　知识产权战略管理

知识产权战略管理是知识产权战略指导者最基本的职能，它既是一个战略过程，又是一种掌控能力的体现。知识产权战略管理职能集中体现执行知识产权战略的能力。知识产权战略管理过程是一个连续的系统过程，它包括战略计划过程、战略组织过程、战略领导过程、战略控制过程等，因此，知识产权战略管理可分为战略计划管理、战略组织管理、战略决策管理、战略实施管理、战略保障管理、战略控制管理和战略监督管理。

第一节　知识产权战略计划管理

知识产权战略计划管理是一项首要和基本的管理。它在战略管理中处于承前启后的核心地位，是战术计划的依据和前提，是战略组织、战略控制的基础。

一、计划目标管理

一般来讲，知识产权战略计划目标包括知识产权战略实施的总目标和战略实施的分目标，战略实施的分目标是将战略实施的总目标做时间、空间的分解，细化而得到的具体行动目标。

知识产权战略实施总目标的空间分解，基本上是按照知识产权的要素结构展开的，所以，在知识产权战略实施的总目标展开以前，必须按照知识产权战略总目标分解的要求，确定知识产权战略的组织结构，然后按照知识产权战略要素对总目标进行分解，最后将分解目标与相关的组织部门匹配与平衡，并进行优化调整。

知识产权战略实施总目标的时间分解，通常首要按照时间将总目标做出阶段划分，即明确战略阶段及战略阶段目标。战略阶段的划分，既要依据战略的总目标,也要结合各自的实际条件,更要明确相互关联、相互区别的各个阶段上的中心任务。划分战略阶段,要明确各阶段在战略实施过程中的地位作用。其次,对每一战略阶段再作年度、季度的目标细化,即把每一阶段的目标由近及远、由粗到细逐步分解。目标的时间分解,要处理好目标实现的阶段性、连续性和时限性。

二、计划内容管理

知识产权战略计划内容是实现知识产权战略总目标所采取的措施和手段。主要包括:知识产权的宣传培训与人才培养;知识产权机构与法制建设;知识产权的创造;知识产权的保护与管理;知识产权的运用与实施;知识产权的服务与交流;知识产权信息的传输与利用;知识产权的引进与出口贸易;知识产权战略的考核与评估等。一般来说,知识产权战略计划内容是明晰的、具体的。

要制订切实可行的知识产权战略计划,必须首先进行自我评价,包括分析自身的优势和劣势,考虑外部环境和内部环境以及文化氛围,各地区的发展现状、发展的期望等因素。在此基础上,扬优避劣,科学制订出知识产权战略实施计划内容,更好地体现和服务于知识产权战略的总目标,保证战略实施行动的连贯性、平衡性和有序性。

三、计划规则管理

行动规则是根据具体情况采取或禁止某个特殊的特定的行动所做出的规定。行动规则强调按既定方式有效地完成阶段性任务,为了顺利推进知识产权战略计划的实施,抑制战略实施中的主观因素,强调科学决策、照章行事。

为了顺利推进知识产权战略计划的实施,要适时制定与战略计划配套的行为规则,各级战略指挥者要审时度势,科学制订计划规则,以规范战略实施进程,减少各类资源浪费,对已经出台的规则,必须认真贯彻落实,不得以任何形式搞变通,增强规则的刚性。

四、计划编制管理

知识产权战略计划编制,必须以知识产权战略总目标及纲要要点为依据,通过科学的编制方法及科学的编制程序来实现。通常知识产权战略计划编制可采用：自上而下的方式、自下而上的方式、上下结合的方式、设立特别小组的方式等。编制中采用何种方式要按具体的情况确定。通常采用的有：

(1) 目标网络法。用这种方法用来编制知识产权战略计划，主要通过网络技术，对知识产权战略计划中的各项工作时间及先后顺序、进度进行科学合理的安排，以便用最少的人力、物力、财力资源，用最快的速度完成计划任务。

(2) 滚动计划法。该方法是指在制订计划时，需将计划顺序向前推进一段时间，连续滚动编制，而不是全部计划执行完毕，再重新制订下一个时段的计划。这种方法根据计划的执行情况和战略环境变化定期修订未来的计划，并逐期向前推进，使短期计划、中期计划有机地结合起来。

知识产权战略计划编制要按照一定的程序进行，首先，做好前期准备；其次，对知识产权战略总目标进行分解；再次，综合运用目标网络法、滚动计划法等方法，对各相关部门、各项任务、各种进程进行优化、相互衔接和综合平衡，确定战略目标任务、保障措施的最优安排，以保证各个部门、各类任务、各项工作的时间平衡和空间平衡。另外，还应根据知识产权战略计划实施中可能出现的意外情况，制订不测事态应变战略计划方案，当基本战略计划无法正常实施时，应尽快地从基本战略计划向应变战略计划转换，从而有效地控制战略计划的落实。

五、计划资源和资金管理

在知识产权战略计划实施中，各类知识产权资源的配置和资金预算将成为战略计划落实的关键。资源的合理配置主要是知识产权人才的发挥、知识产权信息的有效利用、知识产权的资本化、知识产权的市场化、知识产权的产业化等。资金预算是知识产权战略计划重要环节，资金预算是评估计划的重要指标，也是协调各部门任务、联络的重要手段，各知识产权战略决策者，要时刻关注预算资金的落实到位，同时，在战略组织、领导、控制中，随时注意预算的变化，以便更好地指导知识产权战略计划的管理活动。

第二节 知识产权战略组织管理

现代管理理论鼻祖巴纳德（C. I. Barnard）将组织定义为："有意识地加以

协调的两个以上的人的活动或力量的协作系统。"知识产权战略组织是在特定的战略环境中，知识产权战略指挥者为了有效地实施或执行知识产权战略计划而确立的组织结构。它包括战略组织设计和人力资源配置。

一、组织结构设计管理

知识产权战略计划的顺利实施必须借助于科学的战略组织结构。知识产权战略组织机构是为顺利实施知识产权战略计划从而实现知识产权战略目标任务而设立的。它是通过任务结构和权力关系的设计协调政府各部门、各企事业单位，通力合作共同推进知识产权战略实施。在现阶段应通过加强知识产权管理机构建设，界定职责范围，强化管理职能，形成上下一致、责权明晰、运转高效的知识产权战略决策机构、执行机构和保障机构，为知识产权战略实施奠定坚实的组织保证。

在确定各级知识产权行政管理部门后，还要依据企事业单位的实际情况，建立和完善知识产权管理机构，落实管理人员、落实保障资金、落实管理制度，共同推进本单位知识产权战略计划的落实。

二、人力资源配置管理

知识产权战略实施的主体是企业，所以，企业知识产权战略的人力资源合理配置是实现企业战略目标的关键。主要包括企业的决策层、管理（执行）层、保障人员三个层面。

（1）企业战略决策层。企业战略决策层是实施企业知识产权战略的核心，在人才资源配置时，应考虑综合素质和专业技能，切实把政治素质高、业务能力强、富有创新精神的人才选拔到战略的决策机构中，委以重任，以保证决策的正确性、及时性。

（2）企业战略执行层。企业战略执行层是实施企业知识产权战略的中坚力量，在人才资源配置时，应从心理素质、专业素质、文化素质等方面综合考虑，切实把政治立场坚定、专业素质优良、作风雷厉风行、办事认真扎实的人才选拔到企业知识产权战略的执行机构，以保证知识产权战略的顺利执行和健康发展。

（3）企业战略保障层。企业战略保障层是实施企业知识产权战略的重要保证，在人才资源配置时，要把思想老练、作风扎实、办事勤恳的人才安排到知识产权战略实施的保障层，以积极的态度、优质高效的服务，做好战略实施的各项保障工作。

三、其他资源配置管理

其他资源配置主要是指有形资源配置和无形资源配置。有形资源配置又包括财务资源配置、实物资源配置和其他专门人才资源配置。

（1）财务资源配置。财务资源配置也称资金配置，包括资金筹集和资金分配。为推进知识产权战略实施需要全方位的筹措资金，把政府投入、企业筹集、银行贷款、社会融资等有机结合起来，投向重点领域和主要方向。同时，要科学合理地分配和使用好现有资金，发挥其最大的效益。

（2）实物资源配置。实物资源的表现形式是固定资产和流动资产。在知识产权战略实施中，要充分利用已有的固定资产、激活流动资产，发挥各类资源的最大效能，不断加大自主创新力度，为知识产权战略目标实现提供支撑。

（3）无形资源配置。无形资源是指没有实物形态但能带来经济效益的资源。主要包括自然科学技术和经营科学技术及企业信誉、知名度等。无形资源有些可以通过无形资产表现出来，如专利权、商标权、著作权等；有的却不能通过无形资产表现出来，如信誉、知名度等。因此，一般说来，无形资源的价值大于无形资产的价值。所以，在推进知识产权战略计划时，既要重视无形资产的管理，还要注重对无形资源的利用。

第三节　知识产权战略决策管理

战略决策是知识产权战略实施的前提和基础，决策的正确与否，直接关系战略实施的成败。由于战略决策易受决策者自身素质、思维方式、战略环境、文化渊源、时间因素的影响，因此，必须牢牢把握战略决策的准则、十分关注决策的过程、切实学会决策的方法，实行科学决策，民主决策。

一、把握决策准则

决策准则是决策者在决策过程中应遵循的原则。包括决策的思维方式、决策组织、拟订备选方案等方面的原则要求。决策的核心是要选择，而要进行正确的选择，就必须利用合理的标准对各种可行方案进行评价。通常人们习惯用"最优原则"或"绝对的理性"作为决策的准则，这一准则要求决策者对所选择的方案全面了解，有无限的估算力和快速准确的反应能力。另外，除最优原则和绝对理性原则外，在决策中还有一些其他原则需要把握。

（1）信息原则。信息是客观事物属性的反映，是科学决策的物质基础。能否及时、准确地获得足够的信息，对决策正确与否有直接的影响。决策的过程实际上是一个信息的收集、传递、加工和分析的过程。在决策过程中要通过各种途径，系统周密地收集与决策有关的各种信息资源，通过去伪存真、去粗取精的筛选，使之成为决策的依据。

（2）预见准则。预见准则是要求决策要依靠科学预测。决策具有预见性才有生命力。只有科学的预测，才可能为决策提供可行的依据。决策过程始于发现问题，继而确定目标，明确前提。决策者必须用发展的眼光和超前的思维，对决策对象及其相关事物的发展趋势作出科学预测，并对实施知识产权战略计划中可能出现的各种情况，考虑应变措施，避免决策失误。

（3）可行准则。决策具有可行性是指决策目标符合客观实际，决策方案便于实施，能解决实际问题。决策者不能凭主观愿望，而是根据自身的条件和外部环境状况，实事求是地确定目标。在选择方案时，要充分考虑各备选方案的可行性，最后确定可行、最优的方案。

（4）及时准则。及时准则是指决策及时才能有效。影响知识产权战略实施的因素众多，国际环境变化迅速，信息来源广泛，机遇稍纵即逝。因此，决策必须迅速快捷、及时准确。

（5）应变准则。应变准则要求决策应具备随环境变化的适应能力。决策是一个动态的过程，尤其像知识产权战略这样的重大决策，从实施到完成要经过漫长的时间，所以，决策方案要有一定的可调性，在变化中调整充实，以确保战略目标的实现。

二、关注决策过程

决策是一个过程，从识别问题、确定决策标准、给标准分配权重、拟订方案、分析方案、选择方案、实施方案到评价决策效果，每一步骤本身就是一个过程，累积起来就是一个大的过程。在决策过程中由于受到历史、文化、认识、关系、环境、时间、竞争、需要与欲望等非理性因素的影响，可能对战略决策带来不利的制约，因此，必须对战略决策者提出预防决策失误的忠告，保证决策程序合法、决策标准合理，决策内容完整准确，决策方案切实可行。使各级战略指挥者时刻关注决策的整个过程，以保证决策的科学性、时效性。

三、学会决策方法

科学的决策方法是指按照系统论、信息论、控制论的基本原理，实施决策的一种方法。对于各级决策者来讲，这种决策方法必须掌握，并能运用自如。因决策的方法很多，这里仅介绍几种。

（1）科学决策法。科学决策是指决策时要有充足的事实为依据，采取严密的逻辑思维方法，对大量的资料和数据按照事物的内在联系进行系统分析和测算，根据战略实施的客观要求和事物发展的规律，遵循科学程序，运用科学方法，作出正确决策。

（2）程序化决策法。程序化决策是指决策可以程序化到呈现出重复和例行状态，可以程序化到处理这些决策的固定程序模式。这种方法采用系统分析方法，将信息作为系统的输入系统，通过系统转化为输出，系统输出中也包含着大量的信息，作为输出的信息又全部或部分地以反馈的方式再输入系统之中，经过循环往复过程，最后作出决策结论。

（3）民主决策法。民主决策是在广泛调查研究、发扬民主的基础上，实施的集中决策。这种方法体现自下而上、自上而下、上下结合、共同完成。采用这种方法应坚持调查在先、决策在后，对收集到的各种信息资料加工整理，去伪存真、去粗取精，同时，要注意决策过程的信息反馈，以便及时修正完善，使决策更加完善。

（4）西蒙决策法。西蒙决策理论学派的代表人物赫伯特·西蒙对决策下的定义是：决策是一个过程，可划分为四个阶段：①找出制定决策的理由；②找出可能的行动方案；③对诸行动方案进行评价和抉择；④对于付诸实施的抉择进行评价。从心理学的角度看，决策过程的前三个阶段，与人类解决问题的思维过程基本步骤紧密相联。这三个基本步骤是：问题是什么？备选方案是什么？哪个备选方案最好？显然，前三个阶段是决策过程的核心，然后经过执行过程中的评价阶段，又进入新的一轮决策循环，因此，决策实际上是一个"决策—实施—再决策—再实施"的连环不断的循环过程，贯穿于全部管理活动的始终，贯穿于各种职能活动中，即贯穿于计划、组织、人员配备、指导和控制活动之中。

第四节 知识产权战略实施管理

知识产权战略实施是实现战略目标的最后手段。知识产权战略本身比较原则，具有系统性、整体性、稳定性的特点。知识产权战略实施是具体的实践活动，涉及经济社会发展的各方面，关联到知识产权的各个部门。在实施过程中，可能会出现各种未曾预料到的情况，这就要求知识产权战略实施主体在实施战略之初即应制订具体的、切实可行的、适应性较强的知识产权战略推进计划，预测可能出现的各种情况，制定各种情况下的管理措施。

一、知识产权战略实施管理的原则

（1）政府主导与市场拉动相结合。制定和实施知识产权战略，政府必须站在主导地位，坚持与时俱进，根据国际国内形势发展变化和经济社会发展的客观要求，按照市场经济规律，适时制定知识产权战略纲要、发展规划和政策措施，抓好引导和示范。组织和引导企事业单位以市场为导向，以提高核心竞争力为目的，制定和实施本领域、本企业的知识产权战略，促进知识产权的形成，严格知识产权的保护，强化知识产权的管理，加速知识产权的实施。

（2）统筹规划与分类指导相结合。制定和实施知识产权战略，必须坚持科学发展观，以提高自主创新能力和国家核心竞争力为目标，立足国情，着眼长远，加强协调配合，统筹知识产权战略与其他战略的协调发展，统筹知识产权战略内部各要素之间的相互促进。正确把握知识产权发展与保护的关系，知识产权创造与运用的关系，知识产权数量与质量的关系，实施国家知识产权战略与地方知识产权战略的关系。同时，各区域、各领域、各单位的情况不同，要根据不同类型，区别不同情况，加强联络和沟通，实施分类指导，有效配置知识产权战略资源，合力推进知识产权战略实施。

（3）整体推进与重点突破相结合。知识产权涉及经济、法律、科技、文化等学科，制定知识产权战略，必须充分考虑各方面的因素，从整体上进行把握。注重战略结构的整体性和系统性，战略内容的超前性和适用性，战略表述上的对应性和确定性。因为市场经济是复杂的巨系统，可变因素多，人为假象多，对应性变化大，实施知识产权战略时，应关照战略全局，突出战略重点，既照顾到形式的对应性，又注重表述的准确性，既形成整体推进的布局，又体现重点突破的态势，既有主动进攻方向，又有积极防御屏障，使整个战略系统完整、布局合理、结构严谨、表述准确、可操作性强。

二、知识产权战略实施过程管理

知识产权战略实施是一个过程，可能是几个月、几年或更长时间，在这一过程中，需要实施全方位、全过程、全时制的管理。根据实际情况，建立科学的管理系统，采用灵活的管理方式，实施不间断的管理。

（一）建立科学的管理系统

根据我国实施知识产权战略的实际情况，在当前应从三个方面着手建立管理系统。

(1) 建立国家知识产权战略指挥中心。国家知识产权战略指挥中心（国家知识产权战略推进委员会），应由国务院领导兼任总指挥，国务院有关部（局）主要领导、知名专家、国有大型企业集团老总参加，负责国家知识产权战略的组织指挥，协调国际之间重大知识产权事宜，研究解决战略实施中的重大问题，掌握战略推进计划、战略进程、战略部署和战略评估验收等重大事项。

(2) 建立区域知识产权战略指挥机构。区域（省、市）知识产权战略指挥机构，应由区域行政首长兼任指挥，区域政府各有关部门、区域内知名专家、大型企业集团组成。主要负责本行政区域知识产权战略的制定、推进计划安排、组织指挥、考核与评估，协调解决涉外知识产权纠纷，发布知识产权预警信息，负责与国家知识产权战略的衔接和本辖区知识产权战略的解释等。

(3) 建立企业（行业）知识产权战略实施指挥班子。企业（行业）知识产权战略指挥组织，应由企业主要负责人兼任指挥（行业应由行业协会的会长或理事长兼任指挥），企业科研人员、法律人员、知识产权管理人员参加，形成精干的指挥班子，负责本企业（行业）的知识产权创造、保护、运用和管理，知识产权战略制定、组织知识产权战略实施、协调解决知识产权战略实施中的有关问题，特别是知识产权信息的收集、加工和有效利用等。

（二）采用灵活的管理方式

管理方式是指挥员和指挥机关实施指挥活动时所采取的方法及其表现形式。实施知识产权战略指挥的主要形式有：按指挥级别控制的程度分为集中指挥和分散指挥；按指挥的层次分为按级指挥和越级指挥；按指挥类型可以分为战略指挥、战役指挥、战术指挥；按动静可分为机动指挥和定点指挥。另外，还有委托式指挥和平行指挥等。实施知识产权战略面对国际国内两个战场、两种战略资源，情况复杂多变，应采取灵活的指挥方式，实施正确的管理。

（1）实施集中统一管理。集中统一管理是实施知识产权战略的基本管理方式。它要求按照统一的战略部署，集中组织战役或战术行动，实施国家知识产权战略就是要动员全体国民提高知识产权意识，促进知识产权的创造、严格知识产权保护、加速知识产权流转、强化知识产权管理，按照国家知识产权战略纲要确定的目标任务和要求，由国家实施集中统一管理，动员各种力量，调动各方面的积极性，整体推进国家知识产权战略的实施。

（2）实施委托式分散管理。委托式分散管理是上级指挥员根据各地的实际情况，授予下级指挥员一定的权利，实施独立的管理。特别是我国情况千差万别，不可能按照一个标准推进知识产权战略，各省市应按照国家的总体规划，根据各辖区的情况制定符合自身发展的知识产权战略，具体落实知识产权的各项目标任务。具体到企业或行业也应按照国家的战略意图，结合本企业的具体情况确定自己实施知识产权战略的方式，科学组织本企业的自主创新。

（三）实施不间断的管理

实施不间断的管理是推进知识产权战略的前提。要求各级指挥员能够迅速准确地判断情况，果断确定决心部署，妥善处置各种情况。在战略指挥中，要善于把握指挥重点，合理分配指挥精力，简化指挥程序，提高指挥效能，同时还应建立稳定的保障系统。

（1）建立知识产权预警系统。根据知识产权战略指挥要求，知识产权管理部门要充分运用知识产权信息资源，在分析加工的基础上，研究国际知识产权发展动态，准确把握知识产权国际规则和主要贸易伙伴国的知识产权法律政策，对知识产权发展趋势、法律状态、可能产生知识产权纠纷的重要领域或可能产生的程度，提前做出预测，并向政府及有关部门、行业组织和企事业单位及时发出警示，积极采取应对措施。

（2）建立知识产权信息支持系统。建立稳定可靠的信息支持系统是实施战略指挥的关键，指挥员实施指挥的过程，实质上也是一个信息收集、处理的过程。充分准确和及时的信息资源，是实施正确指挥的基础。建立信息支持系统应具备扫描功能、分析功能、综合存贮功能、论证功能、反馈功能等；要建立具有上述功能的信息支持系统，并使信息收集、存贮、加工处理的功能达到最佳效果，必须遵循以下原则：系统性原则、渐变原则、最优化原则和通用性原则。另外，在建立和完善信息支持系统时，不能只重视信息的收集、处理、存贮等，还必须重视信息支持系统渠道的畅通，杜绝人为地滥用信息，制造虚假信息和截流信息。

（3）建立知识产权信息加工传输系统。建立知识产权信息加工传输系统，最直接、最有效的办法是搭建知识产权信息平台和建立各种类型的数据库。要本着合理布局、科学发展的原则，对现有的各类知识产权信息资源进行整合，实现知识产权信息资源的共享。充分调动各方面的积极性，按行业在不同的优势区域分别设立知识产权信息平台（中心），并在大型骨干企业建立数据库，形成覆盖全国的知识产权信息网络和信息传输系统，对来自不同领域的信息进行分析加工，然后按照不同的行业和需求迅速传递给所需方，为实施正确的指挥提供依据。

（4）制定知识产权应急处置方案。为维护国家的经济安全和知识产权战略的顺利实施，针对发达国家的知识产权策略，我们必须做到预先准备，制定切实可行的应急处置方案。主要包括：发达国家以知识产权对我国提出全面挑战时的组织处置方案；发达国家以知识产权壁垒到我国"跑马圈地"大举入侵时的应对处置方案；少数发达国家提出知识产权侵权抗议时的处置方案；规范国内无形资产市场秩序的处置方案等。要依据市场经济规律和我国的现实情况，谋划未来的发展，变被动应对为主动出击。

三、知识产权战略计划推进管理

知识产权战略计划推进是一个系统过程，需要各方面的通力合作。在计划实施的初期，尤其需要政府、企业、社会和舆论的参与。

（1）坚持政府主导。在市场经济体制还不完备的情况下，政府对经济工作的主导作用十分巨大，因此，知识产权战略计划的推进，必须由政府主导，协调各个部门共同参与，形成齐抓共管的局面。各区域、行业、企业的知识产权战略计划的实施，也需要在政府的宏观指导下，与其他战略一起纳入本区域、本行业、本企业的发展规划，共同推进区域、行业、企业的全面发展。

（2）实施政策引导。推进知识产权战略计划，一靠理论指导，二靠资金投入。调查表明：发达国家研究与开发的经费支出占世界总量比重为89.2%，年支出额占GDP的比重，北美地区为2.5%，日本、韩国为2.3%，西欧国家为2.8%，大洋洲国家为2.5%，世界平均水平为1.4%，而中国仅为0.5%~0.7%，低于世界平均水平。这一现实制约着中国自主创新的跨越发展，也制约着自主知识产权的形成。因此，各级政府要扩大投入，形成政府投入为引导、企业投入为主体、外资投入为补充、知识产权质押贷款、技术入股融资等多元化的投融资机制。逐步建立知识产权风险投资政策、知识产权申请（注册）补助政策、知识产权产业化扶持政策、发明创造激励政策，促进知识产权创新机制的形成。

（3）发动舆论督导。知识产权战略计划推进，将会触及一些社会热点问题。因此，要注意发挥各新闻媒体的舆论引导和监督作用，用科学的理论引导社会公众提高知识产权创新意识、保护意识，及时总结弘扬先进典型，营造良好的社会氛围，同时，对假冒他人知识产权行为和侵权盗版者进行公开曝光，树立尊重劳动、尊重知识、尊重人才、尊重创造的社会风尚，提高中华民族的整体素质。

第五节 知识产权战略保障管理

知识产权战略保障是战略实施的关键，是实现战略目标、完成战略任务的前提和基础。如何搞好战略保障、提高保障效率是各级战略指挥者面临的一项重要任务。因此，必须认真研究，总体把握，实施科学的管理。

一、知识产权战略联盟管理

战略联盟的概念是美国DEC公司总裁·霍普罗德和管理学家罗杰·内格尔最先提出的，此后战略联盟成为企业界和管理学界的热点问题。从20世纪80年代开始，掀起了一股组建战略联盟的狂潮。

广义上讲，战略联盟就是两个或两个以上实体之间为了达到某种战略目的，而建立的一种合作关系。战略联盟可以发生在两个或两个以上实体的各个活动领域，也可局限于某一个体的活动领域，例如，研究开发、生产销售、采购供应等。建立战略联盟的方式是多种多样的，从短期的松散型合作到长期的资本联合，战略联盟可以是强强联合，也可以是强弱联合，战略联盟可以是横向的，也可以是纵向的，甚至是网状的。战略联盟的目的和方式会随着环境的变化和部分的需要进行动态的调整。

（一）战略联盟的组织形式

由于技术的特征、行业的性质、竞争的程度、自身的状况等因素不同，所以，战略联盟的形式也各不相同。根据广义的战略联盟概念和当前世界范围内普遍采用的战略联盟方式，可以将战略联盟分为：横向战略联盟、纵向战略联盟和跨国战略联盟三种。

（1）横向战略联盟。是指不同实体旨在采取联合行动、共同发展而结成的战略联盟。这种战略联盟的具体形式包括连锁加盟、特许经营和合作集团等三类。

（2）纵向战略联盟。是指企业为追求竞争实力的增强，而通过与上、下游企业进行资本联合所形成的战略联盟。这种战略联盟的主要形式包括企业合资、企业并购和企业收购等三类。

（3）跨国战略联盟。是指企业通过跨国经营而与东道主国企业结成的企业战略联盟。这种联盟主要是行业联盟和企业联盟。

战略联盟的成功运行，不仅要选择合适的联盟方式，更重要的是要把握联盟者的自身因素，切实要慎重地选择合作伙伴，注重联盟的科学构建，灵活采用联盟的管理方式。

（二）战略联盟的构建

战略联盟的构建是指在合作意向的前提下，建立一种维持合作伙伴共同利益为宗旨的联盟体系。这种联盟体系要求对合作伙伴负责的精神，对联盟进行整体谋划、统筹协调、科学运用，构建一个新的联盟体系，共同推动知识产权战略实施。

（1）慎重地选择合作伙伴。构建战略联盟的关键是要选择合适的合作伙伴。首先，合作伙伴必须有较高的信誉度，有本企业缺乏的、有价值的能力，有助于实现自身的战略目标或者获得市场准入；其次，能够共享战略联盟宗旨所创建的远景，分享研发新技术、新产品的成本和风险；最后，合作伙伴必须有大局意识,有"公平游戏"名声的伙伴可以成为最好的联盟。

(2) 认真签订联盟条约。在确定联盟伙伴后,按照双方(多方)的实际情况,签订联盟条约或协议,对不便转移的技术可以进行事前约定,对不便合作伙伴进入的领域应提前告之并进行约定,以防联盟之间的不必要纠纷。

(3) 坚持平等互利的原则。联盟双方可以事先同意交换另一方所渴望得到的技能与技术,这样可以保证平等的得利机会,如果能够得到合作伙伴的可靠承诺,联盟合作伙伴的风险就可以降低。这种互利互惠的平等原则是维系联盟长期共处,和谐发展的基础。

（三）战略联盟的管理

战略联盟的建立意味着迈向国际化、市场化的开始,战略联盟的管理则是取得事业成功的钥匙。由于联盟地域的不同和文化的差异,在管理风格上的差异会影响到战略联盟的健康运转,因此,加强战略联盟的科学管理十分重要。

(1) 建立行之有效的管理机制。为保证战略联盟的有效运行,在联盟形成之后,应及时建立由各方参与的、精干的管理机构,落实管理人员,明确管理职责、制定管理制度,实施不间断的协调,解决战略运行中的突出问题,保证战略联盟按照有序、高效的原则运行。

(2) 用法律约束、用制度管理。由于战略联盟的组成结构比较复杂,在实施管理中,要坚持以法服众、以理服人,用制度规范行为,使战略联盟的各方在法律的框架内、在制度的约束下,从事科研、生产、经营活动。

(3) 注重文化氛围的营造。不论是地区差别、文化差别,不论是采用什么联盟方式,彼此之间要建立相互尊重和信任的文化美德,形成相互学习、取长补短的良好风尚,共同打造战略合作伙伴关系,推进战略目标的实现。

二、知识产权战略实施资金管理

知识产权战略与其他事物一样,它的兴起、发展、壮大有一个过程,而这一过程的长短、快慢,完全决定于投入的多少。在市场经济还不完全成熟、经济还不发达、竞争实力还相对较弱的情况下,强有力的资金支持对实施知识产权战略极为重要。

（一）资金保障的重要性

实施知识产权战略要有一定的资金作支撑,没有相应的资金保障就会成为纸上谈兵，就无法完成确定的战略目标。

（1）资金是知识产权战略实施的基础。大家都知道"巧妇难为无米之炊"。不论知识产权战略多么重要，战略形式多么先进，最终都需要落实到位，而这种落实需要一定的资金作保障，没有资金支撑就无法组织战略行动，就无法兑现战略计划，因而，战略实施也就成为"空中楼阁"。

（2）资金是知识产权战略实施的保证。知识产权战略是一项宏大的系统工程，涉及从国家到地方各个层面，从法律到经济各个领域，从政府系统到党团群各个部门，要开展战略研究、制订战略计划、组织战略协同等都需要经费支出，没有相应的经费保障，知识产权战略就无法健康顺利地推进。

（3）资金是科学推进知识产权战略的纽带。知识产权战略实施的最终目的是要推动经济结构调整，促进产业优化升级，提高经济运行质量，发展循环经济，构建和谐社会。落实这些目标任务，必须实施知识产权战略，建设知识产权强国。对知识产权战略实施，要统筹布局、整体推进、分步实施，要纳入各级各部门的财政预算，全力支持战略的实施。

（二）资金保障的渠道

知识产权战略资金保障渠道通常有以下几种。

（1）政府资金扶持。实施知识产权战略是各级政府的职能，因此，政府应当把这项资金纳入本级财政预算，按照知识产权战略目标、计划任务和战略规模，确定当年度的财政支出，以确保战略实施有相应的政府资金保障，支撑知识产权战略实施。

（2）民营资金介入。实施知识产权战略是广大人民群众的事情，不但要有政府的主导，还必须动员广大民众积极参与，我国民间的储蓄额逐年大幅上升，这是一笔巨大的资金财富，引导运用得好可以推动经济社会的发展，流失国外将会带来经济风险。因此，要积极动员、合理利用民间资金大力开展自主创新活动，把大量资金转化为大批自主知识产权，不断提升经济运行质量，增强国家的综合实力。

（3）企事业单位资金到位。企业是知识产权创造的主体，大专院校、科研院所是创新的源头。实施知识产权战略应突出主体和源头地位，特别在资金保障方面，更需要企事业单位的鼎力相助，分层次推进国家、区域和企事业单位知识产权战略的实施，共同打造知识产权强国。

（4）外资的合理利用。自改革开放以来，中外合资合作企业如雨后春笋，呈现蓬勃的发展趋势，通过引进技术、引进设备、引进人才，企业不断扩大，特别是通过引进、消化、吸收进行再创新或联合创新，形成一大批自主知识产权，为企业的发展注入新的活力，也为实施知识产权战略奠定了物质基础，对此，企业可以从经营收入中提取适量的资金，用于知识产权战略实施，用于自主研发，不断攀登本领域的科技高峰。

（三）资金保障的管理

不论是政府发展资金、民间闲散资金、企事业单位自筹资金、外资注入资金，均要统筹兼顾，合理配置、有效利用。在战略实施中，本着勤俭节省原则，把有限的资金用在最关键的地方，建立资金筹措使用制度和管理办法。逐步建立"国家知识产权发展资金""区域知识产权申请注册补助资金、产业化扶持资金""企事业单位知识产权奖励资金"等专项资金。将各专项资金切实纳入本级年度财务预算，合理使用，确保知识产权事业的全面、协调发展。

三、知识产权战略支持系统管理

实施知识产权战略除人才、法律、资金保障外，还必须创造条件建立与知识产权战略相配套、与国际惯例相适应的战略支持系统。

（1）知识产权中介服务体系管理。知识产权战略服务体系是指为战略直接提供保障服务的机构。主要包括：知识产权代理、评估、咨询、转让、许可、诉讼等服务体系。通过中介服务机构的高效优质服务，可以引导和帮助行业协会、企事业单位建立知识产权制度、培训知识产权人才、开展企业知识产权战略研究、应对侵权诉讼、完善企业维权、行业自律组织建设等，确保知识产权战略的全面落实。对知识产权代理机构、评估机构、战略研究机构、战略咨询机构建设，各级知识产权管理部门要积极支持、正确引导、依法规范、诚实守信、优质服务，知识产权交易市场建设，尽可能提供适量的启动资金、交易场所和必要的政策支持，同时要明确牵头单位和责任人，规范交易秩序，活跃交易形式，提高交易效率。

（2）知识产权战略反馈系统的管理。知识产权战略反馈系统是指在知识产权战略实施过程中，能够及时、准确地将战略实施情况反馈到战略决策者，以便于把握全局、科学决策、果断指挥、合力推进。

建立知识产权战略反馈系统是维持战略秩序、实施不间断的指挥、完成战略任务的重要保障，也是促进相互交流、加强区域合作、整体推进国家知识产权战略的重要措施。

知识产权战略反馈系统，是利用现代网络技术，建立自上而下的网上通信联络，将收集到的信息进行整理加工，及时传输，形成纵向贯通、横向联动传输系统，适时反馈各地情况，战略决策机构根据反馈情况，及时作出分析判断和科学决策，并将决策结论传达给各执行机构。

对知识产权战略反馈系统的管理，应本着及时、准确、完整的原则。及时，就是对战略实施中的各种情况，特别是事关全局的重要信息要及时上报；准确，就是要去伪存真、去粗取精，上报的情况一定要准确无误；完整，就是上报的各种情况中，既包括好的方面，也包括存在的问题，既讲成功的经验，也讲失败的教训，既有过去的工作，也有现实的打算等。总之，对知识产权战略反馈系统的管理，要做到全面、客观、准确、及时。

四、知识产权战略激励机制管理

完善的知识产权战略激励机制，可以有效地调动各级各部门和全体公民的积极性，加速知识产权战略的实施步伐，促进知识产权的形成，加快知识产权的流转，严格知识产权的保护。

（一）激励的含义和过程

现代领导科学和行为科学认为：对人进行激励比对人进行控制更有利于战略计划和战略目标实现。以人为本是各项事业的出发点和归宿。对人的激励如同干柴加烈火，广泛调动人的积极性、发掘人的潜能对实施知识产权战略具有重要的意义。

任何激励行为都有其目的性，这个目的可能是一个结果，也可能是一个过程，但必须是一个现实的、明确的目的。人的一切行动都是由某种动机引起的，动机是由需求引起的，它对人的行动起激发、推动、加强的作用，因此，激励活动正是对人的需要或动机施加影响，从而强化、引导，或改变人的行为。从本质上说，激励所产生的人们的行为是主动、自觉的行为，而不是被动的、强迫的行为。激励是一种持续反复的过程，它是由一个多种复杂内在、外在因素组织起来持续作用和影响的复杂过程，而不是一个互动式的过程。

（二）激励机制的管理

激励机制，对全面推进知识产权战略实施具有其他措施无法替代的作用，也是各级领导为达到推动工作常用的方法。它包括奖励机制、考评机制和惩罚机制等内容。

（1）奖励机制的管理。奖励是最直接、最有效的激励办法。奖励包括物质奖励和精神奖励两种，物质奖励包括发放奖金、奖品和其他实物；精神奖励包括授予荣誉称号、立功、嘉奖、晋升职级等。对于在知识产权战略实施中涌现出来的各类先进典型，要实施奖励，落实奖励政策，健全奖励制度、出台奖励标准、兑现物质和精神奖励，形成一种激励机制。

推进知识产权战略是政府主导、企事业参与，因此，政府应当运用奖励这一激励杠杆，充分调动各级实施知识产权战略的积极性和创造力，加快自主创新步伐，促进产业结构优化升级，转变经济增长方式，提高核心竞争力。企事业单位在政府的宏观政策下，可根据本单位实施知识产权战略的实际，灵活运用奖励机制，对战略实施中的先进典型进行奖励。

（2）考评机制的管理。对知识产权战略实施情况进行考核评价，同样是一种有效的激励机制。知识产权战略实施是一个过程，考评评价应伴随其中，可以设立月份考核、季度考核、年度考核和总评价。考核可分为：目标考核，对战略规划目标完成情况进行考核；进度考核，按照战略计划进度检查对照执行情况；效果考核，检查知识产权战略实施后各项指标的落实情况，如公民知识产生意识提高程度，自主知识产权拥有量的增加数量，知识产权的实施状况，知识产权的保护情况，对经济社会的贡献率等。

通过三个方面的考核评价，确定区域和单位的知识产权发展水平位次，并列入区域和单位领导的政绩，纳入综合考核评价体系，根据考核评价结果论功行赏。该奖励的一定要兑现，该处罚的一定不要手软，建立一种行之有效的长效机制。

（3）惩罚机制的管理。惩罚机制是激励机制的一种辅助措施，它从奖励的反面发挥激励作用，但是，它的建立和存在能够更加有效地鼓励先进、鞭策后进。

惩罚的内容也包括：物质处罚和精神处罚两种。物质处罚：扣发奖金、奖品、收回实物等；精神处罚：撤销荣誉称号、降职等行政处分。在推进知识产权战略实施中，必须建立与之相配套的惩罚机制，对人为造成重大决策失误，贻误战机，对战略目标完成不好的单位和个人均要进行惩罚，否则就会失去发展的机遇，影响战略全局。

在惩罚机制的使用时，要坚持奖励为主、惩罚为辅的原则。在具体掌握中，要重事实、重证据，善于在惩罚之后，发现新的积极因素，更好地激励大家的积极性，发挥区域、单位和个人的主观能动性，更好地推进知识产权战略实施，全面提高综合国力。

第六节　知识产权战略控制管理

知识产权战略实施由于受主客观因素的影响，会导致执行结果与预定的战略计划或战略目标产生一些偏差，因此，战略指挥者必须对整个实施过程进行监督、控制，尽可能及时发现、分析、纠正发生的各种偏差，以保证战略计划的顺利推进。这种通过监督发现、分析偏差并纠正偏差以确保战略计划进行的职能就是战略控制的职能。战略控制是一个循环的过程，在战略实施中起到承上启下的作用。

一、知识产权战略控制的特征和作用

（一）知识产权战略控制的特征

知识产权战略控制是指战略指挥者为保证战略计划得以完整实现，对战略计划的实施状况进行全面的评估，及时发现偏差并纠正偏差的过程。其特征有：

（1）它是最高层次的控制，是战略指挥者对战略计划实施过程的控制。

（2）它具有总体性和全局性，知识产权战略控制的标准是来自战略计划目标和战略决策目标。

（3）它具有开放性，知识产权战略实施必须动员广大企事业单位广泛参与，并与国际规则接轨，所以，具有开放性的特征。

（4）它具有稳定性和灵活性，通过知识产权战略控制，可以及时纠正战略计划结果与战略计划及目标产生的偏差，使战略计划保持稳定性。同时可以修改战略计划与外部环境变化产生的差异，使战略计划具有灵活性。

（二）知识产权战略控制的作用

正确而有效的知识产权战略控制，不仅可以确保战略计划的实施及战略目标的实现，而且可以随时修正战略实施中出现的新情况、新问题，对战略实施具有重要作用。

（1）保证战略计划的有效实施，通过监控、评价、分析、论证，纠正偏差，保证战略计划的顺利实施和健康运行。

（2）调整、修改战略计划，通过信息反馈、现场调研、及时调整、修改战略计划内容，使战略计划与客观现实相吻合。

（3）为战略决策奠定基础，通过战略控制，可以发现问题、解决问题，为新的战略决策提供标准和依据。

在知识产权战略控制中，要避免"蝴蝶效应"切不可忽略微小的偏差，应从小看大，抓小防大，以保证战略的顺利推进。

二、知识产权战略控制的原则与类型

（一）知识产权战略控制的原则

为保证战略控制的成功，在进行战略控制前，必须熟悉和掌握以下基本原则。

（1）全局在胸原则。

（2）弹性适度原则。

（3）重点把握原则。

（4）适时调整原则。

（二）知识产权战略控制的类型

知识产权战略控制的分类很多，按照不同的标准，大致可分为：

（1）根据确定控制标准不同，可分为程序控制、跟踪控制、经验控制、最优控制。

（2）按照控制信息变化程度，可分为开环控制和闭环制。在控制中，没有信息反馈的控制为开环控制，具有信息反馈机制作用的控制称为闭环控制。

（3）根据控制时间不同，可分为反馈控制，也称为事后控制，是一种最主要的控制方式；同步控制，也称现场控制，与战略行动同步进行；前馈控制，也称预先控制，是指战略实施之前，就进行周密的调查研究和分析，并对可能出现的情况采取预防措施，保证战略行动达到预期效果。

（4）根据改进未来工作方式，可分为间接控制，主要从着眼于以发生的偏差，分析原因并通过追查个人责任改进工作；直接控制，着眼于培养优秀的人才，使他们能够以系统的观点检验工作成败，进而完成控制工作。

三、知识产权战略控制的过程与结果

（一）知识产权战略控制过程

知识产权战略控制过程，通常可分为五个步骤：确定控制内容、制定控制标准、分析偏差原因、采取纠正行动等。

（1）确定控制内容。在知识产权战略控制中，首先应确定对哪些指标进行控制，把战略计划目标任务转化为具体的指标体系，以便于掌握操作。

（2）制定控制标准。控制标准是测定和评价战略实践的规范和尺度，制定控制标准就是给战略选定的控制指标确定量值和水平。一般来说，在制定控制标准时，除了应该指明可接受的量值和水平外，还必须包括一个容差范围。一般情况下，只要战略计划实施的实际结果落在容差范围以内，就可以认为战略实施运行正常，即便出现了少许偏差，也可以不作调整。此外，从战略控制的需要看，所建立的标准不仅局限于过程的最终结果，而且还应考虑过程进行中的阶段结果。

（3）分析产生偏差的原因。针对战略控制中出现的偏差，要运用辩证统一的观点，实事求是地进行分析，从环境变化、目标移位、计划失真、指挥失误、结构不合理、资源配置不当等方面进行认真分析研究，从中找出原因并提出解决问题的办法。

（4）采取纠正行动。采取行动，纠正偏差，是战略控制的关键步骤。针对战略控制中存在的各种问题，要分别采取不同措施，认真进行纠正，确保战略的顺利进行。

（二）知识产权战略控制的结果

知识产权战略指挥者要采取切实可行的方法，通过实地考察、抽样检查、统计分析、评估论证对知识战略实施结果进行综合测评，总结成功的经验，分析出现问题的原因，提出战略控制的措施，以保证战略方向不偏离、战略重点不移位、战略目标不丢失。确保战略实施健康发展、顺利推进。

四、知识产权战略控制方法与控制系统

（一）知识产权战略控制方法

（1）目标控制法。这种方法是将战略总目标按照知识产权要素分解为分类目标，再将分类目标分解为责任目标，形成一个完整的目标体系，战略控制主要是通过目标体系的建立，对整个目标体系实施有效的控制。

（2）计划控制法。主要是通过制订计划达到控制的目的，例如，国家知识产权战略实施，必须由省、市、县三级的密切配合，这种配合就是通过制订知识产权战略推进计划形成上下一致的联动机制，因此，不论是国家战略、区域战略或是行业、企业战略都需要形成一种联动机制，这种联动机制的形成、运转都要通过计划完成。

（3）现场指导控制法。这种方法是指知识产权战略指挥者深入现场，进行观察分析，及时发现问题，实行面对面的指导。这种方法可以更加直接地观察现场，了解知识产权战略目标、方针及其计划的落实情况，可以为正确实施战略控制掌握第一手资料，为控制决策提供依据。

（4）评估评价控制法。这种方法主要是根据战略实施中的各种信息反馈，通过定性和定量的分析，评估战略进程速度、战略实施效果、战略组织指挥、战略环境变化等情况，评价各项战略分目标的完成情况，适时进行调整控制，以保持战略协调推进、战略指挥的科学有效、战略力量的合理搭配、战略目标的圆满实现。

（二）知识产权战略控制系统

（1）战略控制系统构成。通常由评价系统和纠正系统两大要素按照一定的结构组合而成，这两个系统各自以自己的功能发挥着控制作用。评价系统的功能是评价战略计划实施的状况，并根据战略环境等情况变化，作出决策判断，以便为纠正系统的运作提供行动依据。纠正系统的功能是依据评价系统输出的信息，及时采取行动进行必要的战略调整，以纠正战略实施中的偏差，克

服和避免出现的各种错误。

（2）战略控制系统的特征。知识产权战略控制系统是战略管理的一个重要组成部分，为了实施有效的战略控制，知识产权战略系统应是适用的、节约的、简单的、快速灵敏的，能够在战略环境发生变化的情况下，迅速准确判断情况，快速灵活处置问题。

第七节　知识产权战略监督管理

知识产权战略监督是保证战略决策的正确性和战略实施健康发展的一项重要措施。它包括行政监督、法律监督、舆论监督、群众监督等内容，它是知识产权战略管理职能的延续，同时又是知识产权战略决策、战略实施的保证。

一、知识产权战略监督的功能

知识产权战略监督贯穿于战略活动的全过程，无论是战略决策过程、战略实施过程、战略管理过程，都始终伴随着战略监督，没有监督，战略活动就可能产生偏差，甚至会导致战略活动失败或指挥失效，因此，战略监督对整个战略的成败至关重要。

（1）战略监督有利于保证战略决策的正确性。为了保证战略决策的正确性，除了战略制定、战略实施、战略管理要按照科学的方法决策外，还必须对整个战略活动进行监督，以便规范战略指挥者的战略决策行为、战略决策程序、战略决策方式，从而使每项战略决策尽可能准确、完善。

（2）战略监督有利于保证战略管理的完整性和准确性。知识产权战略管理，主要是通过战略计划、战略组织、战略指挥、战略控制和协调，使知识产权战略决策得到贯彻执行。在战略决策的执行过程中，由于各种外部环境的影响和内在因素的制约，知识产权战略的实施会受到限制。因此，为了保证战略顺利实施，战略管理监督系统，必须对战略指挥者、战略执行者进行严格的监督。

（3）战略监督有利于提高战略管理者和战略实践者的积极性。在知识产权战略实施过程中，对战略管理者、实践者业绩评价主要靠监督，通过有效的监督可以作出正确的评价，实行奖优罚劣，奖勤罚懒，可以激发各级的强烈工作欲望、责任感和事业心，提高工作的积极性。

（4）战略监督有利于防患于未然。知识产权战略监督除了能检查、发现并纠正知识产权战略实践活动中出现的各种偏差以外，还有利于发现和寻找各种不利于知识产权战略实践活动的现实因素和潜在因素，以预防阻止各种错误和偏差的出现，保证知识产权战略目标的顺利实现和战略经营最佳效益的获得，防范各类风险。

知识产权战略监督要防止"多米诺效应"。多米诺骨牌，又叫"西洋骨牌"。它最早起源于中国的一种古老的智力游戏，18世纪传入欧洲后，经意大利人的发展，成为风靡世界的一种益智游戏。多米诺骨牌一块接一块倒下的连锁反应现象，科学家称之为"多米诺效应"。在当今社会，不论是政治、军事、文化还是商业领域中，如不注意防微杜渐和堵塞漏洞，就可能产生一边倒的"多米诺效应"。进行知识产权战略监督的目的正在于此。

二、知识产权战略监督的原则

知识产权战略监督是整个知识产权战略活动不可缺少的组成部分，要使战略监督科学化、合理化、有效化，取得良好的监督效果，在实施监督中必须把握以下原则。

（1）全局性原则。知识产权战略监督是对整体战略活动的监督，它所追求的是总体监督效果，因此，必须从战略全局出发进行整体监督，形成严密的监督网络，以保证战略整体推进，顺利实施，圆满成功。

（2）效益性原则。知识产权战略监督必须注重监督的效益。首先，战略监督中的每一项费用支出都必须是合理的、有效的；其次，在实施监督中，监督人员应将注意力集中到战略实施中的一些关键性方面，注重研究那些最具特色的事实和现象，善于抓住要害问题，防止在枝节问题上纠缠不休，贻误战机。

（3）异体监督原则。异体监督，是指行为主体以外的他体对于行为主体所实施的监督，监督者与被监督者不同体。遵循异体监督原则是现代监督的客观要求。只有实施异体监督，才能避免战略实施中的主观随意性，使战略监督富有成效。

（4）超前监督原则。监督的目的是更好地预防，为充分发挥监督的功能，就要遵循超前监督的原则。超前监督的实质是防患于未然。知识产权战略实施涉及经济、科技、文化、法律诸多领域，关联到各有关部门和企事业单位，为了形成合力，防止出现偏差，整体推进战略实施，必须实行早准备、早预防，确保战略顺利实施。

三、知识产权战略监督的类型

知识产权战略监督的种类很多，按照不同的标准通常情况下，可分为行政监督、专家监督、舆论监督和群众监督。

（1）行政监督。行政监督主要是通过行政区域、行政部门对知识产权战略实施监督，这种监督快捷、方便。按照行政区域，从中央到各省、市，由各级行政部门实施，下级对上级负责，上级指导下级，形成齐抓共管的合力，保证战略按照预定的计划顺利实施。

（2）专家监督。专家监督主要是通过组成专家委员会，对战略立项、战略纲要、战略实施、战略控制、战略结果等实施全过程的监督，发现问题及时研究分析，从中找出存在问题的原因，并适时提出解决问题的方法，保证战略实施的正确方向。

（3）舆论监督。舆论监督主要是发挥各种媒体对知识产权战略实施监督，通过媒体及时发现战略实施中的成功经验、存在的问题以及带倾向性的偏差，以正确的舆论引导社会公众提高参与意识，以科学的方法分析存在的问题及产生的原因，以敏锐的洞察力、和谐的语言纠正出现的偏差，引导知识产权战略的有效实施。

（4）群众监督。群众监督主要是广泛地发动群众参与知识产权战略的实施，并结合实践活动及时地对战略进行评价监督，各级政府部门要畅通对话渠道，让人民群众更多地了解战略内容，对战略评头论足，并及时集中大家的意见和建议，让人民群众的智慧在知识产权战略实施中发挥作用，保证战略实施建立在广大的群众基础之上。

四、知识产权战略监督的方式

（1）按照战略监督的性质区分，可分为战略过程监督和战略工作监督。过程监督主要是对知识产权战略的全过程实施监督，战略立项、战略纲要制定、战略组织实施、战略指挥和战略管理等都在监督之中；战略工作监督主要是推进战略而展开的各项工作，对各项工作监督主要看各项工作是否有利于战略实施,是否有利于智力成果的形成和产权化、产业化,是否有利于提高核心竞争力和综合国力。

(2)按照战略监督介入程度区分,可分为直接监督和间接监督。直接监督主要是战略的制定、发布、实施、控制等,通过直接参与活动,对战略的过程进行监督,从而保证战略活动过程合法有效;间接监督是指不直接参与战略实践活动,通过信息反馈、加工处理,及时提出监督意见和建议,达到实施监督的目的。

(3)按照监督时限区分,分为事前监督、事中监督、结果监督。事前监督是在战略纲要制定前就介入监督事宜,全面了解战略实施的背景、战略环境、战略制定的过程、战略决策方式及决策程序是否合理、合法,为全面实施知识产权战略奠定基础;事中监督是指对战略实施过程的监督,通过对战略过程中各种行为监督,可以随时纠正战略实施中出现的各种偏差,保证战略目标的顺利实现;结果监督是指对战略实施的结果进行监督,通常可以对每年度的结果进行总结评价,也可以对阶段取得的成果进行评价,还可以对某一项成果进行评价监督。

(4)按照战略监督的概率来分,可分为常规监督和随机监督。常规监督是对战略执行者的制度化、经常化和定型化的监督,这是一种最普遍的战略监督形式;随机监督是对战略执行者的隐蔽性、随机性的监督,它可以弥补常规监督的不足,从而达到有效监督的目的。

在知识产权战略监督中,对各种不同的监督方式,应根据不同情况,灵活掌握、综合运用,切不可生搬硬套。特别要针对战略类型、战略规模、战略进程要求,采取监督方式,以提高战略监督的效果,达到战略监督的目的。

五、知识产权战略监督的过程

知识产权战略监督的过程是伴随战略活动过程的开始而展开的,没有战略监督过程,知识产权战略决策、战略实施和战略管理很难得到完整的履行,因而知识产权战略不可能顺利健康发展。虽然,战略监督的主体、战略监督的对象各不相同,战略监督的要求也可能存在差异,但战略监督的过程基本一致,它可分为五个阶段。

(1)制定战略监督的目标和标准。知识产权战略监督的目标和标准是实施检查、评价及发现偏差的尺度,是实施战略监督的必要前提。根据战略的类型不同，应采取不同的监督目标和标准，国家知识产权战略应从国家经济社会发展大局考虑监督的目标和标准；企业知识产权战略应着眼企业的自身发展确定自己的目标和标准。不论是国家战略、区域战略、行业战略、企业战略都要合理定位，按照各自的实际情况、战略目标、政策规定、国家的法律选择监督的目标和标准。

（2）确定战略监督的范围和方式。根据知识产权战略监督的目标任务，确定战略监督的机构和职责范围，包括：监督主体的职责权限范围；监督组织结构的建立；监督人员的确定；监督机构和监督人员的相应权限；监督工作实施的保障条件等。

根据知识产权战略监督的目标任务，确定战略监督的方式，即通过什么途径以什么形式来实现战略监督。

（3）收集与战略相关的信息。知识产权战略监督的有效性在很大程度上取决于收集到信息的质量。不精确、不完整、不及时的信息会严重影响战略监督的时效性。因此，必须重视建立完整、准确的信息收集系统，以便能够及时地为战略监督者提供充分、可靠的监督信息。

收集了解信息的方法和渠道很多，作为战略监督者，应尽可能多途径、多渠道地采集尽可能多的信息，以便客观、公正、及时地为战略监督提供材料和依据。

（4）对信息资源进行分析评价。在进行分析评价时，要明确评价目的、了解评价对象、掌握评价标准、把握评价方法，对收集到的信息进行全面、系统的分析，去粗取精、去伪存真，最后得出切合实际的结论，为整改和纠偏提供依据。

（5）进行整改，纠正偏差。知识产权战略监督者应根据分析评价结果，对战略执行者在组织战略活动中出现的问题及偏差，要及时地向战略执行者和执行单位提出整改意见，适时纠正在战略实施中出现的偏差，确保战略计划的落实和战略目标的实现。

第十二章 知识产权保护管理

知识产权保护制度是维护市场经济公平有序竞争，鼓励、推动和保护技术创新的强有力的基本法律制度和有效机制。目前，不仅美国和日本已经把知识产权保护特别是对技术创新过程中的知识产权保护纳入国家战略，而且俄罗斯、乌兰克、韩国和印度等国也已经或正在制定技术创新战略，同时也把对技术创新过程中的知识产权保护纳入国家战略。要培育企业技术创新主体，必须加大知识产权保护力度，维护企业技术创新成果利益。知识产权保护的效果不是一个单纯的立法和执法水平高低的问题，知识产权保护与国家发展水平密切关联，知识产权制度设计与社会需求密切相关。知识产权保护应包括：司法、行政、自律、舆论、区域和国际保护诸多方面。

第一节 知识产权司法保护管理

知识产权司法保护是指对知识产权通过司法途径进行保护，即由享有知识产权的权利人或国家公诉人向法院对侵权人提起刑事诉讼、民事诉讼，以追究侵权人的刑事责任、民事责任。司法保护与行政保护比较，具有稳定性、专属性、公平优先性及规范性，注重对权利人的赔偿等优点，司法保护一般是被动的保护。

一、我国知识产权司法保护的现状和发展

人民法院对知识产权的司法保护起步于20世纪80年代的初、中期，是随着《商标法》《专利法》《民法通则》和《技术合同法》等知识产权法律的颁布施行而逐步发展起来的。至20世纪90年代初，伴随着《著作权法》的颁布实施，人民法院已经初步建立起适合国情并行之有效的知识产权诉讼制度，培养了一批能够胜任审理知识产权案件的法官，审理了一批知识产权纠纷案件。

进入21世纪以来，我国加入世界贸易组织，《与贸易有关的知识产权协议》（TRIPS协议）对知识产权执法提出了更高的要求和更明确的执法标准，同时人民法院审理的知识产权案件出现新的特点和趋势：①受理案件数量持续增长；②受理案件集中在发达地区；③受理案件多为侵权纠纷；④侵权案件多发生在高技术领域；⑤涉外案件的比例呈逐年增长趋势。

面对新的挑战，最高人民法院认真研究解决知识产权审判工作中出现的新情况、新问题等，努力开创知识产权审判工作的新局面。同时，最高人民法院公布了《关于审理专利纠纷案件适用法律问题的若干规定》《关于诉前停止侵犯专利权行为适用法律问题的若干规定》和《关于涉及计算机网络域名民事纠纷案件适用法律问题的解释》等三个司法解释等一批法规文件；在知识产权法律保护体系中发挥着重要的作用。

二、知识产权司法保护体系不断完善

（1）知识产权司法保护范围扩大。知识产权司法保护的范围包括对专利权、商标权、著作权（版权）、邻接权、集成电路布图设计权、植物新品种权以及制止不正当竞争权等涉及人类智力成果的一切无形财产的财产权和人身权的保护。我国法律规定的保护范围和水平基本与知识产权国际条约规定的范围和水平相同，并且将会受到TRIPS协议等国际公约的积极影响。此外，人民法院的知识产权审判庭还将有关技术转让、技术合作等各类技术合同纠纷案件作为自己的收案范围。

（2）知识产权司法审判领域拓展。近30多年来，随着我国改革开放事业的发展和知识产权立法进程的加快，知识产权的审判领域不断拓展。从1981年12月经济合同法颁布施行以来，国家相继颁布施行了《商标法》《专利法》《民法通则》《技术合同法》《著作权法》《计算机软件保护条例》《反不正当竞争法》《合同法》《集成电路布图设计管理条例》《植物新品种保护条例》等专门或者涉及知识产权内容的知识产权法律、法规。据此，人民法院也相继开展了技术合同、商业秘密、商标、专利、著作权、计算机软件、计算机网络、数据库、域名、不正当竞争、植物新品种和集成电路布图设计权等纠纷案件的审判工作，知识产权的审判领域不断拓展，并表现出"高、新、难"的特点，逐步形成案件类别齐全、特点鲜明、相对独立的审判业务，确立了知识产权的审判地位。

(3) 知识产权司法解释推出。为准确适用知识产权实体法和有关程序法，正确审理知识产权纠纷案件，最高人民法院及时制定司法解释和带有司法解释性的文件。例如，《关于审理专利纠纷案件若干问题的解答》《关于深入贯彻执行〈中华人民共和国著作权法〉几个问题的通知》《关于审理涉及计算机网络著作权纠纷案件适用法律若干问题的解释》《关于审理科技纠纷案件的若干问题的规定》《关于人民法院对注册商标权进行财产保全的解释》《关于审理植物新品种纠纷案件若干问题的解释》《关于办理侵犯知识产权刑事案件具体应用法律若干问题的解释》《关于责令停止侵犯专利权行为适用法律问题的解释》和《关于处理专利纠纷案件若干问题的解释》等，共约30余件。两个重要司法解释。

(4) 知识产权审判组织建立。人民法院自开展知识产权审判工作以来，特别是进入20世纪90年代以后，十分重视知识产权审判组织的建设。最高人民法院于1996年10月成立知识产权审判庭，统一负责对全国的知识产权审判工作进行司法指导和监督。地方各级人民法院先后成立知识产权审判庭或者专门从事知识产权审判的合议庭，负责审理知识产权纠纷案件。2014年全国人大批准在北京、上海、广州成立知识产权法院，知识产权审判组织的建立和健全，为完成知识产权审判任务提供了组织保证。

(5) 知识产权审判队伍加强。知识产权审判工作具有很强的专业性，需要一支懂法律、懂专业知识，精通知识产权法律和知识产权国际公约的专业审判队伍。20多年来，最高人民法院对知识产权审判工作高标准、严要求，在人员选配、业务培训、出国学习方面给予大力支持和优先照顾，并定期研究如何搞好知识产权审判工作，培养了一支从事知识产权审判的年轻化的专业队伍，取得了良好的社会效果和法律效果。

三、加大知识产权司法保护管理

针对新形势下知识产权保护的新趋势，特别是知识产权领域中的群体侵权、恶意竞争、抄袭、非法复制、假冒、违约等故意侵害知识产权，破坏无形资产市场秩序的侵权行为，人民法院必须加大对知识产权司法保护力度。

(1) 依法保护知识产权。依法保护知识产权是人民法院知识产权审判工作的根本任务。知识产权纠纷案件的最大特点是专业性强，需要高素质的专业法官从事知识产权审判工作。一是通过司法解释的形式，将某些专利纠纷案件指定由特定的人民法院审理，同时要求将其他知识产权纠纷案件集中到中级以上人民法院审理。二是将知识产权的民事案件和行政案件集中到知识产权审判庭审理，并设立专门的合议庭。将知识产权纠纷案件相对集中审理，有利于更好地利用宝贵的审判资源，充分发挥知识产权审判的整体职能作用。

（2）依法追究侵权人的民事责任。依照专利法、商标法、著作权法、反不正当竞争法的规定，发挥民事责任惩罚与补偿相结合的特有功能，全面追究侵权人的民事责任，使知识产权得到最终保护。

依照法律规定，知识产权受到侵犯其民事司法救济的方式主要有：责令停止侵害；消除影响；公开赔礼道歉；恢复名誉；赔偿损失等。对其他严重侵权行为，除承担民事责任外，人民法院根据案情可以采取收缴非法所得、罚款等民事制裁措施。对侵犯知识产权案件的赔偿，不仅考虑权利人的经济损失，对侵害知识产权精神利益的还可以予以精神损害赔偿。

停止侵权和赔偿损失是法律规定的诸项民事责任形式的核心与关键环节，也是受害人提起民事诉讼的根本利益所在。遇有需要停止侵害、排除妨碍、消除危险的情况时，法院根据当事人的申请或者依职权先行作出裁定。甚至在侵权的预备阶段，就可以裁定消除此种侵权危险。

（3）切实保证知识产权司法公正。确立知识产权审判的透明度和社会公信度的审判指导思想，积极探索适合知识产权案件特点的审判方式。包括：庭前告知当事人诉讼权利义务；积极探索庭前调处程序，并对当事人进行庭前指导，使对方当事人明确举证期限、举证范围、举证方式及不举证的后果；实行庭前证据交换制度，通过证据交换，使当事人明确双方争议焦点，促使当事人理清诉辩思路，落实合议和公开审判制度。无论一审还是二审案件，一律公开审判，提前向社会公开审判信息，允许公众旁听，允许新闻单位客观报道。提高知识产权审判的透明度和社会公信度，是知识产权司法公正在程序上的保证。

四、提高知识产权执法水平

（1）完善知识产权审判体制，优化审判资源配置，简化救济程序。研究设置统一受理知识产权民事、行政和刑事案件的专门知识产权法庭。研究适当集中专利等技术性较强案件的审理管辖权问题。进一步健全知识产权审判机构，充实知识产权司法队伍，提高审判和执行能力。

（2）加强知识产权司法解释工作。针对知识产权案件专业性强等特点，建立和完善司法鉴定、专家证人、技术调查等诉讼制度，完善知识产权诉前临时措施制度。改革专利和商标确权、授权程序，研究专利无效审理和商标评审机构向准司法机构转变的问题。

（3）提高知识产权执法队伍素质，合理配置执法资源，提高执法效率。针对反复侵权、群体性侵权以及大规模假冒、盗版等行为，有计划、有重点地开展知识产权保护专项行动。加大行政执法机关向刑事司法机关移送知识产权刑事案件和刑事司法机关受理知识产权刑事案件的力度。

（4）加强知识产权边境保护，维护良好的进出口秩序，提高我国出口商品的声誉。充分利用海关执法国际合作机制，打击跨境知识产权违法犯罪行为，发挥海关在国际知识产权保护事务中的影响力。

第二节 知识产权行政保护管理

知识产权行政保护是一个具有中国特色的知识产权保护制度。目前，尽管对知识产权行政保护的"去留"问题存在争议，但是，中国知识产权行政保护制度正在得到不断完善和加强，也正是知识产权行政保护才使中国知识产权事业得以快速发展。

一、知识产权行政保护概况

（1）TRIPS协定对知识产权行政保护的态度。TRIPS协定对知识产权行政保护制度的基本态度表现为五个方面。第一，总的说，TRIPS协定对各成员采用知识产权行政保护制度持积极肯定的"扬弃"态度：一方面，它对这一制度的态度是鲜明的，肯定的；另一方面，TRIPS协定也对各成员采用知识产权行政保护制度设定了一些限制条件。第二，TRIPS协定采用的是各成员自主选择适用的方式。就是说，TRIPS协定并没有强制要求各成员必须采用知识产权行政保护制度，是否运用该制度，以及如何运用该制度，完全由各成员根据自己的国情选择。第三，各成员不可以选择适用知识产权海关行政保护。第四，TRIPS协定尤其肯定了行政保护制度在某些知识产权领域或者知识产权保护的某些环节上具有独特的甚至不可替代的作用。第五，对于已有知识产权行政保护传统的成员，如果放弃这一制度，必须受到 TRIPS 协议"不降低已有保护水平"原则的限制。

（2）中国知识产权行政保护制度的形成。知识产权行政保护是一个符合当前中国国情和实际需要的特色制度。第一，知识产权行政保护制度发挥了积极的保护作用，而且积累了成功的经验。第二，实践验证，知识产权行政保护制度在实践中发挥和正在发挥着巨大作用，不仅知识产权行政管理部门行政裁决知识产权民事纠纷的职能不可能在短期内被司法保护所完全替代，而且知识产权行政调解和行政查处的职能，司法保护也难以取代或者不能取代。第三，研究发现，知识产权行政保护的创新机制和其在展会知识产权保护个案中独特作用进一步证实：行政保护具有应变性，效力的先定性，效率优先性及成本小，速度快，能迅速恢复当事人的权利等优点，行政保护一般是主动的保护。行政保护在当前和今后一段时间内，仍然是一个充满生机与活力的特色制度。

（3）中国知识产权行政保护制度的运行。中国知识产权行政保护制度可以遵循以下基本路径和发展模式：由以行政处理为重心到以行政查处为重心，再到以行政服务为重心。其理由是：第一，以行政处理知识产权纠纷为重心是客观的法律事实；第二，现行修改的知识产权法律已将行政保护制度的重心由原来的"行政处理知识产权纠纷"转移到了现在的"行政查处知识产权违法行为"；第三，我国知识产权行政保护制度可以朝着"以提供优质行政服务为基本理念和重心"这一方向发展，这既是外国知识产权行政保护制度给我们的启示，也是建设服务型政府的基本要求。另外，近年来，知识产权跨区域行政执法协作机制，迅速发展的事实，与行政保护在展会知识产权领域所发挥的积极作用也在一定程度上证实知识产权行政保护制度，应当朝着这一方向进一步发展，在整个知识产权行政保护中，尤其要强调积极维护国家利益和本土知识产权主体的合法权利这一核心目标。

当前，在司法保护还确有困难，不能完全担当此任务之时，行政裁决可以发挥一定的作用，但是应当将其定位于司法保护的补充方式。对于行政调解，则没有必要取消，应当让其充分发挥节省司法资源、有效补充司法保护的作用。对于行政查处制度，由于其职能不能被司法保护所取代，从而应长期存在下去，并要进一步强化。

二、知识产权行政保护现行规定

中国现行的知识产权法律、法规，大多数规定了知识产权行政管理机构。

为了保证知识产权权利人依法享有的各项权利，法律赋予各行政管理机构享有一定的行政管理权，并有权对侵犯知识产权的行为做出一定的处罚，从而保证知识产权法律在实际生活中得到贯彻和执行。例如：

《专利法》规定，未经专利权人许可，实施其专利，即侵犯其专利权，引起纠纷的，由当事人协商解决；不愿协商或者协商不成的，专利权人或者利害关系人可以向人民法院起诉，也可以请求管理专利工作的部门处理。管理专利工作的部门处理时，认定侵权行为成立的，可以责令侵权人立即停止侵权行为，作出行政处罚，当事人不服的，可以申请行政复议或者直接向人民法院起诉；侵权人期满不起诉又不停止侵权行为的，管理专利工作的部门可以申请人民法院强制执行。进行处理的管理专利工作的部门应当事人的请求，可以就侵犯专利权的赔偿数额进行调解；调解不成的，当事人可以依照《民事诉讼法》向人民法院起诉。

假冒他人专利的，除依法承担民事责任外，由管理专利工作的部门责令改正并予公告，没收违法所得，可以并处违法所得三倍以下的罚款，没有违法所得的，可以处五万元以下的罚款；以非专利产品冒充专利产品、以非专利方法冒充专利方法的，由管理专利工作的部门责令改正并予公告，可以处五万元以下的罚款。

《商标法》规定，如果发生侵犯注册商标专用权行为，引起纠纷，可以由当事人协商解决。不愿协商或者协商不成的，商标注册人或者利害关系人可以向人民法院起诉，也可以请求工商行政管理部门处理。工商行政管理部门处理时，认定侵权行为成立的，责令立即停止侵权行为，没收、销毁侵权商品和专门用于制造侵权商品、伪造注册商标标识的工具，并可处以罚款。当事人对处理决定不服的，可以申请行政复议或者直接向人民法院起诉；侵权人期满不起诉又不履行的，工商行政管理部门可以申请人民法院强制执行。进行处理的工商行政管理部门根据当事人的请求，可以就侵犯商标专用权的赔偿数额进行调解；调解不成的，当事人可以依照《民事诉讼法》向人民法院起诉。

对侵犯注册商标专用权的行为，工商行政管理部门有权依法查处。进行查处时，工商行政管理部门可以询问有关当事人，调查与侵犯他人注册商标专用权有关的情况；查阅、复制当事人与侵权活动有关的合同、发票、账簿以及其他有关资料；对当事人涉嫌从事侵犯他人注册商标专用权活动的场所实施现场检查；检查与侵权活动有关的物品；对有证据证明是侵犯他人注册商标专用权的物品，可以查封或者扣押。

《著作权法》规定，未经著作权人许可，复制、发行、表演、放映、广播、汇编、通过信息网络向公众传播其作品的；出版他人享有专有出版权的图书的；未经表演者许可，复制、发行录有其表演的录音录像制品，或者通过信息网络向公众传播其表演的；未经录音录像制作者许可，复制、发行、通过信息网络向公众传播其制作的录音录像制品的；未经许可，播放或者复制广播、电视的；未经著作权人或者与著作权有关的权利人许可，故意避开或者破坏权利人为其作品、录音录像制品等采取的保护著作权或者与著作权有关的权利的技术措施的，故意删除或者改变作品、录音录像制品等的权利管理电子信息的；制作、出售假冒他人署名的作品等上述侵权行为时，除应当根据情况，承担停止侵害、消除影响、赔礼道歉、赔偿损失等民事责任；同时损害公共利益的，可以由著作权行政管理部门责令停止侵权行为，没收违法所得，没收、销毁侵权复制品，并可处以罚款；情节严重的，著作权行政管理部门还可以没收主要用于制作侵权复制品的材料、工具、设备等。

三、知识产权行政保护管理中的制度安排

从我国知识产权行政保护的实际看，当前和今后一段时期内，应特别关注和加强知识产权行政保护制度的完善和落实，努力营造知识产权行政保护的软环境，提高知识产权行政保护效率。

（1）行政指导制度。在知识产权领域常常有一些新情况缺乏具体的法律规范来调整，加之某些情况下采用单纯法律手段尚不具备条件或不是最佳选择，这时由行政机关采取劝告、说服、建议等非强制性措施，并取得当事人的同意和协力来达到行政目的，则是比较理性的行为选择。这种行政指导行为与具有法律强制力的行政指令行为共同构成了现代社会行政机关的基本行为方式。对这种现代行政法重要范畴的行政指导，尚有许多人不了解或持有疑虑。但这种行政指导已为越来越多的国家和国际社会所采用，并逐步走向规范化。

（2）行政参与制度。行政相对人作为主体因素参与行政权力行使过程，具有多方面的积极意义，它是当今世界出现民主化潮流的产物，是体现行政民主、防止行政偏私、减少行政争讼、有利于实现行政相对人合法权益的一项制度创新，现已成为当代行政法的一项重要制度，但是我国在这方面还存在很大差距。所以，应作出必要的制度安排，保证在有关知识产权的行政立法和制定行政政策及其施行过程中，行政相对人能够适当地参与其间并充分表达自己的

意见。行政参与的具体操作方式很多，如：有官产学界参加的专题审议会，实施重大行政措施前的听证会，对知识产权行政机关的工作进行民主评议等。

（3）行政信息制度。信息是现代社会中一个组织实现良性运转或一项事业获得成功的必要条件，而知识产权行政管理部门在这方面具有得天独厚的条件，是信息汇集、加工和提供者之一。对于与知识创新和技术创新特别是现代信息技术联系得如此紧密的知识产权保护来说，尤其如此。所以，应高度重视知识产权行政信息制度的建立（包括信息收集、信息加工、信息发布、信息利用等），通过定期发布制度，及时提供信息服务，指导人们作出正确的行为选择，增加知识产权收益和减少合法权益侵害，从而促进知识产权行政保护的健康顺利运行。同时，这也是行政相对人实现知情权的一个重要渠道。

（4）行政程序制度。目前，我国的行政程序法律规范还不健全，还不适应市场经济和依法行政的客观要求。现实中人们越来越认识到，现代行政应是程序行政，缺乏程序保障的权利不是现实可靠的权利，良好的行政程序设计具有防止行政专断、保护公民权利、提高行政效率等多方面重要作用；行政程序不仅是实现行政实体权利的保障，也是现代行政法的重要价值追求。因此，我国知识产权行政保护制度，应考虑知识产权国际条约规定的程序要求，并借鉴他国经验，同时结合我国知识产权保护的特点和实施行政法制改革的经济、政治和思想文化背景条件，尽快制定和完善有关的行政程序规范，如调查程序、举证程序、处罚程序、复议程序、执行程序等方面规范，形成比较系统的程序规范体系，从而提高我国知识产权行政保护制度的效率。

（5）行政检查制度。行政检查是行政主体依法对行政相对人是否守法的情况进行了解的主动行为，它具有揭露、查验、评价、预防、督导等功能，是作出和执行行政处理决定的前提和基础。在侵权行为广泛存在、技术性强、危害特殊和追究责任较难的知识产权领域，加强行政检查尤为必要；但从实际情况看，这方面的行政检查又恰恰非常薄弱和时有混乱（例如，某些权责不明、依据不足的联合执法）。因此，应从行政检查的组织、人员、对象、方法、条件等方面加以明确规定并认真落实，尽快实现知识产权行政检查行为的制度化、规范化和高效化。

（6）行政奖励制度。行政奖励是行政主体依法对在增加社会公共利益和模范守法方面做出重大贡献者给予物质、精神鼓励，它具有强大的教育和导向作用，是现代行政法的产物和重要内容。但从现实情况看，由于认识滞后等原因，我国在这方面的法律规范尚不健全，制度运作不到位、不规范的问题比较普遍地存在。应通过完善法律规范和政策规定，建立健全知识产权行政奖励制度，有理、有据、有序地对在知识创新和知识产权保护方面做出重大贡献者给予行政奖励，以充分调动和激发人们从事知识产权事业的积极性和创造性。

在知识产权行政保护管理中，要依据行政实践，不断地加强和完善知识产权行政保护制度，包括行政公开、行政处罚、行政监督、行政救济等一系列具体制度，使我国特色的知识产权行政保护在社会主义市场经济中发挥更大的作用。

第三节　知识产权自律保护管理

行业自律是指对国家法律，法规政策的遵守、贯彻和用行规行约制约自己的行为。行业自律包括：一是行业对国家法律、法规政策的遵守和贯彻，二是用行业的行规行约制约自己的行为。而每一方面都包含对行业内成员的监督和保护机能。行业自律是市场经济体制的必然产物，是行政管理、司法保护的基础。

一、知识产权自律保护的重要性

从知识产权的权利性质看，知识产权是私权。知识产权的私权性质体现在三个层面，一是权利的取得（主要是专利、商标）需要当事人自己提出申请，权利要求范围的大小是当事人自己确定。二是权利的保护是权利人自行启动，私权的保护属于民事范畴，适用于"不告不理"原则，除非涉及公共利益和国家安全等一般不适用于公权力介入。三是权利的利用以及如何利用也是权利人自行开展，权利人追求利益最大化是其本能，在利用过程中只会考虑自己的利益，除非国家有法律规制外。知识产权最大的特点是独占：包括自己使用、限制他人使用和许可他人使用。基于上述认识，显而易见知识产权权利的产生、利用和保护都是权利人自己的事情，政府的责任是建立良好的法律环境，在知识产权的保护问题上，更多的应是权利人作为民事主体自行启动民事程序从而得到民事救济。只有在少数情况下对公共利益等造成危害时，才启动行政执法。同时，权利人也是"经济人"，不会像想象的那么高尚、善良和纯洁，在其权利的产生过程中也会参有许多"杂质"，这些杂质不应当受到保护。

二、知识产权自律保护的内容

知识产权自律条款内容主要应包括：①尊重他人的知识产权，自觉抵制各种侵犯他人知识产权的行为，未经权利人许可，不得实施其专利，不得使用其商标，不得仿冒其版权作品，并不得实施其他不正当竞争行为；②不断提高本单位保护知识产权的意识和水平，根据实际情况建立健全知识产权管理体系和制度；③各成员致力于研发和创造自主知识产权，提高专利申请、商标注册和原创性设计的质量；④各成员致力于推进各种双边和多边的专利联盟，建立各成员之间友好合作、优势互补、共同保护知识产权的机制与和谐发展的良好环境；⑤尊重其他成员的技术和管理人才，不以不正当竞争行为聘用或利用其他成员的人才，不招聘其他成员所属的未解除合约以及虽然解除合约但仍限制期限未满的技术和管理人才；⑥加强对商业秘密的保护，不得以不正当手段获取和利用他人的商业秘密，未经商业秘密所有人许可，不得披露、使用或者允许他人使用其商业秘密；⑦建立会员之间协作机制，形成自律维权合力，共同维护会员合法权益；⑧建立知识产权纠纷协调机制，明确知识产权纠纷的解决办法、自律的执行等方面的事项。

三、知识产权自律保护的实施与管理

（1）健全知识产权自律组织。依据《著作权法》第 8 条、第 54 条；《国家知识产权战略纲要》第 54 条、第 56 条；《最高人民法院关于审理著作权民事纠纷案件适用法律若干问题的解释》，《合同法》等相关的法律法规，充分发挥行业协会、商会等社团组织保护知识产权的积极作用，探索、规范、发展"依法维权，行业自律"的保护模式，结合协会章程、行业特点、商业惯例、市场规则、会员要求，建立健全知识产权保护自律组织，制定自律公约，负责地区或行业知识产权保护自律工作。

（2）规范知识产权自律保护程序。知识产权自律保护的运作，要建立以市场为导向的知识产权保护自律组织，知识产权自律保护必须建立在法律基础之上。首先，对本行业知识产权保护自律组织的设立，认真进行科学论证，对自律保护组织的章程、组织结构、权利义务、运行监督等进行规范，以保证自律组织本身的合法性和权威性。其次，在产品开发、技术改造、知识创新、技术引进、许可贸易等方面要严格按照知识产权法律法规行事，保证不侵权、不违规。再次，要监视他人的侵权行为，一旦发现侵犯自己或本行业知识产权时，要按照自律权限范围实施维权，如自律维权无效失败，应启动法律程序，由自律组织牵头，通过司法或行政程序进行。最后，注意对运作程序的修正和完善，任何一种事物都有不断完善的过程，对知识产权自律保护的运作程序，更需要在实践中不断地加以完善，使其更好地为行业自主创新和参与市场竞争服务。

（3）对知识产权自律保护监督管理。对知识产权自律保护实施监督，尽管目前还没有成文的监督规定，但必须按照知识产权自律保护的要求，做到有法可依，有章可循。根据知识产权保护自律的特点，通过实行业内监督、法规监督、社会监督和行政监督，达到加强自律保护管理的目的。

① 业内监督。主要是行业自律组织内部实施的监督，行业自律组织领导小组对行业自律工作有权随时监督检查，对知识产权保护服务工作的评价，比如，行业自律和行业知识产权保护取得的成效；行业知识产权信息利用情况；知识产权宣传培训效果；会员单位知识产权制度建立情况；知识产权数、质量增长状况；自律维权中取证、调查、调解的合法、公正、有效、工作效率、办案力度、公证力度等。

② 法规监督。主要是行业自律组织依法维权情况评价，行业自律组织的维权行为，必须在法律法规的框架内实施，不得违犯知识产权法律规定，自律组织领导小组要定期或不定期对执行法律法规情况进行检查评价，保证自律维权的正确轨道。

③ 社会监督。是指行业自律组织开展活动情况要及时向会员通报并向社会公开，接受会员和社会监督。特别是对一些重大的维权活动，要及时通报进展情况、适用法律、处理结果、经验教训等，通过典型案例公开，提高社会公众的知识产权保护意识。

④ 行政监督。行业自律组织要接受行政主管部门的监督管理，主要包括业务主管机关和审批机关的管理，对开展自律维权业务情况要按年度总结上报，对组织登记按批准机关进行年审，实行有效的行政监督，防止管理失控。

第四节　知识产权舆论保护管理

知识产权舆论保护主要是发挥舆论的传播引导作用，提高全社会知识产权意识，形成保护知识产权的舆论氛围。

一、加强知识产权舆论保护的重要性

加强知识产权舆论保护工作，要围绕全面建设小康社会和建设创新型国家的重大战略任务，正确处理激励知识产权创造和鼓励知识产权运用的关系，自主创新和引进吸收国外先进技术的关系，保护知识产权和维护公众利益的关系，适应现阶段生产力发展水平和满足国家长远发展需要的关系。党中央、国务院转发的《中央宣传部、司法部关于在公民中开展法制宣传教育的第五个五年规划》中，明确要求"要普及知识产权法律法规，培养全社会尊重劳动、尊重知识、尊重人才、尊重创造的观念，促进形成有利于推进自主创新、建设创新型国家的良好社会氛围"。

知识产权舆论保护是知识产权保护体系的重要组成部分，加强知识产权法律法规的宣传教育，提高全社会知识产权保护法律意识是知识产权舆论保护的重要内容，通过各种舆论途径和手段，使全体公民了解党和国家对知识产权保护的基本政策和原则立场，掌握知识产权保护的基本法律知识，自觉参与知识产权的保护和应用是知识产权舆论保护的基本任务，也是提高创新能力，建设创新型国家的客观要求，是推进我国知识产权保护的基础和保障。经过多年的不懈努力，知识产权法制宣传教育取得了明显成效，人民群众对知识产权法律知识的了解明显增多，保护知识产权的法制意识逐渐增强，运用法律手段维护合法权益的能力不断提高。特别是通过曝光典型的侵犯知识产权案件，警示和教育作用十分明显，倡导社会文明，建设诚信社会已成为知识产权文化的主旋律。

二、知识产权舆论保护的基本任务

舆论作为知识产权保护的组成部分，具有其他保护无法替代的作用，它承担着知识产权知识的传播、知识产权法律的普及、知识产权创造和运用的引导、知识产权交流与合作的沟通等任务，是知识产权司法和行政保护的重要补充。

（1）实施正确的知识产权舆论保护导向。舆论保护导向又称舆论引导，是一种运用舆论操纵人们的意识，引导人们的意向，从而控制人们的行为，使人们按照社会管理者制定的路线、方针、规章从事社会活动的传播行为。

知识产权舆论保护主要是通过思想宣传工作部门与新闻媒体在反映舆论、评介舆论的过程中有选择地进行报道，对社会舆论所起的影响和引导作用。体现着党的执政能力在意识形态领域的控制力和影响力。社会舆论是多样而复杂的，不可能完全纳入一个模式，而社会的稳定和发展必然要求有一种代表社会根本利益的舆论导向。随着知识产权在当代社会、经济发展中的影响作用不断扩大，对于社会公众的知识产权意识的淡薄形成矛盾的两个方面，提高知识产权保护意识不再仅仅通过各种组织和行政力量来推行，更多地要通过大众媒体来传播。以高超的艺术有效调控各种大众媒体，引导社会舆论，用社会主义主流意识形态来整合多样化的思想观念和多样化的社会舆论，不断提高全社会的知识产权意识，营造保护知识产权的社会舆论环境。

（2）适时组织知识产权舆论保护监督。舆论监督是新闻媒体的独特力量，可以帮助公众了解政府事务、社会事务和一切涉及公共利益的事务，并促使其沿着法制和社会生活公共准则的方向运作的一种社会行为的权利。针对知识产权保护中出现的某些组织或个人的违法、违纪、违背权利人的不良现象及侵权行为，通过报道进行曝光和揭露，抨击时弊、抑恶扬善，以达到对其进行制约的目的。

通过舆论监督，揭示知识产权保护中存在的突出问题并促使其解决的一种舆论渠道，社会各界通过广播、影视、报刊、杂志等大众传播媒介，发表自己的意见和看法，在全社会弘扬"以创新为荣、剽窃为耻，以诚实守信为荣、假冒欺骗为耻"的道德观念，形成尊重知识、崇尚创新、诚信守法的知识产权文化。扩大对知识产权保护的公民的舆论监督，这是提高公民知识产权意识的有效手段，也是建设创新型国家的必然要求。可以说，舆论监督是知识产权保护的重要内容，也是社会文明进步的重要标志。

（3）积极开展知识产权舆论保护宣传。知识产权保护不仅是政府的职责，更需要全社会共同努力和积极行动。通过一系列内容丰富、形式生动的宣传教育活动，努力营造良好社会氛围，形成保护知识产权的强大声势。广泛开展知识产权普及型教育。在精神文明创建活动和国家普法教育中增加有关知识产权的内容。一是建立政府主导、新闻媒体支撑、社会公众广泛参与的知识产权宣传工作体系。完善协调机制，制订相关政策和工作计划，推动知识产权的宣传普及和知识产权文化建设。二是加大媒体宣传力度。针对知识产权在经济、社会发展中的支撑引领作用，开展经常性的系列宣传；根据国际知识产权制度的变革，开展阶段性的重点宣传；结合知识产权保护中出现的侵权行为，开展一事一议的专题宣传。三是加大普法宣传力度。结合普法宣传活动,把知识产权法律内容纳入普及宣传内容,从知识产权基础法律知识抓起,广泛深入持久地开展知识产权普及工作,切实提高全社公民的知识产权意识,营造尊重创新、保护知识产权的浓厚氛围。四是创新宣传方式。在知识产权宣传方面,既要尊重新闻宣传的规律,又要突出知识产权宣传的时代特征;既要注重社会效应,又要关注权利人的意愿;避免宣传概念化、报道模式化、脸谱化等现象,努力实现宣传题材多样化、形式多样化、风格多样化。五是要保持良好的职业道德。古人提倡"立德、立功、立言"。只有首先做到立德,才能为人民立言,为时代立功。积极引导新闻工作者遵守:敬业奉献、诚实公正、清正廉洁、团结协作、严守法纪的新闻职业道德,自觉接受社会监督,坚决抵制有偿新闻、虚假新闻和低俗报道,努力践行社会主义核心价值观。

三、推进知识产权舆论保护的措施

当前,知识产权舆论保护,面临的最大问题是全社会知识产权知识的普及和知识产权意识的提高;加强知识产权宣传教育,提高全社会的知识产权保护意识,营造良好的法治环境和社会氛围,是当前和今后一个时期的重要任务。

(1) 强化对知识产权宣传教育的认识。依法保护知识产权,不仅是实现社会公平正义的需要,同时也是充分调动社会各个方面积极性、主动性、创造性,鼓励和支持科技进步与创新的需要。对于建设创新型国家、促进市场经济健康有序发展,具有特别重要的意义。要从知识产权法律保护的重要性中,充分认识知识产权宣传教育的重要性,通过坚持不懈的宣传教育,不断提高广大干部群众的知识产权法律意识,提高依法管理和保护知识产权的能力和水平。

(2) 加大知识产权宣传教育力度。党中央、国务院批转的"五五"普法规划已将知识产权法制宣传列为重要内容,要切实按照中央的要求抓好落实。要制订年度宣传计划,完善相关制度。要加大检查指导力度,注意总结和推广好的经验。各地、各相关部门要适当加大经费的投入,加大专业人员的培养力度,有计划地编写教材和相关宣传资料,以保障知识产权法制宣传教育工作落到实处,产生预期的效果。

(3) 提高公民的知识产权保护意识。根据不同对象,确定宣传教育的重点内容和方式方法,不断提高宣传教育的针对性和实效性,不断提高运用知识产权法律法规保护自身合法权益的能力。同时,要广泛深入开展对全社会的知识产权法制宣传，使广大人民群众对知识产权法律知识有更多的了解，努力营造良好的知识产权法律保护的社会环境。

（4）创新知识产权宣传教育方式。由于知识产权的特殊性、多样性，人民群众认识的不到位，形成公众知识产权意识淡薄，在这种情况下，迫切要求创新宣传形式，增强宣传的针对性和感染力。发挥新闻报道、院校培训、专题讲座、研讨会、互联网等的作用；充分利用电视、广播、报刊、网络等现代传媒开展宣传；要发挥好"4.26"世界知识产权日、"12.4"全国法制宣传日、"知识产权法制宣传周"的平台作用；通过开展主题教育，推进知识产权宣传教育进机关、进乡村、进社区、进学校、进企业、进单位等活动，使知识产权宣传教育为老百姓喜闻乐见，使知识产权知识得到更为广泛的传播。

（5）剖析知识产权典型案例。剖析知识产权典型案件与知识产权专项执法活动结合起来，通过对知识产权保护中典型案例的剖析，总结经验教训，引导社会公众既要保护自己的合法权益，又要尊重他人知识产权的良好风尚，提高宣传的效果。遇到侵权行为发生，学会通过行政执法和司法手段加以解决，增强全社会的知识产权保护意识，提高知识产权依法保护的能力和水平。

第五节　知识产权区域保护管理

中国社会正处于"由社会转型和市场经济转型"的过渡期，地区发展的不平衡性、经济结构的多样性形成知识产权区域保护的特殊性。因此，对知识产权区域保护的管理，必须立足国情，突出特色，整体布局，区别推进。

一、知识产权区域保护的现实意义

（1）实施区域保护有利于增强知识产权保护的针对性。知识产权制度的本质特征是鼓励创新，它通过依法保护知识产权权利人的合法权益来激发人们的发明创造热情。在知识产权制度下，知识产权具有显著的生产力特征，也是先进文化。保护知识产权就是保护生产力，保护先进文化，鼓励创新，规范市场经济秩序，维护国家利益。由于区域之间的知识产权发展水平不同，决定了不同区域知识产权保护应针对本区域的发展水平而采取保护措施，并结合本区域的特点，制定具有本区域特色的知识产权保护模式。根据区域特点和国家乃至国际知识产权法律制度，设计区域保护的组织机构、制度安排、政策导向、运行方式、调控措施、监督办法等，使区域自主创新蓬勃发展，知识产权得到有效保护，从而促进区域经济、社会、科技、文化的全面协调可持续发展。

（2）实施区域保护有利于提高知识产权保护的时效性。目前，知识产权群体性侵权是知识产权发展进程中颇具时代特征的侵权行为形态，由于其对社会秩序和经济生活的重大影响，已经成为国际社会普遍关注的热点问题。群体性侵权现实状况：

① 侵权主体广泛。抄袭、仿制原创作品；渠道批发商和零售商推波助澜，对此类侵权视若无睹，知假售假，甚至正版、盗版同时销售；消费者知假买假——这种公众大量复制、生产、销售、消费盗版、假冒等群体性侵权由来已久，数量之多，覆盖范围之广令人叹服。《中国知识产权蓝皮书》公布的调查报告数据显示：88.44%的人购买过盗版的书籍、影像制品或电脑软件；57.88%的人买过假冒名牌商品。这表明，公众对知识产权的认知虽有明显提高，但仍然存在严重问题。最集中的表现就是公众对盗版、假冒和剽窃等知识产权侵权行为的容忍，及盗版、假冒商品消费群体的大量存在。

② 维权成本上升。近年来，一些来自民间、虽然没有高科技含量，但经济实用的"草根发明"项目很多，如花生剥壳机、小吊机、粉墙机等。但这些小发明易于仿制，虽然发明人申请了专利，还是容易遭遇大面积、群体性的专利侵权，但维权之路非常艰难。而且通过诉讼，周期长、成本高、执行难。知识产权诉讼基于取证、认定等专业环节在这个问题上表现得更为突出。就专利来说，侵权认定难、赔偿难、执行难，发明人在经历了最初几年的维权后，这些专利产品的侵权仿制就到了失控的地步。也有发明人把时间和精力全部用于维权上，几年官司下来，结果可能两败俱伤，荒废了自己的事业，丧失了发展机遇，挫伤了自己的锐气。而那些没有被来得及指控的侵权者，却迅猛崛起，"渔翁得利"成为行业的受益者。

（3）实施区域保护有利于巩固知识产权保护的稳定性。针对盗版、假冒等群体性知识产权侵权行为，单纯的惩治和防堵措施不能从根本上解决问题。因此，面对群体性知识产权侵权这个棘手的社会问题，知识产权区域保护能够充分发挥区域保护优势，防线前移，因势利导，"堵""疏"结合。在行为疏导方面，应找到知识产权人和社会公众的主要利益冲突和矛盾产生的症结所在，在政策和制度上，将社会公平的基本价值观贯穿其中，合理调整双方的利益平衡。比如，可以由协会出面，把具有一定规模的侵权企业纳入协会会员，由协会组织与拥有专利的企业进行商谈，争取优惠获得专利许可。从而在内部解决无序竞争问题，外部联合起来打击海外侵权。通过实施防堵与疏导相结合的措施，以此规范公众的行为。从而既保护权利人的利益，又兼顾了区域经济发展、社会稳定，促进知识产权区域保护健康、有序、稳健发展，实现多赢的良好社会效果。

二、知识产权区域保护的现状分析

（1）知识产权区域保护发展的不平衡性。知识产权资源是国家最重要的战略资源，特别是在21世纪，世界进入知识社会和信息社会，它的重要性与日俱增。衡量知识技术资源的指标：一是科学论文数，包括大约4800种国际学术刊物所发表的论文，这反映着一个国家的知识创新能力；二是本国专利申请数，这反映了一个国家的技术创新能力；三是个人计算机使用数，这反映了一个国家运用新技术的能力；四是英特网主机用户数，这反映了一个国家的信息传播能力；五是政府用于研究与开发的支出额，这反映了一个国家的潜在的自主创新能力。

我国建立并实行了知识产权制度以来，国内的知识资源得到了保护，但是，知识创新、知识产权保护与发达国家相比差距在拉大。如日本每年发明专利申请达40多万件，美国20多万件，德国15万件。一个国家是这样，一个企业也是如此。IBM、杜邦、日立、飞利浦等大公司，目前拥有的有效专利都在万件以上，每年的发明专利申请就有上千件，有的高达1万多件，如此多的有效专利成为他们雄霸国际市场最重要的资本。而我们全国上万个大企业集团、5000多个县级以上的科研单位、1000多所高等院校全年的发明专利申请只相当于一个国外的公司，有很多企业没有一件专利，差距非常之大。由于地区发展的不平衡，造成各地区知识资源的差距，如东部沿海的一个县级市每年的专利申请量可能超过西部的一个省或一个地级市，而且，这种差距有继续拉大的趋势。所以知识产权保护应考虑区域发展的不平衡性，采取不同的保护措施，切忌"一刀切"或"切一刀"的办法，要从国家经济社会发展的差异性，确定不同的知识产权保护策略。

（2）知识产权区域保护文化的差异性。中国是一个多民族的国家，居住地区相对稳定，文化差别很大，各民族都有自己的语言和习惯传统，再加之漫长的封建社会，一方面，凝聚了几千年遗留下来的优秀文化成为中华民族璀璨的瑰宝。另一方面，历史形成的文化差距，严重制约着经济发展、文化繁荣和社会进步。文化是人们在经济、政治及生活中逐步形成的观念或意识及其总和。它包括人们所接受和具有的零碎的、杂乱的观念或意识和人们所接受和具有的系统的、有条理的观念或意识。由于不同区域知识产权文化的差异，对知识产权的认识存在很大差异，对知识产权在经济社会发展中的作用认识不足，定位不准，因此，对知识产权保护缺乏应有的认识，保护的积极性不高，知识产权侵权不以为然。

（3）知识产权区域分布的多样性。改革开放以来，我国开始由计划经济向市场经济转轨，经济蓬勃发展，创办了经济特区，经济技术开发区，高新技术产业区。探索了促进经济发展的"广东模式""温州模式""苏南模式"等；中国经济发展突飞猛进，已经成为世界上经济发展最快的国家，预计2015—2020年，中国GDP总量（PPP）将超过美国，成为世界上最大的经济体；据世界银行预测：到2020年，中国将成为世界最大的贸易国之一；世界上最大的IT市场，拥有2.8亿部固定电话，1.2亿部移动电话，因特网和计算机将成为世界第一；中国将成为"世界工厂"和"世界工地"；中国具有较高的国内市场购买力和巨大的潜在市场。中国目前是世界上最大的家电制造业基地，据日本经济新闻社报道，中国家电产量已居世界首位，电视机产量占世界总产量的39.4%，洗衣机占23.5%，空调占50.1%，冰箱占21.1%，摩托车占48.9%。由于市场发展的多样性带来知识产权分布的多样性。

（4）知识产权区域保护的特殊性。由于知识产权在区域发展的不平衡性和分布的多样性，对知识产权的保护应实行多样性的策略。

① 区域范围界定的特殊性。知识产权区域保护范围的界定，应不受行政区划的限制，可多省、市或多个城市为主体，自由结成联盟，国际上通用的"金砖四国""上海合作组织""东南亚""APBC""欧盟组织"等。目前，长三角联盟的16个城市包括上海、南京、杭州、苏州、无锡、镇江、常州、南通、绍兴、泰州、嘉兴、台州、舟山、宁波、扬州、湖州，这是三省一市的联盟，是一个区域保护的创举。针对中国知识产权分布和地沿关系，可设立"长三角""珠三角""环渤海""中部城市群""东北工业基地""西部新兴区"等国家级的知识产权区域联盟；就一个省也可以省级的知识产权区域联盟，如山东省的"半岛蓝色经济区""黄河三角洲经济区"等；也可以不按行政区划界定联盟组织，如全国计划单列的15个副省级城市（长春、沈阳、大连、哈尔滨、杭州、宁波、厦门、济南、青岛、武汉、广州、深圳、成都、西安、南京）组成全国跨行政区划的同级城市商标战略示范城市联盟；就国际

方面也可以在 TRIPS 协议框架内设立有地沿关系的区域联盟，如"东北亚""东南亚""西亚"等知识产权区域保护联盟。

② 组织机构设立的特殊性。知识产权区域保护组织机构设立，采用协商的办法进行，可以依据实际情况，采取国际经贸组织的轮值国办法，区域联盟组织成员，按照联盟章程规定，授权担任轮值职责，牵头组织区域知识产权保护有关事宜，定期召开年会等活动。也可成立专门的协调机构，授权负责办理区域知识产权保护日常事务，协调各成员的活动安排，及时沟通情况，推进知识产权区域保护的健康发展。

③ 保护形式和内容的特殊性。知识产权区域保护形式和内容服从于保护效果，可采取多种保护形式，包括行政、司法并行运作，企业主动维权，行业自律服务，实施舆论监督，维权信息发布，情况通报等；在保护内容上，要根据区域企事业单位和权利人的要求，及时提供法律咨询、宣传保护知识、培养维权人才、开设维权通道、推广典型经验等。总之，知识产权区域保护的形式要服从保护内容，保护内容要着眼保护效果。

三、知识产权区域保护的管理策略

（1）科学构建知识产权区域保护联盟。科学构建知识产权区域保护联盟，是知识产权区域保护的关键。首先，要科学划分知识产权保护区域。根据目前情况，知识产权区域保护联盟初步在长三角地区、珠三角地区、环渤海经济圈、中部城市群、东北亚地区，还有东北工业基地、山东半岛蓝色经济区逐步形成，对区域的划定，既要考虑地理区划，又要考虑知识产权保护的实际需求，既要能够形成区域效应，又要兼顾全面发展。其次，要对区域的设立进行全面调研、科学论证，不仅要从现实情况出发摸底排队，而且要从发展的需求长远谋划，不仅要从国内知识产权保护入手，而且要关注国际知识产权保护的需求。最后，在调查论证的基础上，形成设立知识产权区域保护联盟的报告，上报国家审核批复，最终形成国家确认的知识产权区域保护联盟，再由区域内的政府部门牵头组织，联合辖区内知识产权局、工商局、版权局和技监局、海关、法院等部门，组成区域知识产权联盟组织，成为知识产权区域协调机构。

（2）完善知识产权区域保护协调职能。知识产权区域保护协调机构形成后，可参照国际经济组织的做法，实行轮值制度，会议成员由协议各方（省、区）级及特区知识产权协调机构及相关专利、商标、版权管理部门负责人组成。会议每年举行一次，研究决定合作重大事宜，必要时可召开临时联席会议。在区域内形成条块结合、上下联动的工作机制，在建立联席会议制度的基础上应建立轮值制度，轮值单位负责处理的日常工作事务。并建立统一的维权协调机制，如开展交换情报、协作办案、联合宣传与执法、会展维权、法律法规政策通报与咨询、联合培训等，逐步理顺区域知识产权保护体系，整合知识产权行政和司法保护资源，加强区域知识产权的统筹协调，更好地贯彻执行国家知识产权的有关方针和政策，全面推进知识产权保护工作，加大对知识产权违法行为的打击力度，维护市场经济秩序保护知识产权所有人的合法权益。

(3) 形成知识产权区域保护联动机制。为了建立高效的区域协调机制，打破地方保护主义，应根据区域知识产权保护制度及其轮值机构要求，建立同一执法部门跨区域的联合执法机制。工商部门制定区域商标保护的合作制度、版权部门制定区域版权保护的合作制度、专利部门制定区域专利保护的合作制度等。通过建立知识产权联合执法机制，加大打击侵权力度。在知识产权区域协调机构的主持下，建立"知识产权行政执法协作机制"，实现信息沟通，资源共享；联合打假，降低维权成本，提高打假效率；实行相互间案件快速移送，协助调查取证，并监督依法办案，异地举报和跨省市维权，建立案件转办、移交的快速通道，杜绝地方保护主义。使企业在利益一致的前提下，互相支持、互通情报，并随时与政府部门互相联系、互相沟通，联手打击侵权行为，共同营造健康、良好的市场环境。

(4) 有效利用知识产权区域保护资源。充分利用区域内知识产权保护资源，建立知识产权人才资源库，组织知识产权专家顾问团，为处理重大和复杂案件提供优质、高效服务。通过联合举办知识产权法律知识进修班、研讨会、业务讲座等，组织区域内知识产权工作人员学习知识产权基础知识、交流维权经验、依法办案技能、提供咨询服务等，帮助企业提高知识产权意识，对厂长经理、技术人员开展知识产权知识普及培训，学会维权技能，掌握维权方法，使区域知识产权保护深入各地企业。同时，加强对外宣传，建立与国际组织和世界各国知识产权管理部门的交流和合作，树立本区域在知识产权保护方面的国际形象。

(5) 发展知识产权区域保护中介组织。知识产权中介服务本身是一个产业，要大力扶持区域内现有知识产权中介机构，并培育知识产权咨询、评估、交易、投资、实施等服务市场，整合设立知识产权信息共享平台，实现信息服务一体化和网络化，构建包括"信息服务、案件督办、数据统计、状况评价、信息预警"等五个方面功能的网络平台，保障区域内知识产权信息共享。还应按照 WTO 服务贸易开放进程，引进国外知识产权服务机构，提高整体服务水平和质量。要充分发挥行业协会在知识产权保护方面的作用，吸纳区域内行业协会加入知识产权区域保护联盟，使之融入知识产权保护的一体化组织，并加强与国外行业协会在知识产权保护方面的沟通与合作。根据国际惯例，行业协会在维护行业利益、帮助企业协调处理国内和国际上的经济贸易及知识产权纠纷方面有着独到的优势，因此，在行业整体利益受到损害或因有关知识产权纠纷问题受到指控时，行业协会应该发挥其功能，按照国际惯例及 WTO 的有关规则，代表区域保护联盟维护会员企业的利益，以发挥政府所不能替代的功能。同时，行业协会要指导同行业规范竞争，创建有序竞争的良好环境。

第六节 知识产权国际保护管理

一、知识产权国际保护的定义与发展

（1）知识产权国际保护定义。知识产权国际保护，是指以国民待遇原则、最惠国待遇原则、透明度原则、独立保护原则、自动保护原则及优先权原则为基本原则的，旨在确立并保护各类知识产权的双边或多边的国家间保护制度。

（2）知识产权国际保护产生。知识产权国际保护制度，从产生到发展完善，经历了漫长的历史时期。其产生的基础，则是各国知识产权法律制度的普遍建立。在各国没有知识产权法，或者只有极少数国家建立知识产权法的情况下，尚不存在知识产权国际保护的问题。

在 19 世纪末期，世界上主要资本主义国家已普遍建立起各自的知识产权法律。作为知识产权法核心内容的专利法、商标法以及版权法，在 19 世纪末期均已在各主要资本主义国家普遍确立。经各国的不断努力，以期建立一套国际调节机制，将知识产权的国内保护扩大为国际保护。这种努力的契机，出现在 1873 年。当年，奥匈帝国在其首都维也纳举行国际博览会，邀请各国厂商参加。但各国厂商担心他们的产品专利在国外被仿制，因而反应冷淡。美国驻维也纳大使对奥匈帝国所提供的保护表示不满，要求奥匈帝国对参加国际博览会的产品采取特别保护措施。为此，奥匈帝国制定了法令，对参加博览会的产品给予临时保护，首开保护外国专利的先河。

鉴于这次博览会的经验，同年，各国在维也纳召开了国际会议，讨论对专利权的国际保护问题。这样，知识产权国际保护问题便提到了各国的议事日程上来，知识产权保护国际化开始产生。

(3) 知识产权国际保护制度的建立。知识产权国际保护问题提出以后，各国最初希望建立统一的知识产权法来替代各国国内的知识产权法。因此，在1873年维也纳国际会议上，提出了制定统一的专利法典的设想。但是由于各国利益的冲突和立法上的差异，矛盾相当激烈，制定统一的专利法典的希望落空了，会议没有取得任何实质成果。

1873年维也纳国际会议的失败，使各国认识到，制定统一的专利法典的任何希望都不现实。因此，各国开始转向讨论在保护知识产权方面应当采取的一些基本原则和共同规则，以在国际范围对知识产权进行法律保护。1878年，在巴黎召开了第二次国际会议，就各国的专利制度应遵循的基本原则和共同规则问题进行了讨论。这次会议比1873年会议取得很大的进展。会议决定起草一份国际公约，以协调各国在保护工业产权方面的做法，并成立了公约起草委员会。经过起草委员会的努力，一份保护工业产权的国际公约草案提交各国讨论。1883年3月，该公约草案在巴黎被通过，成为现今为人熟知的《保护工业产权巴黎公约》（以下简称《巴黎公约》）。《巴黎公约》于1884年生效，参加的国家有：法国、比利时、巴西、危地马拉、意大利、荷兰、葡萄牙、西班牙、萨尔瓦多、瑞士、塞尔维亚、英国、突尼斯、厄瓜多尔等国家。《巴黎公约》的签订及生效，标志着工业产权国际保护制度开始确立。

《巴黎公约》签订以后，各国又开始着手签订一份有关版权保护方面的国际公约。版权保护制度在18世纪初就已经产生。但在其产生之后一百多年时间里，各国版权法仅限于保护本国作者的作品以及本国出版的作品。各国版权法对外国人的版权保护规定了更为严格的限制条件。随着科学技术和文学艺术的发展以及有关文学艺术作品贸易的扩大，版权国际保护问题亟待解决。1852年，法国首先宣布，将把版权保护单方面扩大到一切作品，而不过问作者的国籍，以及作者国籍所属国是否给法国作者以对等保护。法国积极以双边条约的方式寻求法国作者的版权在他国受到保护。1858年，第一次"国际作者与艺术家大会"在布鲁塞尔举行，提出了制定版权国际保护统一法的设想。1878年，"国际文学艺术联合会"在巴黎成立。该联合会成立以后，积极致力于促进版权的国际保护，并起草了一份关于版权国际保护的倡议文件。该文件成为后来《保护文学艺术作品伯尔尼公约》（简称《伯尔尼公约》）的基础。1884

年至 1886 年，欧洲、亚洲、非洲以及美洲一些国家在瑞士首都伯尔尼举行了三次外交会议，讨论缔结一个版权保护国际公约的问题。1886 年 9 月，参加上述会议的 10 个国家（英国、法国、瑞士、比利时、意大利、德国、西班牙、利比里亚、海地、突尼斯）在伯尔尼缔结了《伯尔尼公约》。该公约于 1887 年 12 月生效。这样，在版权法领域中也建立了国际保护体制。

至此，在知识产权的核心——工业产权和版权两大领域中，已分别产生了《巴黎公约》和《伯尔尼公约》这两个公约，为知识产权国际保护制度的进一步发展奠定了基础，并构成了现代知识产权国际保护体系的基本框架。《巴黎公约》和《伯尔尼公约》的缔结及生效，标志着知识产权国际保护制度的全面确立。

（4）知识产权国际保护制度的发展。以《巴黎公约》和《伯尔尼公约》为代表的知识产权国际保护制度自产生至今，已历时百余年。随着科学技术的发展和国际政治经济局势的变化，知识产权国际保护制度在各个方面已经发生了重大变化。

① 知识产权保护的制度日趋合理。《巴黎公约》和《伯尔尼公约》从其缔结到现在，已经历了一个多世纪。由于各方面条件的限制，这两个国际公约的最初内容并不尽完善，随着科技水平的提高和经济的发展，各国对知识产权保护制度的内容不断完善，纷纷要求对原有的国际保护制度进行修改。《巴黎公约》从其产生到今天，已经多次修订，使知识产权国际保护制度更趋完善。

② 知识产权保护的对象和范围扩大。随着科学技术的进步和文学艺术的发展，出现了一些新的智力成果，使得知识产权的范围不断扩大。突破了原有的知识产权国际保护体系，出现了一系列新的国际条约，扩大了知识产权国际保护的范围。如：1961 年在巴黎缔结的《保护植物新品种国际公约》、1977 年在布达佩斯缔结的《微生物备案取得国际承认条约》、1989 年在华盛顿缔结的《集成电路知识产权条约》等。同时，在版权国际公约中也将计算机软件作为版权法保护的对象。

③ 知识产权的国际保护逐步完善。《巴黎公约》和《伯尔尼公约》在缔结时的参加国极为有限，分别为 14 国和 9 国。绝大多数国家和地区尚未加入到知识产权国际保护的行列。目前，世界上绝大多数国家制定了知识产权法，参加了一个或几个知识产权国际保护的条约。以《巴黎公约》为例，其成员国数量已发生巨大变化，截至 2005 年 8 月 1 日，共 169 个国家。随着成员国的增加，有关国际公约的影响范围也日益扩大，在越来越多的国家参加知识产

权国际保护的同时，更多的国际组织也参与了知识产权的国际保护。

④ 区域一体化的趋势不断出现。某些地区的国家开始缔结区域性专利条约，建立区域性专利组织，形成知识产权保护区域一体化的势态。其中最典型的是《欧洲专利条约》和《非洲知识产权组织公约》。《欧洲专利条约》规定建立欧洲专利局，办理欧洲专利的申请、审查与授予。但该条约并未创立共同的欧洲专利法，各国仍然执行自己的专利法。与《欧洲专利条约》不同，《非洲知识产权组织公约》则创立了非洲知识产权组织统一的专利法，各成员国不再保留自己的专利法。这可以说是知识产权国际保护的最高级形式。

（5）世界知识产权组织建立。为了促进对世界知识产权的保护，1967年7月14日，51个国家在斯德哥尔摩签订了《成立世界知识产权组织公约》。该公约于1970年生效后成为保护知识产权的一个重要国际公约。在此公约的基础上还成立了一个政府间的组织：世界知识产权组织。该组织于1974年12月正式成为联合国组织系统的一个专门机构，其宗旨是：通过国与国之间的合作，并在适当情况下通过与其他组织的协作，促进世界各国对知识产权的保护。它通过制定国际公约、协调各国立法、搜集和传播技术情报、建立服务部门以及促进创造性智力活动的开展，向发展中国家转让与工业产权有关的技术提供方便，以加速各国社会经济和文化的发展。

二、知识产权国际保护公约

在现存的知识产权国际保护体系中，一系列国际公约起着极为重要的作用。国际公约包括：①《保护工业产权巴黎公约》；②《保护文学艺术作品伯尔尼公约》；③《商标国际注册马德里协定》和《关于商标国际注册马德里协定的议定书》；④《制止商品产地虚假或欺骗性标记马德里协定》；⑤《工业品外观设计国际保存海牙协定》；⑥《世界版权公约》；⑦《保护原产地名称及其国际注册里斯本协定》；⑧《保护表演者录音制品录制者和广播组织罗马公约》；⑨《保护录音制品录制者防止擅自复制其录音制品日内瓦公约》；⑩《视听作品国际登记条约》；⑪《发送卫星传输节目信号布鲁塞尔公约》；⑫《保护奥林匹克会徽内罗毕条约》；⑬《国际承认用于专利程序的微生物保藏布达佩斯条约》；⑭《保护植物新品种国际公约》；⑮《建立世界知识产权组织公约》；⑯《专利合作条约》；⑰《国际专利分类斯特拉斯堡协定》；⑱《建立世界工业品外观设计国际分类洛迦诺协定》；⑲《商标注册用商品和服务国际分类尼斯协定》；⑳《建立商标图形要素国际分类维也纳协定》；㉑《商标法条约》；㉒《专利法条约》；㉓《世界知识产权组织版权条约》；㉔《世界知识产权组织表演和录音制品条约》；㉕《与贸易有关的知识产权协议》；㉖世界贸易组织。世贸组织是一个独立于联合国的永久性国际组织。

上述条约或协定，除《世界版权公约》由联合国教科文组织管理外，其他都由世界知识产权组织管理或参与管理。世界知识产权组织是根据1967年在斯德哥尔摩签订的公约（于1970年生效）而成立的一个政府间组织，1974年12月成为联合国专门机构之一。该组织的宗旨是：①通过国与国之间的合作，并在适当情况下，与其他国际组织进行协作，以促进在全世界范围内保护知识产权。②保证各知识产权同盟间的行政合作。世界知识产权组织总部设在日内瓦。到2014年4月共有187个成员国。中国政府于1980年3月3日递交了加入书，于同年6月3日生效。

三、知识产权国际保护应对策略

知识产权国际保护是一种趋势，融入全球化是一种使命。因此，我们要接轨国际化，融入大市场。在思想观念上、法律制度上、保护方式上、管理体制上，学习借鉴国际经验，加强知识产权国际保护管理，为建设创新型国家服务。

（1）确立知识产权国际保护理念。经济全球化、贸易自由化是一种趋势，在知识产权国际保护中，我们必须做好充分的思想准备，变被动应对为主动融入。

在思想观念上，要融会贯通、中西结合。要认真学习借鉴国外的先进经验，超前的思想观念，强烈的市场经济意识，顽强的自主创新精神，严密的保护措施，广泛地开展知识产权国际保护的交流与合作，在经济全球化的大潮中既要维护自身合法权益，又要尊重他人智力成果，相互支持，共同促进。

在文化理念上，要求同存异，共同发展。由于中西方文化的差别，发达国家和发展中国家在知识产权保护问题上的分歧和矛盾正在加剧。TRIPS协定是建立在发达国家知识产权保护水平基础上的，把制止假冒侵权商品贸易上升到广泛的知识产权保护，相对于发展中国家的经济发展水平而言，其保护标准和要求是相当苛刻的。因此，发达国家和发展中国家存在不同观点。以美国为首发达的市场经济国家主张全面强化保护，并提出将知识产权保护规范国际化。

发展中国家则主张合理有限保护，并提出了传统知识保护，在医药等涉及公众利益的领域利用强制许可等要求。一些市场经济国家的学者和机构开始研究知识产权制度如何平衡发达国家利益和发展中国家的发展要求。在这种情况下，要最大限度地寻求利益的平衡点和合作的切入点。

在制度安排上，要立足国情、着眼未来。由于世界各国经济、文化、社会制度的不同，在知识产权国际保护方面也存在差异，所以，我们在走出国门，面对多彩的世界时，一定要从本国的实际出发，着眼长远，着眼发展。在修改、制定、运用知识产权法律制度时，要认真学习借鉴发达国家知识产权国际保护的基本做法，把知识产权国际保护落实到位。在战略指导上，要着眼全局、整体推进。要认真学习借鉴美日韩等发达国家的先进经验，从维护本国的利益出发，全面推进知识产权战略，提高国民知识产权意识，促进知识产权形成，严格知识产权保护，加速知识产权流转，强化知识产权管理。

（2）学习知识产权国际保护规则。知识产权国际保护的公约、规定多达20多部，涉及知识产权所有领域，而且每部条约都有翔实的法律规定，对知识产权国际保护应首先熟悉国际规则，掌握条约内容，才能争取主动，从容应对。

首先，要学习知识产权国际保护国际规则。现阶段中国非常缺乏知识产权国际保护的法律人才，所以知识产权国际保护处于被动局面，为此，政府部门要吸纳和培养知识产权国际保护的专门人才，使他们既有国内法律基础，又熟悉国际知识产权规则，成为知识产权国际保护的复合人才，为开展知识产权国际保护奠定人才基础。

其次，要寻求知识产权国际保护的利益平衡点。加入WTO意味着全球化的开端，要求各成员国在一个起跑线上，在同一个标准下实施公平竞争。我国加入WTO后，要兑现入世的承诺，取消关税，对外开放市场，参与国际间的合作与交流。国际竞争说到底是知识产权的竞争。在这种新的竞争中，我们不仅要考虑自身利益的最大化，而且要考虑各国利益的均衡发展；不仅要保护国内企业的知识产权，而且要引导不侵犯他人的知识产权，不仅要学习借鉴发达国家的经验，而且要学习借鉴发展中国家的成功做法；不仅要学习借鉴，而且要自主创新。促进国际市场经济秩序的建立、国际竞争规则和竞争标准的形成。

最后，要寻找合作与交流的切入点。尽管中国文化与西方文化有很大差异，有许多不同点。但是，发展经济，改善人民生活，劳动致富的目标是一致的；人们追求文化艺术、崇尚科学、文明向上的心理是一致的；同一个地球，不同的国界，但是，知识产权国际规则必须共同遵守，交流与合作必须在国际规则的框架内进行。这就是我们合作与交流的切入点，我们可以从知识产权国际保护开始，不断扩大合作领域，创造合作机会，共享合作成果。通过合作与交流，加深世界各国彼此了解与交流，增进友谊、和谐相处，建设诚信美好国家。

（3）理顺知识产权国际保护体制。目前，我国知识产权管理体制在诸多方面与国际通用的规则不一致，特别在法律政策体系、行政管理体系等方面存在较多的问题。法律的不完善导致知识产权保护的缺失；政策的不到位造成知识产权归属不清；行政机构的不统一，影响知识产权管理的规范化等。这些问题的存在，直接影响到我国知识产权事业的发展，影响到知识产权国际保护的实施。对此，要站在国际市场的高度，深入分析国际保护存在的问题，认真吸纳知识产权国际保护的经验，理顺知识产权国际保护体制，由多头分散管理为集中统一管理，不论是国家知识产权局管理还是商务部管理，首先要达成共识，形成合力；其次是明确职责，落实责任；再是健全制度，研究策略。不断把知识产权国际保护引向深入，提升中国的国际地位和核心竞争实力。

（4）健全知识产权国际保护机制。随着中国加入WTO和经济全球化的到来，国际知识产权纠纷会逐渐增多，要有效保护中国企业的合法权益，必须构建国际知识产权保护机制。

① 建立知识产权国际保护预警发布机制。为保证企业参与国际竞争，保护知识产权，应充分利用现有信息分析系统和发布平台，对走向国际市场的行业进行跟踪服务，检索知识产权分布、发展动向、发展趋势，特别是具有特色的应用技术的战略走向，定期或不定期发布知识产权动态，预示防范措施。指导企业运用知识产权国际保护规则，及时应对知识产权纠纷和突发事件。

② 建立知识产权国际保护争端解决机制。知识产权国际公约较少涉及知识产权实施程序的规定，尤其是缺乏必要的执法措施和争端解决机制，以至于一些条约成为没有足够法律约束力的"软法"。它们还允许成员对公约进行较多的保留，因而容易出现各成员因经济、社会和文化水平的差异而造成对知识产权保护程度的差异，直接影响到知识产权国际保护的效果。

③ 建立知识产权国际保护反垄断机制。防止知识产权的滥用，有的是知识产权法律机制本身能够解决的，即通过知识产权法自身的权利限制规范（如著作权法中的合理使用、专利法中的强制许可以及著作权法、专利法和商

标法中共有的经济权利穷竭原则等）来解决，有的则往往需要与其他法律（尤其是反垄断法）的机制结合起来加以解决。大多发达国家都具备完善的竞争调节机制，可以保证知识产权的行使不会过度影响公共利益。而大多数发展中国家包括中国对待知识产权重点还是放在"保护"之上，却相对忽视了对权利的限制，因而极易受到滥用知识产权行为的损害。

知识产权立法的目的以及保护的目的，是促进本国的经济和科学技术的发展。这是任何一个国家都坚守的原则。美国总是强调保护知识产权，实际上保护的都是美国的产业利益。中国的知识产权立法的目的和保护效果也一定要让中国的企业发展壮大起来。在中国的市场上，和发达国家跨国公司相比，我们在知识产权方面力量相差非常悬殊，如果在知识产权保护上没有一个反垄断，反技术性贸易壁垒的机制，就可能没有立足之地，还没等我们发展起来就被吃掉了。在国际贸易的大舞台上，知识产权保护一定是双赢的结果，加入世贸组织，吸引外资，是寻求共同发展，而不是让中国的企业在家门口就退出国际贸易的市场。知识产权国际保护的结果也应当是共同赢利与发展。

在知识产权国际保护过程中，建立对滥用知识产权行为界定、约束和惩处的机制十分必要。目前，中国知识产权法体制中包含了反不正当竞争法，但未包含反垄断法。制定和完善反垄断法，能够对诸如滥用知识产权、拒绝交易等行为进行限制，有助于中国企业提高国际竞争力。

（5）建立知识产权国际保护联动机制。知识产权国际保护涉及商务、海关、专利、工商、版权等众多部门，在现行管理体制下，难以胜任日益上升的国际知识产权纠纷和突发事件，所以，应从知识产权国际保护出发，建立由商务、海关、专利、工商、版权等部门参加的知识产权国际保护联动机制，定期研究分析国际知识产权保护的现实问题，指导企业运用国际规则维护合法权益，及时处理知识产权国际保护方面的问题，树立国际保护的良好形象。

第十三章 知识产权中介服务管理

知识产权中介是介于国家与市场之间,市场与企业之间的市场中介组织。它的出现和发展,既是社会化大生产不断发展、社会分工日益深化的产物,又是市场经济自身发展的客观要求。各种类型的知识产权中介组织,对知识产权市场的正常运转,分别发挥着咨询、沟通、交易、评估、监督、服务等重要作用。由于我国社会主义市场经济还不完全成熟,市场法规政策还有待完善,特别是实行知识产权制度的时间不长,知识产权中介还存在组织不健全、运作程序不规范围的问题。从业人员素质良莠不齐,服务质量没有保证。为此,加强知识产权中介组织管理成为一项紧迫任务。

第一节 知识产权中介机构管理

对知识产权中介机构管理,主要是通过行政、法律手段对知识产权中介机构进行管理。实现统筹规划、合理布局、规范运行、服务高效的社会主义市场经济下的知识产权中介机构。

一、知识产权中介机构的管理

(1) 知识产权中介机构的分类。目前,知识产权中介机构正处于发展完善时期,各类知识产权中介机构随着市场经济的发展,应运而生。据初步统计,全国截至 2011 年 8 月底,共有专利代理机构 845 家,获得专利代理人资格的人员近 13 000 人,全行业拥有执业专利代理人 7133 人,专利申请的 70% 是通过专利代理机构提交的。商标代理机构 500 多个,版权代理机构 400 多个。

① 按知识产权要素区分,知识产权中介机构可分为:专利代理、商标代理、版权代理、植物品种代理机构等。

② 按知识产权中介机构功能划分，知识产权中介机构可分为：专利代理、专利评估、专利信息检索、专利产权交易、专利咨询机构等；商标代理、商标评估、商标交易、商标咨询机构等；版权代理、版权评估、版权交易、版权咨询机构等。

（2）知识产权中介机构的现状。知识产权中介机构在市场经济运行中，一方面作为独立法人存在，具有物质利益以及为实现这种物质利益采取相应的市场行为的内在欲望或动机。另一方面，知识产权中介评估机构在一定程度上又处于"裁判"的位置，具有代表国家或受政府委托对知识产权进行评价、鉴定、取证、引导等多方面职能。如果这些机构追逐利益，办事不公，或者本身就不完全具备行使职能的实力和能力，就可能造成市场的严重混乱，使中介机构作为市场经济运行的"裁判"地位受到损害和削弱，其执行"裁判"职能的公正性丧失。

2002年，随着知识产权中介机构体制改革，被推向市场以后，社会地位的变化，个人身份的转变，大部分人能迅速融入市场经济的洪流之中，但仍有一部分人思想停留在计划经济向市场经济的"过渡期"停滞不前，还有一部分人"一切向钱看"，把中介服务完全作为营利的工具，所以代理质量下降，出现知识产权泡沫，虽然数量上去了，但质量下来了。虽然专利申请量上升非常快，缩小了与美国、日本这些发达国家的差距，但是在核心技术、关键技术的专利授权的取得方面还有很大差距。在商标代理中，中国商标注册申请，连续几年世界第一，但是中国有多少注册商标是国际知名品牌呢？世界十大驰名商标，主要归美国，第一可口可乐，第二微软，第三IBM，第四美国通用，第五英特尔，第六才轮到芬兰的诺基亚，到2005年的时候增加一个日本的丰田，但是前五个依然是美国，我们中国品牌还没有进入到国际知名品牌100强，亚洲7个最知名的品牌，没有一个属于中国。中国的商标注册数量非常可观，但国际知名品牌不多。当然，这是国家创新能力的体现，核心竞争力真实写照。这与知识产权中介机构有着密切联系。

目前，知识产权中介机构在总量上不足，在质量上亟待提高，包括多数从业人员的政治素质、专业技能均达不到市场经济的要求，特别是涉外知识产权中介服务的需要。

（3）知识产权中介机构管理的任务。对知识产权中介机构管理，主要是通过政府主管部门，用行政权力对知识产权中介机构的活动进行监管和调控。为了达到管理目的，国家通过颁布相应的行政法规，规定服务范围程序，管理方式、产权管理部门界定、从业资格认定、服务标准、规范等。根据知识产权中介机构发展现状，知识产权行政管理部门的主要任务包括：

① 制定和完善知识产权中介机构的法律、法规、制度和方针、政策，以法律、法规的形式严格确定知识产权中介机构的必备条件和准入门槛，把住入口关。

② 依法确定知识产权中介机构的性质、业务范围和执业程序，引导知识产权中介机构依法从事代理业务，享有独立民事权利，承担民事责任。

③ 依法进行资格审查和认定，对合格的机构和个人颁发执业证书，每年进行资格审查，确保知识产权中介机构的纯洁度，以提高知识产权中介机构的整体水平。

④ 依法对知识产权中介机构进行整顿和清理，把不符合条件的机构和个人排除在市场之外，以提高知识产权中介机构的整体水平。

⑤ 建立行业行为准则和道德规范，使知识产权中介机构有序健康地发展。并根据代理机构的人员结构，开展相关教育和业务培训，提高执业人员的业务素质和道德水平。

⑥ 开展知识产权中介服务理论和实战研究，探讨新形势下知识产权中介机构建设中出现的新问题，创新管理模式，完善行为规范和服务标准，提高服务水平。

⑦ 组织国内外业务交流，开展信息服务工作，促进知识产权中介机构建设，推动知识产权事业发展。

（4）知识产权中介机构管理分工。对知识产权中介机构的行政管理工作，实行条块管理的办法。国家知识产权局统一对全国专利代理机构的管理，各地方政府知识产权部门协助国家知识产权局管理辖区内的专利代理机构，按照职能分工，实施日常监督和年度检查。国家工商总局统一对全国的商标代理机构的管理，各地方工商部门协助国家工商总局管理辖区内的商标代理机构，按照国家统一要求，实施日常监督和年度检查。国家版权局统一对全国的版权代理机构的管理，各地方版权部门协助国家版权局管理辖区的版权代理机构，按照国家统一要求，实施日常监督和年度检查。国家农业部和国家林业局统一对全国植物新品种的管理工作。

二、知识产权中介机构的自律管理

（1）知识产权中介机构自律组织的设立。为了规范知识产权中介机构的执业行为，对于已经注册或通过资格认定，进入市场的知识产权中介机构，应通过行业自律组织维护权益和规范行为，实行自我约束、自我规范、自我发展的行为模式。目前，知识产权中介机构的自律组织普遍建立，并有效运行，如中华代理人协会、中华商标代理协会、中华版权协会等，他们在知识产权中介机构管理方面发挥着行政机关无法承担的责任。由于中国的国情决定了区域发展的不平衡，所以，在知识产权中介机构自律组织建设中也存在着不平衡的问题，比如，有的地方自律组织不健全，或根本没有自律组织。因此，要结合当地中介机构的发展情况，适时建立知识产权中介机构的自律组织，不断提高知识产权中介机构的建设质量和服务水平。

（2）知识产权中介机构自律组织的职能。知识产权中介机构自律组织在对同行业的组织与管理方面具有特殊作用，担负着组织、协调、服务、监管等基本职能。

① 组织职能。知识产权中介机构自律组织在对同行业的组织与管理方面具有特殊作用。它依据共同制定的章程体现其组织职能：增强企业抵御市场风险的能力，维护行业共同的经济权益，规范市场行为，调配市场资源。

② 协调职能。知识产权中介机构自律组织作为行业整体的代表，可利用自身的整体实力较好地处理和协调各类关系，从而减少单个机构的运作成本，提高效率。

③ 服务职能。知识产权中介机构自律组织主要是为会员单位提供各类专业服务，维护成员利益不受侵犯，实现公正、公平的自律性机构。行业协会为会员单位、政府等机构提供各种市场信息，提供法律方面的咨询与服务，协调与仲裁贸易纠纷，举办业务讲座、研讨会等。

④ 监管职能。知识产权中介机构自律组织在本行业中具有一定的权威，一般都能够参与制定本行业政策、法规，具有一定的法规制定与管理权限，而行业协会制定的行业政策往往也会形成国家制定相关政策的依据。对行业内的违法、违规行为进行监督、制止。

（3）知识产权中介机构自律组织的管理。知识产权中介机构管理遵循依法监管的原则，坚持培育发展与规范管理并重，知识产权中介机构发展应当与政府职能转变相协调。

① 以市场为导向，建立诚信体系。要采取积极措施，加快推进知识产权中介组织（协会）的改革与发展，逐步建立体制完善、结构合理、行为规范、制度健全的知识产权中介组织（协会）服务体系。

建立行业诚信评估制度,制定并组织实施行业职业道德准则及相关服务规范;按照有关规定开展行业检查、行业评比和市场评估;知识产权中介组织(协会)登记管理机关和业务主管单位应当建立健全对行业协会的监督检查制度,依法查处违法行为,并将监督检查的有关情况向社会公布。

② 以调控为手段,监督制度落实。政府相关部门通过政策引导,健全各项自律性管理制度,并严格按照制度规定,认真落实到位,保证知识产权中介组织(协会)的各项工作稳健发展。同时,根据国家有关规定和行业协会发展要求,制定优惠政策,鼓励、支持知识产权中介组织(协会)依法独立开展活动,为知识产权中介组织(协会)开展工作提供便利条件,在职权范围内积极予以支持。

知识产权中介组织(协会)依照法律、法规、规章和章程开展活动受法律保护,任何组织和个人不得非法干涉,保证知识产权中介组织(协会)正常开展工作。

③ 以法律为准绳,规范活动行为。为使知识产权中介组织(协会)自觉遵守和严格执行国家法律、法规及规定。贯彻实施有关法律、法规、规章以及政府相关政策,知识产权中介组织(协会)对会员违反法律、法规、规章和章程规定的,有不正当竞争行为的,损害消费者或者他人的合法权益、危害行业整体形象的,应当坚决予以制止,并可以按照章程的规定采取通报、警告、停业整改、同业制裁、除名等行业惩戒措施,触犯法律的应当建议并协助有关行政管理部门依法处理。

④ 以自律为前提,带动行业发展。要积极创造条件建设行业公共服务平台,开展国内外经济技术交流与合作,开展章程规定的其他促进行业发展的活动;协调会员之间、会员与非会员之间、会员与消费者之间在中介服务活动中产生的争议;协调本行业协会与其他行业协会或者经济组织的关系;沟通本行业与政府及有关行政管理部门之间的联系,协助政府及有关行政管理部门开展管理工作;协调会员之间的价格争议,维护公平竞争秩序。

三、知识产权中介机构的监督管理

(1) 法律监督。法律监督是对法律实施中严重违反法律的情况所进行的监督。法律监督是针对公权力的拥有者和运用者而设计的一种防范机制。它是一种专门性的监督。由人民检察院专门行使,法律监督是检察机关的专门职责。

法律监督的内容，主要是指国家机关及其公职人员的公务活动的合法性。知识产权中介机构虽然不属国家机关类组织，但它担负着依法公正评估的职责，所以必须接受法律监督，通过法律监督，对知识产权中介机构的活动内容进行规范，保证公正、公平行使权力。

法律监督的实施，主要通过纵向监督和横向监督、内部监督和外部监督、事前监督和事后监督实现监督目的。当前，要认真检查知识产权中介机构依法建设情况、执行法律法规情况和经营活动中的违法违规情况，通过执法检查，认真纠正存在问题，使知识产权中介机构健康发展。

(2) 行政监督。知识产权中介机构作为市场经济体制中的一个特殊的利益集团，如果没有有效的行政监督机制，当服务对象与服务人员的个人利益相冲突时，往往会舍弃公众利益，把个人利益放第一位考虑。鉴于这种情况，必须对知识产权中介机构及其工作人员实施行政监督。防止或纠正违法或者不当的中介行为，惩罚中介机构或服务人员违法犯罪行为，维护正常的市场经济秩序。

行政监督，主要是国家知识产权行政管理部门，通过对知识产权中介机构的年审、考评、抽查等措施实施常规的监督，同时受理对知识产权中介机构的投诉举报，依法查处知识产权中介机构的违法违规行为，净化知识产权中介服务市场。

(3) 社会监督。社会监督主要是公众监督和舆论监督。通过公民的批评、建议、检举、揭发、申诉、控告等基本方式对知识产权中介机构及其工作人员中介服务活动的合法性与合理性进行监督。不断扩大公众参与范围，方便社会公众了解情况、参与监督；引导加强内部管理，保护人民群众的监督权，提高监督实效。

舆论监督主要是利用各种传播媒介和采取多种形式，表达和传导知识产权中介机构开展活动的情况，通过宣传法律知识，弘扬正气，对知识产权中介服务活动中的偏差行为进行矫正和制约。对新闻媒体有关的批评性报道，要本着有则改之、无则加勉的态度，实事求是地及时进行调查和处理。

(4) 行业监督。行业监督，主要是指各类知识产权中介机构组织之间的监督，知识产权中介机构通过对话、致函、举报、批评、上诉等形式，构成对行业活动的监督。制止价格浮动、失信、欺诈等恶意竞争行为。加强行业组织之间的沟通与协调，遵守行业自律规则，依法维护知识产权中介市场秩序，切实保障权利人的利益和权益。

第二节　知识产权中介资源管理

知识产权中介资源是开展中介服务的基础和条件，本章仅从人本、硬件设备和软件信息方面介绍管理的有关问题。

一、知识产权中介人力资源管理

（一）人力资源管理概念

人力资源管理，是指运用现代化的科学方法，与一定物力相结合的人力进行合理的培训、组织和调配，使人力、物力保持最佳比例，同时对人的思想、心理和行为进行正确的引导、控制和协调，充分发挥人的主观能动性，使人尽其才，事得其人，人事相宜，以实现知识产权中介组织目标。

（二）人力资源管理要则

（1）要树立"以人为本"的科学管理理念，实现人力资源的优化配置"以人为本"的管理思想，简单地说就是人本管理。

（2）注重人力资源投资的开发与利用，人才开发的根本途径在于教育培训。不断提高人才的政治、业务素质，造就知识产权中介服务的复合人才。

（3）引入人才竞争机制，真正实现公开、公平、公正的用人观，引进需要的人，淘汰富余的人，建立能上能下，能进能出的灵活竞争机制，让优秀人才有用武之地，让他们能在适合自己的岗位上得到发展，从而为知识产权中介事业服务。

（三）人力资源管理把握问题

对人力资源的有效管理是成就事业的关键，在实施管理中力避盲目性和随意性。

（1）用制度管理。制度是当今世界人们共同的行为准则。大到国际社会，小到家庭作坊都需要制度加以规范和管理。制度是一个组织成员核心意志的体现，同时又对所有组织成员具有约束力和公信力。要制定符合中介机构实际的规章制度，制度设计目的明确，适用范围明确，大多数成员能够接受，并乐意遵守和执行。好的管理制度对大多数员工具有激励性，对偷懒、工作态度消极、工作行为不良的员工有约束力和纠错惩罚作用。在知识产权中介服务不断变化的情况下，要根据具体情况不断修正完善，以确保它的实用性和有效性。

（2）用法律约束。依法管理，体现着法律面前人人平等的理念。对知识产权中介机构的人才资源最公正的管理，就是知法守法。现行知识产权法律法规多达20多部，所以从事知识产权中介服务的专业人员，首先应熟悉相关的法律条文和内容，知道应该怎么做，由谁来做，做到什么程度，特别是接受知识产权的咨询，要依据法律内容回答咨询者的各种问题。因此，知识产权中介人才必须熟悉知识产权法律和相关的内容。防止违法违规的不当行为，在保护自身权益的同时，也要保护中介组织的正当利益。

（3）用政策激励。激励，作为管理中的一种职能，是根据具体目标，为满足人们生理的愿望、兴趣、情感的需要，通过有效的启迪和引导人的心灵，激发人的动机，挖掘人的潜力，使之充满内在的活力，朝着所期望的目标前进。

激励，从管理角度看，就是要赋予员工以完成工作效益目标所需的动机或动力。对知识产权中介机构人力资源的管理，同样希望自己的成员为实现中介服务目标而不懈地工作，而成员想通过自己的努力，得到生理的需要，即吃、穿、住的满足；安全的需要，即劳动保护、社会保险和退休金制度的待遇满足；社交的需要，即希望从集体中得到和睦、友谊；被尊重的需要，即自主、自尊、自豪、地位、荣誉及自身信心；自我实现的需要，即希望自己的才能和潜力能够最大限度地发挥出来，希望自己的工作称职，在事业上有成就。对此，应当正确、充分地运用激励机制和领导艺术，把握激励过程，给成员创造一种良好的工作环境和施展才能的有利条件，使被激励人在致力于实现整体工作目标中能达到个人的期望目的。

（4）用市场引导。市场经济下的人才管理与计划经济时代最大的不同，是人才资源向人才资本的转变，包括人才资本的积累、配置、转化三个环节。当前，加强知识产权中介人才管理，要从全国知识产权中介人才的实际出发，坚持以市场为导向，培养丰富的人才资源，扩大人力资本的积累，通过有效的人才资本运营，调整人才结构和人才分布，优化人才配置。引入市场竞争机制，科学经营人才资本，促进人才流动，加快人才资本向社会财富的转化，扩大人才资本积累的收益率和科技进步对经济增长的贡献率，发挥人才资本在经济社会发展中的增值效应。

二、知识产权中介信息资源管理

(1) 提高对中介信息资源的认识。知识产权中介信息资源主要是指文档信息，其中包括采集、加工、传输、存储等，另外，对国内外信息的查询利用等，包括查询系统、分析系统、加工利用等。所以知识产权中介信息资源是中介机构开展服务的基础和关键，它决定中介机构服务的质量、水平。各级知识产权中介机构，特别是管理人员要充分认识中介信息资源在中介事业发展中的重要地位和作用，各级知识产权中介机构主管部门要从知识产权事业全局的高度来重视中介信息资源的开发与运用，加大对信息资源管理的力度，提高知识产权中介机构的竞争能力。

(2) 建立中介信息资源采集系统。知识产权中介信息资源管理水平的高低，取决于中介机构执业人员的能力和素质。要切实加强对中介信息资源管理力度，首先，要注重中介信息资源管理人才的培养。把具有经营头脑、良好信息素养、较强专业技术能力、创新能力、市场运作及应变能力的复合型人才选拔到信息管理岗位，在实践中不断开创中介信息管理工作的新途径。其次，中介组织要应用先进的管理理论和方法加强中介服务中的经营管理，规范管理手段和方法，建立完善的规章制度，构建高效益的业务流程和信息流程。最后，要建立一套标准、规范的中介信息资源库，使中介信息资源的获取、传递、处理、储存、控制建立在全面、系统、科学的基础之上，保证信息的完整、准确和及时，并逐步实现与国家知识产权信息中心和各省市中心的联机。

(3) 实现中介信息资源集成管理。集成管理，是一种全新的管理理念和方法。集成管理是知识产权中介信息资源管理的主要内容之一。实行中介信息资源集成的前提是对历史上形成的信息功能的集成，其核心是对中介机构内外信息流的集成，其实施的基础是各种信息手段的集成。通过集成管理实现中介信息系统各要素的优化组合，使信息系统各要素之间形成紧密的协同作用，从而最大限度地放大中介信息的功能，实现可持续发展的目的。作为知识产权中介机构管理部门，要加强对中介机构信息资源的管理，制定管理规范，出台管理政策，纳入管理内容，定期检查落实，保证中介信息资源的完整性、可靠性。

三、知识产权中介网络资源管理

网络资源是网络上互相连起来的计算机提供给各用户分享的信息。这些信息放在各自的计算机上（www 服务器、ftp 服务器、bbs 服务器、vod 服务器等），因为有网络互连，大家都能通过 internet 访问，获取所需要的信息源。知识产权中介服务贯穿于知识产权从创造到产业化的全过程，知识产权的创造、保护、实施、运用、商业化都需要社会中介机构的服务支撑。知识产权中介机构网络管理不仅是实物状态管理，更是过程和服务管理。基于手工或单机模式的传统设备管理手段已越来越不适应现代化发展的需要。代之而来的是电子化、网络化、无纸化，如电子化专利申请、电子化商标注册、网上版权登记等。因此，对网络资源要按现代化的要求和行业规定进行管理。

（1）实施规范化管理。规范化主要体现在两个方面，其一，管理对象的规范化，系统管理对象概括为：设备、人员、供货商。通过系统提供的基础管理平台，预先对以上对象属性及管理内容进行定义，以确保管理对象的一致性；其二，管理过程的规范化，系统充分利用 NOTES 的工作流特性，将客户内部有关网络管理制度和工作程序流程化，从而实现标准化的网络管理流程。

（2）实施增值性管理。按照设备资产价值管理功能，通过对各类设备设置不同的使用寿命，最大限度地提高设备的利用效率，动态跟踪在其整个生命周期中从原值、增值到报废的资产变动情况，适时掌握设备资产状况。另外，从整机、配件到标准配置的一体化标准管理设备，帮助管理者全面了解从整机到内部组件的使用状况，熟悉操作系统和功能，保证设备的正常使用和网络的正常运行。

（3）实施多维综合管理。网络系统从动态的服务状况和静态的使用状况，以设备、供货商和使用者三者为考察对象，从不同角度进行综合分析，全面了解设备使用及服务状况，为选择和采购设备提供辅助决策。知识产权中介机构在建立网络、购入设备时均要进行多维考察论证，既能保证网络容量需要，又能节省开支；既方便维护，又便于操作。

第三节　知识产权中介内容管理

随着知识产权领域的不断拓展，知识产权中介内容范围必将扩大，对知识产权中介内容范围管理要适应这种变化，从现实情况出发，加强协调和管理。

（1）不断完善法规与规章。我国实行知识产权制度以后，先后颁发了知识产权中介服务条例、办法、规定、细则等，但是代理机构服务能力不足与诚信水平不高，正制约着我国知识产权代理行业的发展。这些年，专利代理服务经济社会发展能力进一步增强，但行业服务能力相对不足与服务需求快速增长的不相适应；行业诚信服务水平不高与社会诚信服务需求日益提高的不相适应；以及专利代理人队伍存在"能力不足、人员老化"等问题亟待解决。特别是知识产权内容的拓展，对知识产权中介服务提出了新的要求，所以，针对新的情况和新的问题，要对已有的知识产权中介服务法规、条例、规章、办法、细则进行修订，增加中介内容，扩大服务领域，规范服务程序，从根本上解决中介内容范围扩展问题。

（2）严格年检审查与考评。知识产权代理机构年度审查，要增加审查服务范围的内容，依法对中介机构服务范围进行考评，严禁超范围开展代理业务，坚决制止越权服务，错位服务，依法取缔违规的中介服务项目和内容。同时，要探索建立专利代理优质服务评价制度，制定知识产权代理优质服务评价指标，强化知识产权代理机构和专业代理人的质量意识；加大对违规违纪代理机构及其代理人的惩戒力度，严厉惩治弄虚作假、挂名签字、兼职执业等违法行为。

（3）创新拓展业务范围。知识产权代理机构一般分为"涉外代理机构、普通代理机构，知识产权与律师代理机构。随着中国加入WTO，作为知识产权战略手段的知识产权诉讼日益频繁，人们对知识产权代理服务需求更趋向专利申请、维持、实施、保护等一体化、全方位、多层次服务。普通知识产权代理机构由于其业务范围的狭窄，和知识产权与律师事务所、涉外代理机构相比，处于竞争的劣势地位，但未饱和的市场、没有品牌化的机构、地缘性、本土化、知识产权代理事务的复杂性和非标准化给予了其充分的发展空间和时间，普通代理机构应把握这样难得的发展机遇，加大内部改革力度，努力开辟业务空间和把握发展机遇，培养代理人才，优化资源配置，提高服务质量，强化内部管理，塑造知名品牌。实现在劣势中求发展、求壮大。

第四节 知识产权中介风险管理

一、风险管理概述

(一) 风险管理概念

风险管理是指通过风险识别、风险估计、风险驾驭、风险监控等一系列活动来防范风险的管理工作。

风险管理中，包括了对风险的量度、评估和应变策略。理想的风险管理，是按风险等级排列次序稳步实施的过程，对可能导致最大损失及最可能发生的风险优先处理，而相对风险较低的则押后处理。这样可以保证降低风险或避免风险出现。

现实中，因为风险的发生不以人们的意志为转移，不可能按照预先设计的次序出现，优化的过程往往很难把握，事实和想象通常并不一致，所以要权衡利弊，预先准备，以便作出最合适的决定。

(二) 知识产权中介服务常见风险

(1) 市场需求风险。知识产权中介服务的对象是组织（企业、事业单位和其他团体）和个人（发明人、设计人和创作人），由于社会公众知识产权意识淡薄，申请（注册、登记）知识产权的积极性不高，可能会导致僧多粥少的现象出现，所以，知识产权中介机构建设，要有计划发展，量力而行，并要合理布局，切忌一哄而上，相互争抢资源，扰乱市场秩序，从发展战略上规避市场需求的风险。

(2) 组织管理风险。知识产权中介服务管理，包括机构内部的组织管理和对外的业务管理，机构内部组织管理不到位，影响工作人员积极性、创造性的发挥，导致工作计划混乱、工作进度缓慢，计划时间延长，工作效率降低；对外中介服务管理跟不上，直接影响到本机构的信誉，导致服务质量下降，服务成本上升，服务对象不满意，有可能失去顾客，形成不良的后果。

(3) 人员素质风险。参与知识产权中介服务的人员，不仅要具备较高政治素质和良好的道德品质，而且要具备熟练的业务技能和沟通协调能力，近几年，由于知识产权中介机构的快速膨胀，在吸纳大批优秀人才的同时，也混入一些政治素质低下，业务水平不高的人员，直接影响到中介服务质量，有的甚至以单纯挣钱为目的，违背法律规定和行规要求，粗制滥造、照搬照抄，在社会上和服务对象中形成极坏的影响，这种问题虽然是个别现象、个别人所为，但对整个行业发展、行业整体形象造成极坏的后果。这种风险是潜在的、危害深重的，必须充分估计，深刻分析危害，及早进行预防。

（4）市场环境风险。随着经济全球化，知识产权中介服务更要与国际接轨，按国际惯例和国际公约规定开展中介服务工作，目前，多数知识产权代理机构专业单一，业务范围窄，知识结构很难适应国际化的要求，特别是各地方知识产权中介机构，由于缺乏人才、管理机制等，根本无法开展涉外代理业务，致使留下涉外的知识产权市场发展空间，导致大量的涉外知识产权流失。因此，市场环境特别是国际环境给知识产权中介服务提出了新的要求，适者生存是市场经济的规律，现有中介机构能否尽快改变这种现实，决定知识产权中介机构生存和发展的市场风险。

（5）服务对象风险。知识产权中介服务面对各类层次、各种人员，涉及各个领域、各种专业，由于客户对于最后交付的代理文件以及最终的结果是否满意，成为中介服务的标准。多数客户懂法明理，积极配合完成代理任务，有些客户则比较挑剔，甚至与代理人发生争执等，与其他服务一样，客户就是上帝，所以，知识产权中介服务中，首要的是尊重客户，与客户友好的沟通交流，否则就将失去客户，丢掉服务对象。这种风险虽然发生的机率不高，但需要做好充分的准备和应对策略。

（6）质量过程风险。质量是企业生存发展的生命线，知识产权中介服务亦不例外。在日常的知识产权中介服务中，经常会因代理质量问题发生矛盾，代理质量上不去，一方面给审查人员增添麻烦，造成过分劳动；另一方面，不能准确、全面地表述委托人的发明构思和设计要求，保护范围过窄或过宽均会造成保护不到位的问题。因此，服务质量是知识产权中介服务中最大的风险，也是经常遇到的风险。造成服务质量风险的因素很多，但是最重要的是代理人员的专业素质问题。因此，规避质量过程风险的办法是不断提高代理人的专业技能，建立严格的服务工作流程，在人机结合上提高服务质量。

（7）同业竞争风险。目前，在知识产权中介服务领域出现争抢资源、竞相压价、虚假代理等不正当竞争行为，有的不具有代理资质的组织也进入知识产权中介服务领域，以营利为目的降低代理价格等，严重扰乱了中介服务市场秩序，造成知识产权中介服务的无序竞争。这种风险将是长期的，危害是深重的，规避这种风险，一是知识产权行政管理机关从严查处，二是同行业通过自律监督解决。

（三）知识产权中介服务风险分析

通过风险分析，描述风险的后果，估算风险的影响，提供防范风险的对策措施。

（1）分析风险存在。对于知识产权中介服务中的风险，以上列举了六种风险，具体到一个机构，同时可能出现一种或两种风险，也可能同时出现三种风险，不可能同时出现上述六种风险。所以，要针对本机构的实际情况，认真进行分析，找出本机构最有可能出现的风险。

（2）分析风险危害程度。对于本机构可能出现的风险，进行科学分析，假设某一风险出现后，分析是否有其他风险同时出现，或是假设这一风险不出现，分析它将会产生什么情况，然后确定主要风险出现后的最坏情况，如何将此风险的影响降低到最小，同时，确定主要风险出现的个数、时间及危害程度等。进行风险分析时，最重要的是量化不确定性的程度和每个风险可能造成损失的程度。

（3）分析风险造成的后果。对本机构出现风险带来的后果，进行量化分析估计，对中介经营理念、服务对象、机构信誉、行业竞争、经济效益等方面，进行系统测算，以合理确定风险造成的后果。

（4）提出应对风险的措施。针对可能出现的风险以及风险的危害程度，提出应对措施，力争把危害降到最低程度，把损失减少到最小限度。当然，应对措施要具有针对性、时效性。

二、知识产权中介服务风险管理区分

对于知识产权中介服务来说，通过风险的识别、预测和衡量、选择有效的手段，有计划地处理风险，以获得机构运行正常、服务流程安全，经济收益稳定的效果。

（一）知识产权中介服务风险的识别

风险的识别是风险管理的首要环节。只有在全面了解各种风险的基础上，才能够预测风险可能造成的危害，从而选择处理风险的有效手段。风险识别方法通常有：

（1）流程分析法。流程分析法是对中介服务的整个过程进行全面分析，对其中各个环节逐项分析可能遭遇的风险，找出各种潜在的风险因素。服务流程分析法可分为风险列举法和流程图法。

风险列举法是根据本机构的服务流程，列举出各个服务环节的所有风险。

流程图法是指将整个服务过程一切环节系统化、顺序化，制成流程图，从而便于发现面临的风险。

（2）表格分析法。表格分析法是通过对中介服务的对象、范围、领域、内容、进度、后续工作、资产收益、费用代交、营业报告书及其他有关资料进行分析，从而识别和发现现有的流程与实际情况的差异，分析其中存在的风险。

（3）社会调查法。社会调查法是通过向服务对象、社会公众的调查摸底，了解本机构在中介服务中存在的问题，从而分析这些问题可能引发的风险。采用社会调查法进行风险识别可以利用两种形式：一是召开座谈会，向大家征询意见；二是通过问卷，了解有关情况。无论采用哪种调查方法，均要求实情、出实招、办实事，防止走过场。

（二）知识产权中介服务风险的预测

风险预测实际上就是估算、衡量风险大小，危害强弱。根据掌握的统计资料、风险信息及风险的性质进行系统分析和研究，进而确定各项风险的频度和强度，为选择适当的风险处理方法提供依据。风险的预测一般包括以下两个方面。

（1）预测风险的概率。通过资料积累和观察，发现造成损失的规律性。例如，一个时期，代理100件案子，其中有10件出现事问题，那么风险发生的概率是10%，由此，确定对概率高的风险领域进行重点防范。

（2）判断风险的强度。假设风险发生，导致中介服务中断或造成直接损失和间接损失。对于容易造成直接损失并且损失规模和程度大的风险领域，应采取重点防范措施，以减少或消除风险危害。

（三）知识产权中介服务风险的处理

（1）避免风险。避免风险是一种消极的处理办法，但是在实践中经常遇到，而且使用合理会有意想不到的效果。比如，避免火灾可将房屋出售，避免航空事故可改用陆路运输等，这只是日常生活中的常识性避免办法，然而改用陆路运输，虽然避免了航空事故，但是却面临着陆路运输工具事故的风险。再比如为避免生产事故而停止生产，则企业的收益目标无法实现，如此种种。知识产权中介服务要避免风险出现，既要开展服务，又要避免风险，必须多手准备。

（2）预防风险。采取措施消除或者减少风险发生的因素。例如，为了防止水灾导致仓库进水，采取增加防洪门、加高防洪堤等，可大大减少因水灾导致的损失。在知识产权中介服务中，为了预防人员素质低而引发的风险，应加大人才培养力度，努力提高专业技能；为了预防同业竞争的风险，应成立行业协会，制定行业自律守则，加强行业监督等。

（3）自保风险。知识产权中介服务机构，要加强内部管理，完善各项规章制度，形成组织健全，运转规范的现代化组织机构；同时，建立自己的风险应对基金，拉长服务链条，增强自身的抗风险能力。一旦发生风险时，有充足的资金进行补偿。

（4）转移风险。知识产权中介服务机构，要有高度的政治敏锐性，能够审时度势，在风险发生前，通过采取出售、转让、保险等方法，化解风险或将风险转移出去，减少自身的风险压力。

三、知识产权中介服务风险管理对策

知识产权中介服务风险管理，应在降低服务风险与提高服务效率之间进行权衡并决定采取何种措施的过程。通常应采用的对策有：

（1）学会识别风险。风险识别是确定何种风险可能会对中介服务产生影响，最重要的是量化不确定性的程度和每个风险可能造成损失的程度。知识产权中介服务机构要在实践中，学会识别风险，并分析判断风险的危害程度等。

（2）着眼控制风险。知识产权中介服务机构，通常采用积极的措施来控制风险。通过降低其损失发生的概率，缩小其损失程度来达到控制目的。控制风险的最有效方法就是制定切实可行的应急方案，编制多个备选方案，最大限度地对所面临的风险做好充分的准备。当风险发生后，按照预先的方案实施，可将损失控制在最低限度。

(3) 提前规避风险。在既定目标不变的情况下，改变方案的实施路径，从根本上消除特定的风险因素。例如，设立现代激励机制、培训方案、做好人才备份工作等，可以降低因人员素质低所形成的服务质量差的风险。

第五节　知识产权中介绩效管理

一、绩效管理概述

（一）绩效管理含义

绩效管理强调组织目标和个人目标的一致性，强调组织和个人同步成长，形成"多赢"局面；绩效管理体现着"以人为本"的思想，在绩效管理的各个环节中都需要管理者和员工的共同参与。

绩效管理的概念告诉我们：它是一个管理者和员工保持双向沟通的过程，在过程之初，管理者和员工通过认真平等的沟通，对未来一段时间的工作目标和任务达成一致，确立员工未来的工作目标，在更高层次的绩效管理中用关键绩效目标（KPI）和平衡记分卡表示。

绩效管理是一个循环系统，包括：绩效计划、绩效辅导、绩效考核与绩效反馈四个环节。按管理主题可分为两大类，一类是激励型绩效管理，侧重于激发员工的工作积极性，比较适用于成长期的机构；另一类是管控型绩效管理，侧重于规范员工的工作行为，比较适用于成熟期的机构。但无论采用哪一种方式，其核心都是提升本组织的整体绩效，而不应在指标的得分上计较。

（二）影响绩效管理的因素

影响绩效的主要因素有员工技能、外部环境、内部条件以及激励效应。员工技能是指员工具备的核心能力，是内在的因素，经过培训和开发是可以提高的；外部环境是指组织和个人面临的不为组织所左右的因素，是客观因素，是完全不能控制的；内部条件是指组织和个人开展工作所需的各种资源，也是客观因素，在一定程度上能改变内部条件的制约；激励效应是指组织和个人为达成目标而工作的主动性、积极性，激励效应是主观因素。

在影响绩效的四个因素中，只有激励效应是最具有主动性、能动性的因素，人的主动性和积极性提高了，组织和员工会尽力争取内部资源的支持，同时组织和员工技能水平将会逐渐得到提高。因此，绩效管理就是通过适当的激励机制激发人的主动性、积极性，激发组织和员工争取内部条件的改善，提升技能水平进而提升个人和组织绩效。

（三）绩效管理的作用

无论何种类型的中介机构，也无论处于何种发展阶段，绩效管理对于提升机构的竞争力都具有巨大的推动作用。

（1）能够促进组织和个人绩效的提升。绩效管理通过设定科学合理的组织目标、部门目标和个人目标，为机构员工确定努力方向。管理者通过绩效辅导沟通及时发现下属工作中存在的问题，给下属提供必要的工作指导和资源支持，下属通过工作态度以及工作方法的改进，保证绩效目标的实现。在绩效反馈阶段，考核者应和被考核者就下一阶段工作提出新的绩效目标并达成共识，被考核者承诺目标的完成，从而促进组织和个人的绩效全面提升。

另外，绩效管理通过对员工进行甄选与区分，保证优秀人才脱颖而出，同时淘汰不适合的人员。通过绩效管理能使内部人才得到成长，同时能吸引外部优秀人才，使人力资源能满足代理业务发展的需要，促进组织绩效和个人绩效的提升。

（2）能够促进管理流程和业务流程优化。绩效管理涉及对人和对事的管理，对人的管理主要是激励约束问题，对事的管理就是流程问题。在绩效管理过程中，管理者应从本组织整体利益出发，尽量提高业务处理的效率，应该在上述方面不断进行调整优化，使组织运行效率逐步提高，在提升组织运行效率的同时，逐步优化管理流程和中介服务流程。

（3）能够保证组织目标的实现。根据《国家知识产权战略纲要》发展知识产权中介服务的规定，知识产权中介机构通常要制定远期发展目标及近期发展目标，在此基础上根据外部经营环境的预期变化以及机构内部条件制订出年度中介服务计划和经营目标。将年度计划目标向各个部门分解成为部门的年度业绩目标，各个部门向每个岗位分解核心指标就成为每个岗位的关键业绩指标。这样可以逐级分解，层层落实，保证组织目标的全面实现。

（四）绩效管理的关键

绩效管理的关键是绩效目标的制定与分解。许多中介机构正尝试或者已经推行绩效管理。但是在推行中，一方面，绩效管理是个法宝，能够通过客观考核、评价员工的日常工作表现，使得员工加薪、升职以及培训等都有据可依；另一方面，绩效管理如果应用不当，会造成严重的后果：考核不公会造成优秀员工流失等，绩效管理就是绩效考核，重点在于如何考核打分，而相对忽视了绩效目标管理的重要性。然而绩效管理的关键在于绩效目标管理而非绩效考核，绩效目标是否有效制定、是否与本单位的发展目标相结合、分解是否合理，都会影响到最终绩效管理运行的效果。

（五）绩效管理的原则

在绩效管理中，应分清经纬、主次，把目标任务、量化标准、良好心态结合起来，掌控绩效实施。

（1）清晰的目标。对员工实行绩效考核的目的是为了让员工实现本组织的目标和要求，所以目标一定要清晰。

（2）量化的标准。考核的标准一定要客观，量化是最客观的表述方式。很多时候绩效考核不能推行到位，都是因为标准太模糊。

（3）良好的心态。绩效考核的推行要求必须具备相应的文化底蕴，要求员工具备一定的职业化的素质。

（4）与利益挂钩。考核必须与利益、与薪酬挂钩，才能够引起由上至下的重视和认真对待。

（5）掌控性和可实现性。绩效考核是中介组织的一种管理行为，是表达要求的方式，其过程必须能够掌控。

二、绩效管理机制选择

绩效管理发挥效用的机制，对组织或个人设定合理目标，建立有效的激励约束机制，使员工向着组织期望的方向努力，从而提高个人和组织绩效；通过定期有效的绩效评估，肯定成绩，指出不足，对组织目标达成有贡献的行为和结果进行奖励，对不符合组织发展目标的行为和结果进行一定的约束；通过这样的激励机制促使员工自我开发提高能力素质，改进工作方法，从而达到更高的个人和组织绩效水平。

（1）"德能勤绩"式。"德能勤绩"的考核具有非常悠久的历史，曾一度被国有企业和事业单位在年终考评中普遍采用，目前仍然有不少企业还在沿用这种思路。

"德能勤绩"式的特征是：业绩方面考核指标相对"德""能""勤"方面比较少；大多情况下考核指标的核心要素并不齐备，没有评价标准，更谈不上设定绩效目标。中介机构借用"德能勤绩"的模式，是因为这类考核实质是没有"明确定义、准确衡量、评价有效"的关键业绩考核指标。

在执行中，应重点放在绩效考核上。对于刚刚起步发展的中介机构，通常基础管理水平不是很高，绩效管理工作没有太多经验，在这种情况下，"德能勤绩"式管理是有其积极作用的。这种方式对加强基础工作管理水平，增强员工责任意识，督促员工完成岗位工作有积极的促进作用。但"德能勤绩"式管理是简单粗放的绩效管理，对组织和个人绩效提升作用有限，虽然表面上看来易于操作，其实绩效考核过程随意性很大。在选择时应针对本机构的情况灵活掌握，科学确定是否采用该模式。

（2）"检查评比"式。目前，绩效管理实践中"检查评比"式比较常见，"检查评比"式的特征是：按岗位职责和工作流程详细列出工作要求及标准，考核项目众多，单项指标所占权重很小；评价标准多为扣分项，很少有加分项；考核项目众多，考核信息来源是个重要问题，除非个别定量指标外，绝大多数考核指标信息来自抽查检查；大多数情况下，组成考察组，对各岗位逐一进行监督检查，颇有检查评比的味道，不能体现对关键业绩方面的考核。

"检查评比"式考核对提高工作效率和质量是有很大作用的，通过定期不定期的检查考核，员工会感受到压力，自然会在工作要求及标准方面尽力按要求去做，对提高业务能力和管理水平有其积极意义。在选择使用时，应与本单位的目标和现实情况结合。

（3）"共同参与"式。在绩效管理实践中，"共同参与"式绩效管理，在国有企业和事业单位中比较常见，这些组织显著特征是崇尚团队精神，变革动力不足，领导往往从稳定发展角度看问题，不愿冒太大风险。"共同参与"式绩效管理有三个显著特征：一是绩效考核指标比较宽泛，缺少定量硬性指标，这给考核者留出很大余地；二是崇尚360度考核，上级、下级、平级和自我都要进行评价，而且自我评价往往占有比较大的权重；三是绩效考核结果与薪酬发放联系不紧密，绩效考核工作不会得到大家的积极参与。

"共同参与"式绩效管理对提高工作质量，对团队精神的养成是有积极作用的，可以维系组织稳定的协作关系，约束个人的不良行为，督促个人完成各自任务以便团队整体工作的完成。在以绩效提升为主要目标，团队协作为主要特征的组织中是适用的。但是,存有不同程度的"大锅饭"现象,容易使有理想、有潜力的人员要么被迫离开组织,要么被组织同化不再富有创造力。

(4)"自我管理"式。"自我管理"式是世界一流企业推崇的管理方式,其显著特征:通过制定激励性的目标,让员工自己为目标的达成负责;上级赋予下属足够的权利,一般很少干预下属的工作;很少进行过程控制考核,只注重最终结果;崇尚"能者多劳"的思想,充分重视对人的激励作用,绩效考核结果除了与薪酬挂钩外,绩效考核结果还决定着与员工岗位升迁或降职。

"自我管理"式绩效管理激励效应较强,能充分调动人的主观积极性,能激发有关人员努力完成任务,对提高单位效益有好处,但这种模式应注意适用条件,如果适用条件不具备,可能会发生严重的问题和后果,不能保证个人目标和组织目标的实现。

在目前社会发展水平情况下,如果缺乏有效监督检查,下属不能得到资源上的支持,不能站在全局的角度看问题,管理缺乏过程控制环节,可能会给组织带来较大损失。在选择时,应把握这一特性,使绩效管理顺利进行、稳健发展。

三、加强中介机构绩效管理的措施

(1)科学构建绩效管理系统。知识产权中介服务绩效管理体系是一把双刃剑,一方面,它可以对本组织内部的活动情况,进行考核评价;另一方面,它可以接受外部监督,包括业务主管部门的监督、服务对象的监督和同行业的监督等。绩效管理的目的明确、程序公开、操作透明、内容公正。组织内部每个人都有自己的思想价值体系,单位也在中介服务的实践中形成自身的文化理念。因此,绩效管理体系的设计要反映组织和个人的价值观念。使其为管理系统的灵魂,并上升为科学的管理思想,以最大限度地保证中介服务的稳健发展。

(2)积极推进绩效管理实施。知识产权中介服务绩效管理系统,是建立在工作流程、工作分析、组织结构等基础之上效能考核评价体系。要顺利组织绩效管理工作的实施,必须在思想上达成形共识,在组织上形成合力,才能在运行上步调一致。

首先,突出考评重点。要把绩效管理的重点放在人力资源管理上,因为绩效目标体现着中介组织的发展战略,组织结构和管理控制是部门绩效管理的基础,岗位工作分析是个人绩效管理的基础。

其次,健全考评要素。包括工作目标、岗位标准、完成时限、考评内容、组织形式、沟通与反馈办法等。都需要在绩效实施中予以明确,保证各要素的公开、公平,激发大家干事创业的积极性。

最后,积极稳妥推进。知识产权中介服务绩效考评实施,要依据单位规模、组织结构、人员素质、外部环境、业务范围等因素,在做好充分准备的基础上,按照先易后难的顺序逐步展开,并根据情况变化及时修正,保证绩效管理有序进行,健康发展。

(3) 加强对绩效管理的调控。绩效管理主要是通过对员工的绩效评价,达到合理评价员工的绩效,通过准确的评价,一方面,对员工的绩效给予充分的肯定,达成有效的共识,根据考核结果激励员工的工作热情;另一方面,通过对考核结果的分析,发现工作中的不足,从而提升员工的个人绩效,达成单位整体绩效提升的目的。随着绩效管理的完善,最终达到员工个人能力和单位绩效互动上升的目的。

在绩效管理模型中,激励效应起着非常重要的作用,因此,在知识产权中介服务绩效管理中,应把握以下几点:一是激励内容和激励方式要恰当;二是设计绩效目标要合理可行;三是管理者要注意维护组织信用,兑现承诺。

第三编

知识产权管理体制改革

第十四章 知识产权管理体制改革

我国知识产权行政管理体制改革是政府体制改革的组成部分，是上层建筑适应经济基础客观规律的必然要求，是接轨国际化的战略选择。通过深化改革，进一步消除体制性障碍，切实解决知识产权管理中的突出矛盾和问题，推动科学发展，促进社会和谐，更好地维护人民群众的利益。

第一节 现行知识产权管理体制的弊端

一、现行知识产权行政管理成本高、效率低

我国自20世纪80年代初实行知识产权制度以来，先后在政府机构中设立了知识产权行政管理部门，对推进我国知识产权事业发挥了重要作用，但是随着改革开放的深入，特别是与国际接轨过程中，出现了许多新情况和新问题，原来的知识产权行政管理体制不再适应这一新的变化，突出表现为行政管理成本高、效率低。

（1）行政管理成本估算。我国现阶段，不同类型的知识产权分属不同的部门管辖，这些机构较为分散，组织体系各异，每个机构为了行使职能都必须设置各自的办公场所以及职能、业务部门，配备领导指数，在相同或相似的法律研究、宣传、人才培养、信息服务等工作方面投入大量的资源和精力。而承办的是一件事情，各类知识产权在本质上是一个相互联系、密不可分的有机整体，具有共同的特性和运行规律，如现行的机构设置实行分别进行管理，不仅造成机构设置重叠，而且造成人才、资源浪费，致使行政成本过高。据2010年国家政府公布的"三公"经费看，国家知识产权局1825.83万元，国家工商行政管理总局1111.40万元，国家新闻出版署1082.60万元，农业部23649.56万元，林业局4295.98万元，商务部6171.00万元。这仅是三公经费支出，而

业务费用数字更大。由此看来，知识产权实行分散管理的成本确实很高，而且多数为重复使用。

（2）行政管理效率分析。目前，这种分部门、分类别管辖知识产权行政管理机制，从表面上看是针对每一种类型的知识产权都实行了专门性的保护，但实际上这种管理模式却更容易导致管理上的空白和漏洞。由于各行政机构都倾向于扩张自己的权力范围，同时又会尽量缩小自己的责任区间，这样易造成某些领域的重复、交叉管理，导致知识产权行政管理机构在管辖上的冲突；另一方面，又会形成各机构之间的推诿现象。

此外，各知识产权行政管理机构的职能划分过细，相互之间缺乏协调与沟通，造成某些机构在行政执法过程中的权力不足，导致行政效率低下。如在处理专利侵权纠纷中，若侵权商品中还包含对商标和版权的侵犯时，专利管理部门只能就其中的专利侵权问题进行处理，而对于侵犯商标权和版权的问题因没有管辖权，而只能移交工商或版权部门处理，不仅降低了行政效率，而且也增加了维权成本。

二、现行知识产权行政管理导致部门权利冲突

（1）行政与司法之间的冲突。在知识产权权利冲突的解决程序中，如何划分行政程序（行政处理）与民事程序（民事处理）的界限，在当前知识产权案件的审判中仍是争议较大和困扰颇多的问题。发生冲突的知识产权，要么是经由行政授权程序产生的，要么已经进入行政授权程序，如何确定这些冲突（纠纷）的法律属性，进而确定是按照行政程序处理还是民事司法程序处理，以及民事司法介入哪些权利冲突，对此均存在争议。尽管理论界和实务部门提出一系列解决知识产权权利冲突的规则和路径，但似乎尚未清晰地归纳出令人信服的划分民事司法与行政程序之间的法律界限的一般性标准。所以，在现实中，走什么程序、怎么走，不仅困扰着知识产权权利人，而且也一直是行政和司法之间的一道难题。

（2）行政管理部门之间的冲突。由于不同的知识产权行政管理机构的组织结构存在差异，其在职能设置、管理体制、运行机制、人员安排等方面各不相同，从而导致权力分散，部门之间在体制上存在权力冲突。行政管理机构在执法时可能会出现被动局面。如工商部门在查处某商品的商标假冒违法行为时，被查处者却出示了包括该商标在内的图形的外观设计专利证书，并称其对

该商标图形的使用是合法的。由于类似的情况涉及专利权和商标权的交叉，工商部门在专利权方面没有管辖权，而只能交由专利部门处理，从而导致部门之间的权力冲突，影响执法效率的提高。

（3）与其他相关部门之间的冲突。知识产权是一种民事权利，是可以为人们带来利益的一种权利，在很多情况下，权利客体与权利主体之间关系不明确，往往会引起在权利归属和利用方面的问题和纠纷。比如，国家资助项目的权利归属，什么情况下归属国家，什么情况下归属单位，什么情况下归属个人等。另外，单位和个人之间的知识产权归属容易发生纠纷，尽管国家有原则性规定，但在界定归属时却不易把握。因此，各知识产权相关部门极易为此引发争议甚至冲突。从以往发生的案例看，美术作品的著作权、工业品外观设计专利权和标示的商标权、原产地名称、商号和域名最易引发部门之间的冲突。

三、现行知识产权行政管理不符合国际惯例

（1）与国际通行的惯例不接轨。据统计，在全世界实行知识产权制度的196个国家和地区中，只有阿拉伯联合酋长国、沙特阿拉伯、巴基斯坦、利比亚、希腊、埃塞俄比亚、埃及、中国和文莱9个国家的专利行政管理机构与商标行政机构是分别设立的。并且文莱的专利行政机构和商标的行政机构实际上是设在同一的法务部下的。其余180多个国家和地区都设立了统一的工业产权局或专利商标局，有的叫知识产权局，对专利和商标进行统一管理。其中的美国、加拿大、澳大利亚、新西兰、英国、俄罗斯、瑞典、瑞士、西班牙、韩国、泰国、新加坡等74个国家和地区将专利、商标、版权等知识产权的管理统一归属于一个行政机构，虽然有的仍称为专利商标局或工业产权局（俄罗斯），但在实质上已实现了统一管理。

以韩国为例，韩国于1946年在贸易、工业和能源部设立了专利局，负责处理与专利、实用新型、工业品外观设计和商标相关的事务。1988年该局更名为韩国工业产权局，2000年6月再次更名为韩国知识产权局，从而更好地反映该局的职能。

（2）与国际组织不同步。在国际组织中，WTO和WIPO也设置了一个统一的机构对专利、商标、版权进行管理。我国现阶段的知识产权机构设置，既没有采用国际通用的做法，又不与国际组织同步，既不能体现中国特色，又不

符合知识产权的发展趋势。现实中积累的问题会越来越多，特别是与国际接轨后，随着国际知识产权条约的落实，我国知识产权行政体制应加以规范和改变。

四、现行知识产权行政管理不利于国际交流

现行知识产权管理机构中，各自都有对外事务的职能，使得外方与我国进行知识产权交流合作时，必须分别同各类知识产权管理部门——进行洽谈、磋商，严重阻碍着我国知识产权的国际交流与合作。例如，我国与泰国建立知识产权合作关系时，泰方代表必须同国家专利局、工商局、版权局一一签订合作协议。此外，分散的知识产权机构也严重阻碍着参与国际组织的活动与交流。例如，世界知识产权组织的成员国大会等国际活动，其议程和内容均同时涉及多个知识产权领域，为了参加这些活动，我国政府只能组成由各知识产权职能部门参加的代表团。再如，我国虽然早已加入了国际植物新品种保护联盟，但是由于我国农业部与林业局之间的不协调，导致该联盟的相关的国际会议不能参加，影响我国的国际形象。由此可见，我国知识产权行政管理机构相互分散的状况已经严重影响了知识产权事业的国际交流与合作。

当前，我国正处于全面建设小康社会新的历史起点，改革开放进入关键时期。面对新形势、新任务，现行知识产权行政管理体制存在的机构众多，权力分散，管理成本高，管理效率低，执法力度不均，有损法律权威，不符合国际惯例，不利于开展国际交流的问题，在一定程度上制约我国的科技进步和经济社会发展，深化知识产权行政管理体制改革势在必行。

第二节 知识产权管理体制改革的设想

一、总体思路

以转变政府职能为核心，理顺关系、优化结构、提高效能，做到权责一致、分工合理、决策科学、执行顺畅、监督有力，实现知识产权行政管理职能向创造良好发展环境、提供优质公共服务、维护社会公平正义转变，实现组织

机构及人员编制向科学化、规范化、法制化转变，实现行政运行机制和政府管理方式向规范有序、公开透明、廉洁高效转变，努力建设与国际知识产权制度接轨的服务型机构。

二、基本原则

深化知识产权行政管理体制改革，必须坚持以人为本、执政为民，把有利于维护权利人的根本利益作为改革的出发点和落脚点；必须坚持与完善中国特色的知识产权制度相适应，与国际接轨的客观要求相协调；必须坚持解放思想、实事求是、与时俱进，正确处理立足国情与借鉴国际经验的关系；必须坚持改革创新、积极推进，做到从国家的长远利益与阶段性目标相结合、全面推进与重点突破相结合，处理好全局和局部的关系。

按照精简统一效能的原则和决策权、执行权、监督权既相互制约又相互协调的要求，紧紧围绕职能转变和理顺职责关系，进一步优化组织结构，规范机构设置，将知识产权相关部门纳入统一的管辖体制，形成大部门行政运行机制。坚持以人为本原则、依法行政原则、市场导向原则、系统管理原则、效益管理原则，把知识产权行政管理融入政府大管理的格局，按照政府管理社会的要求规范知识产权行政管理工作。

三、把握重点

（1）转变行政职能，完善管理体制。按照职能有机统一的原则，优化行政体制，整合现行机构，实现大部门管理体制，实现行政职能、机构与人员的合理配置。建立健全决策、执行、监督既相互制约又相互协调的权力结构和运行机制。实现决策相对集中，执行专业高效，监督有力到位。

（2）积极探索改革，创新管理模式。知识产权行政管理体制的由分到合将会遇到巨大的挑战，要认真总结分散的经验教训，认真学习国际知识产权管理的经验，针对合并后的大部门管理现实，积极探索、改革创新。高端定位，突出现代化、国际化；在职能划分上，兼顾特殊性、强化整体性；在运行机制上，实现统一性、系统性。

（3）严格依法行政，提高管理效能。积极探索建设知识产权大管理的有效途径，建立法治考评指标体系，加强顶层设计和程序保证，严格规范行政执法行为，完善行政处罚权的实施机制。建立责任体系和行政问责制度，依法维护市场经济秩序，建设廉洁、精干、高效的知识产权管理机构。

(4) 健全管理制度，实施有效监督。我国实行知识产权制度时间不长，特别是实行大部门管理后，要理顺市场监管体制，整合执法监管力量，解决多头执法、重复执法问题。加强社会管理和公共服务制度建设，健全管理体制，强化服务功能，规范内部机制运行，保障和服务国家经济社会建设大局。

四、强化管理

根据知识产权的本质和特征，在知识产权行政管理体制改革中，要不断强化行政管理手段，致力提高管理效能。

(1) 强化法律手段。法律是保护国家、集体和人民根本利益的有效手段，进行知识产权行政体制改革，必须严格遵循宪法和有关知识产权法律规定，如《专利法》《商标法》《著作权法》《反不正当竞争法》等，依法对知识产权行政管理机构进行改革，对知识产权进行管理，保护国家、集体和个人的合法权益，惩处违法行为，维持良好的无形市场秩序，最大限度地保护知识产权权利人和社会公众的利益。

(2) 强化行政手段。为了有效地对知识产权实施管理，保护权利人的合法权益，维护市场的公平交易秩序，知识产权行政管理部门作为国家权力机关，应通过制定相应的政策法规，对相关行政对象下达命令和指示，把政府的意志通过行政手段强制贯彻，以协调、控制、监督、管理市场经济条件下与知识产权有关的各项活动，助推经济社会发展。

(3) 强化经济手段。知识产权作为一种特殊的商品，其取得、转让、实施等过程，要尊重市场规律和经济规律，尤其要按价值规律办事，知识产权行政管理机构的改革，也要依据上述规律积极推进，保证在市场公平竞争，实现对知识产权的有效管理中发挥作用。

(4) 强化技术手段。知识产权作为一种重要的无形资产，它的存储、传播、流动需要采取一系列高技术管理手段，如计算机管理、检索、查询、网络传输、光盘存储、网上交易等，对管理提出新的更高要求，因此，知识产权行政管理机构改革，要着眼接轨国际化、机构设置效能化、人员素质智能化、管理手段现代化。

第三节 知识产权管理体制改革的建议

按照精简统一效能的原则和决策权、执行权、监督权既相互制约又相互协调的要求，紧紧围绕职能转变和理顺职责关系，进一步优化组织结构，规范机构设置，实行职能有机统一的大部门体制，完善知识产权行政管理运行机制。

一、修改完善知识产权相关法律法规

遵守宪法和法律是政府工作的根本原则。必须严格依法行政，坚持用制度管权、管事、管人，健全监督机制，强化责任追究，切实做到有权必有责、用权受监督、违法要追究。造成知识产权分块管理的问题，在于法律条文的规定。

如《商标法》第2条规定：国务院工商行政管理部门商标局主管全国商标注册和管理的工作。国务院工商行政管理部门设立商标评审委员会，负责处理商标争议事宜。

又如《专利法》第3条规定：国务院专利行政部门负责管理全国的专利工作；统一受理和审查专利申请，依法授予专利权。省、自治区、直辖市人民政府管理专利工作的部门负责本行政区域内的专利管理工作。

再如，《著作权法》第7条规定：国务院著作权行政管理部门主管全国的著作权管理工作；各省、自治区、直辖市人民政府的著作权行政管理部门主管本行政区域的著作权管理工作。

目前，我国实行知识产权分散管理是有法律依据的，法律规定：商标管理由国家工商局、专利管理由国家专利局、版权管理由国家版权局，现国家知识产权局实质上只承担专利管理的职能，与实际名称内涵不一致。要实现知识产权的大部门管理，首先要有法律依据，为此，对现行知识产权法律进行修改完善，从法律上界定统一管理的法理依据，做到出师有名，合并有据，行政有力。

二、设立统一管理知识产权的行政机构

根据国际通用惯例和我国的现实情况，将专利、商标、版权等各类知识产

权的管理工作集中于一个统一的机构——国家知识产权总局。统辖全国知识产权工作，这样既有利于避免现行分散管理形成的矛盾冲突，也有利于提高行政效率。同时，这种与国际惯例接轨的体制，也便于开展国际交流与合作，更好地与 WIPO 衔接，不仅表达中国政府加强知识产权保护的立场和决心，而且可以理顺市场监管体制，整合执法监管力量，解决多头执法、重复执法问题，实现知识产权工作"发展统一规划、事务统一管理、执法统一行动"的行政管理模式及"一个部门管理、一个窗口服务、一支队伍执法"的工作运行机制，推动我国知识产权事业更好更快的发展。

三、健全知识产权行政管理运行机制

（1）调整组织结构，理顺层级关系。按照精简、效能的原则，对知识产权大部管理的结构进行组织调整，确定组织结构、职能定位、岗位设置、机构编成、人员编制等。并对新的大部门管理方式进行改革创新，既要实现高度集中（发展规划统一制定、工作任务统一部署、各类资源统一调配、对外联络统一组织），又要达到责任到位（各类专业均衡发展、持续发展、快速发展），逐步建立中国特色的知识产权管理机构和稳健的运行机制。

（2）整合各类资源，完善管理机制。对新组建的知识产权大部门管理机构，要从发展知识产权事业的高度出发，对原有的各类资源进行整合，优化配置，努力建设一支素质精良的知识产权高层管理队伍，建设一批适应市场经济发展的服务交易平台，健全内部各项管理规章制度，完善各要素的管理机制。特别是内部管理机制、对外协调机制、突发应对机制、新闻发布机制、监督问责机制等。

（3）积极创造条件，优化内部管理。随着知识产权大部门管理的实施，部门内部决策和执行职能的调整，新的矛盾可能会出现。借鉴美国、英国和韩国的做法和经验，在保证行政首长对行政机构适度控制的前提下，对执行机构实行绩效管理、法制管理与综合管理。设立服务目标明确、对象群体清楚、执法对象明确、程序合法、法规健全的行政管理部门，加快推进知识产权机构编制管理和内部优化进程。

四、加强地方知识产权行政机构建设

目前，地方知识产权管理机构设置各异，有行政编制的、有事业编制的，也有行政和事业混编的,这样既不利于对知识产权的宏观管理,也不利于依法行政效率的提高,既影响事业发展,又影响政府形象。根据层级管理的原则,应加强地方知识产权管理机构建设,在国家确定的限额内,将地方知识产权管理机构统一纳入政府行政序列,设置与国家对口的知识产权行政管理机构。调整和完善垂直管理体制,进一步理顺和明确权责关系。深化机构改革,加强地方知识产权机构建设,改善不同地区知识产权管理工作不平衡的现状,提升欠发达地区知识产权管理机构的执法水平,实现均衡发展、快速发展。

五、完善知识产权行政管理监督机制

改革绩效评估监督体系,促进知识产权行政管理组织结构优化。知识产权行政管理实行大部门管理后,根据新的职能要求,对知识产权行政管理的评价主体应当扩大到公众,因为只有满足公众的需求才能实现依法行政管理的职能。

健全对行政权力的监督制度。各级知识产权行政管理机构要自觉接受同级人大及其党委的监督,自觉接受政协的民主监督。加强内部层级监督,充分发挥监察、审计等专门监督的作用。依照有关法律的规定接受司法机关实施的监督。高度重视新闻舆论监督和人民群众监督。完善政务公开制度,及时发布信息,提高工作透明度,切实保障人民群众的知情权、参与权、表达权、监督权。推行绩效管理和行政问责制度。建立科学合理的绩效评估指标体系和评估机制。健全行政问责制度,明确问责范围,规范问责程序,加大责任追究力度,提高知识产权行政管理机关的执行力和公信力。

第四节　知识产权管理体制改革的推进

知识产权行政管理体制改革面临许多重大理论和实践问题,需要转变传统的行政观念,统一思想认识,在新一轮国家政治体制改革中,统筹规划、全面论证,制定可行方案,积极稳妥推进。

一、全面系统论证,统一思想认识

一要深入分析现行体制存在的问题,研究最好的应对策略。转变传统的行政观念，深化大部门管理改革制度，加强和改善宏观调控，维护市场秩序和公平竞争，构建新型的知识产权行政管理体系，建立健全资源共享的服务体系，为接轨国际化，参与国际竞争提供体制机制保证。

二要优化内部组织机构，完善行政权力运行机制。在优化内部组织机构时，完善决策、执行、监督相互制约、相互协调的权力运行机制。合理划分国家、地方管辖权限，积极稳妥地推进大部门管理内部改革重组，使行政权力的运行与经济社会发展需要相适应，既有效维护国家法制统一、政令统一和市场统一；又使地方结合自身实际，创造性地开展各项工作。

三要进一步完善行政决策机制，建立科学合理的绩效评估机制。形成科学决策前有调研、决策中有论证、执行中有监督、执行后有评价、决策失误有追究的全程制约，完善决策信息系统、智力支持系统和行政问责制度，保证重大行政决策的科学性、时效性。

二、制定改革方案，积极稳妥推进

（1）制定改革方案。在统一思想认识、充分调研论证的基础上，组建改革领导班子，按照国家政府机构改革的统一部署和具体要求，详细制定改革实施方案，对知识产权行政管理大部职能定位、权力分配、内设机构、人员编制、岗位设置、运行程序、人员分流、统筹协调等均要制定出可行的方案，然后提交国务院和全国人大审查通过。

（2）积极稳妥推进。实行知识产权大部管理制，涉及多个国家知识产权相关的部门和多种专业门类，涉及众多的人员进退去留，是一项十分艰巨复杂的工作。因此，要切实加强组织领导，从国家利益的大局出发，统筹好知识产权事业协调发展，合理安排好分流下岗人员，调配好物质资源，做到人其才，物尽其用，科学组织，稳妥推进。

三、转变发展观念，努力开拓创新

实行知识产权大部门管理制后，要切实转变职能，转变行政观念，转变工作作风，努力开创知识产权事业的新局面。

（1）由"单一型"向"复合型"转变。长期以来，知识产权按要素分散在国务院各部门，每个部门只管辖单一的知识产权门类，而对其他门类知之甚少，长此以来，形成了单一型的思维空间和管理模式，对于实行大部门管理的机制将会带来负面影响，对此，要尽快转变单一型的观念，开拓复合型的思想观念和管理模式，因为知识产权是一个综合性的复合群体，所以，对知识产权实行大部管理，首要的是转变单一型管理观念，确立复合型管理的观念，在思想观念上跟上时代步伐，在管理模式上要适应大管理的要求。

（2）由"管制型"向"服务型"转变。改革开放以来，政府的行政观念正在由管制向服务转变，但仍存在许多问题，干了许多不该干的事，因为政府不是社会，只是社会组织中的一种，政府从属于社会，是社会的产物，政府不应凌驾于社会之上，相反政府应由社会决定，作为一种社会现象而客观存在。政府的职责是维护社会秩序，而秩序是社会的目的。在加入WTO以后，建立服务型政府成为政府改革创新的一个目标，这是在市场本位、社会本位基础上提出的。WTO本身是一个以国际市场运行服务的国际经济调控组织。要求一定要摒弃管制观念，变管制为服务。否则，没有一种新的观念指导行动，不仅政府改革的目标不能实现，而且也不可能接受WTO规则，更好地服务社会。

（3）由"人治型"向"法治型"转变。我国是一个人治历史漫长的国家，人治在中国传统文化中拥有悠久的历史。大一统观念、人情至上、任人唯亲、家长制、特权现象、以权代法等仍在潜移默化地产生负面效应，严重地制约着行政体制改革进程。知识产权行政管理要接轨国际化，按国际规则和国际惯例管理知识产权事务，必须执行用国际法律规范国内市场行为，依法行政，对各种管辖权力明确界定，对权力依法监督，严格控制。这是国际化对中国知识产权行政管理的基本要求，因此，必须由人治型转向法治型。

（4）由"效率型"向"效益型"转变。行政效率是指国家行政机关及其行政人员从事行政管理活动的产出同所耗的人力、物力、财力等要素之间的比率关系，是国家行政机关及其行政人员行政管理活动效果的重要衡量标准。而行政效益则是指目标的实现程度，是指管理结果，而效率则是用最少的资源达到既定的目标。我国长期以来一直偏重效率，关注更多的是管理的过程和投入，片面追求"效率"。一些地方急功近利，搞"形象工程"，极少关心政府管理成本和效益，造成管理成本过高，资源浪费及效益低下等问题。实行知识产权大部门管理，首要的是转变观念，强化职能，摒弃习惯的效率观念，确立效益观念，通过强化职能和科学管理，统筹整个知识产权创造、保护、应用等项工作，并实现与国际接轨，实现我国知识产权事业又好又快发展。

第五节　知识产权管理体制改革的评价

对知识产权管理体制改革成功与否的评价，主要是职能定位是否准确、行政观念是否转变、运行机制是否健全、管理效果是否提高。

一、知识产权管理职能界定是否科学

由于中国的市场经济是从计划经济转变而来的，还带有许多计划经济的痕迹，是不完善的市场经济。因此，对知识产权行政管理的职能定位，体现着计划经济和市场经济转轨时期的某些成分，而这种职能定位直接影响着中国知识产权事业与国际接轨的步伐和发展速度。知识产权是一种智力经济，其核心是科技，关键是人才。在知识经济时代，参加知识创造的人越多，越能促进生产力的产生；对知识传播的速度越快，越能促进经济的发展；对知识运用的范围越广，越能促进综合国力的提高。因此，知识产权行政管理的职能定位，必须符合市场经济的客观规律，适应知识经济的实际需要，由"划桨"转向"掌舵"，形成大管理的格局。把握方向，制定政策，实施宏观调控，是知识产权管理定位的基点。特别是在当今社会瞬息万变、需求多元化的情况下，知识产权管理不可能再单打独斗，事实证明这种管理既不可行又不可靠。知识产权管理应集中精力做好统筹决策性工作，掌握方向、关注大局，把具体的服务性工作交由知识产权中介服务机构去做，这样可以用政策引导竞争发展，以便保持清醒的头脑和最大的灵活性来应对变化着的国际大环境，使自己立于不败之地，出色地演好自己的角色。同时，也为民众自己管理自己的事情提供机会，充分调动民众的积极性，建立自律组织，优化社会服务环境，提供有效的社会保障，增强自我服务意识。知识产权行政管理，要在制定政策、法规、维护市场秩序、提供信息资助、集中培训人才、合理配置资源、搞好服务引导等方面下功夫、求突破。使知识产权管理真正承担起统筹规划、掌握政策、信息指导、组织协调、检查监督的职能。真正达到"转变行政职能，转变工作方式，转变工作作风"的总要求。

二、知识产权管理行政观念是否转变

知识经济是一种竞争经济，在激烈的市场竞争中优胜劣汰是必然趋势。这

就要求知识产权管理要转变传统的行政观念。不仅要求行政人员具有良好的政治素质，而且要有现代化的知识水平，不仅要求知识产权管理机构能够驾驭市场，而且能够适应国际知识产权制度发展趋势和规律。因此，知识产权管理体制改革成功与否，行政观念是一项重要标准。

（1）行政管理的服务观念是否确立。在政府中很少有人使用"顾客"一词，不少政府官员不知道谁是顾客，把为人民服务说在嘴上，却没有落实在行动上。特别是对服务大众的思想准备不足，集中表现为：思想停留在计划经济时代，热衷于跑计划、要项目、重成果、轻知识产权；知识停留在农业经济和工业经济时代，对经济全球化的研究不够，对知识的更新还没有纳入工作的第一需要；行政方法仍然是传统的行政命令、会议、指示、按条条框框行事等；从根本上讲，政府是人民的政府，政府的全部工作是为人民服务的。随着经济全球化的到来，人民对政府的服务提出了新要求，同时也形成了评价的标准，他们试图改变这种服务方式，成立各种委员会、协会，筹集资金优化服务环境，改善服务方式，提高服务质量。这无疑对政府的服务、对知识产权管理提出了新的挑战，为适应这种变化，为发展知识产权事业提供保障，知识产权管理应该牢固确立宗旨意识，变管理为服务，服务市场经济发展，服务社会稳定和文化繁荣，服务发明创造活动，服务知识产权权利人的创作实践。

（2）行政管理的法治观念是否增强。我国为实现依法治国，先后制定了不同类型的法律、法规，可以说是有法可依。但在违法必究、执法必严方面还存在不少的问题，特别是懂法、守法差距更大，不仅表现在普通百姓的法律意识不强，而且在政府官员中也有相当一部分不懂法、不守法的人。所以，依法行政，依法治国又谈何容易。在知识产权管理中，我们的工作人员必须懂法、守法，维护法律的尊严，同时要引导全体公民增强法制观念，提高知识产权意识，学会运用法律武器来保护自己。特别是在接轨国际化的过程中，不仅要了解、学习已有的知识产权法律条文，而且还要学会运用这些法律条文保护自己的知识产权。同时，还应依据经济发展制定更加完备的知识产权法律体系，从而规范无形资产市场秩序，步入依法治国的轨道。

（3）行政管理的绩效观念是否提高。绩效并不单纯是人事管理中的"功绩"，不是政绩和效率的机械组合，也不是数字的量化指标，更重要的是它包含了公正、公平、群众满意度等社会性指标。当今社会，部门的绩效更重要。衡量知识产权行政管理绩效的标准，要看是否形成大批知识产权，是否得到有效运用，是否依法进行保护，是否实施科学管理，公众的知识产权意识是否提高，这些都是衡量知识产权行政管理绩效的重要方面。所以，知识产权行政管理的绩效观念直接影响行政效率的提高。管理机构绩效观念提高了，可以促进和带动整个系统行政绩效的提升，否则反之。

三、知识产权管理运行机制是否健全

完善知识产权管理的运行机制，一是引入竞争机制。计划经济时期形成的集权制管理方式已不再适应新形势、新情况的要求，必须给知识产权管理注入新的活力。当然，知识产权管理部门间的合作是非常重要的，竞争往往会使知识产权管理的宏观控制变得困难。但是，在提高行政管理效率方面却十分必要，它能以最佳的精神状态和服务质量，满足知识产权管理的需要。部门之间、人与人之间展开竞赛，想方设法完成目标任务，为国家知识产权事业分忧。二是注入驱动机制。驱动机制，主要是知识产权管理行为的内部驱动力。即用"有使命感的管理机构"取代"规则驱动的管理机构"。规章制度的建立是为了防止坏事情的发生，但也可窒息办好事情的活力。应当承认，在建立规章制度之初，出发点肯定是好的，但当这种制度发展越来越复杂时，便成了束缚行政管理手脚的羁绊，不利于管理职能的发挥和创造力的开发。当前改变内部驱动机制的关键是要将分兵把口的管理机制迅速集中统一，形成一个有机的整体，按知识产权管理任务，设定相对单一的责任目标，然后界定其权限和经费预算，并授予其管理权限，这是改变目前分散管理状况的关键。三是完善组织机制，集权制是计划经济时期普遍采取的组织形式，这主要是由当时的信息技术、劳动力教育水平等因素的制约。在当今时代，知识产权管理应该与国际接轨，按国际惯例管理知识产权，鼓励创办中介机构，形成以"政府管理部门为主导，中介组织服务为纽带，企事业单位为主体"的大管理的组织机制，把不同的利益集团统一到共同利益上来。

四、知识产权管理绩效是否提高

衡量知识产权管理体制改革的成效，最关键的是服务程序是否简化，办事效率是否提高。由于现行的知识产权管理体制行政成本高、效率低，已不再适应知识产权国际化的客观要求，为此，要实行知识产权管理的集中统一（大部制），简化程序、优化结构、提高效率。这既是在创新管理模式，又是在挑战管理机构自身。这一切仅仅是开始，面对经济全球化趋势和国际知识产权制度的变革，我们必须顺应这种要求，抓住机遇，既减员又增效，既要少投入又要高产出，这是衡量知识产权管理体制改革成功与否的重要标志，也是赶超经济发达国家，实现由知识产权大国向知识产权强国跨越的正确选择。

主要参考文献

[1] 哈罗德,孔茨,等. 管理学 [M]. 北京:经济科学出版社,1998.
[2] 周健临,等. 管理学教程 [M]. 上海:上海财经大学出版社,1999.
[3] 杨文士,张雁. 管理学原理 [M]. 北京:中国人民大学出版社,1994.
[4] 杨洪兰. 现代实用管理学 [M]. 上海:复旦大学出版社,1996.
[5] 矫佩民. 现代管理学 [M]. 北京:北京师范大学出版社,1991.
[6] 保罗·S. 麦耶斯. 知识管理与组织设计 [M]. 广州:珠海出版社,1998.
[7] 赵景华. 现代管理学 [M]. 济南:山东人民出版社,2002.
[8] E. 麦克纳,N. 比奇. 人力资源管理 [M]. 北京:中信出版社,1998.
[9] 余凯成.《人力资源开发与管理》[M]. 北京:企业管理出版社,1997.
[10] 格林伍德,D. 威尔逊. 英国行政管理 [M]. 北京:商务印书馆,1991.
[11] 赫伯特·A. 西蒙. 管理行为 [M]. 北京:北京经济学院出版社,1986.
[12] 陈振明. 公共管理学 [M]. 北京:中国人民大学出版社,1999.
[13] 张成福,党秀云. 公共管理学 [M]. 北京:中国人民大学出版社,2002.
[14] 张国庆. 当代中国行政体制改革论 [M]. 长春:吉林大学出版社,1994.
[15] 刘瀚,等. 依法行政论 [M]. 北京:社会科学文献出版社,1993.
[16] 张康之. 公共管理伦理学 [M]. 北京:中国人民大学出版社,2003.
[17] 应松年. 依法行政读本 [M]. 北京:人民出版社,2001.
[18] 贾同跃. 依法行政知识读本 [M]. 北京:中国人事出版社,2001.
[19] 郑成思. 知识产权法 [M]. 北京:法律出版社,2004.
[20] 郑成思. 知识产权保护实务全书 [M]. 北京:中国言实出版社,1995.
[21] 蒋志培. 知识产权法律适用与司法解释 [M]. 北京:中国法制出版社,2002.
[22] 唐广良,董炳和. 知识产权的国际保护 [M]. 北京:知识产权出版社,2002.
[23] 杨艳,等. 公共管理 [M]. 北京:国家行政学院出版社,2005.
[24] 胡佐超. 专利管理 [M]. 北京:知识产权出版社,2001.
[25] 吴逢生. 知识产权助推国际化战略 [M]. 北京:中国经济出版社,2005.
[26] 马先征,金志海,刘仁豪. 知识产权战略研究 [M]. 北京:知识产权出版社,2007.
[27] 宋伟. 知识产权管理 [M]. 北京:中国科学技术大学出版社,2010.
[28] 杜洪才,等. 现代科技管理实务 [M]. 北京:科学技术文献出版社,1996.

[29] 彼得·德鲁克. 管理的实践 [M]. 齐若兰, 译. 北京: 机械工业出版社, 2009.
[30] 李国光. 知识产权诉讼 [M]. 北京: 人民法院出版社, 1999.
[31] 陈福今, 唐铁汉. 公共危机管理 [M]. 北京: 人民出版社, 2006.
[32] 李德水, 贺铿, 龙华. 应用统计通论 [M]. 北京: 人民出版社, 2004.
[33] 樊纲. 公共政策 [M]. 北京: 国家行政学院出版社, 2005.
[34] 吴汉东. 知识产权基本问题研究 [M]. 北京: 中国人民大学出版社, 2010.
[35] 吴汉东. 知识产权法学 [M]. 北京: 北京大学出版社, 2000.
[36] 燕继荣, 等. 司法改革研究 [J]. 新华文摘, 2004 (4).
[37] 马克思·韦伯. 论经济与社会中的法律 [M]. 北京: 中国大百科全书出版社, 1998.
[38] 肖扬. 最高人民法院工作报告 [R]. 北京: 最高人民法院, 2005.
[39] 盛华仁, 蒋黔贵, 赵纯均. 工商管理概论 [M]. 北京: 人民出版社, 2002.
[40] 汪永清. 中华人民共和国行政许可法释义 [M]. 北京: 中国法制出版社, 2003.
[41] 中国政法大学知识产权研究所. 知识产权法相关法规汇编 [M]. 北京: 机械工业出版社, 2006.
[42] 曹阳, 万学伟. 行政与法 [J]. 2007 (1).
[43] 何敏. 企业知识产权保护与管理实务 [M]. 北京: 法律出版社, 2003.
[44] 最高人民法院. 2010年中国法院知识产权司法保护十大案件 [EB/OL] (2011–04–25) http://old.china court.org/html/artide/201104/25/449078.shtml.
[45] 郑必坚, 李君如. 当代世界问题概论 [M]. 北京: 人民出版社, 2006.
[46] 马先征, 张丛. 企业专利战略运用 [M]. 北京: 知识产权出版社, 2011.

后 记

随着经济全球化进程的不断加快和科学技术的迅猛发展，知识产权作为一种促进创新、保护创造的制度安排，其重要性日益凸显，已成为世界各国占领市场、推动科技进步、经济发展、文化繁荣的重要手段和标志，成为培育国家核心竞争力的基础。许多发达国家把知识产权提升到振兴和拓展国家经济的战略高度，把加强知识产权管理作为科技、经济、文化发展和保持竞争优势的一项重要战略举措，并将知识产权管理规则作为解决国际经济和贸易纠纷的法律武器。美国自 20 世纪 80 年代起，采取了一系列知识产权保护和管理的重大措施，从而保持了经济的强势地位；实现了经济、社会的跨越发展。世界各发达国家均把知识产权管理提到国家行政管理的重要地位。

我国实施知识产权制度仅 30 多年，与国外发达国家相比还属于刚刚起步的初级阶段，无论是公众的知识产权意识，还是知识产权管理实践均有一定的差距，特别是知识产权对经济社会发展的支撑和引领作用认识不足、定位不准。面对国际市场，特别在经济全球化、竞争日趋激烈的大趋势下，加强对我国知识产权管理的研究与实践，不仅关系到知识产权本身的发展问题，而且关系到国家经济运行质量、发展速度、核心竞争力提升的重大问题。应把知识产权管理定位在高端顶层，实施知识产权的大管理是国际化的客观要求，也是时代赋予我们的历史任务。

为了使大家更多地了解知识产权管理知识、把握管理方法、创新管理模式、提高管理效能、应对国际变革，实现知识产权强国梦想，笔者结合多年从事知识产权管理工作实践，特别是根据知识产权管理的现实需求，组织撰写了《知识产权管理实务》一书。由于知识产权管理是一个动态过程，本书从介绍管理的一般理论、发展规律和管理实务展开，着重介绍基础知识、基本理论、基本方法、基本构想，以此抛砖引玉，为深化知识产权管理研究与实践提供帮助、为实现知识产权强国增砖添瓦。

本书从构思、起草到修改、完善、定稿，历时四年，查阅了上百部专著，熬过了上千个日日夜夜……编写过程中，参阅借鉴了大量的法律文献、知识产权专著、经济书籍、报刊文摘、网络信息、领导讲话、经验材料等。知识产权系统的各级领导、社会各界朋友从不同方面给予了热情关注和大力支持，在此，一并表示衷心的感谢！

作者

2016 年 6 月